DIE ZERSTÖRUNG
DES POLITISCHEN STANDORTS DEUTSCHLAND

Hermann Franzis

Die Zerstörung des politischen Standorts Deutschland

Schritte zur Auflösung der Nation

HOHENRAIN – TÜBINGEN

Printed in Germany
Satz und Umschlaggestaltung: Hohenrain GmbH, Tübingen

Als mittelständisches, unabhängiges Unternehmen produzieren wir alle unsere Bücher in Deutschland und erhalten damit Arbeitsplätze!

Die Deutsche Bibliothek – CIP-Einheitsaufnahme

Franzis, Hermann

Die Zerstörung des politischen Standorts Deutschland : Schritte zur Auflösung der Nation / Hermann Franzis.– Tübingen ; Zürich ; Paris :
Hohenrain-Verl., 1998
ISBN 3-89180-052-5

ISBN 3-89180-052-5

Inhaltsverzeichnis

Den für ihr Vaterland Gefallenen und den Opfern von Vertreibung, Bombenterror und Verfolgung in Gedenken.

Den Kameraden, die unter Einsatz ihres Lebens die Rettung vieler Vertriebener ermöglicht haben, in Anerkennung.

Der Pommerschen Seenplatte in heimatlicher Erinnerung.

Den Historikern und Publizisten im In- und Ausland, die die Wahrheit gesucht und vermittelt haben, in Dankbarkeit.

Den Umerziehungs- und Zeitgeistgeschädigten der nachfolgenden Generation[1] in Zuversicht.[2]

* * *

1 »Erst wenn die Kriegspropaganda der Sieger Eingang gefunden hat in die Geschichtsbücher der Besiegten und von der nachfolgenden Generation auch geglaubt wird, kann die Umerziehung als wirklich gelungen angesehen werden.«

Walter LIPPMANN
US-amerikanischer Publizist

2 Arbeitslosigkeit, Steuerlasten, Sozialabbau, schwindende innere Sicherheit sowie bald auch Verlust von Kaufkraft und Ersparnissen durch EURO-Inflation werden der Wertschätzung des eigenen Vaterlandes in seinen Grenzen wieder zum Durchbruch verhelfen, bevor Deutschland – weiterhin militärisch besetzt und tributpflichtig gehalten – in der Europäischen Union als deren Protektorat ›unumkehrbar‹ aufgelöst und das deutsche Volk damit auf Dauer *›political correct‹* einer Fremdbestimmung unterworfen sowie multikulturell seiner Identität beraubt wird.

»Für Frankreich ist Europa (und damit auch wie seinerzeit Napoleon I. sein deutscher Vasallenstaat) das Mittel, um wieder das zu werden, was es seit Waterloo zu sein aufgegeben hat: die erste Weltmacht.«

Staatspräsident Charles DE GAULLE
1962 vor dem französischen Kabinett

Vorwort

Schon einmal ist es von außen gelungen, ohne nennenswertes eigenes wirtschaftliches und militärisches Potential – allerdings gestützt auf die christliche Religion – mit einer Politik des *Divide et impera* (teile und herrsche) die wirtschaftlichen und militärischen Ressourcen Deutschlands für fremde Interessen nutzbar zu machen. Damit konnte nicht nur das in Klein- und Kleinststaaten fragmentiert gehaltene Gebiet selbst beherrscht, sondern auch das darüber hinausgehende west- und mittelöstliche Kontinentaleuropa einschließlich dessen einstige überseeische Besitzungen kontrolliert werden. Damals handelte es sich um die Einbindung des deutschen Siedlungsraumes in das Heilige Römische Reich Deutscher Nation (1356–1806).

In ähnlicher Weise ist es einer 1971 vom US-amerikanischen Historiker Gary ALLEN als *»Insider«* und von dem seinerseits zitierten Oberhaupt des Jesuitenordens, Pater Pedro ARRUPE, 1965 als »gottlose Gesellschaft« bezeichneten, relativ kleinen ›Clique‹ gelungen, sich die Vereinigten Staaten untertänig zu machen (s. S. 183, Q. 280, S. 18)[3]. Mit deren Haushalt und militärischem Potential steuert sie im Zusammenspiel einerseits unter ihren Einfluß gebrachter US- und transatlantisch-westlicher Medien, Kulturgestaltung, Wissenschaft, Recht, Wirtschaft, Hochfinanz und Politik sowie andererseits mit dem Weltsozialismus (früher Kommunismus) ihre ›Neue Weltordnung‹ an. Hierbei verlieren die davon betroffenen Nationen schrittweise ihre Souveränität und werden versklavt in den Ruin getrieben, ohne daß man eine Kolonialmacht dafür verantwortlich machen kann. Ein Beispiel für die mittelfristigen Folgen der so betriebenen Machtentfaltung ist der sozio-ökonomische Zustand des von Natur aus reichen Lateinamerikas.

---

[3] Hinweise auf oben oder unten im Text enthaltene Sachverhalte werden entweder unter Angabe der dort angezogenen Quellen mit z. B. »siehe S. 20, Q. 10« oder – wenn auf keine Quelle Bezug genommen wird – unter Angabe nur der Seite in dieser Standortanalyse, z. B. »siehe S. 10«, gemacht. Bei Hinweisen auf Stellen in angezogenen Quellen wird lediglich die Seite ohne ›s‹ davor angegeben, z. B. ›S. 10‹. Dortige Autoren werden zur Unterscheidung vom Verfasser dieser Veröffentlichung immer als ›Autoren‹ bezeichnet.

Die einstige römische und die derzeitige Vorgehensweise der *Insider* unterscheiden sich hauptsächlich dadurch, daß die Päpste ihre weltliche Herrschaft offen demonstrierten und die Objekte ihrer Einflußnahme von Kanzel und Beichtstuhl aus sowie mittels Inquisition fest im Griff hielten, während die *Insider* Wert darauf legen, unangreifbar anonym zu bleiben. Um das auch von ihnen wie von jedem Herrschaftssystem beanspruchte Recht, die personalpolitischen Entscheidungen in der Politik zu treffen, kann es somit keine Art von mittelalterlichem ›Investiturstreit‹ mit irgendeiner diese Macht ausübenden Institution geben. In den westlichen Industrieländern werden zur Durchsetzung der *Insider*-Ziele benötigte politische Führungskräfte anonym mediengemacht und ›wie Schachfiguren‹ medien-gesteuert (s. S. 171 + 183, Q. 237 + 280, S. 23).

Die Strategie der *Insider* zur Machtergreifung von Europa bestand und besteht weiterhin darin, die Macht der europäischen Triade Deutschland, Frankreich und Großbritannien dadurch zu brechen, daß sie diese unter Ausnutzung bestehender Rivalitäten neutralisiert, um selbst machtpolitisch an deren Stelle zu treten. Das zwischenzeitlich kaum noch existierende britische ›*Commonwealth of Nations*‹ und das einstige Weltreich, die sich heute noch gern als ›*Grande Nation*‹ sehende, vormals bedeutende europäische und Kolonialmacht Frankreich, sowie die Weltwirtschaftskraft des Deutschlandtorsos sind von ihnen durch zwei *Insider*-veranlaßt inszenierte Weltkriege bereits zu Objekten ihrer Politik verkümmert. Nachdem Japan mit seinem Einfluß in Ostasien gewaltsam entgegengetreten und – soweit sozio-kulturell möglich – wirtschafts- und neuerdings auch militärpolitisch *Insider*-orientiert instrumentalisiert worden ist, dürfte mit der Konsolidierung und Ausbeute ihrer sich mittlerweile auf große Teile Nord- und Südamerikas, Europas, Afrikas sowie von Fernost erstreckenden Herrschaftsbereiche der Kulminationspunkt der *Insider*-Machtentfaltung erreicht sein.

Da jedoch China zunehmend Weltgeltung gewinnt, ist derzeit zu beobachten, wie nunmehr auch dieses Großreich – neben den wirtschaftlich weniger ergiebigen Diadochenreichen der ehemaligen Sowjetunion – dadurch unter *Insider*-Kontrolle gebracht werden soll, daß es entweder demokratisiert wird, also aus *Insider*-Sicht die dortigen politischen Entscheidungsträger nach der in Nordamerika und Westeuropa bewährten Methode von *Insider*-beherrschten Medien selektiert und gesteuert, oder gemäß ihrerseits in großen Teilen Lateinamerikas und anderen Entwicklungs- oder Schwellenländern praktizierten Vorgehensweise käuflich *In-*

sider-hörig gemacht wird. Hierbei können im Falle hartnäckiger Unbotmäßigkeit neben sanften Einflußnahmemöglichkeiten auch militärische Interventionen in Erwägung gezogen werden. Nicht nur das Deutsche Reich hat seine Erfahrungen damit gemacht. Als kürzliches Beispiel wird auf den Golfkrieg von 1991 hingewiesen. Hierbei wurden

(1.) *Insider*-kontrolliert produzierte US-amerikanische Waffen,

(2.) in großer Breite farbige Soldaten eingesetzt, die als Folge rücksichtsloser *Insider*-Beherrschung der Vereinigten Staaten aus sozialer Not in die US-Streitkräfte eingetreten sind und dort wiederum rücksichtslos Gift- oder Nervengas ausgesetzt wurden, sowie

(3.) zur nachträglichen Finanzierung dieses Krieges Deutschland *Insider*-abgepreßte 18 Milliarden Deutsche Mark (4 Milliarden mehr, als er die USA gekostet hat) mobilisiert.

Um im Golfkrieg verfolgte geopolitische Interessen zu sichern und gleichzeitig in den Vereinigten Staaten das in Richtung ›*US World Leadership*‹ (US-Welt-Führung) orientierte Wählerpotential für Präsident CLINTON zu gewinnen, wurde im September 1996 ein erneuter – allerdings zur Vermeidung wahlkampfnachteiliger amerikanischer Verluste nur halbherziger – Schlag gegen den Irak Saddam HUSSEINS geführt. Und das im außenpolitischen Alleingang ohne Konsultation oder gar Zustimmung der US-NATO-Partner oder ein sonst für solche Aktionen herbeigeführtes UN-Mandat. Daß damit die zwischenzeitlich gerade wieder einigermaßen zur Ruhe gekommene NMO-Region (Nah-Mittel-Ost) erneut zum militanten Spannungsfeld gemacht sowie eine türkische Invasion im Nordirak und der pro-irakische Fundamentalismus in Jordanien und Saudi-Arabien provoziert wurden, stört den lediglich *Insider*-Interessen verfolgenden transatlantischen NATO-Partner nicht. Es stört ihn auch nicht, daß solche Unruhen sehr nachteilige Auswirkungen auf Europa mit seinem importierten, immer deutlicher auch fundamentalistische Züge annehmenden Islam haben werden oder zumindest die ohnehin absehbaren bürgerkriegsähnlichen Folgen der kompromißlosen Islamisierung Europas beschleunigen dürften. Wie die Mobilisierung der Bevölkerung von Großbritanniens und Frankreichs überseeischen Territorien für die Niederwerfung Deutschlands in zwei Weltkriegen zur Erschütterung und Auflösung deren Weltreiche beigetragen hat, so wird mit einiger Sicherheit auch die Förderung des multikulturellen Niedergangs Europas durch die Vereinigten Staaten bzw. durch die von dort aus operierenden *Insider* nicht ohne Rückwirkungen auf die Vereinigten Staaten selbst bleiben. Wie verwundbar letztere sind, offenbart sich bereits heute in einer Serie von spektakulären Bombenanschlägen fundamentalistischer Gruppen auf dortige Einrichtungen US-amerikanischen Symbolcharakters. Die Franzosen haben sich 1945 auch nicht vorstellen können, daß sie mit der damaligen Freigabe der unverteidigten Stadt Freudenstadt und anderer Orte ihrer Besatzungszone für Plünderung und Vergewaltigung durch ihre algerische Soldateska die Basis dafür legen würden, was ihnen selbst hernach in Algerien passieren sollte. Mit einem gegen das Deutsche Reich zum Zweck seiner Zerschlagung geführten »Dreißigjährigen Krieg 1914 bis 1945« (Premier MAJORS Redemanuskript Berlin, 8. Mai 1995, s. S. 114, Q.166) ist den Europäern nicht nur das gelungen. Die Franzosen, Briten und Russen haben damit ihre eigenen Großreiche zerstört. Und die Vereinigten Staaten werden diesbezüglich folgen, wenn sie weiterhin ihre im 2+4-Vertrag, in der NATO-Osterweiterung, der Multikulturellisierung (Balkanisierung) vornehmlich Deutschlands und ihrer Patenschaft für den Maastrichtvertrag mit seiner Europäischen Währungsunion (EWU) gipfelnde Nachkriegs-Europapolitik fortsetzen. In China und der Welt des Islams wird diese Selbstvernichtung der europäischen Völker diesseits und jenseits des Atlantiks aufmerksam beobachtet.

Auf jeden Fall werden sich die Akteure bei ihren Bemühungen übernehmen, China unter Einsatz des von zivilen bis militärischen Maßnahmen reichenden US-Instrumentariums unter ihren Einfluß zu bringen. Das dürfte gleichfalls zumindest für Teile des ehemaligen Ostblocks und die sehr komplexe Region des Nah-Mittleren Ostens gelten. So leicht wie in dem gut auf eine Fremdbeherrschung dieser Art vorbereiteten einstigen vorreformatorischen Einflußbereich der weströmischen Kirche läßt sich insbesondere in der zunehmend fundamentalistisch radikalisierten Welt des Islams nicht Fuß fassen. Aber auch in ihrem Basisland, den Vereinigten Staaten selbst, wird schon – vergleichbar mit den einstigen Reformationsbemühungen in der ›Alten Welt‹ – im Rahmen einer Anti-PC-Bewegung (PC für ›*Political Correctness*‹[4]) Widerstand gegen

[4] Aus den Vereinigten Staaten eingedrungene Bezeichnung für zeitgeistkonformes Verhalten.

den absolutistischen Herrschaftsanspruch der *Insider* und ihre Giftküche der Zeitgeistmache aktiviert (s. S. 171 + 183, Q. 263 + 280). Der republikanische US-Präsidentschaftskandidat von 1996, Robert (Bob) DOLE, hat es bereits gewagt, Präsident CLINTON im Wahlkampf zu bezichtigen, unter ihm hätten »*liberale Eliten* die Regierungsinstitutionen als Geiseln« genommen (s. S. 183, Q. 280, Abs. 1), wie wenn das erst auf diesen Präsidenten der Vereinigten Staaten zutreffen und nicht zumindest seit 1914 die Regel sein würde. »Seit. . . (der immerhin über 40 Prozent der Wahlmännerstimmen erhalten habende) Bob DOLE (auch) der Traumfabrik Hollywood und deren Hunderten von *hörigen* TV-Kanälen den moralischen Kampf angesagt hat, fühlen sich immer mehr Regierungschefs der 50 US-Staaten ermutigt, ins gleiche Horn zu stoßen.« (s. S. 184, Q. 281, Abs. 2) Die von vorgenannten Kräften in ihrer Maßlosigkeit geopolitisch angestrebte US-geführte ›Eine-Welt-Regierung‹ wird es deshalb mit einiger Sicherheit nicht geben, auch wenn das CFR-Mitglied James WARBURG vor dem US-Senatsausschuß für Auswärtige Angelegenheiten (›Council for Foreign Relations) am 17. Februar 1950 noch so entschlossen prognostizierte:

> »Wir werden zu einer Weltregierung kommen, ob Sie es wollen oder nicht – durch Unterwerfung oder Übereinkunft.« (s. S. 198, Q. 298)

Und das ungeachtet der derzeit recht erfolgreich propagierten ›Globalisierung‹ der Weltwirtschaft als nach der Entmachtung Europas weiteren Schritt in diese Richtung.

Der US-amerikanische Historiker Charles C. TANSILL hatte die hinter dieser öffentlichen Äußerung stehenden Elemente bereits vorher dementsprechend als »*Einweltler*« bezeichnet (s. S. 40, Q. 48, S. 252). Sie werden deshalb auch »*Internationale*« oder nach ihrem vermuteten Standort »*Ostküstenintelligenz*« genannt, ohne daß ihre zweifellos straff organisierte Struktur bisher aus dem Dunkel gerückt werden konnte. Ungeachtet der in den Vereinigten Staaten zunehmenden Neigung, sich nicht mehr nur wie bislang hinter vorgehaltener Hand über die *Insider*-Diktatur zu beklagen, gehört in Deutschland die defätistisch-deutschfeindliche Indoktrinierung der Bevölkerung weiterhin zum ›Grundversorgungs-Auftrag‹ der von den Besatzungsmächten zur Niederhaltung der Nation hinterlassenen, *Insider*-hörigen öffentlich-rechtlichen Rundfunkanstalten (ÖRA). Die nach ›Unterwerfung‹ in zwei Weltkriegen und der ›Übereinkunft‹ von Maastricht vorgegebene Auflösung Deutschlands in der Europäischen Union (MITTERRAND 1990, s. S. 115, Q. 169) sowie darüber hinaus die fortschreitende ›Globalisierung‹ führen Schritt für Schritt zum Zusammenbruch des Arbeitsmarktes und der nicht mehr national steuerbaren ›Sozialen Marktwirtschaft‹ sowie zu chronischer öffentlicher Verschuldung Deutschlands. Erheblich verstärkt wird dieser Prozeß einmal durch die im Lande und von seiner Volkswirtschaft nicht verkraftbare zeitgeistkonform-liberale Ausländerpolitik sowie zum anderen durch die deutsche Tributpflichtigkeit unter anderem in Form von Nettozahlungen an die Europäische Union.

Kann Deutschlands Fremdbestimmung nicht Einhalt geboten werden, muß als Folge der daraus entstehenden Entwicklung mit immer größeren aus dem Erwerbsbereich und sozial ausgegrenzten Massen sowie, letztlich dadurch bedingt, mit nicht absehbaren innenpolitischen Verwerfungen gerechnet werden, wenn nicht sogar – wie von außen und seitens zeitgeisthöriger Medien und Politiker im Inland betrieben – die Auflösung des staatlichen Zusammenhalts der Nation und ihres Restvaterlandes bevorsteht. Damit wären die Deutschen nicht nur nach den immer noch geltenden UN-Feindstaatenklauseln (Art. 52 und 107 der UN-Charta) dem Ausland gegenüber ihres völkerrechtlichen Schutzes beraubt, sondern würden auch auf ihrem Territorium selbst – wie 1945 mit der bedingungslosen Kapitulation – auf Dauer der Willkür Dritter ausgesetzt sein und bleiben. Das könnte zum Beispiel die Verwirklichung der wiederholt polnischerseits geforderten Annexion und ethnischen Säuberung auch des restlichen Deutschlands östlich der Elbe als »Elbslawen- und Lausitzstaat« (s. S. 52, Q. 85) bald durch eine – mit Billigung der Westmächte wie im Deutschen Osten gehabt – marodierende polnische, nunmehr NATO-Soldateska erleichtert werden. In der angloamerikanischen Presse ist polnische NATO-Besatzung bereits als Ersatz für die erwartete Ausdünnung der US-Streitkräfte auf deutschem Boden vorgeschlagen worden. Zur Wegbereitung einer solchen Entwicklung hat Papst JOHANNES PAUL II. Erzbischof Georg Kardinal STERZINSKY als seinen polnischen Vorposten nach Berlin versetzt. Den politischen Standort Deutschland kennzeichnend, hat es wegen dieser Entscheidung aus Rom seitens der katholisch geführten Bundesregierung keinen Investiturstreit mit dem Vatikan oder gar eine Aufkündigung des vom Dritten Reich mit ihm geschlossenen Konkordats gegeben.

Der aus Schlesien heimatvertriebene deutsche Stelleninhaber, Erzbischof Joachim Kardinal MEISNER, war wegen dieser politischen

Zielsetzung des polnischen Papstes auf seinem Posten in Berlin für ungeeignet befunden und deswegen von ihm nach Köln versetzt worden. Man denke sich einmal, was für einen Aufstand es in Polen geben würde, wenn Primas Jósef Kardinal GLEMP in Warschau zugunsten eines deutschen Oberhirten Polens von seinem Posten weichen müßte, weil der größte kirchensteuerliche Financier des Vatikans, Deutschland, das als Gegenleistung für seine Tolerierung eines polnischen Nationalisten auf dem Stuhle Petri wünschen würde.

Seitens der rheinischen katholischen Kirche hat es energische Proteste gegen diese päpstliche Zuweisung eines preußischen Bischofs gegeben und viele Kirchenaustritte ihrer Mitglieder provoziert. Die schleichende Islamisierung ihres Einflußbereichs nimmt diese Kirche hingegen bislang *›political correct‹* hin oder fördert sie sogar; letzteres allerdings nicht so stark wie die immer weiter sowohl von Christentum als auch von deutscher kultureller Identität abdriftende evangelische Kirche als mittlerweile Einrichtung der »Solidarität statt (der) Nächstenliebe« (Klaus MOTSCHMANN, Politikwissenschaftler).

Von beiden Kirchen wird dabei übersehen, daß die Hauptstadt des Oströmischen Reiches und seiner Kirche seit 1453 nicht mehr Konstantinopel (Byzanz) heißt und in den meisten ihrer einstigen Gotteshäuser – wie der *Hagia Sophia* – seither nicht mehr christlich gebetet wird sowie daß in diesem einstigen Kernland des christlichen Glaubens unter anderem das Läuten von Kirchenglocken untersagt ist. Wenn die Islamisierung des deutschen römisch-katholischen Stammgebiets am Rhein ungebremst weitergeht, wird das schon einmal Kolonie gewesene Köln bald wieder seine alte Bedeutung, dann allerdings unter islamischem Vorzeichen, zurückerlangen und der Muezzin von einem der Türme des vielleicht nach einem Kalifen umbenannten Kölner Doms zum *›Salat‹* (Gebet) rufen. Die rechtlich gleiche Stellung aller Kinder des Vaters – ob ehelich oder nicht – wurde in Deutschland bereits vom Islam übernommen. Auch das deutsche Tierschutzgesetz ist für in Deutschland lebende Moslime, ungeachtet Art. 3 GG (Gleichheitsgrundsatz des Grundgesetzes), in seiner Allgemeinverbindlichkeit bezüglich des Schächtens eingeschränkt worden. Zeitgeistkonform ist seitens der sich zum Beispiel generell gegen Tierversuche – mit Ausnahme der AIDS-Forschung – wehrenden Tierschützer nicht einmal dagegen protestiert worden.

Um etwas anderes als eine bedingungslose Kapitulation handelt es sich bei dem Vertrag von Maastricht mit seiner Europäischen

Währungsunion (EWU) nicht. Er beinhaltet nicht einmal die noch fehlende Friedensregelung, welche – *nota bene* – der 2+4-Vertrag völkerrechtlich nicht darstellt. Letzterer soll in Verbindung mit Maastricht lediglich noch weitergehender als das Diktat von Versailles für Deutschland den Status während einer mittels Stationierung von NATO-Besatzungstruppen gewährleisteten protektoralen Etappe auf dem Wege zu seiner vorerwähnten Auflösung kodifizieren. Nach Beendigung des Kalten Krieges wird Deutschland nicht mehr zur Verteidigung Westeuropas am Rhein – selbst bislang dafür das Glacis bildend – benötigt. Die Teilvereinigung wurde transatlantisch zur Schwächung des seiner Zeit aus *Insider*-Sicht noch nicht übernahmereif zusammengebrochenen Ostblocks gebilligt, und nicht etwa, um den Mitteldeutschen ihr Selbstbestimmungsrecht zu geben. Frankreich und Großbritannien haben sich dem unter Zurückstellung erheblicher Bedenken nur widerwillig angeschlossen. Eine Friedensregelung wurde dabei bewußt vermieden.

Auf der Grundlage der so vom Verfasser gesehenen oder allgemein zugänglichen, zeitgeschichtlichen und sozio-ökonomischen Sekundärdaten entnommenen Hintergründe wird von ihm aus der Perspektive eines Sozialökonomen mit beruflichem Werdegang in Diensten des UN-Systems und der bundesdeutschen Ministerialverwaltung der Versuch unternommen, den politischen Standort Deutschland europabezogen zu definieren und mögliche Alternativen dazu aufzuzeigen. Ermutigt wurde er hierbei durch die von Bundeskanzler KOHL anläßlich der Verleihung des Konrad-Adenauer-Preises 1996 geäußerte Auffassung:

> »Moderatoren haben wir genug in Deutschland! Was wir brauchen, sind mehr Handelnde in der Gesellschaft, die sich hinstellen und für etwas eintreten!«[5]

Letzteres in diesem Falle – allerdings damit von der *Political Correctness* abweichend – für Deutschland.

DER VERFASSER — Bonn, im April 1997

---

[5] *Die Welt*, 17. 6. 1996, »Kohl würdigt Preisträger der Deutschland Stiftung«.

Erster Teil

Der politische Standort Deutschland nach dem 2+4-Vertrag

Zur Kriegsschuldfrage

Nachdem die Feierlichkeiten der Kriegsalliierten zum 50. Jahrestag der Beendigung des Zweiten Weltkriegs gerade recht aufwendig ohne Beteiligung Deutschlands, also nicht im Gedenken an die vielen unschuldigen Opfer, sondern als Siegesfeier, begangen worden waren, haben Frankreich, Großbritannien und die Vereinigten Staaten erneut einen Anlaß gefunden, ihren Sieg über das Deutsche Reich zu feiern und zwar nunmehr den 11. November 1995, das 77. Jubiläum des Waffenstillstands von 1918. In Großbritannien war dieses Tages seit 1938 nicht mehr offiziell gedacht, jedoch 1995 zu diesem Jubiläum eine Parade des *Lord Mayors der City of London* veranstaltet worden. In New York haben mehr als eine halbe Million Menschen der Parade anläßlich des Veteranengedenktages – des Tages des Waffenstillstands von 1918 – zugeschaut. Das soll die bisher größte Zuschauermenge in der Geschichte dieser Stadt bei einer Militärparade gewesen sein. In Paris wurden anläßlich der Feierlichkeiten 1355 Veteranen des Ersten Weltkriegs im Alter von 94 bis 107 Jahren mit dem Orden der Ehrenlegion ausgezeichnet. Und im Stadion von Sarajevo veranstalteten die britischen und französischen Soldaten der UN-Schutztruppen eine Truppenparade.[6] In dieser Stadt war am 28. 6. 1914 mit der Ermordung des österreichischen Thronfolgers, Erzherzog FRANZ FERDINAND, und dessen Frau, einer gebürtigen tschechischen Aristokratin, durch den großserbisch-nationalistischen Attentäter Gavrilo PRINCIP der Ausbruch des Ersten Weltkriegs inszeniert worden. Das mit Großbritannien und Frankreich gegen die Donaumonarchie und das Kaiserreich verbündete Serbien verdankte dieser Untat, daß Bosnien und seine Hauptstadt Sarajevo seit dem 9. November 1918 von Belgrad aus regiert wurden. Deswegen müssen nach dem Sturz der serbischen Dynastie KARADJORDJEVIC und der Überwindung des kommunistischen TITO-Jugoslawiens heute britische und französische Blauhelm-Soldaten dort ihr Leben einsetzen.[7] Aus deutscher Sicht darf bei der Wertung dieser Feierlichkeiten nicht übersehen werden, daß sie – NATO-Bündnispart-

[6] *Welt-Nachrichtendienst*, »Gedenken an Waffenstillstand – Von Washington bis Sarajevo: Die Welt feiert Ende des I. Weltkriegs«, in *Die Welt*, 13. 11. 1995.

[7] Carl Gustaf Ströhm, »Ausgerechnet in Sarajevo«, in *Die Welt*, 13. 11. 1995.

ner hin, NATO-Bündnispartner her – deutschlandbezogen sind. Der langjährige Bundestagspräsident Eugen GERSTENMAIER gestand nach dem Zweiten Weltkrieg ein:

> »Was wir im deutschen Widerstand während des ganzen Krieges nicht wirklich begreifen wollten, haben wir nachträglich vollends gelernt: daß dieser Krieg eben nicht nur gegen HITLER, sondern gegen Deutschland geführt wurde.«[8]

Der britische Premierminister Sir Winston CHURCHILL hatte sich dazu bereits 1940 wie folgt geäußert:

> »Ich führe keinen Krieg mit HITLER, sondern ich führe Krieg mit Deutschland.«[9]

Wie gezielt der deutsche Widerstand britischerseits verraten wurde, ist von Patricia MEEHAN[10] und Giles MCDONOGH[11] nachgewiesen worden:

> »MEEHAN und MCDONOGH sind britische Historiker, die sich durch Berge kürzlich veröffentlichter Dokumente aus dem *Foreign Office* und der Regierung gearbeitet haben und trotz äußerst schwieriger Bedingungen und lästiger Genehmigungsverfahren bei der Veröffentlichung amtlicher Dokumente die Geschichte der britischen Außenpolitik zwischen 1936 und 1946 detaillierter zusammengefaßt haben, als das bisher möglich gewesen war. Beide konnten ihre Niederschrift auf die Aussage noch lebender Zeitzeugen stützen... Der Beitrag der früheren Produzentin und Mitarbeiterin bei der BBC, MEEHAN, kommt zu dem Schluß – und die von ihr vorgelegten Dokumente belegen dies –, daß England auf dem europäischen Kontinent einen Krieg vom Zaun brechen und den Widerstand gegen HITLER beseitigen wollte. MCDONOGH kommt zu ähnlichen Schlüssen in seiner biographischen Studie über VON TROTT, den seine engsten Freunde in England, mit denen zusammen er die Schule besucht hatte, hintergangen haben. TROTT, ein... Vertreter des deutschen Außenministeriums... gehörte zur Widerstandsgruppe um VON STAUFFENBERG und war im

8 Ottfried Henning, »Eine Nation und ein Volk bleiben – Mauer und Grenze sind steingewordene Aufgaben der Deutschlandpolitik«, in *Die Pommersche Zeitung*, 7. 3. 1987.

9 Erwin Schütz, »Sind die Deutschen an allem schuld? – Die verheimlichten Dokumente«, in *Deutsche Wochenzeitung*, 4. 12. 1987.

10 Patricia Meehan, *The Unnecessary War*, Sinclair Stevenson Ed., London 1992.

11 Giles McDonogh, *A Good German – Adam von Trott zu Stolz*, Quartet Books, London 1989.

Juli 1944 hingerichtet worden. MEEHANS Buch *The Unnecessary War* (›Der unnötige Krieg‹) löste in der britischen Presse einen Aufschrei der Empörung aus, weit mehr noch als MCDONOGH mit seiner Arbeit. Der Grund hierfür ist einfach, denn sie vertritt hartnäckig die These, das *Foreign Office* habe keinesfalls aus grober Unfähigkeit, sondern vorsätzlich alle Informationen über HITLER und den Widerstand gegen ihn ignoriert, unterdrückt und aktiv darüber Lügen verbreitet mit dem Ziel, in einen Krieg mit Deutschland einzutreten, in dem der Rivale zerstört werden konnte.«[12] Deshalb war auch 1943 von Präsident Franklin Delano ROOSEVELT ein Kapitulationsangebot durch den im deutschen Widerstand stehenden Abwehrchef, Admiral CANARIS, bei Beseitigung HITLERS abgewiesen worden.[13] Zur Entschlossenheit bereits der westeuropäischen Alliierten, dem Reich 1939 den Krieg zu erklären, hat zweifellos auch das Verhalten des deutschen Widerstandes beigetragen. Prominente Vertreter aus dessen Reihen hatten die Briten wissen lassen, im Falle eines Krieges würde Adolf HITLER von der Wehrmacht gestürzt. HITLERS Friedensangebot an England vom 6. Oktober 1939 verhallte deshalb ungehört. »Hier lag die große Kriegsschuld des deutschen Widerstandes, der den Feindmächten vorgaukelte, nur einen ›Blumenkrieg‹ führen zu müssen«, wodurch »ein Kriegsausbruch geradezu herausgefordert wurde«.[14] Der britisch-polnische »Beistandspakt vom 25. August 1939 galt selbst bei einem Angriff Polens. . . Deutschland hat mit unendlicher Geduld versucht, den Verhandlungsfaden nicht abreißen zu lassen und dabei – in Verkennung des englischen Kriegswillens[15] – immer wieder auf eine britische Vermittlerrolle gehofft. Ein. . . bis ins einzelne gehendes Schrifttum liegt darüber vor«.[16]

---

[12] K.K., »Wie die Engländer den deutschen Widerstand verrieten«, Buchbesprechung, in *Ibykus*, 42/1993.

[13] Karl Otto Braun, in seinem Vorwort zu Hamilton Fish, *Der zerbrochene Mythos – F.D. Roosevelts Kriegspolitik 1933–1945*, Grabert-Verlag, Tübingen–Buenos Aires– Montevideo 1982, S. 12.

[14] Peter H. Splittgerber, *Unkenntnis oder Infamie? – Darstellungen und Tatsachen zum Kriegsausbruch 1939*, Kleine Heftreihe für Geschichtswissenschaft, Verlag Der Schlesier, 1996, S. 24 f.

[15] Der Brite Peter H. NICOLL stellt hierzu 1963 fest: »Sollte. . . Anstand und Sachlichkeit unter Historikern je wieder zur Geltung gelangen, dann werden diese einräumen müssen, daß man die primäre, fast ausschließliche Verantwortung für den europäischen Krieg 1939 vor die Tür Englands legen muß.« (Peter H. Nicoll, *Englands Krieg gegen Deutschland*, Verlag der Deutschen Hochschullehrerzeitung, Tübingen 1963, S. 169, nach Peter H. Splittgerber, aaO.– Q. 14 –, S. 19).

[16] Peter H. Splittgerber, ebenda, S. 14 f.

Die US-amerikanische Autorin Freda UTLEY befaßt sich bereits in ihrem 1949 erschienenen *The High Cost of Vengeance* (›Kostspielige Rache‹) mit der in den Vereinigten Staaten während und nach dem Kriege praktizierten Unterdrückung von Nachrichten über den deutschen Widerstand, indem sie dazu feststellt:

»Nach einer Broschüre der Siebten US-Armee handelte es sich vor dem Kriege bei der Mehrheit der Häftlinge in Dachau um Deutsche. Nach Schätzungen befand sich oder haben sich vor dem Kriege eine halbe Million Deutsche wegen ihrer Opposition gegen die Nationalsozialisten in Konzentrationslagern befunden.

Während sich in der frühen Phase der nationalsozialistischen Herrschaft niemand (in den USA) über die Schrecken in den Konzentrationslagern sonderlich besorgt zeigte, weil es sich dort vornehmlich um Deutsche handelte, scheint während des und seit dem Kriege(s) die Kenntnis über den deutschen Widerstand international von der amerikanischen Öffentlichkeit ferngehalten worden zu sein. Wahrscheinlich war man der Auffassung, daß die Kenntnis über die Anzahl der Deutschen, die im Widerstand gegen den Nationalsozialismus ihr Leben oder ihre Freiheit verloren haben, den seitens der Regierung und weitgehend der Presse geschürten Deutschenhaß schwächen würde.«[17]

Lord GLADWYN äußerte sich zu der von ihm als »notwendigen« Prozeß bezeichneten Herbeiführung eines Zweiten Weltkrieges:

»Trotz des überall verkündeten totalen Sieges der Alliierten endete der Kampf von 1914–1918 in Wirklichkeit unentschieden. . . Ferner war Deutschland als potentielle Macht nicht beseitigt worden. Das zweite Deutsche Reich existierte zwar nicht mehr, aber die Weimarer Republik blieb weitgehend Herr über ihr eigenes Schicksal. . . Der Versailler Vertrag brachte keine Lösung für die lebenswichtige Frage, wo und bei wem die Autorität in Europa liegen solle.

. . . Da lag es auf der Hand, daß ein weiterer Versuch gemacht werden würde, eine Lösung zu finden.«[18]

---

17 Freda Utley, *The High Cost of Vengeance,* Henry Regnery Company, Chicago, 1949, S. 245.

18 Emil Schlee, »Der ›Dreißigjährige Krieg‹ zur Lösung der ›offenen deutschen Frage‹ – und was folgt nun? – Sind ›Maastricht‹ und ›EU‹ die Fortsetzung mit ›friedlichen Mitteln‹?«, in *Unabhängige Nachrichten,* 1/1996, S. 7.

Die Motive, die zur britischen Kriegserklärung von 1939 geführt haben, werden vom Londoner *Daily Telegraph* im November 1993 – das heißt 54 Jahre danach – mit folgendem Kommentar offengelegt:

> »Es war der Hauptfehler des Vertrages von Versailles, daß er Deutschland als eine unterworfene Nation zu behandeln versuchte, ohne das wirtschaftliche und demographische Potential des Reiches ausreichend zu verringern. Es waren also die Bemühungen der Diplomaten, die vergebens waren, da sie die Demütigung eines aggressiven und übermächtigen Deutschlands nicht dauerhaft machten.«[19]

Hierzu sei bemerkt, daß Deutschland in seiner Geschichte Großbritannien noch nie einen Krieg erklärt hat, sondern daß dieses lediglich wiederholt britischerseits Deutschland gegenüber geschehen ist. Auch bezüglich Frankreichs trifft das bis auf die Ausnahme von 1914 und des von Preußen und Österreich von 1792 bis 1797 gegen Frankreich geführten sogenannten Koalitionskrieges zu, eines Versuchs, die Monarchie in Frankreich und den dortigen Adel vor dem Revolutionstribunal und der Guillotinierung zu retten. Ansonsten besteht die deutsch-französische Geschichte allein des 17. bis 20. Jahrhunderts nur aus Angriffshandlungen Frankreichs. Ohne eigene Bedrohung hat es sich unter Kardinal RICHELIEU am Dreißigjährigen Krieg (1618–1648) und der damit verbundenen Fragmentierung Deutschlands beteiligt. LUDWIG XIV. (1643–1715) überfiel mitten im Frieden das Elsaß. Nachdem Frankreich bereits zuvor seine Landesgrenzen ständig auf Kosten Deutschlands nach Osten verschoben hatte, ging dadurch erstmals mit dem Elsaß auch ethnisch deutscher Boden an Frankreich verloren. Papst JOHANNES PAUL II. mußte bei seinem Besuch des Elsaß sogar dieser Tage noch außerhalb Straßburgs deutsch predigen, um von der dortigen Landbevölkerung verstanden zu werden. Ferner wurde von LUDWIG XIV., dem ›Sonnenkönig‹, die Pfalz verwüstet.

Unter LUDWIG XV. (1715–1774) gelang es England, Frankreich den riesigen ostindischen und nordamerikanischen Kolonialbesitz abzunehmen, während Deutschland 1766 auch noch Lothringen an Frankreich verlor. NAPOLEON I. vereinnahmte alle linksrheinischen Gebiete und große Teile Norddeutschlands einschließlich Hamburg. NAPOLEON III. erklärte 1870 Preußen den Krieg. Und der Zweite Weltkrieg wurde natürlich auch nicht von Deutschland

[19] *Daily Telegraph*, nach *Die Welt*, 13. 11. 1993.

Frankreich, sondern wiederum umgekehrt erklärt. Wie erfolgreich Frankreich sein Territorium seit Mitte des 15. Jahrhunderts durch Eroberungskriege gen Osten erweitern konnte, geht aus der Landkarte – **Abbildung 1** – hervor.

Zum von Frankreich gegen Deutschland geführten ›ewigen Krieg‹ bemerkt 1983 Henri FROMENT-MEURICE, 1982–1983 französischer Botschafter in Bonn:

»Die ganze Geschichte Frankreichs könnte seit dem Ende des Reichs KARLS DES GROSSEN sehr gut beschrieben werden als ein Kampf, die deutsche Einheit zu verhindern und die Deutschen in einem Stand zu lassen, den ich multipolar nennen würde.«[20]

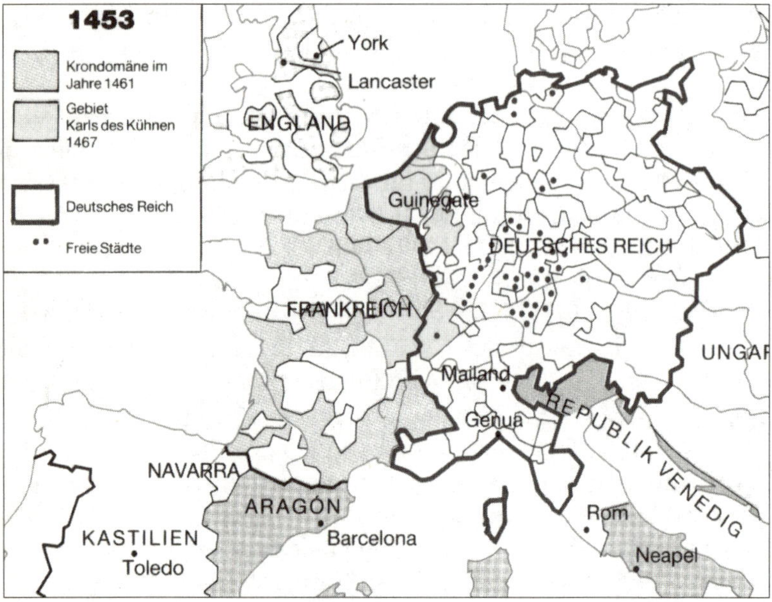

Abbildung 1 · Quelle: *Historischer Bildatlas*, München 1991

[20] *FAZ*, 17. 12. 1983, S. 8, nach Emil Schlee, aaO. (S. 22, Q. 18), S.7 .

In der kanadischen Presse wurde kürzlich eine Abbildung veröffentlicht, nach dem zwischen 1480 und 1940 in Europa 278 Kriege geführt wurden, an denen Deutschland mit 8 Prozent, Großbritannien und Frankreich jedoch mit 28 bzw. 26 Prozent aktiv beteiligt war bzw. waren. Ungeachtet dessen werden die Deutschen als Kriegstreiber und Militaristen angeprangert, entmündigt und durch die UN-Feindstaatenklauseln (Art. 52 und 107 der UN-Charta) vor der Vertretung ihrer ureigensten Lebensinteressen gewarnt. In **Abbildung 2** werden die Zahl der jeweils geführten Kriege in Prozent angegeben.

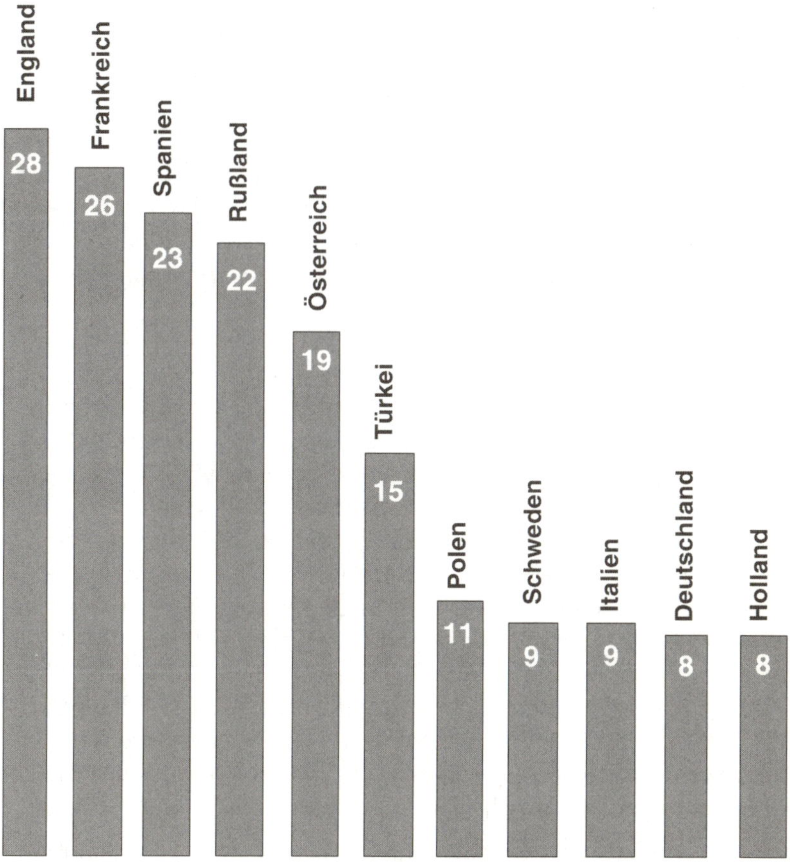

Abbildung 2 · Quelle: *Unabhängige Nachrichten*, 11/1995, S.12

Europa und USA

Ein großer Fehler des Dritten Reichs war es, nicht lediglich die außenpolitische Grundhaltung Großbritanniens verkannt, sondern in noch größerem Maße auch das geopolitische Interesse sowie das dafür einsetzbare Kriegspotential der Vereinigten Staaten vollkommen ignoriert zu haben. Dies bestand darin, in Europa einen Zweiten Weltkrieg anzuzetteln, um damit ihren europäischen Konkurrenten – also Großbritannien, Frankreich und Deutschland – deren Weltgeltung zu nehmen und selbst an deren Stelle als nunmehr Weltmacht Nr. 1 zu treten. Die westeuropäischen Kriegsalliierten des Ersten und Zweiten Weltkrieges haben das bis heute nicht begriffen und konzentrieren demgemäß ihre Kräfte weiterhin auf die Niederhaltung Deutschlands, ohne zu erkennen, daß sie durch diese Politik global immer weiter in die Zweitrangigkeit abgleiten. Und das geschieht, obwohl es sowohl in Frankreich als auch in Großbritannien immer wieder kluge Köpfe gibt, die darauf hinweisen.

So hat in Großbritannien 1991 ein Aufsatz über die Kriegspolitik Winston CHURCHILLS des Ex-Staatssekretärs im Londoner Verteidigungsministerium, Alan CLARK, großes Aufsehen verursacht. Hierbei handelt es sich um seine Rezension des Buches *Churchill, The End of Glory* (›Churchill, das Ende der Herrlichkeit‹) des Historikers John CHARMLEY, in der dieser es als schweren Fehler bezeichnet, daß Churchill 1941 keinen Frieden mit dem Reich geschlossen habe. »Wenn CHURCHILL damals das Friedensangebot des HITLER-Stellvertreters Rudolf HESS angenommen hätte, wären das britische Empire sowie die soziale Ordnung in Großbritannien durch den anhaltenden Weltkrieg nicht zerstört worden.«[21]

Der französische Autor Jean-Jacques SERVAN-SCHREIBER hat in seinem 1967 erschienenen viel beachteten Buch, *Le défi américain*, auf die US-amerikanische Herausforderung Europas hingewiesen. Dort läßt er uns bereits vor mehr als einem Viertel Jahrhundert wissen:

> »Mit der Schaffung verschiedener Gemeinschaften (Montanunion, Euratom, Gemeinsamer Markt) hat Europa bewiesen, daß es vor

---

[21] AFP-Meldung, »Churchill hätte mit Hitler Frieden schließen müssen«, in *Die Welt*, 4. 1. 1992.

(seiner Zeit) zehn Jahren die Herausforderung der amerikanischen (Wirtschafts-) Macht (*puissance*) gewahr geworden ist und begonnen hat, darauf eine Antwort zu geben. 1967 kann man die Bilanz ziehen: Europa hat einen gemeinsamen Markt, jedoch keine (Wirtschafts-) Macht geschaffen. Und wie wir gesehen haben, dient dieser Markt nicht seinem Vorteil, sondern dem der amerikanischen industriellen Entfaltung (*l'organisation industrielle américaine*).

Die Compagnie Lambert stellt aufgrund ihrer Analyse der Bilanz von zehn Jahren Gemeinsamer Markt fest: ›Eines der Ergebnisse, die man vom Gemeinsamen Markt erwarten mußte, war die Schaffung von großen europäischen Unternehmen, die besser dazu in der Lage sind, der internationalen – insbesondere der amerikanischen – Konkurrenz zu trotzen. Der technologische und finanzielle Abstand, welcher die Unternehmen der beiden Kontinente trennt, wäre damit reduziert worden. Europa hätte eine Position der Stärke in den Bereichen des wissenschaftlichen Fortschritts, der technologischen Innovation sowie des wirtschaftlichen und finanziellen Gewichts wiedererlangt. Bis heute (1967) ist dieses Ergebnis nicht erreicht worden. Der Abstand zwischen den beiden Kontinenten hat sich (vielmehr) vergrößert.‹ . . . Raymond ARON gelangt seit 1966 zu einer ähnlichen Feststellung, bei der er sich nicht scheut, vom Scheitern (*échec*) des Gemeinsamen Marktes zu sprechen: ›Das Scheitern des Gemeinsamen Marktes‹, schreibt er, ›ist weder eine Folge der Entwicklung im monetären noch im kommerziellen, sondern genau gesagt im industriellen Bereich. Dafür gibt es eine einfache Erklärung (*proposition*): Befindet sich ein französisches oder italienisches Unternehmen in Schwierigkeiten, nimmt es nicht etwa Verhandlungen mit einem Unternehmen der gleichen Branche in einem anderen europäischen Land auf, sondern mit einer amerikanischen Gesellschaft. . . Das spielt sich alles ab, als wenn die Einrichtung des Gemeinsamen Marktes nicht den Zufluß amerikanischen Kapitals nach Europa zum Nutzen der europäischen Industrie herausgefordert habe, sondern Kapital für Direktinvestitionen in transatlantische Gesellschaften anhäufe.‹«[22]

1966 war die für 1999 geplante voreilige Europäische Währungsunion (EWU) noch nicht in Sicht. Hätte der damals für *Le Monde*

---

[22] Jean-Jacques Servan-Schreiber, *Le défi américain* (Die amerikanische Herausforderung), Editions Denoël, Paris 1967, S. 116 f.

schreibende Raymond Aron die 30 Jahre später erfolgende Kapitalflucht aus den Euro-bedrohten europäischen Währungen in den US-Dollar und die dadurch bedingte rasante Zunahme der Europa heimsuchenden Massenarbeitslosigkeit sowie als deren Folge die unsichere politische Zukunft vorhergesehen, wäre sein Kommentar wahrscheinlich noch drastischer ausgefallen. Um des Zieles wegen, die Deutsche Mark zu eurosozialisieren, ist heute (Jahreswende 1996/97) etwa jeder vierte Jugendliche in Frankreich ohne berufliche Aussicht. Die wirklichkeitsferne Vorgabe für Frankreich des seiner Zeit als Staatspräsident an der Seine regierenden Charles de Gaulle, mittels seiner Europapolitik *»wieder das zu werden, was es seit Waterloo zu sein aufgegeben hat: die erste Weltmacht«* (ganzes Zitat s. S. 119, Q. 179)[23], ist damit ferner denn je gerückt. Bei Fortsetzung einer solchen Europapolitik wird Frankreich sich vielmehr mit der Rolle eines – wie Griechenland – von seiner großen Vergangenheit lebenden Teiles der *Alten* Welt abfinden müssen, einer Alten Welt, die sich wegen internen Machtgerangels ihre Weltgeltung von den Vereinigten Staaten, das heißt der *Neuen* Welt, hat abnehmen lassen.

Ein Irrtum Servan-Schreibers ist es, daß er davon ausgeht, die europäischen Institutionen seien zu dem von ihm zitierten Zweck und nicht lediglich zur protektoralen ›Einbindung‹ Deutschlands und damit Aushebelung Europas als wirtschaftlichen und geopolitischen Konkurrenten der Vereinigten Staaten eingerichtet worden. So, wie Napoleon I. den Rheinbund geschaffen hat, um die darin zusammengeschlossenen Länder zu beherrschen, auszubeuten und zur Stellung von Militärkontingenten für französische Kriege zu nutzen, so haben die Vereinigten Staaten und die dort bestimmenden *Insider* Art und Umfang des europäischen Zusammenschlusses zu ihrem Nutzen herbeigeführt. Wäre dieser, bisher in der europäischen Maastrichtunion gipfelnde und mit einer EU-Osterweiterung zum völligen Zusammenbruch der europäischen Konkurrenzfähigkeit führende Zusammenschluß aus US-amerikanischer Sicht für Europa sinnvoll, wäre dieser von dort aus nicht

[23] »Der Zwiespalt zwischen den geringen Machtmitteln de Gaulles und der Auffassung vom Rang Frankreichs führten (schon im Kriege nach Frankreichs Kapitulation) zu ständigen, oft harten Differenzen mit den Großmächten. Die Alliierten versuchten (deshalb) französische Widerstandsbewegungen gegen de Gaulle auszuspielen.« (*Brockhaus Enzyklopädie* 1968) Daß diese in der Regel kommunistisch beherrscht waren, störte sie dabei genau so wenig wie ihre Förderung der kommunistischen Weltrevolution auf der östlichen Seite des Reiches.

betrieben, sondern vielmehr auf der Basis der MONROE-Doktrin[24] selbst eine solche Union der nord- und südamerikanischen Staaten mit einer Einheitswährung (vielleicht einem ›Amo‹ oder richtiger gleich ›Amok‹) geschaffen worden. Das gilt besonders auch für die Erzwingung einer europäischen Einheitswährung, die den US-$ wieder zur alleinigen Leitwährung der Welt machen soll – und das nach dem jeweiligen Gutdünken Washingtons. Der Euro soll und wird dann global nur eine finanzpolitische Rolle spielen, wie etwa der CFA-Franc, den die Franzosen zur Kontrolle ihres Ex-Kolonialreichs für die einzelnen, nicht lebensfähigen ›souveränen‹ Fragmente eingeführt haben.

Der US-amerikanische Nobelpreisträger für Nationalökonomie Milton FRIEDMAN (Chicago) gewährte im Juni 1996 der französischen Zeitschrift *Géopolitique* ein Interview, in dem er den Plan, den Euro als einzige Währung in Europa einzuführen, als »Frucht einer selbstmörderischen Beharrlichkeit« bezeichnet. Er vertritt die Ansicht, daß eine Zentralbank ihre Autorität nur dann durchsetzen könne, wenn das »von einer Währung abzudeckende Gebiet schon politisch vereinigt ist«. Von den Maastrichter Beschlüssen hält er nichts, »da sie Europa nur Arbeitslosigkeit und Inflation bringen«.[25]

Auf der anderen Seite des Kanals hat der mit eigenen Parteigründungen in Frankreich und Großbritannien Europapolitik machende – nicht gerade deutschfreundliche – Bankier Sir James GOLDSMITH erklärt:

> »Maastricht würde die Säulen (Europas) zerstören.«[26]

Wir werden unten noch näher auf die von GOLDSMITH entwickelten europapolitischen Gedankengänge eingehen, kehren jedoch erst einmal wieder zur Zeitgeschichte zurück, ohne deren Berücksichtigung der heutige politische Standort Deutschland nicht definierbar ist. Das erklärt sich bereits aus der Tatsache, daß den Deutschen nicht nur permanent ihre Alleinschuld am Zweiten Weltkrieg – wie natürlich auch bereits am Ersten Weltkrieg – vor-

---

[24] Nach der vom US-amerikanischen Staatsmann James MONROE am 2. Dezember 1823 abgegebenen Erklärung: »Amerika den Amerikanern«.

[25] Milton Friedman, in *Géopolitique*, Juni 1996, nach Pierre Campguilhem/P.F., »›Frucht selbstzerstörerischer Beharrlichkeit‹ – Milton Friedman streichelt das französische Nationalgefühl«, in *Das Ostpreußenblatt*, 8. 6. 1996.

[26] *Das Ostpreußenblatt*, 29. 6. 1996, »Maastricht würde die Säulen zerstören – Der Bankier J. Goldsmith über verhängnisvolle Tendenzen unseres Kontinents«.

geworfen, sondern auch daraus ihre Tributpflichtigkeit und erforderliche ›Einbindung‹ in zwischenstaatlichen Einrichtungen und sogar die Auflösung ihres staatlichen Torsos mit seiner stabilen Währung in der Europäischen Union abgeleitet wird. Und wer in der entsprechend Deutschland vorgegebenen Politik etwas werden will, der hat sich das »volkspädagogisch gewünschte Geschichtsbild« (Golo MANN) zu eigen zu machen. Ex-Bundespräsident Richard VON WEIZSÄCKER hat sogar den Spagat fertiggebracht, einerseits seinen Vater mutig bei den Nürnberger Kriegsverbrecher-Schauprozessen zu verteidigen und sich andererseits nachher mit »Unsere-Schuld«-Bekenntnissen am Entstehen des Zweiten Weltkrieges dem Ausland gegenüber mit entsprechendem Medienecho im In- und Ausland als der ›gute Deutsche‹ zu präsentieren. Sein Vater Ernst Heinrich VON WEIZSÄCKER war Staatssekretär im Auswärtigen Amt und damit höchster Beamte des Dritten Reiches, woraus sich erhebliche Vorteile für seinen Sohn Richard anderen, von letzterem nunmehr zu Mitschuldigen erklärten Angehörigen der Erlebensgeneration gegenüber ergaben. Ernst H. V. WEIZSÄCKER hat aus seiner Warte und Erkenntnis zum Kriegsbeginn festgestellt: Es »lief die Welle der Unterdrückung der deutschen Minderheit in Polen immer höher auf und überspülte das Problem: Danzig und die Passage durch den Korridor«.[27]

Auch Bundeskanzler Helmut KOHL hat sich, als promovierter Historiker, in seiner Regierungserklärung zum 50. Jahrestag des Kriegsausbruchs (1. 9. 1939) sich über hier angezogene Arbeiten von deutschen, US-amerikanischen, britischen, französischen und neuerdings auch russischen Historikern hinwegsetzend, dementsprechend *›political correct‹* geäußert:

> »HITLER hat den Krieg gewollt, geplant und entfesselt. Daran gab und gibt es nichts zu deuten. Wir müssen entschieden allen Versuchen entgegentreten, dieses Urteil abzuschwächen.«

Und der aus Ostpreußen heimatvertriebene Bundestagspräsident a.D. Rainer BARZEL schrieb in einem Leserbrief:

> »Wer die Schuld am Ausbruch des Zweiten Weltkrieges. . . relativiert, ist mein Gegner.«[28]

---

[27] Ernst Heinrich Frhr. von Weizsäcker, zitiert bei David L. Hoggan, aaO., (S. 31, Q. 29) S. 89, nach Udo Walendy, *Wahrheit für Deutschland*, Verlag für Volkstum und Zeitgeschichtsforschung, 1970, S. 191, und Peter H. Splittgerber, aaO. (S. 21, Q. 14), S. 10.

[28] Peter H. Splittgerber, ebenda, S. 3, »Helmut Kohl und Rainer Barzel«, nach *Die Welt*, 2. 9. und 9. 8. 1989.

Der Verfasser zitiert lediglich eine Auswahl zeitgeschichtlicher Quellen, soweit sie ihm für das Verständnis der heutigen politischen Rahmenbedingungen für Staat und Wirtschaft erforderlich erscheinen, und verweist den darüber hinausgehend an der Geschichte vor und zwischen den beiden Weltkriegen interessierten Leser auf die angezogene Fachliteratur.[29]

In der Vorkriegsphase des Dritten Reiches ist einmal der ›England-Tick‹ Adolf HITLERS für die geopolitische Fehleinschätzung verantwortlich, dem die Kriegsmarine ihre Stiefkind-Rolle verdankte, sowie zum anderen das Versagen der deutschen Abwehr, des Auswärtigen Amts und der Marineführung. »Der Krieg gegen das meerbeherrschende Großbritannien am 3. September 1939 war für die Marine... eine peinliche Überraschung. Flottenchef RAEDER hatte HITLERS Versicherungen geglaubt, es werde keinen Krieg mit England geben. (Das soll auch für GÖRING und damit für seine, bei einer kriegerischen Auseinandersetzung mit Großbritannien so wichtige Luftwaffe gegolten haben.[30] Jetzt besaß die Seekriegsleitung für diesen Seekrieg zwar ein wenn auch nicht vollkommen zu Ende durchdachtes Konzept, jedoch keineswegs ein genügend starkes Instrument, um die ›atlantische Kriegführung‹ zu verwirklichen.

Die Unterschätzung des U-Boots im Zufuhrkrieg blieb bei der Seekriegsleitung beinahe Tradition, auch nachdem HITLER im Oktober die (einen erfolgreichen U-Boot-Krieg unmöglich machende) Prisenordnung hatte über Bord gehen lassen.«[31] Hinzu kam RAEDERS einseitige Englandfixierung.[32] Wenn Großadmiral Alfred VON TIRPITZ (1849–1930) noch nicht erkannt hatte, in welchem Ausmaße US-

---

[29] Wem an einem umfangreichen diesbezüglichen Überblick mit über 100 Quellenangaben interessiert ist, ohne viel lesen zu müssen, dem rät der Verfasser, das beim Verlag Der Schlesier, Herner Straße 12/12a, 45617 Recklinghausen (Tel. 02361/ 23800, FAX 186125) 1996 für DM 5.- verlegte, hier angezogene 34-Seiten-Heft des Mitglieds des Arbeitskreises für Zeitgeschichte und Politik, Dr. Peter H. SPLITTGERBER, zur Hand zu nehmen.

[30] *Die Welt*, 11. 3. 1988, »Mitten im Kriege ein fröhliches Plaudern über eine neue Welt«.

[31] Walter Görlitz, »Hitlers Stiefkind, die Marine – Jetzt zum ersten Mal veröffentlicht: Die Akten der deutschen Seekriegsleitung 1935–1945«, in *Die Welt*, 31. 1. 1977. – Deutsche U-Boote haben im Nordatlantik fast 3000 Schiffseinheiten mit einer Gesamttonnage von über 14 Mio. BRT versenkt (*Die Welt*, 21. 6. 1996, »Streit um Bergung deutscher U-Boote«). Das Reich verfügte 1939 aber lediglich über 57 Unterseeboote, während Großbritannien 65, Frankreich 78 und Polen fünf solche Einheiten besaßen. (*Wie das Gesetz es befahl*, Sammelband, Originalberichte der Generale und Kommandeure aller drei Waffengattungen, Verlag Welsermühl, München 1954, Teil II: *Der Seekrieg*, S. 5, nach Peter H. Splittgerber, aaO. – s. S. 21 ,Q. 14 –, S. 22).

[32] Rolf Güth, »Erich Raeder und die ›englische Frage‹ – Betrachtungen zur deutschen Marineführung 1906 bis 1939«, in *Marineforum*, 1/2. 4 und 5–1995.

amerikanische Interessen Europa und damit das Deutsche Reich bedrohten, so war zwischenzeitlich von den Vereinigten Staaten der ›Lusitania‹-Zwischenfall (s. S. 171, Q. 264) inszeniert und daraufhin der Erste Weltkrieg von ihnen entschieden worden. Die Tatsache, daß die ›*Grand Fleet*‹ in der Skagerrakschlacht 14 Kriegsschiffe – darunter 3 Schlachtkreuzer, 3 Panzerkreuzer, 1 Leichter Kreuzer und 7 Zerstörer – mit insgesamt 115 025 t und 6945 Mann Besatzung verloren hatte, während die Kaiserliche Hochseeflotte 11 Kriegsschiffe – darunter 1 Schlachtkreuzer, 1 Linienschiff, 4 Kleine Kreuzer und 5 Torpedoboote – mit insgesamt 61 180 t und 3058 Mann Besatzung, das heißt etwa die Hälfte der britischen Verluste, erleiden mußte[33] und trotzdem in der Auseinandersetzung mit Großbritannien so gut wie nichts Kriegsentscheidendes zugunsten des Reiches bewirken konnte, hat daran nichts zu ändern vermocht. Die deutsche Marineleitung unter Großadmiral RAEDER war jedoch offensichtlich so stark durch die Skagerrakschlacht geprägt, daß sie nicht nur überwasser-, sondern auch Großbritannien-fixiert blieb. Und die deutsche Abwehr muß sowohl die Kriegsvorbereitungen in den Vereinigten Staaten als auch in Großbritannien schlicht verschlafen haben.

Das Münchner Abkommen (29. 9. 1938) zwischen Adolf HITLER, Neville CHAMBERLAIN, Edouard DALADIER und Benito MUSSOLINI wurde nicht abgeschlossen, um dem Selbstbestimmungsrecht der Sudetendeutschen zu entsprechen, sondern um auf alliierter Seite Zeit für die Vorbereitung auf deren Zweiten Weltkrieg zu gewinnen,[34] ohne daß das deutscherseits erkannt worden ist. Auch das

---

[33] Busch und v. Forstner, »Unsere Marine im Weltkrieg, nach »Mit 250 Schiffen im Gefecht – Die Skagerrakschlacht im Ersten Weltkrieg – Größte Seeschlacht der Geschichte«, in *Die Pommersche Zeitung*, 11. 5. 1996.

[34] »Viele haben es ausgesprochen und geschrieben, daß CHAMBERLAINS Hauptgrund, nach München zu gehen, gewesen ist, für einen unvermeidlichen Krieg Zeit zu gewinnen! Er wäre in der Tat ein ungeeigneter Premier gewesen, wenn er das nicht im Sinne gehabt hätte.« (Keith Feiling, *The life of Neville Chamberlain,* London 1946, S. 359, nach Hans Riegelmann, »Kriegsschuld – Die unbewältigte Gegenwart: Der 1. September 1939 – Das Geschehen nach Aussagen und Urteilen der Anderen«, in *Unabhängige Nachrichten*, 8/83).

»Ich habe heute mit Joe KENNEDY (US-Botschafter in London) Golf gespielt. Ich befragte ihn über seine Unterredungen mit ROOSEVELT und Neville CHAMBERLAIN von 1938 an. Er sagte, CHAMBERLAINS Überzeugung 1938 sei gewesen, daß Großbritannien nichts in der Hand habe, um zu kämpfen, und daß es nicht wagen könne, gegen HITLER in den Krieg zu gehen. . . Weder Franzosen noch Engländer würden Polen zum Kriegsgrund gemacht haben, wenn sie nicht unablässig von Washington angestachelt worden wären. . . CHAMBERLAIN, sagte KENNEDY, habe festgestellt, Amerika und die Juden hätten England in den Krieg gezwungen (›America and the jews forced England into the war‹).« (James Vincent Forestal, US-Verteidigungsminister, Tagebucheintragung vom 27. 12. 1945, *The Forestal Diaries,* New York, 1951, S. 121 f., nach Hans Riegelmann, ebenda).

mit Völkerrechtlern und Konsularjuristen besetzte, ohne wirtschaftspolitischen Sachverstand arbeitende Auswärtige Amt (AA) war mit seiner Aufgabe im 20. Jahrhundert des internationalen wirtschaftlichen Wettbewerbs überfordert. Es vermochte deshalb weder die US-amerikanische Interessenlage zu analysieren, noch das wirtschaftliche US-Kriegspotential zu dessen Vertretung zu erfassen, gegen das und die übrigen Alliierten die Achsenmächte niemals einen Zweiten Weltkrieg gewinnen konnten. Solange sich im AA die Personalpolitik nicht grundlegend zugunsten wirtschaftspolitischen Sachverstands ändert, wird auch in Zukunft von dort kaum mehr als die Wahrnehmung von vornehmlich protokollarischen und Konsularaufgaben erwartet werden können.

Polen als Kriegsgrund

Polen war für die nach dem oben zitierten Lord GLADWYN für erforderlich gehaltene ›Lösung‹ ein nicht nur britischerseits inszenierter Kriegsgrund, wie gleichfalls 1914 der Sarajevo-Zwischenfall. Ansonsten hätte auch der UdSSR der Krieg erklärt werden müssen, und das bereits bei deren Annexion großer Teile Finnlands. Ein dem Reich erklärter Krieg zur Aufrechterhaltung des polnisch-slawischen Imperialismus[35] war schon allein wegen des von US-Präsident Thomas Woodrow WILSON als Rechtfertigung für den Ersten Weltkrieg verkündeten, dann aber von den Siegermächten in Versailles und danach von Kongreßpolen sowie auch der Tschechoslowakei mit Füßen getretenen Selbstbestimmungsrechts der Völker nicht gerechtfertigt.

Die *New York Daily News* hatten deshalb auch in ihrer Ausgabe vom 1. Juli 1939 gegen die Kriegstreiber in ihrem Lande protestiert:

> »Danzig ist deutsch! Wenn HITLER Danzig will und die Danziger zu HITLER wollen, dann sehen wir nicht ein, warum ein Krieg ihn daran hindern soll. Wir sehen nicht ein, warum die Jugend Englands und Frankreichs aufgeputscht wird, für Danzig zu sterben. Danzig ist für England nicht die Knochen eines einzigen britischen Soldaten wert. Wir sehen auch nicht ein, warum wir Amerikaner uns über Danzig aufregen sollen, auch wenn die USA-Radikalen und -Liberalen uns weismachen wollen, die Jugend der USA solle demütig-dankbar die Gelegenheit wahrnehmen, für Danzig den Tod zu suchen.«[36]

Schließlich bestand der polnische Reißbrett-Staat 1939 mehrheitlich aus mit ihrem Land in ihn hineingepreßten Litauern, Weißrussen, Ukrainern, Tschechen und vornehmlich – dazu noch als Nichtslawen (wie die dort lebenden Juden) unter Vertreibungs-

---

[35] Der britische Premier LLOYD GEORGE hatte die Polen, Tschechen und Serben bereits 1919 hinsichtlich ihrer Gebietsansprüche als »imperialistischer als die Großmächte« bezeichnet. (Mermeix, *Le Combat des Trois, Notes et Documents sur la Conférence de la Paix,* Paris 1922; nach Bolko Frhr. v. Richthofen / Reinhold R. Oheim, *Deutschland und Polen: Mythos und Wirklichkeit – Geschichte einer 1000jährigen Nachbarschaft,* Bd. 2: *Polens Marsch zum Meer – Zwei Jahrhunderte Teilung und Expansion,* Arndt-Verlag, Kiel 1984, S. 150).

[36] *New York Daily News,* 1. 7. 1939, nach Hans Riegelmann, aaO. (S. 32, Q. 34).

druck stehenden – Deutschen. Zu letzterem Tatbestand wird von den Vertretern der These eines unprovozierten deutschen Überfalls auf das friedliche Polen gerne unterschlagen, daß »zwischen 1918 und 1939 schon über 1,1 Millionen Deutsche aus Westpreußen und Posen vertrieben wurden«.[37] Mit welchen Methoden das unter anderem bewerkstelligt wurde, veranschaulicht eine 1920 im *Pieron* Nr. 21 unter der Überschrift »In Rybnik« erschienene Zeichnung von Heinrich ZILLE (Abbildung 3) als polnisches Lehrbeispiel für die spätere ›Reichskristallnacht‹.[38]

Abbildung 3 · Die Polen: »Warum putzt der Deutsche noch die Fensterscheiben? Wir werden sie ihm bald genug einschlagen!« Quelle: *Deutscher Ostdienst (DOD)*, 15. 3. 1996.

[37] Emil Schlee, »Die drei Dreißigjährigen Kriege gegen Deutschland«, in *Stimme des Gewissens* (LSI), 1/1996, S. 7.

[38] Zur ›Reichskristallnacht‹ sei bemerkt, daß bisher keine deutsche Quelle gefunden werden konnte, die darüber Auskunft gibt, wer die Willkürakte gegen jüdische Einrichtungen angeordnet hat. Da sich die Nationalsozialisten bemühten, die von ihnen vorgenommene Deportation von Juden nach Möglichkeit von der Öffentlichkeit unbemerkt durchzuführen, kann die ›Reichskristallnacht‹ kaum den Zielsetzungen der NS-Propaganda entsprochen haben. Nachdem Adolf HITLER davon Kenntnis erlangt hatte, wurde die Aktion deshalb sofort abgeblasen. Für die propagandistische Vorbereitung eines Krieges gegen Deutschland war sie jedoch sehr nützlich. Hier bedarf es somit noch zeitgeschichtlichen Archivstudiums, sofern entsprechende Archive jemals für Historiker zugänglich werden sollten.

Polen hatte vor 1939 die in Versailles gezogene Curzon-Linie 1920 mit seinem Angriff auf die Ukraine durchbrochen, im selben Jahr mit einem Handstreich das Wilna-Gebiet (Litauen) erobert und sich 1921 bei Annaberg gewaltsam Teile von Schlesien anzueignen versucht. Damit hatte Polen bereits lange vor Adolf HITLERS ›Machtergreifung‹ zum Zusammenbruch des Versailler Systems beigetragen, von dem Polens territoriale, weit über seine ethnische Substanz hinausgehende Versailles-Existenz abhing. Schließlich hat die polnische Zeitschrift *Liga für Großmacht* in ihrer Ausgabe 3/1929 die beabsichtigte und dann auch 1945 entsprechend praktizierte polnische Vorgehensweise im schon damals vorbereiteten Krieg gegen Deutschland wie folgt angekündigt:

> »Im Krieg mit den Deutschen wird es keine Gefangenen geben und keinen Raum für menschliche Gefühle... Wir müssen in die polnische Armee den Geist eines unversöhnlichen, bis zur Grausamkeit gesteigerten Kampfes tragen.«[39]

In ihrer Ausgabe vom 3. Oktober 1937 legte diese Zeitschrift dann noch nach:

> »Der Kampf zwischen Polen und Deutschland ist unausweichlich. Wir müssen uns darauf systematisch vorbereiten. Unser Ziel ist ein neues Grunwald, aber diesmal ein Grunwald in den Vororten von Berlin... Unser Ideal ist ein Polen im Westen mit der Oder und Neiße als Grenze. Preußen muß für Polen zurückerobert werden, und zwar Preußen an der Spree.«[40]

Bereits 1926 hatte der offiziöse polnische ›Westmarkenverband‹ seine Kriegsziele veröffentlicht:

> »Die natürliche Grenze Polens ist im Westen die Oder, im Osten die mittlere und untere Düna. Daher wird unsere Devise lauten: ›Von Stettin bis Riga‹.«[41]

1930 folgte dann sein Flugblatt – **Abbild 4** –, in dem die Annexion deutscher und tschechischer Gebiete bis vor Berlin und bis einschließlich Prag angekündigt und dafür Rückendeckung bei den Westmächten gesucht wurde. Die Leute, welche heute das Dritte

---

[39] Polnische Zeitschrift *Liga für Großmacht*, zitiert bei Else Löser, *Polen-Deutschland – Wie kam es zum Krieg?*, Selbstverlag, Kaiserslautern, S. 7, nach Heinz Splittgerber, aaO. (S. 21, Q. 14), S. 6.

[40] Else Löser, ebenda, S. 7, nach Peter H. Splittgerber, ebenda, S. 6 f.

[41] Else Löser, ebenda, S. 6, nach Peter H. Splittgerber, ebenda.

Reich für den Krieg mit Polen verantwortlich machen, können nur davon ausgehen, daß man 1929/30 bereits gewußt habe, ›es wird einer kommen‹, der den Grund für eine Annexion dieser Gebiete liefert. Polnische Finanzkreise haben sich dafür bereits an der ab 1923 aus dem Ausland erfolgten Finanzierung des Nationalsozialismus beteiligt. Da Adolf HITLER weder die Gewerkschaften noch die Kirche als Förderer hinter sich hatte, hätte er wahrscheinlich ohne Zuwendungen aus dem Ausland (s. S. 40 + 82, Q. 48 + 125) gar nicht an die Macht kommen können.

Abbildung 4. Quelle: Bolko Frhr. v. Richthofen / Reinhold R. Oheim, *Deutschland und Polen: Mythos und Wirklichkeit – Geschichte einer 1000jährigen Nachbarschaft:* Bd. 2, *Polens Marsch zum Meer – Zwei Jahrhunderte Teilung und Expansion*, Arndt-Verlag, Kiel, 1984, S. 144 f.

Der nach Annaberg erneute Überfall auf das mit seinem 100 000-Mann-Heer und dessen beschränkter Bewaffnung schwach gehaltene Deutschland sollte 1933 neben Ostpreußen und Schlesien im Kreis Neustettin/Pommern erfolgen. Die Weimarer Republik hatte deshalb diesen Heimatkreis des Verfassers mit ihrer dortigen Konzentration der Reichswehr zur seiner Zeit »stärksten Festung Deutschlands« gemacht. Ungeachtet dessen übte der ›Grenzschutz‹ unter dem preußischen Innenminister Carl SEVERING (SPD) mit Holzgewehren, um – wie in Annaberg erforderlich gewesen – die Reichswehr bei der Abwehr des von Polen vorbereiteten und durch die Aktivität polnischer Aufklärungsflüge auch für Nichtmilitärs erkennbar bevorstehenden Überfalls unterstützen zu können. Einer dieser Aufklärer, eine offene Einpropellermaschine mit zwei Offizieren an Bord, mußte 1930 etwa 30 km westlich der Korridorgrenze auf einem Stoppelacker des elterlichen Betriebes des Verfassers notlanden. Staatspräsident Marschall »PILSUDSKIS Pläne von 1933 für einen Präventivkrieg gegen Deutschland sind viele Jahre hindurch ein umstrittenes Thema gewesen. Man hat große Anstrengungen gemacht, die Behauptung zu widerlegen, daß PILSUDSKI solche Pläne tatsächlich gehabt habe. Bis 1958 war man darüber im Zweifel. Damals enthüllte jedoch VANSITTART[42] mit Genehmigung der englischen Regierung die Authentizität der Pilsudskischen Kriegspläne von 1933.«[43]

Der französische Historiker René MARTEL berichtete bereits in seinem 1930 erschienenen Buch *Les frontières orientales de l'Allemagne*:

> »Deutschland bringt 1930, wie wir gesehen haben, sachliche und zu verwirklichende Vorschläge vor. Es will zu einer für beide Teile annehmbaren Lösung gelangen. Polen lehnt es aber ab, mit sich über eine Umgestaltung der Verträge reden zu lassen. Oder vielmehr, es nährt neue Ausdehnungspläne und nimmt sich vor, Ostpreußen und Schlesien zu annektieren. Wir bedauern, daß wir die Pflicht haben, das festzustellen, aber es ist eine unbestreitbare Tatsache, die wir ausgiebig belegt haben.«[44]

Außerdem »hatten polnische Regierungskreise schon vor Ausbruch des Krieges Pläne für das besiegte Deutschland entworfen

---

[42] Lord Robert Gilbert VANSITTART of Denham, britischer Spitzendiplomat und 1938–1941 oberster Berater des *Foreign Office,* »franzosenfreundlich; schroffer Gegner Deutschlands schon vor 1933«.(*Bertelsmann* Lexikon, 1955).

[43] David L. Hoggan, *Der erzwungene Krieg,* Grabert-Verlag, Tübingen 1961 u. [15]1997, S. 53.

[44] B. v. Richthofen / R.Oheim, aaO. (S. 34, Q. 35), S. 181.

und in ihnen vorgesehen, das Deutsche Reich ›in zwei oder mehr Stücke aufzuteilen‹, darunter einen ›südlichen und katholischen Block, vielleicht unter dem Erzherzog Otto‹«.[45] Ohne Adolf HITLERS ›Machtergreifung‹ (30. 1. 1933) wäre nach den polnischen Plänen bereits sechs Jahre vor 1939 der Krieg zwischen Polen und dem Reich ausgebrochen. Am 8. Mai 1933 erklärte der polnische Kriegsminister KASPRZYCKI bei einer Generalstabsbesprechung in Paris zu den polnischen Kriegsplänen gegen das nunmehr Dritte Reich:

»Wir haben keine (Grenzbefestigungen), denn wir beabsichtigen, einen Bewegungskrieg zu führen und von Beginn der Operation an in Deutschland einzumarschieren.«[46]

Die durch Adolf HITLERS ›Machtergreifung‹ eingetretene Verzögerung, bis Polen sich für seinen geplanten Einmarsch in die dem Reich nach 1919 verbliebenen deutschen Ostgebiete – der neuen Lage entsprechend – ›systematisch vorbereiten‹ konnte, hat es genutzt, 1938 der Tschechoslowakei gewaltsam das Olsa-Gebiet abzunehmen.

Wie polnischerseits nach 1933 die Eroberung des deutschen, östlich einer Linie von Stettin bis Triest gelegenen Gebiets diplomatisch vorbereitet wurde, ist folgendermaßen überliefert: »Der polnische Außenminister, Oberst Józef BECK, hatte... am 15./16. August 1938 auf seiner nächtlichen Fahrt von der Ostseehalbinsel Hela mit dem Hohen Kommissar des Völkerbundes für Danzig, Prof. Dr. Carl J. BURCKHARDT, das eigentliche Ziel der polnischen Außenpolitik zynisch enthüllt, nämlich, die systematische Herbeiführung einer unvermeidlichen Katastrophe für Deutschland, aus der sich BECK für Polen den größten Gewinn erhoffte.«[47] Deshalb hatte sich Polen an den Zuwendungen beteiligt, die Adolf HITLER seit 1923 aus dem Ausland zuflossen. Das Motiv hierfür war die Destabilisierung Deutschlands. Für den französischen Botschafter in Berlin, »FRANÇOIS-PONCET, war der unbestechliche Kanzler Heinrich BRÜNING im verschlagenen Spiel der internationalen Politik zu gescheit und zu erfahren. HITLER andererseits sei ein Narr

[45] Alfred Schickel, »Rückblick: Wäre der II. Weltkrieg vermeidbar gewesen? – Ein Blick in amerikanische Geheimakten wirft neue Fragen auf «, in *Die Pommersche Zeitung*, 13. 11. 1982.

[46] Emil Maier-Dorn, *Alleinschuld – Unkenntnis oder Feigheit?*, Großaitingen 1970, nach B.v. Richthofen / R.Oheim, aaO. (S. 34, Q. 35), S. 185.

[47] B.v.Richthofen / R.Oheim, ebenda, S. 171.

und politischer Dilettant... War der... an der Macht, so würde es, meinte er, viel leichter sein, zu Vereinbarungen zu gelangen, die für Frankreich günstig wären«.

Nach Charles C. Tansill, Professor für Geschichte der US-amerikanischen Diplomatie an der Georgetown University, Washington/USA, »sprechen Zeugnisse dafür, daß gewisse französische Staatsmänner heimlich darauf ausgingen, das Kabinett Brüning zu stürzen«. Brüning selbst habe bekundet: »Ein Umstand, der zu Hitlers Aufstieg wesentlich beitrug,... war die Tatsache, daß er im Jahre 1923 und später aus dem Ausland (nach Tansill aus Frankreich, Polen und der Tschechoslowakei so wie nach dem unten zitierten Chaitkin – s. Q. 115 – auch aus den Vereinigten Staaten und Großbritannien) große Geldsummen erhielt... zu dem Zweck, in Deutschland Unruhen hervorzurufen und es zur Revolution zu treiben.« Er sei »von Leuten bezahlt (worden), die sich einbildeten, dies könne Deutschland auf Dauer schwächen und den Fortbestand irgendeiner konstitutionellen Zentralregierung unmöglich machen«. Nach Tansill hat die französische Regierung im Frühjahr 1932 wesentlich zu Brünings Sturz beigetragen.[48] Und daran hat Polen mit seinen Zuwendungen an Adolf Hitler mitgewirkt. Andererseits haben neben einer »Fülle von Absichtserklärungen und Kriegshandlungsandrohungen« sowie vorerwähnter Vertreibung von etwa der Hälfte der von Polen nach Versailles übernommenen Deutschen »bis zum Ausbruch des II. Weltkrieges am 1. 9. 1939 in den Grenzräumen der deutschen Ostprovinzen Grenzüberschreitungen mit Überfällen, Tötungen, Brandschatzungen und Zerstörungen durch irreguläre Banden als provozierende Kriegshandlungen statt(gefun)den, so daß zum Teil Wehrmachtsformationen eingesetzt werden mußten, um diese mit Waffengewalt wieder über die Grenze zurückzudrängen«.[49] Die Zeitgeschichtliche Forschungsstelle Ingolstadt hat 1991 diplomatische Akten in Washington und London ausgewertet, in denen ein Bericht zweier britischer Sondergesandter vom 13. Juni 1939 – also ein Vierteljahr vor Deutschlands ›Überfall‹ auf das friedliche Polen – entdeckt wurde, aus dem »die sichere Erwartung Warschaus (hervorgeht), den bevorstehenden Krieg mit Deutschland binnen

---

[48] Charles Callan Tansill, *Die Hintertür zum Kriege – Das Drama der internationalen Diplomatie von Versailles bis Pearl Harbor* (Originaltitel: *Back Door to War*), Droste Verlag, Düsseldorf 1956, S. 59 (unter Verwendung der Dissertation über Brüning von E. J. Dunne).

[49] Emil Schlee, »Die Drei Dreißigjährigen Kriege gegen Deutschland«, aaO.(S. 35, Q. 37).

Jahresfrist siegreich zu beenden und vom geschlagenen deutschen Nachbarn neben Ostpreußen halb Schlesien und Ostpommern zu nehmen. Um die deutsche Minderheit (in Polen) durch diese geplante Landnahme nicht weiter zu vergrößern, sollte die deutsche Bevölkerung dieser Gebiete ins Reich ›transferiert‹, also aus der Heimat ausgewiesen werden«.[50]

---

[50] Otto Kimminich, Regensburg, *II. Völkerrechtliches Gutachten zu dem Referat von (dem polnischen Wissenschaftler) Remigiusz Sobanski, »Vertreibung: Recht gegen Recht, Unrecht gegen Unrecht?«.*

Der Krieg in Europa ist beschlossene Sache

Die Annexion der deutschen Gebiete östlich der Linie Stettin-Triest und die Vertreibung der dort lebenden Nichtslawen waren bereits 1848 auf der Panslawistischen Konferenz von Prag beschlossen und seither polnischer-, tschechischer- sowie bis in die heutigen Tage serbischerseits gefordert und von den Westmächten – insbesondere Großbritannien und Frankreich – unterstützt worden. Die entscheidenden Kriegstreiber waren jedoch Kräfte in den Vereinigten Staaten, und – wie hier dargelegt wird – die europäischen US-Alliierten waren letztlich neben dem Deutschen Reich nur Opfer deren Szenarios. »Seit 1937 (wurde jedenfalls) von ROOSEVELT und seinem Gefolge planmäßig die amerikanische Bevölkerung durch Falschdarstellungen gezielt darauf vorbereitet«, wie COLVY, in seinem *Roosevelts scheinheiliger Krieg*, sowie der Bericht des polnischen Botschafters in Washington, Jerzi POTOCKI, vom 12. 1. 1939 deutlich belegen[51] und der amerikanische Botschafter in Paris, BULLITT, im April 1939 mit den Worten bestätigt:

> »Der Krieg in Europa ist beschlossene Sache[52]. . . Amerika wird nach Großbritannien und Frankreich in den Krieg eintreten.«[53]

Lord Halifax – von 1941 bis 1946 britischer Botschafter in Washington – hielt Roosevelt »für keinen sehr großen Mann. . . Er war sicherlich ein geschickter Taktiker und scharfsinniger Politiker; aber was er tat, spaltete das amerikanische Volk. Ich wurde einmal in Washington von mehreren republikanischen Senatoren zum Dinner gebeten, wobei ich eine kurze Ansprache zu halten hatte. ›Bevor Sie sprechen, Herr Botschafter‹, sagte man mir, ›sollen Sie

---

[51] Erwin Schütz, aaO. (S. 20, Q. 9).

[52] Wie dieser in einem Schreiben an US-Außenminister Cordell HULL zum Ausdruck brachte, war der Krieg beschlossen, »lange bevor die Frage des polnischen Korridors aufgeworfen wurde«. (*American Mercury*, 1958/12, S. 87, nach Hans Riegelmann, aaO., S. 32, Q. 34) Zur Rolle William C. BULLITTS als Präsident ROOSEVELTS ›graue Eminenz‹ s. **Anhang I**.

[53] J. F. C. Fuller (Generalmajor), *The Decisive Battles of the Western World and their Influence upon History*, Bd. III --nach Ludwig Leher, *Das Tribunal*, 1965, S. 162, und Hans Riegel-

wissen, daß jedermann in diesem Zimmer Mr. Roosevelt für einen größeren Diktator hält als HITLER oder MUSSOLINI‹«[54]

Der damals in Amerika lebende Publizist BEKASSY-HABE bemerkte später dazu:

> »Wir mußten uns entschließen, unsere Propaganda nicht nur gegen die Nazis, sondern auch gegen das ganze deutsche Volk begreiflich zu machen, sonst hätten wir das ganze amerikanische Volk niemals zum Krieg gegen Deutschland bereit und gefügig gemacht.«[55]

Mit den Geheimbefehlen von Präsident ROOSEVELT an die US-Marine, sie solle einen Zwischenfall im Nordatlantik provozieren, begann der Krieg der Vereinigten Staaten gegen Deutschland schon am 17. Oktober 1941, und nicht erst mit dem japanischen Angriff auf Pearl Harbor am 7. Dezember 1941. Bei dem am 17. Oktober 1941 herbeigeführten Zwischenfall handelte es sich um Wasserbomben des den britischen Geleitzug SC 48 eskortierenden US-Zerstörers ›Kearny‹ auf U-568. Der Kommandant dieses Unterseebootes, Kapitänleutnant PREUSS, hielt die ›Kearny‹ für einen britischen Zerstörer der ›Tribal‹-Klasse und beantwortete den Angriff mit einem Viererfächer. Durch Torpedotreffer wurde der Zerstörer zwar nicht versenkt, es kostete aber elf US-Matrosen das Leben. Damit hatte der Krieg zwischen den Vereinigten Staaten und dem Deutschen Reich begonnen, wenn er auch erst im Dezember 1941 durch die Reichsregierung formell erklärt wurde.[56]

Hiermit wurde die Prognose aus dem Jahre 1933 des (seit 1930) Unterstaatssekretärs im *Foreign Office* Lord VANSITTART bestätigt:

> »Wenn HITLER scheitert, wird sein Nachfolger der Bolschewismus sein; wenn er Erfolg hat, wird er innerhalb von fünf Jahren einen europäischen Krieg bekommen.«[57]

---

[54] Erich Schwinge, *Churchill und Roosevelt aus kontinentaleuropäischer Sicht,* Marburg ^{4}1986, S. 84.

[55] Erwin Schütz, aaO. (S. 20, Q. 9)

[56] Jürgen Hofmann, »Roosevelts Strategie der ›Zwischenfälle‹«, in *Die Pommersche Zeitung,* 14. 12. 1991.

[57] Robert Vansittart, *Ever now,* London 1949, S. 69, nach Hans Riegelmann, aaO. (S. 32, Q. 34).– Diese Äußerung des einflußreichen Lord VANSITTART gibt Auskunft über Gut und Böse für Deutschland aus der Sicht eines erklärten Deutschlandgegners. Seine Bewertung reicht bis in die Gegenwart. Sie erklärt zum Beispiel, warum NS-Untaten auch nach einem halben Jahrhundert noch mit äußerster Härte verfolgt werden, obwohl Zeugenaussagen nach so langer Zeit recht fragwürdig sind und deshalb nach dem dafür geänderten alten

Im Geiste eines, die US-amerikanische Nation für ›ROOSEVELTS scheinheiligen Krieg‹ bereit und gefügig machenden Demokratieverständnisses mußten viele *GIs*, europäische Soldaten und Zivilpersonen sterben sowie sich nachher die Westdeutschen kriegspropaganda- und zeitgeist-konform umerziehen lassen! Außerdem hat der Zweite Weltkrieg die Vereinigten Staaten 355 Milliarden Dollar gekostet, was noch heute einen beträchtlichen Teil der US-Staatsschuld ausmacht.

»Wegen der Auslieferung Osteuropas und der Mandschurei an STALIN und den Kommunismus durch einen kranken, sterbenden Präsidenten in Jalta haben wir – wie der US-amerikanische Abgeordnete Hamilton FISH 1982 feststellt – seit 1945 mehr als eine Billion Dollar für die Verteidigung der Freiheit gegen die Drohung des Weltkommunismus aufwenden müssen!«[58] Der Krieg gegen Deutschland wurde US-seitig angestrebt, angezettelt und schließlich zur Entscheidung gebracht, obwohl Präsident WILSON sich am 4. Juli 1919 zur Abtretung weiter deutsch besiedelter Ostgebiete ohne, und Oberschlesien betreffend sogar trotz einer zugunsten des Reichs ausgegangenen Volksabstimmung wie folgt geäußert hatte:

> »Das einzige wahre Interesse Frankreichs an Polen besteht in der Schwächung Deutschlands, indem Polen Gebiete zugesprochen werden, auf die es keinen Anspruch besitzt.«[59]

In ähnlicher Weise hatte der keinesfalls deutschfreundliche britische Premier LLOYD GEORGE bei den Versailler Verhandlungen erklärt, sein Land habe »niemals daran gedacht. . ., Polen eine Provinz zu geben, die seit 900 Jahren nicht mehr polnisch gewesen

---

Strafrecht selbst bei Mord nach 25 Jahren verjährten, während im ›Rechtsstaat‹ Deutschland vergleichbares Verhalten in der DDR bereits nach viel kürzerer Zeit – wenn überhaupt (s. Fall HONECKER) – mit größter Nachsicht bzw. Milde (meist geringe Bewährungsstrafen) geahndet wird. Aus dem gleichen Grund werden auch die aus politischen Gründen vorgenommenen SBZ/DDR-Enteignungen unter Bruch der Verfassung sanktioniert, was hinsichtlich des sich zu SBZ/DDR-Zeiten von Funktionären und inoffiziellen Mitarbeitern des MfS angeeigneten Raubvermögens zynisch als ›gutgläubiger Erwerb‹ gerechtfertigt wird. Das gilt natürlich auch in noch ausgeprägterem Maße für das Raubvermögen im Deutschen Osten, obwohl es sich bei den Räubern um Signatarstaaten der Haager Landkriegsordnung handelt, die jetzt trotzdem so schnell wie möglich in die NATO und die Europäische Union aufgenommen werden sollen. Vergleichbare Sanktionierung oder ›gutgläubigen Erwerb‹ während der NS-Zeit gibt es hingegen zu Recht nicht.

[58] Hamilton Fish, aaO. (S. 21, Q. 13), S. 16.

[59] Walter Recke, *Die Polnische Frage als Problem der europäischen Politik*, Berlin 1927, S.244, nach Hugo Wellems, *Von Versailles bis Potsdam 1971–1945*, v. Hase & Koehler, Mainz 1983, S. 103.

ist. . ., (sowie) daß wir 2,1 Millionen Deutsche der Autorität eines Volkes mit einer anderen Religion unterstellen sollen, eines Volkes, das im Laufe der Geschichte noch niemals gezeigt hat, daß es sich zu regieren versteht; dieser Vorschlag würde früher oder später zu einem neuen Krieg im Osten Europas führen.«[60]

Nach dem Schweizer Jacob BURCKHARDT, von 1937 bis 1939 Hochkommissar des Völkerbundes in Danzig, ist in Versailles »mit der versteckten Absicht gehandelt« worden, »auf die Dauer einen friedlichen Ausgleich zwischen Polen und dem Deutschen Reich unmöglich zu machen«.[61]

Präsident ROOSEVELT war wohl der Hauptverantwortliche für den Zweiten Weltkrieg, wenn das auch immer von zeitgeistkonformen Pseudohistorikern und gewissen Medienmachern verneint wird. So schrieb Rudolf AUGSTEIN in dem von ihm herausgegebenen *Spiegel* vom 26. Januar 1976:

> »Noch einmal und ein letztes Mal soll daran erinnert werden, daß Polen nicht die geringste Handlung begangen hat, die HITLER hätte zum Krieg herausfordern können. . . Demgegenüber. . . (steht) ein Zitat des Ernst v. SALOMON. . . (in seinem 1952 bei Rowohlt in Hamburg verlegten *Der Fragebogen*). Im Rahmen der riesigen *Automatic-Arrest-Action* der amerikanischen Besatzungsarmee in Bayern spielte sich folgendes Verhör ab:
>
> ›Der (verhaftete) Herr Alinn kam vor mir dran. Herr Kaltenbach (amerikanischer Vernehmungsoffizier) blätterte in Alinns Akte und fragte dann: Sind Sie immer noch der Ansicht, daß Polen den Krieg begann? Ich war sehr gespannt auf des alten, westfälischen Dickschädels Antwort. Herr Alinn schluckte schwer, dann sagte er: Ich muß zugeben, daß ich diese Ansicht äußerte. Aber in der Zwischenzeit wurde ich des öfteren anders belehrt. Herr Kaltenbach sagte: Dummkopf! Roosevelt begann den Krieg! Und zwar schon 1933! Du kannst gehen!‹ VON SALOMON bemerkte dazu trocken: ›Ich werde mich niemals unterfangen, an dem Wort eines amerikanischen Offiziers zu zweifeln.‹«

Der in Nürnberg den Angeklagten gemachte Vorwurf der *Conspiracy* (Verschwörung) fällt auf die Ankläger zurück. »Eine exklu-

[60] Seraphim / Maurach / Wolfrum, *Ostwärts von Oder und Neiße,* Hannover 1949, S. 39, nach Hugo Wellems, ebenda, S. 103.

[61] Hugo Wellems, »Der 30jährige Krieg des 20. Jahrhunderts – Bei Betrachtung der Geschichte können nur Fakten und Wahrheiten Grundlage für eine Wertung abgeben«, in *Die Pommersche Zeitung,* 30. 4. 1988.

sive, aber mächtige Minderheit um ROOSEVELT trieb seit 1933 zielbewußt zum Krieg gegen das Reich. Die Anerkennung der Sowjetunion und der Diktatur STALINS durch ROOSEVELT verschob die politischen Gewichte auf der Erde entscheidend! Der Vertrag wurde am 16. November 1933 in Washington unterzeichnet. Die Verhandlungspartner: der sowjetische Außenminister Maksim LITWINOW, ein früherer Sozialdemokrat namens MEIER-WALLACH aus Bialystok, und Unterstaatssekretär Henry MORGENTHAU, dessen Familie aus Mannheim stammt, nahmen Europa in die Zange.«[62] ROOSEVELT ist auch verantwortlich für die Dauer des Krieges als Folge der von ihm in Casablanca am 14. 1. 1943 durchgesetzten Forderung einer bedingungslosen Kapitulation. Durch letztere wurden sowohl die zusammenbruchbedingte Hungerkatastrophe in deutschen Konzentrationslagern und die bei und nach dem Einmarsch der Roten Armee sowie polnischer und tschechischer Horden begangenen Besatzungs- und Vertreibungsverbrechen als auch die in der Endphase des Krieges besonders grausame anglo-amerikanische Bombardierung ziviler Stadtkerne und die dann seitens der Sieger der deutschen zivilen und in Kriegsgefangenschaft genommenen Bevölkerung gegenüber angewandte Gewalt überhaupt erst möglich.

ROOSEVELT hatte »mit der Verabschiedung der Atlantikcharta am 14. August 1941 die Verpflichtung übernommen, jede territoriale Veränderung an den Willen der betroffenen Bevölkerung zu binden. Am 27. Oktober 1942 unterstrich er auf einer Pressekonferenz diese Verpflichtung noch einmal und setzte hinzu, sie finde auf die gesamte Menschheit Anwendung. Auf der Konferenz von Teheran (28. 11.–1. 12. 1943), wo die Entscheidung über Europas Nachkriegsgrenzen getroffen wurde, war das alles vergessen«, das heißt nicht mehr wert gewesen als heute auf dem Balkan von Serben unterzeichnete Vereinbarungen. »Damals kamen ROOSEVELT, CHURCHILL und STALIN überein, Polen um die (der Sowjetunion 1920 gewaltsam abgenommenen) Gebiete östlich der Curzon-Linie (wieder) zu verkürzen und es mit dem östlichen Teil des Deutschen Reiches zu entschädigen. Weiter wurde damals entschieden, daß die Sowjetunion den nördlichen Teil Ostpreußens mit Königsberg als Hafen erhalten solle. Von einer Befragung der davon betroffenen Menschen. . . war keine Rede.«[63]

---

[62] Karl Otto Braun, aaO. (S. 21, Q. 13), S. 7 f. u.11.

[63] Erich Schwinge, aaO. (S. 43, Q. 54), S. 44.

Menschenrechtsverletzungen der Alliierten

Die zur Rechtfertigung ihres gegen Deutschland geführten, mittlerweile Zweiten Weltkrieges später dem Dritten Reich vorgeworfenen Menschenrechtsverletzungen konnten 1939 für diese Kriegsalliierten in Anbetracht folgenden Sachverhalts kein Kriegsgrund sein – und schon gar nicht Polens wegen:

1. Verfolgung rassischer Minderheiten in Polen

Der Hauptteil der dem Dritten Reich vorgeworfenen Menschenrechtsverletzungen datiert erst nach 1939. »Bis zum 9. November 1938 hatten 170.000 Juden Deutschland verlassen[64], während in der gleichen Zeit annähernd 575 000 aus Polen emigriert waren.«[65] Ursache für letzteres waren unter anderem die berüchtigten Pogrome von Lemberg mit seinem 30%igen jüdischen Bevölkerungsanteil (1936) und einer starken zionistischen Bewegung.[66] Nach der 1926 aufgestellten Zielsetzung Roman Dmowskis, des Gründers des ›Lagers von Großpolen‹, war einerseits ein Plan zur Assimilierung der Minderheiten entworfen worden, andererseits jedoch auch ein ›Plan zur Austreibung der Juden‹.[67] Als eine regierungsseitige Begründung für den tief verwurzelten polnischen Antisemitismus brachte der polnische Premierminister Slawoj-Skladkowski 1937 dem Völkerbundskommissar Burckhardt gegenüber in Warschau zum Ausdruck:

> »Schwer lösbar ist auch bei uns die Judenfrage. 60% unserer Juden sind Kommunisten und 90% aller Kommunisten sind Juden.«[68]

---

[64] Wie bereits oben zitiert, waren »zwischen 1918 und 1939. . . über 1,1 Millionen Deutsche aus Westpreußen und Posen vertrieben« worden, ohne daß die Westalliierten als Signatarstaaten des Versailler Vertrags dadurch beunruhigt waren oder sich gar zum militärischen Eingreifen gegen Polen veranlaßt sahen.

[65] David L. Hoggan, aaO. (S. 38, Q. 43) , nach B.v.Richthofen / R.Oheim, aaO. (S. 34, Q. 35), S. 177.

[66] *Lexikon des Judentums*, Bertelsmann-Verlag, München 1967, Kolumne 417.

[67] *Historia Polski*, Warschau 1957–1969, nach B.v.Richthofen / R.Oheim, aaO. (S. 34, Q. 35), S. 176.

[68] Carl J. Burckhardt, *Meine Danziger Mission 1937–39*, nach B.v.Richthofen / R. Oheim, ebenda, S. 177.

In seinem 1933 entstandenen Roman *Die Brüder Aschkenasi*, einer Familiensaga aus dem bis zum Ersten Weltkrieg zu Rußland gehörenden Lodz, äußert sich der aus Polen in die Vereinigten Staaten ausgewanderte Israel J. SINGER einerseits über »jene Juden, die nach gründlicher Talmudschulung in der Jugend zwar ihren Gottesglauben eingebüßt haben, nicht aber die messianischen Zukunftsträume, die sie nun fugenlos auf das ›Prinzip Hoffnung‹ unter marxistischen Vorzeichen übertragen«, sowie andererseits über traditionsfremde Juden, die für eine totale Integration in die nichtjüdische Umwelt optierten und »alles Böse, was den Juden bisher in Polen zugefügt wurde, nur für eine Folge der Unterdrükkung der polnischen Nation ihrerseits« halten. »Sie bekämpfen daher, Schulter an Schulter mit den Polen, als Freiwillige die kurz nach der Russischen Revolution einrückenden sowjetischen Armeen und sterben für Polen.

Die Polen ihrerseits verstehen die ›Befreiung‹ ihrer Nation anders, zelebrieren sie zunächst durch Niederhaltung Tausender von Juden hauptsächlich in Lemberg und betreiben den anschließenden ›Wiederaufbau‹ ihres Staates im wesentlichen durch systematische Vernichtung aller Lebensmöglichkeiten für die jüdischen Minorität«, wie sie das nach dem Ersten und Zweiten Weltkrieg auch gegenüber der deutschen Bevölkerung in den von ihnen besetzten deutschen Ostgebieten getan haben. »Das letzte erschütternde Bild des Buches: Ein jüdischer Offizier der polnischen Freiheitsarmee, der in seiner hellblauen Uniform, die Brust mit Orden bedeckt, der Massenbeerdigung der 2000 Opfer des Judenpogroms in Lemberg beiwohnt.«[69]

Nach dem Rezensenten des Romans gleicht die Schilderung dieser Pogrome bis ins Detail den Szenen, die sich nach dem deutschen Einmarsch 20 Jahre später abgespielt haben sollen. Auch nach dem Zweiten Weltkrieg wurde die Verfolgung der Juden in Polen sofort wieder aufgenommen. Und das nicht nur in Kielce, sondern auch in Radom, Tschenstochau, Krakau und in kleineren Orten, wo die dort verbliebene jüdische Bevölkerung Anfang Juli 1945 nach der Wiedererrichtung Polens vom polnischen Mob unter den Augen von Staat und katholischer Kirche ermordet wurde (mindestens 42 Personen allein am 4. Juli 1946 in Kielce).[70]

---

[69] Salcia Landmann, »Chronist der Todgeweihten, Ein Nekrolog auf Polens Judentum von Israel J. Singer« (Rezension), in *Die Welt*, 13. 9. 1986

[70] Peter Dittmar, »Das späte Echo des Holocaust – 50 Jahre nach Kielce: Polen erinnert sich an seinen Antisemitismus«, in *Die Welt*, 5. 7.1996.

Die Frage, woher der mörderische Haß auf die Juden herrührt, beantwortet Lothar BAIER in seinem 1986 im *Merkur* erschienenen Bericht über die polnischen Pogrome nach 1945 mit dem Hinweis, daß man lästige Mitwisser zum Schweigen bringen wollte, da die Überlebenden Augenzeugen von Denunziationen und Erpressungen sowie Beobachter aller Art von Zusammenarbeit zwischen Polen und Nationalsozialisten gewesen waren. Zum anderen hatten sich Polen in dem zuvor arisierten jüdischen Besitz breitgemacht und wurden nun durch die Rückkehr daran erinnert, daß sie (wie in den 1945 Deutschland geraubten Ostgebieten) auf Diebesgut saßen. Vor allem wurden die Juden aber mit dem Kommunismus identifiziert. »Der Jude, der in den Köpfen nacheinander die rote Gefahr, den Bolschewismus, die Revolution, den Atheismus, das Ausland, den Gottesmörder, den Antipolen verkörpert, wird zum Sündenbock, der die Volksmassen auf sich zieht.«

Nach dem hier angezogenen BAIER war es fünf Jahre lang in Polen »kein Verbrechen gewesen, einen oder sogar mehrere Juden zu töten. Kein Pole ist während der Okkupation verurteilt worden, weil er einen Juden getötet, bestohlen, denunziert oder verraten hatte. Es gab also keinen Grund, daß es damit vorbei sein sollte – um so weniger, als der größte Teil der Arbeit schon erledigt war«. Viele Juden seien von den Nationalsozialisten bevorzugt in Lager nach Polen deportiert worden, weil man dort »auf die aktive Komplizenschaft großer Bevölkerungsteile« zählen konnte.[71]

Genauso wie die rund 50 Millionen eigenen Opfer des Sowjetimperiums[72] – davon allein neun Millionen 1932/33 unter STALIN im ›Hungerholocaust‹ umgekommene Angehörige der ukrainischen Landbevölkerung[73] – von dessen westlichen Bundesgenossen im Zweiten Weltkrieg, der in ›Anti-Fa‹ machenden neomarxistischen Linken und ansonsten im In- und Ausland in dem Bedürfnis nicht zur Kenntnis genommen werden, allein Deutschland auf Dauer anzuklagen, so erinnert sich auch das heutige Polen nur ungern an die Opfer seines Antisemitismus. Im März 1949 bemerkt *Die Welt* zum Antizionismus in den osteuropäischen Ländern:

---

[71] Lothar Baier, »Der exportierte Hitler«, in *Merkur*, Nr. 450, August 1986, zitiert nach Arnulf Baring, »Was bedeutet ein polnischer Pogrom nach 1945? – Eine Wahrheit – nicht zur Entlastung, sondern zur Erinnerung an Leichtgläubigkeit und Naivität / Aus politischen Zeitschriften«, in *FAZ*, 2. 9. 1986.

[72] *Die Welt*, 18. 4. 1988.

[73] Johannes Geiger, »Ohne politische Spur« (Leserzuschrift), in *Die Welt*, 23. 7. 1996.

»Politische Kreise Israels sind über die wachsende antizionistische Kampagne in den osteuropäischen Ländern beunruhigt. Nach in Tel Aviv eingetroffenen Berichten hat die Kominform ihre Mitglieder angewiesen, die zionistischen Organisationen als ›reaktionäre Parteigänger der Westmächte‹ zu zerschlagen.«[74]

Aus dieser Sicht erklärt sich, weshalb erst 1996 der Grausamkeiten von Kielce öffentlich gedacht wurde,[75] nachdem sie 50 Jahre lang nicht nur von Polen selbst, sondern auch von den Siegermächten und natürlich den Medien totgeschwiegen worden waren, weil diese Untaten nicht den Deutschen angelastet werden konnten.

Auch für Katyn[76] ist ein halbes Jahrhundert lang versucht worden, die bösen Deutschen verantwortlich zu machen. Ein während der Wahlkampagne 1990 verstärkt hervorgetretener Antisemitismus in Polen, »dem auch katholische Pfarrer das Wort geredet hatten«, wurde in einem Hirtenbrief der polnischen Bischöfe bedauert. »Suggeriert wurde in dem Hirtenwort, daß die Gründe für den Antisemitismus in Polen in der Tätigkeit von Juden. . . an der Basis der früheren kommunistischen Führungen zu suchen sind«.[77]

Der Bischof von Kielce macht es sich einfach, indem er die Kommunisten (als wenn das nicht auch Polen gewesen wären) für die Pogrome verantwortlich macht. Nach seinen Worten seien die wirklichen Schuldigen (wohlweislich) nie ermittelt worden. Das von der UdSSR aufgezwungene kommunistische Regime habe das Klima der Gewalt geschaffen. Nach Ansicht vieler Polen haben die Kommunisten und die Geheimpolizei das Massaker eingeleitet.[78] Hätte sich das Massaker in Kielce nicht erst am 4. Juli 1946

---

[74] *Die Welt*, 7. 3. 1994, Selbstzitat.

[75] ZDF, ›Auslandsjournal‹, 8. 7. 1996, »Polen: Kielce – Last der Erinnerung«.

[76] Nach Beginn des Rußlandfeldzuges entdeckten deutsche Truppen 1943 im Walde von Katyn die teilweise mit Stacheldraht gefesselten Leichen von ca. 4500 polnischen Offizieren, die Opfer sowjetischer Mordkommandos waren. Obwohl das Deutsche Reich das internationale Rote Kreuz zum Zeugen dieser Säuberungsaktion gemacht hatte, sind diese Verbrechen sowjetischerseits nicht nur der deutschen Wehrmacht angelastet worden, sondern auch deutsche Offiziere nach Schauprozessen in Leningrad deswegen hingerichtet worden. Erst 1990 sah sich GORBATSCHOW veranlaßt, die Wahrheit der sowjetischen Schuld zuzugeben.

[77] Ulrich Schmidla, »Hirtenbrief der polnischen Bischöfe bedauert Antisemitismus im Lande«, in *Die Welt*, 20. 12. 1990.

[78] *Die Welt*, 6. 7. 1969 (KNA), »Bischof von Kielce gibt Kommunisten Schuld an Progrom«.

ereignet, wäre mit Sicherheit – wie übrigens ein halbes Jahrhundert lang bei Katyn – deutschen Besatzern die Schuld am Tod der in Kielce umgekommenen polnischen Juden in die Schuhe geschoben und das ganze deutsche Volk dafür zur ständigen Buße und vor allem zu Wiedergutmachungsleistungen aufgefordert worden. Wie auch weiterhin der polnische Antisemitismus sowohl verwaltungsseitig als auch vom polnischen Volk praktiziert wird, geht aus der mit behördlicher Genehmigung am 6. April 1996 (Ostersonnabend) am Schauplatz des früheren Konzentrationslagers Auschwitz-Birkenau von polnischen *Skinheads* veranstalteten Kundgebung gegen den »deutschen und jüdischen Nazismus« hervor. Dort wurden unter anderem Spruchbänder gezeigt mit der Aufschrift »Juden raus aus der Regierung. Wir rechnen mit euch Verbrechern ab«, ohne daß dadurch das Eingreifen der Polizei provoziert wurde.[79] Der Londoner *Independent* äußert sich zu diesem Vorfall:

> »Die polnische Geschichte ist zu sehr mit Antisemitismus befleckt, als daß die Regierung sich ihrer besonderen Verantwortung für Auschwitz entziehen könnte. Die Polen müssen erkennen, daß an ihr Streben zum Westen (1994 beantragte NATO- und EU-Mitgliedschaft) Bedingungen geknüpft sind.«[80]

Gerade zehn Tage zuvor hatte die britische Königin Elisabeth II. vor dem polnischen Parlament unter anderem mit den Worten ein eindringliches Bekenntnis zu dieser Westintegration Polens abgelegt:

> »Mit Nachdruck unterstützen wir die Erweiterung der Europäischen Union und der NATO. Wir erklären uns mit Ihrem Streben nach einem Beitritt zu diesen Organisationen solidarisch.«[81]

Hinsichtlich der geforderten NATO-Osterweiterung (laut US-Präsident Bill Clinton noch vor dem Jahre 2000)[82] ist in der angloamerikanischen Presse bereits mehrmals vorgeschlagen worden, im Falle einer Ausdünnung der US-Streitkräfte auf deutschem Boden, diese durch polnische NATO-Besatzungstruppen zu erset-

---

[79] dpa-Meldung, »Skinheads demonstrieren in Auschwitz«, *Die Welt*, 9. 4. 1996.

[80] *The Independent*, nach *Die Welt* vom 9. 4. 1996.

[81] *Die Welt*, 27. 3. 1996, »›Europa braucht Polen‹ – Elisabeth II. verspricht Hilfe bei Westintegration – Rede vor Sejm«.

[82] Rüdiger Moniac, »Nato-Erweiterung noch vor dem Jahr 2000«, in *Die Welt*, 24. 10. 1996.

zen.[83] Nach dem Kommandeur des IV. Heereskorps in Potsdam, General Joachim SPIERING, wird schon jetzt (Stand Januar 1997) »mit den Tschechen ein Streitkräfteaufenthaltsgesetz verhandelt, das im Sommer oder Herbst (1997) unterschriftsreif sei. Polen folgt nach, so daß dann Truppen aus beiden Nachbarstaaten (als Vorstufe dafür in Mitteldeutschland). . . üben dürfen«.[84]

Mit polnischen Truppen auf deutschem Boden wird der polnischen Zielsetzung entgegengekommen, nach Polens Annexion des Danzig, Posen und Westpreußen einbeziehenden deutschen Siedlungsraums (1919) und des restlichen Deutschen Ostens bis zur Oder-Neiße-Linie (mit Ausnahme des von Rußland besetzten nördlichen Ostpreußens) in einer dritten Expansionsphase dem Deutschlandtorso auch noch das ihm nach 1945 und in dem 2 + 4-Vertrag verbliebene Gebiet östlich der Elbe streitig zu machen und dann – wie gehabt – von der dortigen deutschen Bevölkerung ethnisch zu säubern. Hierbei handelt es sich um die von den polnischen Professoren WOJCIECHOWSKI, STOJANOWSKI und JAZDZEWSKI sowie seit 1963 von der *Zeitung der freien Polen* geforderte Annexion einer Zone, die nach polnischer Bezeichnung den sog. ›Elbslawenstaat‹ mit Hamburg und den ›Lausitzstaat‹ mit Berlin umfaßt. Für einen polnischen ›Elbslawen- und Lausitzstaat‹ setzen sich seit 1963 auch in den Vereinigten Staaten lebende Ex-Polen ein. Als Begründung für diesen polnischerseits wiederholt bekundeten Anspruch stellt nach der hier angezogenen Quelle »der Bischof von Lodz, KLEPACZ,. . . 1966 seinen Gläubigen das Slawentum als herrliche und verpflichtende Vision vor Augen und schwärmt von angeblichen ›Zeiten, wo die Slawen von den russischen Steppen bis zum Rhein Herren und Bewirtschafter dieser Erde‹ waren«.[85]

Aus dieser Sicht ist beachtenswert, daß den Polen 1996 in einem deutsch-polnischen Manöver nicht etwa versehentlich, sondern unter Beteiligung des deutschen und polnischen Verteidigungs-

---

[83] Maastricht soll nach US-amerikanischen Vorstellungen zu einer ›Stabilisierung‹ des europäischen Kontinents führen, was auch immer im Detail nach zwei von den Vereinigten Staaten zur Zerschlagung Deutschlands geführten Weltkriegen und daraufhin erfolgter Besatzungszeit von einem halben Jahrhundert darunter zu verstehen sein mag. »General JOULWAN, der US- und NATO-Oberbefehlshaber in Europa, rät den Europäern, die US-Militärpräsenz nicht länger als ›eine feste Größe‹ zu betrachten.« (Lothar Rühl, »Die neue Nato«, in *Die Welt*, 20. 11. 1996)

[84] dpa-Meldung, »Der Osten wächst mit der NATO zusammen – Denkmodell: Führen Polen Bundeswehr-Einheiten?«, in *Die Welt*, 7. 1. 1997.

[85] *Aktion Oder-Neiße (AKON)*, Darmstadt, Herausgeber: KarlFriedrich Groß, Nordsunderberg 15 , Walsrode, Eigendruck

ministers deutsche Pioniertechniken zur Überquerung der Oder vermittelt wurden. Im selben Jahr haben auch die Briten – *honni soit qui mal y pens* (ein Schuft, der Schlechtes dabei denkt) – im hinterpommerschen Teil ein gemeinsames Manöver mit den dortigen Streitkräften durchgeführt, bei dem unter anderem wiederum eine Pontonbrücke, diesmal von polnischen und britischen Pionieren, über einen 200 Meter breiten Fluß gebaut wurde. Nach dem polnischen Verteidigungsminister möchte auch Holland in Polen Manöver abhalten. Mit anderen Ländern führe Polen bereits in Sachen gemeinsame Manöver Verhandlungen.[86] Da Hinterpommern wegen der Vertreibung der dort ansässig gewesenen deutschen Bevölkerung nur sehr dünn besiedelt ist, eignet es sich bestens für militärische Manöver.

Es ist fraglich, ob sich der ungediente Bundeskanzler KOHL bei seiner Absicht, eine deutsche Zustimmung zur von den Vereinigten Staaten geforderten NATO-Osterweiterung durchzusetzen, der damit über die beabsichtigte Sicherung von Polens Annexion der deutschen Ostgebiete hinausgehenden Konsequenzen für Deutschland bewußt ist. Kommt es zwischen Polen und seinen östlichen Nachbarn erneut zu einer Auseinandersetzung, müßten deutsche Soldaten – wie 1812 als Kontingente im Winterfeldzug NAPOLEONS I. – gen Osten ziehen. Diesmal, um die Grenzen eines ›Großpolens‹ zu verteidigen, das mit dem Diktat von Versailles und der Annexion weiteren, im 2 + 4-Vertrag sanktionierten historisch deutschen Siedlungsraums sowie dessen ethnischer Säuberung nicht verjährbar völkerrechtswidrig entstanden ist. Wie emotionsgeladen die Beziehungen Polens zu seinem großen östlichen Nachbarn sind, läßt sich folgender, während der Zeit des Warschauer Pakts in Polen kolportierten Frage und seiner Antwort darauf entnehmen:

> Ein polnischer Soldat steht auf Wache. Da nähert sich ihm von Osten ein russischer und von Westen ein deutscher Soldat. Auf wen schießt er zuerst?
>
> *Antwort:* *Natürlich auf den deutschen.*
> *Begründung:* *Erst die Pflicht, dann das Vergnügen.*

Dem britischen und auch besonders US-amerikanischen Plädoyer für Polens Aufnahme in die NATO sowie der diesbezüglichen deutschen Botmäßigkeit stehen offensichtlich der in Polen praktizierte

[86] Karl-Heinz Bohn, »Britische Panzer in Pommern« (Leserzuschrift), in *Die Pommersche Zeitung*, 30. 11. 1996.

Antisemitismus und diese rassistisch-nationalistischen Expansionsbestrebungen genau so wenig im Wege wie der Tatbestand, daß in Warschau mittlerweile wieder eine – dazu noch aus freien Wahlen hervorgegangene – kommunistische Regierung am Ruder ist. Die britischen Sozialisten unter ihrem, von den (auch deutschen) Medien schon im voraus als baldigen Premierminister gefeierten Tony BLAIR wollen bei einem Machtwechsel zu ihren Gunsten »nach deutschem Muster ein Gesetz erlassen, das wissenschaftliche Zweifel an bestimmten ›*Holocaust*‹-Darstellungen unter Strafe stellt, (während) ein solches Gesetz... von den regierenden Konservativen als undemokratisch abgelehnt« wird.[87]

Ob jedoch ein solcher Regierungswechsel auch zu einem Wechsel der britischen Polenpolitik führt, bleibt zweifelhaft. Britische Kritik am Antisemitismus ist zumindest bisher nur außenpolitisch zum Tragen gekommen, soweit diese deutschlandbezogen möglich war und immer noch vergangenheitsorientiert geübt wird. Schließlich hat die Insel nicht umsonst den Ersten Weltkrieg gegen das Zweite Reich geführt sowie danach Adolf HITLER und damit seinem Antisemitismus – wie auch die US-Amerikaner, Franzosen, Polen und Tschechen – mit Geldzuwendungen zur Macht verholfen (s. S. 40 + 82, Q. 48 + 125), um einen Grund zu haben, erneut dem daraufhin Dritten Reich den Krieg zu erklären. HITLER und seine Verfolgung der in Deutschland integrierten Juden waren auf westalliierter Seite nicht allein für die Briten lediglich Mittel zum Zweck, eine kriegerische Zerstörung Deutschlands, und da vor allem seiner Wirtschaftskraft und demographischen Substanz, jeweils innenpolitisch rechtfertigen zu können.

Die polnische Aversion gegen ihre Bürger jüdischer Abstammung oder jüdischen Glaubens dürfte deshalb bei einer Machtübernahme der Sozialisten in Großbritannien für die realpolitisch denkenden und handelnden Briten weiterhin genauso wenig von außenpolitischem Interesse sein, wie die neuerlichen – allerdings afroamerikanische und keine jüdischen Minderheiten betreffenden – Rassenunruhen im Lande ihres transatlantischen Bündnispartners (s. S. 69, Q. 111) auf der Insel durch ›Wegsehen‹ toleriert werden. Der *römische Messaggero* kommentiert die polnischen antisemitischen Ausschreitungen vor dem einstigen Konzentrationslager Auschwitz-Birkenau:

---

[87] *Nation & Europa*, 11/12 1996, S. 45, (V.B.) »Wenn Blair kommt, geht die Meinungsfreiheit«.

»Die Entweihung von Auschwitz durch polnische Skinheads ist die zigste tragische Bestätigung dafür. Sicherlich sind ähnliche Vorfälle rassistischer Intoleranz in Polen nicht neu. Und nicht nur, weil der polnische Antisemitismus in der ersten Hälfte dieses Jahrhunderts Schule gemacht hat, *sogar* in Deutschland.«[88]

Das deutsche Kaiserreich ist nämlich dem Judentum gegenüber sehr aufgeschlossen gewesen und hat vielen vom zaristischen Rußland vertriebenen Juden Aufnahme in Deutschland gewährt. Der geistige Vater Israels und 1897 in Basel auf dem ersten Zionistenkongreß zu seinem Präsidenten gewählte Theodor HERZL hatte deshalb versucht, »mit Hilfe des deutschen Kaisers den Sultan ABD ÜL-HAMID II. zu bewegen, für eine gebührende Zahlung Palästina freizugeben, (was allerdings) scheitern (sollte)«.[89] Während es als Folge der Balfour-Erklärung von 1917 zu blutigen Auseinandersetzungen zwischen Juden und der englischen Kolonialmacht in Palästina gekommen ist, erinnert noch heute ein Obelisk an die einsame Tat Kaiser WILHELMS II. in der Bucht von Haifa im Jahre 1908.[90] Hätten die Alliierten das Kaiserreich nicht zerschlagen und nicht mit der Schaffung von Großpolen dem dortigen Antisemitismus Vorschub geleistet, wären Europa sowohl zwei unnötige Weltkriege als auch Deutschland der Nationalsozialismus mit dessen Antisemitismus erspart geblieben. Auch heute suchen – ungeachtet der antideutschen Hetze in den internationalen Medien – »Juden aus der GUS. . . (wieder) Sicherheit in Deutschland«. Und »nur 12,5 Prozent wollen zurück oder weiter«. »Der Leidensweg von der Zarenzeit bis zur Perestrojka« scheint demnach dort noch keinesfalls beendet zu sein,[91] ohne daß das die westlichen Alliierten des Zweiten Weltkrieges oder deren Medien im

---

[88] *Il Messaggero*, »Über Skinheads in Auschwitz«, nach *Die Welt* vom 10. 4. 1996.

[89] Asher Ben-Natan (1965–1969 Botschafter Israels in Bonn), »Vor 100 Jahren erschien Herzels ›Der Judenstaat‹, in *Die Welt*, 13. 02. 1996.

[90] Ernst Th. Dölp, »Ein Denkmal« (Leserzuschrift), in *Die Welt*, 19. 5. 1988.

[91] Hanne-Lore Heilmann und Julius H. Schoeps mit jeweils eigenen Beiträgen unter »Juden aus der GUS suchen Sicherheit in Deutschland«, *in Die Welt*, 20. 3. 1993.

Daß die russischen Juden nicht nur Opfer, sondern zugleich auch während und nach der Oktoberrevolution Täter bei dem Holocaust am dortigen Adel und Bürgertum sowie der Kollektivierung der Landwirtschaft gewesen sind, legt die russische Jüdin Sonja MARGOLINA in ihrer Veröffentlichung *Das Ende der Lüge* offen, einer Geschichte, die jetzt mit einem neuen Exodus zu Ende geht. (*Das Ende der Lüge, Die russischen Juden – Täter und Opfer zugleich – sind in die Geschichte ihres Landes auf tragische Weise verwickelt*, Siedler Verlag, Berlin 1992) Das erste Zentralkomitee der KP bestand schließlich zur Hälfte aus Juden mit dessen Vorsitzenden und Sekretär Jakob M. SWERDLOW. Dieser gilt nicht nur als der Hauptorganisator der Partei (siehe *Lexikon des Judentums*, Bertelsmann-Verlag, Mün-

Umgang mit der GUS stört. Hierbei handelt es sich seit 1990 um rund 45 000 Personen (Stand 1996), womit Deutschland nach Israel und den USA an dritter Stelle der Länder liegt, in die Juden aus der ehemaligen Sowjetunion einwandern![92]

2. Antisemitismus in Frankreich

Die Franzosen (unter anderen ihr Polizeichef von Vichy, René Bousquet[93], und Mitterrand-Freund) haben den deutschen Sieg dazu benutzt, selbst massiv die Judenverfolgung in ihrem Land zu betreiben.[94] Ohne aktive Mitwirkung auf seiten französischer Kollaborateure wäre die Erfassung der Opfer auch gar nicht möglich gewesen. In Frankreich war der Antisemitismus nach den Ausführungen des Vorsitzenden des Zentralrats der Juden in Deutschland, Bubis, in den dreißiger Jahren keinesfalls weniger verbreitet als nach seiner Meinung in Deutschland.[95] Nach dem Krieg wurde wegen vornehmlich diesbezüglicher Kollaboration im Land allein an 110 000 Franzosen[96] ohne Gerichtsverfahren tödliche Rache genommen.[97] Das waren mehr als Frankreichs Kriegs- und Besatzungsverluste.

---

chen1967, Kolumne 787), sondern hat auch gemeinsam mit Lenin veranlaßt, daß unter anderen Zar Nikolaus II. aus dem Haus Romanow, seine Gattin Alexandra (eine geborene Prinzessin von Hessen-Darmstadt) und deren minderjährige Kinder – darunter der seit seiner Geburt an Bluterkrankheit leidende Zarewitsch – sowie der Arzt der Familie und das Hauspersonal am 17. 7. 1918 von einem Mordkommando umgebracht wurden. Die Kommunisten benannten den Tatort, die Stadt Jekaterinburg, zum Gedenken an einen der beiden Anstifter in Swerdlowsk um. Nach dem Zweiten Weltkrieg verhöhnte die damalige Sowjetführung das mit der Dynastie Romanow verwandte Haus Windsor, indem sie zur internationalen Flottenparade anläßlich der Krönung von Queen Elisabeth II.(1952) den Kreuzer ›Swerdlow‹ nach Southampton entsandte. (Carl Gustaf Ströhm, »Rückkehr des Zaren«, in *Die Welt*, 20. 10. 1995)

92 dpa-Meldung, »Im Osten blüht neues jüdisches Leben auf«, in *Die Welt*, 8. 7. 1996.

93 Peter Ruge, »Die Vergangenheit läßt Frankreich nicht los – Anklage gegen den heutigen 81jährigen Vichy-Polizeichef Bousquet soll endlich das Tabu der Kollaboration brechen«, in *Die Welt*, 2. 10. 1990.

94 »Nach seiner Flucht aus deutscher Kriegsgefangenschaft im Dezember 1941 wurde Mitterrand zum glühenden Verehrer und treuen Diener von Marschall Pétain, dessen Vichy-Regierung er als Kommissar für Kriegsteilnehmer angehörte. . . Den antisemitischen Maßnahmen der Vichy-Regierung – 76 000 Juden wurden. . . deportiert – (habe er) keine Aufmerksamkeit geschenkt.« (Jochen Hehn, »Die Vergangenheit holt Mitterrand ein«, in *Die Welt*, 9. 9. 1994)

95 Ignatz Bubis in ARD-Live-Diskussion, 5. 9. 1996, 23–24 Uhr, »Die Deutschen – Hitlers willige Vollstrecker? – Daniel Goldhagen stellt sich seinen Kritikern«.

96 Auch für Marschall Pétain, den gefeierten Sieger von Verdun, wurde wegen seiner ›Kollaboration‹ mit dem Deutschen Reich in seiner Eigenschaft als Chef der Vichy-Regierung die Todesstrafe verhängt, das Urteil dann jedoch auf dem Gnadenwege in lebenslängliche Haft abgewandelt.

97 Peter Ruge, »Frankreich wagt sich an das Tabu der Résistance – zehn Tonnen Geheimmaterial sollen gesichtet werden«, in *Die Welt*, 1. 10. 1986.

3. Die deutschen Juden im Kalkül der Briten

Die Briten haben gegen Ende des Krieges die ›Cap-Arcona‹-Katastrophe – die Versenkung der Häftlingsflotte mit rund 7000 Häftlingen des KZs Neuengamme am 3. Mai 1945 durch ihre Luftwaffe in der Lübecker Bucht – nicht ohne Kenntnis der dort eingeschifften Passagiere herbeigeführt, als das Reich diese offensichtlich ungeachtet der allgemein unzureichenden Transportkapazität für Flüchtlinge in Sicherheit bringen wollte. Bemühungen, KZ-Häftlinge in der verzweifelten Endphase des Krieges durch Abwürfe von Lebensmitteln statt Bomben auf Rettungsdampfer vor dem Hungertod zu bewahren, als sich der mit der Forderung nach bedingungsloser Kapitulation herbeigeführte totale Zusammenbruch der zivilen Versorgung besonders tragisch für die Lager auswirkte, sind hingegen nicht bekannt. Die ganz oder halb verhungerten Häftlingsskelette wurden offensichtlich als Demonstrationsobjekte für die Rechtfertigung der alliierten Greueltaten an den Deutschen benötigt. Schließlich wurde nach dem an die Presse verteilten Redemanuskript Premier MAJORS (s. S. 114, Q. 166) gegen Deutschland ein »Dreißigjähriger Krieg 1914 bis 1945« geführt, dessen zweite Angriffsphase (1939 bis 1945) wiederum maßgeblich von Großbritannien mitangezettelt wurde. Damit war die Auseinandersetzung mit Deutschland jedoch noch nicht beendet. Sie wird vielmehr bis in die Gegenwart fortgesetzt (2 + 4-Vertrag, BSE-Skandal, usw. – s. auch **Abbildung 13**, S. 153). Der emotionsfreie persönliche Bericht, den der bereits oben zitierte seinerzeitige US-Botschafter in London, Joe KENNEDY, am 30. September 1939 über die Lage Großbritanniens und seine Deutschlandpolitik aus US-amerikanischer Sicht Präsident ROOSEVELT erstattet, kennzeichnet die »Leichtigkeit, mit der die Angelsachsen Machtpolitik spielen können, während sie in Ausdrücken der Menschenfreundlichkeit sprechen«. Die Motive für die britische Kriegserklärung an das Reich und den US-Nutzen davon werden darin so aufschlußreich vermittelt, daß diese Analyse hier auszugsweise wiedergegeben wird:

> »... Während zu Beginn des Krieges der Schutz der Unabhängigkeit und Erhalt der territorialen Integrität Polens als unmittelbare Ursache des Krieges und als Grund für den Wunsch, HITLER zu stürzen, bezeichnet wurde, wird nun die Wiederherstellung Polens – sicherlich des russischen Polens – sanft, aber bestimmt, ins Dunkel gestoßen.

... Ich nahm die Ausgaben der *Times* vom 5. August 1914 vor und verglich sie mit jener vom 4. September 1939, und sie sind praktisch identisch, abgesehen von dem Ersatz des Wortes ›Nazi‹ für ›Junker‹. Ungeachtet des entsetzlich furchtbaren Verhaltens der Nazis ist es sicher Tatsache, daß die Engländer nicht gegen HITLER, sondern gegen die Deutschen kämpfen, gerade so, wie sie vor fünfundzwanzig Jahren gegen sie kämpften, weil fünfundvierzig Millionen Briten, die die größte, weitest ausgedehnte Seemacht der Welt kontrollieren, und achtzig Millionen Deutsche, die das Kontinentaleuropa beherrschen, nicht gelernt haben, miteinander in Frieden zu leben.

... Die Zunahme industrieller Macht anderer Länder hat zusammengewirkt mit dem Niedergang der englischen Fähigkeiten und Kraft, es... herunter auf eine andere Ebene zu schieben. Es gibt Anzeichen des Niedergangs, um nicht zu sagen der Dekadenz sowohl bei Menschen als auch bei Institutionen... England hat seinen Höhepunkt als Weltmacht vor einigen Jahren überschritten und ist seither ständig im Abstieg. Gleichgültig, wie der Krieg ausgehen wird, er wird den Prozeß nur beschleunigen...

... Weil die Demokratie den Besiegten nach dem letzten Krieg aufgezwungen wurde, brachte sie Demokratie und den *status quo* auf eine Linie. Da sie sich der Änderung widersetzten, sicherten sie, daß die Kräfte in jenen Ländern, die für Veränderung sprachen, notwendigerweise einen antidemokratischen Charakter annahmen.

... Da die Dynamik immer über die Statik triumphiert, überließ man es dem Faschismus und Kommunismus voranzukommen. Und sie kommen voran! ... (Auch) Frankreich wird von einer Diktatur beherrscht, die gerade diese Woche eine der größten Parteien im Parlament für illegal erklärt hat, und England... (hatte schon) immer eine Machtkonzentration in der sogenannten regierenden Klasse...

... Weder wir noch eine andere Macht können neu schaffen, was verschwunden ist, und die Führung der englischsprachigen Welt wird nolens volens uns zufallen...«[98]

Dieser Bericht ist in zweierlei Hinsicht auch für die Beurteilung der heutigen europapolitischen Lage interessant.

---

[98] Joe Kennedy, nach Alfred Schickel, hektographierte Information aus der Zeitgeschichtlichen Forschungsstelle Ingolstadt.

Erstens bemüht man sich nicht nur in Frankreich darum, durch den Versuch einer Ausgrenzung wertkonservativer Parteien wiederum die Demokratie zu manipulieren, wenn das allerdings auch nicht so konsequent gelingt wie derzeit in Deutschland, wo zeitgeist-opportune Politiker ihr Land mit seiner kulturellen Identität, ethnischen Substanz und nationalen Existenz aufzulösen trachten, sich in ihren Parteien dagegen regende Widerstände intolerant unterdrücken und dem mittlerweile ein Drittel der nicht (mehr) an den Wahlen für die allein tolerierten Verzichtsparteien teilnehmenden Wahlbevölkerung ihre politische Artikulierung mit allerlei Verleumdungen und Unterstellungen als ›rechtsradikal‹, ›ausländerfeindlich‹ und/oder schlicht ›undemokratisch‹ verwehren und den Verfassungsschutz auf die aus diesem Wählerpotential gegründeten politischen Gruppierungen ansetzen.

Zweitens ist dem Bericht die Fragestellung zu entnehmen, ob es wirklich im langfristigen Interesse Polens liegt, nach seiner Wiedereinrichtung nach dem Ersten Weltkrieg im Vertrauen auf westliche Bundesgenossen wie Großbritannien um die Fiktion eines Großpolens eine weit über seine ethnische Substanz hinausgehende aggressive – den deutschen Siedlungsraum betreffend sogar mit ethnischer Säuberung verbundene – Expansionspolitik nach Osten, Westen, Norden und Süden zu betreiben; und das ungeachtet seiner potenzlosen ›polnischen Wirtschaft‹, die fürwahr keine eigene Grundlage dafür bietet. Aus dieser Sicht sollte Polen auch den realistischen Nutzen einer von ihm angestrebten, wiederum sowohl gegen Deutschland als auch gegen Rußland gerichteten NATO-Mitgliedschaft (s. polnische Regierungsverlautbarungen dazu S. 222, Q. 334) überdenken, anstatt sich mit seinen großen Nachbarn auf der Grundlage geltenden Völkerrechts und nicht irgend welcher dagegen verstoßender Verzichtserklärungen zeitgeistopportuner Politiker wie KOHL/GENSCHER zu verbünden, über die und deren Canossapolitik die Geschichte kurz oder lang hinweggehen wird. Letzteres dürfte sowohl für den Fall gelten, daß Deutschland und das deutsche Volk überleben, als auch, wenn es seinen historischen Boden weiterhin für die Etablierung einer türkisch-islamischen Republik hergibt.[99]

[99] Laut einer Bevölkerungsprognose für Deutschland (*Unabhängige Nachrichten*, 12/1995, S. 5) wird 2030 die Zahl der in Deutschland lebenden Ausländer 35 Mio. betragen, die der Deutschen lediglich 40 Mio.

4. US-Rassismus und die deutschen Juden als Mittel zum Zweck

Im neu in Washington D.C./USA eingerichteten Holocaust-Museum wird dargelegt und kritisiert, wie zögerlich die amerikanische Bereitschaft gewesen ist, von 1933 bis zum US-Kriegseintritt deutschen Juden Asyl zu gewähren.[100] Und das geschah wohl um so ausgeprägter, je deutscher die Juden jeweils waren. Wäre es Ziel der Vereinigten Staaten gewesen, die Juden vor ihrer Verfolgung im Dritten Reich zu schützen, hätte sie die Aufnahme auch des bis zum Krieg in Deutschland noch verbliebenen Drittels der etwa 500 000 deutschen Juden weniger gekostet als ihr angeblich deswegen erfolgter Eintritt in den Zweiten Weltkrieg mit großen eigenen Verlusten und Materiallieferungen an ihre Alliierten. Galt jedoch ihre Geopolitik nicht der Rettung der Juden, sondern der Vernichtung Deutschlands und Europas, dann wiegt ihre restriktive Asylpolitik den deutschen Juden gegenüber um so schwerer, als diesen in der Folge ja nur befristet hätte Asyl gewährt zu werden brauchen, bis Deutschland besiegt und das dortige NS-Regime beseitigt worden wäre. Offensichtlich sollte aber zumindest ein Drittel der deutschen Juden den Nationalsozialisten für die Verbringung in Konzentrationslager erhalten bleiben, um das höhere Ziel einer für gegen Ende und nach dem Krieg geplanten Auslöschung Deutschlands und eines großen Teiles seiner Bevölkerung bis in die heutigen Tage rechtfertigen zu können. Damit das auch ja nicht durch vorzeitige Verbreitung von Information über die Judenverfolgung mit den nach dem Krieg bekanntgemachten Todesfolgen – zum Beispiel wegen einer befürchteten Gegenreaktion in Deutschland – mißlang, wurde es seitens der nicht nur von ihren Geheimdiensten, sondern auch anderen Zuträgern entsprechend unterrichteten Kriegsherren in den Vereinigten Staaten und Großbritannien – voran Präsident ROOSEVELT und Premier CHURCHILL – abgelehnt, davon Kenntnis zu nehmen sowie in ihren Ländern und Deutschlandradiosendungen zu verbreiten.

Für die Kriegspropaganda dienten andere, insbesondere auf See herbeigeführte Zwischenfälle. Damit waren die US-Amerikaner bereits 1915 erfolgreich gewesen, als dafür die anglo-amerikanischen Passagiere der britischen ›Lusitania‹ (s. S. 171, Q. 264) geopfert wurden und erneut 1941 die vielen Marinesoldaten auf US-

[100] ZDF-Sendung ›Kennzeichen D‹, 27. 11. 1996.

Kriegsschiffen in Pearl Harbor (s. S. 178 ff., Q. 270–274) für das höhere Ziel der Rechtfertigung dessen sterben mußten, was US-seitig unter anderem mit Deutschland und seinem Volk während des Krieges und danach beabsichtigt war. Und diese Rechtfertigung war in den Vereinigten Staaten erforderlich, um das amerikanische Volk für ROOSEVELTS Kriegsziele zu mobilisieren, die den dortigen Nicht-Kriegsgewinnlern nur Opfer abverlangten und keinen Nutzen brachten.

Aus dieser Betrachtungsweise ist der vom Holocaust-Forscher der hebräischen Universität Jerusalem, Yehuda BAUER, erbrachte Nachweis aufschlußreich, daß es Adolf HITLER und seinen Helfern in NS-Führungspositionen bis mindestens Herbst 1941 nicht um die Ausrottung der Juden gegangen sei, wie sie etwa vom unten zitierten *Centraalblad voor Israeliten in Nederland* unter dem 13. September 1939 für das deutsche Volk gefordert wurde, sondern um deren Auswanderung. Es sei diesbezüglich zu Vereinbarungen mit der jüdischen und zionistischen Seite gekommen, die jedoch von den Vereinigten Staaten und der Sowjetunion systematisch hintertrieben wurden.[101] Der Verfasser stützt sich bei seiner Interpretation auch auf britische Quellen. Maurice LATEY, der seit 1939 als politischer Kommentator bei der BBC London arbeitete, schreibt in seinen Erinnerungen zur Berichterstattung über die Judenverfolgung in Deutschland: »Wir waren entschlossen, nicht noch einmal die Greueltaten so zu übertreiben, daß dadurch die britische Propaganda diskreditiert würde wie im Ersten Weltkrieg.« Bei der zweifellos geübten Vorsicht haben die *›instructions‹* der Political Warfare Executive (PWE), einer Abteilung des britischen Außenamts, eine gewichtige Rolle gespielt. Nachdem im Dezember 1942 vom PWE Weisung erteilt worden war, über die Judenverfolgung zu berichten, hat der ›European News Editor‹ der BBC am 17. Dezember 1942 die Instruktion weitergeleitet:

> »Die heute in London, Moskau und Washington simultan abgegebene gemeinsame Erklärung über die Massaker an den Juden ist von historischer Bedeutung. Sie ist auch von enormem Wert für die politische Kriegführung.«

Für die späte Berichterstattung über die NS-Judenverfolgung seitens der BBC – nach der hier zitierten Sekundärquelle einem In-

[101] Yehuda Bauer, *Freikauf von Juden? – Verhandlungen zwischen dem nationalsozialistischen Deutschland und jüdischen Repräsentanten von 1933 bis 1945*, Jüdischer Verlag, Frankfurt/M. 1996.

strument der britischen Kriegführung – gibt es zwei Gründe: Einmal hatte der britische Informationsminister Brendan BRACKEN im Sommer 1942 befürchtet, Nachrichten über die Ausrottung der Juden könnten als »Propagandalügen von Goebbelsschen Dimensionen« abgetan werden. Zum anderen geht die zögerliche Haltung in der diesbezüglichen Berichterstattung nach Annahme des offiziellen Historikers des britischen Informationsministeriums auf die »in der britischen Öffentlichkeit weitverbreiteten Vorurteile gegen die Juden« zurück. Walter LAQUEUR legt in seinem Buch *Was niemand wissen wollte* dar, daß britischerseits eine selektive Berichterstattung (*»news management«*) betrieben worden ist.[102] Die europäischen Juden sollten erst einmal einer Massenverfolgung mit möglichst vielen Todesopfern ausgesetzt werden, um dann ab 1942 darüber berichten zu können und damit lange vorher geplante Maßnahmen, wie den anglo-amerikanischen Bombenkrieg gegen die deutsche Zivilbevölkerung und die ethnische Säuberung des Deutschen Ostens sowie natürlich auch den Krieg gegen Deutschland überhaupt, zu rechtfertigen.

Bei dieser Strategie gingen die US-Amerikaner, Briten und Sowjets konform. Nach dem oben zitierten Londoner *Daily Telegraph* (S. 23, Q. 19) war es »der Hauptfehler des Vertrages von Versailles, daß er Deutschland als eine unterworfene Nation zu behandeln versuchte, ohne das wirtschaftliche und demographische Potential des Reiches ausreichend zu verringern«. Deswegen war ein Zweiter Weltkrieg erforderlich, für den und dessen Ziele eine anglo-amerikanische Rechtfertigung geschaffen werden mußte und von Geschichtsklitterern bis heute hartnäckig vertreten wird, wie etwa, das Reich habe zum Beispiel keinen Präventivkrieg gegen die Sowjetunion geführt, sondern diesen friedliebenden Staat unprovoziert überfallen (s. S. 88–92, Q. 133–136 u. 138 ff.). Die Briten haben bei ihrer Kriegspolitik im Schlepp der Vereinigten Staaten nur übersehen, daß sie und ihr Weltreich selbst Opfer der US-Europapolitik sein sollten und dann auch wurden. Auch das beabsichtigte sowjetische Vordringen bis an den Atlantik hätte mittelfristig die Insel nicht ausgeschlossen. Winston CHURCHILL stellt diesbezüglich in seinen Memoiren aus britischer Sicht fest, daß es allein die Deutschen waren, die sich den Sowjets *entgegengestellt* haben – womit er die Tatsache des deutschen Präventivkrieges im

[102] Gerhard E. Gründler, »Schädliche Sperrfrist – Wie die BBC über den Massenmord an deutschen Juden berichtete«, in *Die Welt*, 11. 1. 1997.

Osten bestätigt –, um die (auch Großbritannien bedrohende) kommunistische Weltrevolution zu verhindern. Lediglich für die Machtpolitik der Vereinigten Staaten beziehungsweise die der von dort aus operierenden *Insider* ist bisher die Rechnung ihrer Kriegspolitik sowohl Europa als auch Ostasien betreffend aufgegangen.

Das amerikanische Volk hat allerdings nicht davon profitiert, sondern nur Opfer dafür erbringen müssen. *Veritas magna est et praevalebit.* (Groß ist die Wahrheit, und sie wird triumphieren). Man kann der Menschheit nur wünschen, daß dieses lateinische Sprichwort sich auch heute noch gegen alle Versuche der Verfälschung der Geschichte bewahrheiten wird.

Die US-Amerikaner haben ihre Staatsbürger japanischer Abstammung nach Japans Kriegserklärung in Konzentrationslagern untergebracht[103] und damit dem NS-Beispiel nachgeeifert, nach dem Juden nach ›Judäas‹ Kriegserklärung vom 24. März 1933 (s. S. 22, Q. 18) in Konzentrationslager verbracht wurden. Die seinerzeitige US-Regierung vermochte also genauso wenig wie das NS-Regime zwischen den im Lande national integrierten und den dort eingedrungenen, eine nationale Gefahr darstellenden Angehörigen ethnischer Minderheiten[104] zu unterscheiden. Auch 600 Deutschamerikaner wurden am 9. Dezember 1941, also bereits vor der deutschen Kriegserklärung festgesetzt. Das geht aus einer vom Geheimdienstchef HOOVER abgezeichneten Meldung an Präsident ROOSEVELT hervor, welche die Zeitgeschichtliche Forschungsstelle Ingolstadt (ZFI) aus dem Roosevelt-Archiv in Faksimile erhalten hat.[105]

---

[103] In *Guterson's Country* ist nachzulesen, wie diese Maßnahme durchgeführt wurde, obwohl nach der US-amerikanischen ›*Bill of Rights*‹ (den Grundrechten jedes Bürgers der Vereinigten Staaten) niemand ohne Urteil in Haft gehalten werden kann. Vornehmlich die an der Westküste lebenden Amerikaner japanischer Abstammung waren von dieser gegen die US-Verfassung verstoßenden Maßnahme betroffenen, während gleichzeitig andere US-Bürger japanischer Abstammung als Kriegsdienstpflichtige an der Pazifikfront eingesetzt wurden. In den US-Konzentrationslagern wurden die betroffenen Familien jeweils von den Großeltern bis zu deren Enkeln in einem Zimmer zusammengepfercht. Und das ganze vier Jahre lang, nachdem ihnen vorher sechs Tage Zeit gelassen worden war, ihre Habe (etwa landwirtschaftliche Anwesen, auf denen sie Erdbeeren anbauten, ihr Mobiliar und Hausbesitz) zu veräußern, um lediglich mit dem, was sie tragen konnten, ins Lager zu gehen. Wie rassistisch diese Aktion war, geht zum Beispiel daraus hervor, daß die rund 600 gleichfalls internierten deutschstämmigen US-Bürger nicht in vergleichbaren Barackenlagern, sondern in dafür angemieteten Häusern untergebracht worden sind.

[104] Wie zum Beispiel heute die moslemisch-algerischen Fundamentalisten in Frankreich oder die neben Israel besonders Deutschland heimsuchende Russenmafia. (Karl-Ludwig Günsche, »Die russische Mafia faßt immer stärker in Israel Fuß«, in *Die Welt*, 13. 12. 1994)

[105] *Junge Freiheit*, 12. 7. 1996, »Deutschamerikaner vor der Kriegserklärung festgesetzt«.

Parallel dazu wurden die deutschen Vermögen in den Vereinigten Staaten enteignet und einem Custodian (Treuhänder) übertragen, obwohl zwischen den Vereinigten Staaten und dem Reich ein gegenseitiger völkerrechtlicher Vertrag bestand, der private Vermögen auch im – zur Zeit der Enteignung noch gar nicht eingetretenen – Kriegsfall schützen sollte. Die Vereinigten Staaten haben dann auch die von ihnen dominierten lateinamerikanischen Staaten veranlaßt, gleiches zu tun, während sie sich bis heute darüber aufregen, daß Fidel CASTRO nach seinem ›Triunfo de la revolución‹[106] – der 1959 vollzogenen revolutionären Beendigung von Kubas Dominierung durch die Vereinigten Staaten – dieses völkerrechtliche US-Gebaren Deutschland gegenüber nunmehr seinerseits auf das US-Vermögen in Kuba anwandte. Jetzt – über drei Dekaden danach – fordern die Vereinigten Staaten unter Androhung von zwischenzeitlich zurückgestellten Sanktionen von ihren Handelspartnern, unter anderem von Deutschland, deswegen ihre Wirtschaftsbeziehungen mit Kuba abzubrechen, ohne zwischenzeitlich auch nur daran gedacht zu haben, die Raubvermögen der rechtmäßigen ›Alteigentümer‹ ihres NATO-Bündnispartners Deutschland an diese zurückzugeben.

Dazu ist allerdings anzumerken, daß Bundeskanzler Konrad ADENAUER bei seinen Bemühungen, die offenen vermögensrechtlichen Fragen anläßlich eines Besuchs in den Vereinigten Staaten zu regeln, feststellen mußte, daß der *Custodian* recht wenig treuhänderisch mit den Raubvermögen umgegangen war. Seine verantwortlichen, sich wohl aus mächtigen *Insidern* zusammensetzenden Mitglieder, hatten das deutsche Vermögen liquidiert und die Erlöse daraus unterschlagen, so daß nichts mehr davon zum Abbau der horrenden US-Kriegsverschuldung oder zur vertragstreuen Rückgabe an seine deutschen ›Alteigentümer‹ zur Verfügung stand. Um der US-Regierung eine ihre *Insider*-Abhängigkeit offenlegende parlamentarische Debatte wegen ihrer Duldung dieses Skandals zu ersparen, hat ADENAUER den einsamen Entschluß gefaßt, auf die Rückgabe des deutschen Vermögens entschädigungslos zu verzichten. Das wurde in den Vereinigten Staaten und in Deutschland streng geheimgehalten, so daß die Geschädigten erst ihre Lastenausgleichsanträge stellen konnten, als der Sachverhalt nach ADENAUERS Ableben bekannt gemacht wurde. Vorher

---

[106] Im atheistischen Kuba wird dieses Datum als Beginn der dortigen Zeitrechnung verwandt, also statt ›nach Christi Geburt‹ *›después del triunfo de la revolución‹* gerechnet.

hatten Geschädigte versucht, unter Einschaltung von US-Anwälten – die ihrerseits dafür 50 Prozent der Entschädigungssumme als Erfolgshonorar verlangten – in den Vereinigten Staaten die Rückgabe des Erlöses aus dem ihnen genommenen Vermögenswerten zu erwirken. Dabei gelang es den verschiedenen bevollmächtigten US-Anwälten nicht, das Geheimnis über den Verbleib der Vermögen zu lüften, also die Sinnlosigkeit ihrer Bemühungen zu erkennen. So geheim konnte die Angelegenheit in den Vereinigten Staaten gehalten werden. Obwohl man dort bei den den öffentlichen Bereich berührenden Skandalen seitens der Medien gerne fündig wird, hat es kein ›*Custodian-Gate*‹ gegeben. Die Aufdeckung solcher Skandale gelingt in den Vereinigten Staaten offensichtlich nur, wenn keine *Insider* darin verwickelt sind.

Die *FAZ* macht in ihrer Ausgabe vom 24. März 1994 darauf aufmerksam, daß in Mitteldeutschland enteignete US-Amerikaner für die Nichtrückgabe ihres Eigentums nicht nur auf Entschädigung bestehen, sondern eine wesentlich höhere Entschädigung erhalten als jene, die Bundesregierung und Bundestag deutschen SBZ/DDR-Geschädigten zugestehen. Allerdings gilt dies nur, insoweit sie zum Zeitpunkt der Konfiskation Bürger der Vereinigten Staaten waren.

Bei der Verkehrswertermittlung zum Beispiel landwirtschaftlicher Vermögen wurde seitens einer dafür eingesetzten amerikanischen Kommission auf den Einheitswert von 1935 abgestellt. Dieser Wert wurde entsprechend der allgemeinen Preisentwicklung für landwirtschaftliche Grundstücke auf einen fiktiven Verkaufswert hochgerechnet. Auf Degression und Obergrenze wurde verzichtet, womit die Ausgleichsleistungen an Bürger der Vereinigten Staaten in etwa dem heutigen Verkehrswert entsprechen.[107] Von Bundesregierung und Bundestag wurde für US-Bürger einem solchen Entschädigungsabkommen zugestimmt, während eine vergleichbare Regelung für deutsche SBZ/DDR-Geschädigte unter Verstoß gegen Art. 3 Grundgesetz (Gleichbehandlungsgrundsatz) abgelehnt wird (s. S. 279 ff.). Eine Verrechnung mit den vertragswidrigen Enteignungen deutscher Vermögen in den Vereinigten Staaten – etwa zugunsten der Geschädigten – ist unterblieben. Ob sie Gegenstand deutscher Verhandlungen gewesen ist, ist dem Verfasser unbekannt und darf in Anbetracht der deutschen Tributleistungswilligkeit angezweifelt werden.

---

[107] Erimar von der Osten, »Bevorzugt entschädigt« (Leserzuschrift), in *FAZ*, 24. 3. 1994.

Die US-verfassungswidrige Internierung der 600 deutschstämmigen US-Bürger und die gegen geltendes Völkerrecht verstoßende Enteignung des deutschen US-Vermögens beweisen einmal mehr, daß es des japanischen Angriffs auf Pearl Harbor und der schließlich erfolgten deutschen Kriegserklärung nur formal bedurfte, den Eintritt der Vereinigten Staaten in den Krieg zu bewirken. Begonnen mit dem Krieg gegen Deutschland und Japan hatte die Roosevelt-Regierung unter anderem mit diesen Maßnahmen bereits ohne eine entsprechende Erklärung, während ihr Land sich völkerrechtlich noch mit beiden Ländern im Frieden befand.

5. Sowjetische Mordopfer

Deutschland wird immer noch zum Vorwurf gemacht, die nichtsahnende friedliebende Sowjetunion überfallen zu haben (s. S. 87 f., Q. 132–136). Daß das Sowjetsystem damals bereits rund 50 Millionen Bürger seines eigenen Staates und Kolonialreichs ermordet hatte, war nach dem Handeln der Westmächte aus alliierter Sicht dort (wie erneut in Tschetschenien) eine ›innere Angelegenheit‹ und sogar verteidigungswürdig. Auch die Annexion Finnlands und der baltischen Staaten sowie später die Sowjetisierung Afghanistans oder der Kolonialkrieg in Tschetschenien waren für die USA keine Interventionsanlässe wie etwa später beim Golfkrieg und immer, wenn es gilt, Deutschland amputiert und fragmentiert niederzuhalten.

6. Jüdische Kriegserklärungen

Sehr nachteilig für die deutschen Juden und später auch für jüdische Minderheiten in anderen europäischen Ländern sind zweifellos die dem Dritten Reich gemachten jüdischen Kriegserklärungen nach dem nationalsozialistischen Wahlsieg – sogar noch bevor Adolf HITLER zum Reichskanzler gewählt wurde – gewesen. Da es 1933 noch keinen zionistischen Staat gab, der solche Kriegserklärung abgeben konnte, bedienten sich jüdische Interessenvertretungen hierfür der internationalen oder eigenen Presse. Da gab es einmal die Kriegserklärung auf der Titelseite des *Daily Express* vom 24. März 1933: *»Judea declares war on Germany«*. Hiermit erklärte die Jüdische Weltorganisation zum Entsetzen der deutschen Juden »Deutschland wirtschaftlich und finanziell« den Krieg für »das israelische Volk der ganzen Welt«. Weitere Kriegserklärungen folgten in der *New York Times* vom 7. August 1933 seitens des Präsidenten der ›World Jewish Economic Federation‹, S. UNTERMEYER, und im *Jewish Chronicle* vom 8. September 1933 seitens des Präsidenten der ›Jewish Agency‹, Chaim WEIZMANN. Noch deutlicher war die im *Centraalblat voor Israeliten in Nederland* am 13. September 1939 veröffentlichte Erklärung:

> »Die Millionen von Juden, welche in Amerika leben, England, Frankreich, Nord und Südafrika – ohne Palästina zu vergessen –, sind entschlossen, den *Ausrottungs*krieg nach Deutschland zu tragen bis zur *totalen Vernichtung*.«[108/109]

Das dürfte – nota bene – wohl zwei Jahre vor der Wannsee-Konferenz als ein Aufruf zu einer den Deutschen geltenden ›Endlösung‹ zu werten sein, wie sie unter anderem mittels der Bombardierung dichtbesiedelter ziviler und zugleich kulturgeschichtlich bedeutender Stadtkerne Deutschlands dann auch betrieben wurde. Der konservative britische Premier (1937–1939) Arthur Neville CHAMBERLAIN hat sich dieser Auffassung angeschlossen und das 1941 in die Worte gefaßt:

> »Die Deutschen sind Unmenschen, sie sind tolle Hunde, die man *ausrotten* muß!«

Auch der gleichfalls konservative britische Politiker und das wiederholte Kabinettsmitglied Duff COOPER (seit 1952 Lord Norwich) hat bereits 1940 die Hoffnung zum Ausdruck gebracht, »daß wir dieses Mal nicht den Fehler wiederholen werden, zwischen dem deutschen Volk und seinen Führern einen Unterschied zu machen. Wir müssen die Deutschen vernichten und die notwendige Anzahl von ihnen töten. *Wir können gar nicht genug von ihnen töten,* um zu gewinnen«.[110]

Vorher hatte allerdings schon der Deutschenhasser Georges CLÉMENCEAU, Ministerpräsident Frankreichs und Vorsitzender der Versailler Friedenskonferenz, das Stichwort dafür gegeben, indem er – häufig zitiert – feststellte: *»Es gibt 20 Millionen Deutsche in Europa zuviel!«*

Bedauerlich für das deutsch-jüdische Verhältnis ist es, daß jüdischerseits seiner Zeit nicht erkannt wurde und immer noch nicht erkannt wird, in welchem Ausmaße Juden genau so Opfer des US-

---

[108] Emil Schlee, aaO. (S. 22, Q. 18).

[109] Hans Riegelmann, aaO. (S. 32, Q. 34).

[110] *VAWS Report*, XII/1995

amerikanischen oder richtiger *Insider*-Imperialismus waren, wie *die* dafür verantwortlich gemachten Deutschen. Auch die verblendeten westeuropäischen US-Kriegsalliierten und die vielen amerikanischen Soldaten, die auf europäischen Kriegsschauplätzen ihr Leben lassen mußten, gehören zu den Opfern dieses Eine-Welt-Imperialismus. Wenn der Ex-US-Verteidigungsminister Robert S. McNamara feststellte – und als dafür Mitverantwortlicher muß er es wissen –, daß der Vietnamkrieg, für den auch viel Blut amerikanischer Soldaten geflossen ist, ein großer Irrtum war, bleibt abzuwarten, wann in den Vereinigten Staaten nicht nur von einigen unabhängigen Zeitgeschichtlern erkannt wird, in welchem Ausmaße die beiden von ›*Gods own land*‹ (Gottes eigenem Land) betriebenen und mit eigenem Einsatz an Menschen und Material jeweils zu siegreicher Beendigung geführten Weltkriege wohl für eine kleine Clique von Neu-Milliardären nützlich waren, aber aus der Sicht des amerikanischen Volkes nichts anderes als ein verlustreicher Irrtum gewesen sind. Und das auch, wenn dadurch das amerikanische Volk nicht so verelendet wurde wie das russische durch seinen auf die osteuropäischen Staaten, Mittel- und Westeuropa fixierten Sowjetimperialismus.

Hätte man östlicher- und westlicherseits die Energie, die zur Zerschlagung des Deutschen Reiches in zwei Weltkriegen aufgewandt wurde, jeweils in die eigene Entwicklung investiert, ginge es der Bevölkerung nicht nur Rußlands, sondern auch Frankreichs, Großbritanniens und der Vereinigten Staaten zweifellos heute besser, als es ihnen nach zwei unnötigen Weltkriegen geht. Die kleine rohstoffarme und vom Meer abgeschnittene Schweiz, die sich aus diesem Jagen auf Deutschland herausgehalten hat, mag als Beispiel dafür dienen, obwohl sie durch die Kriege indirekt auch gelitten hat. Daß der Besiegte natürlich die Alleinschuld an den Kriegen zu tragen hat und sich die Mehrheit seiner Medien und Politiker auch ein halbes Jahrhundert danach immer noch unterwürfig in dieser Rolle gefällt, mag Deutschland bußfertig und tributpflichtig halten, ändert aber nichts an diesem für die breiten Massen der an den Kriegen beteiligten Völker verlustreichen Ergebnis.

Es würde den Rahmen dieser Aufzeichnung sprengen, wenn hier über die Auswahl moralischen Fehlverhaltens der Alliierten hinausgehend auch über deren vorher im Rahmen ihrer kolonialen und überseeischen Siedlungspolitik begangene Menschenrechtsverletzungen berichtet würde. Zitiert sei lediglich aus einer

Leserzuschrift des J. HERZOG VON OLDENBURG, Güldenstein, in der *Welt* vom 26. April 1993 zu den in dieser Zeitung am 15. April. 1993 gebrachten Äußerungen des Chefideologen der Serben: Auch die USA seien durch »ethnische Säuberung« – nämlich durch die Vernichtung der nordamerikanischen Indianer – entstanden. Einen Tag später habe die *Welt* unter dem 16. April 1993 auf der ersten Seite über die Eröffnung des Holocaust-Museums in Washington berichtet. »Wann werden die Amerikaner auf die Idee kommen, neben diesem Museum ein weiteres Mahnmal zu setzen, das an die Untaten erinnert, die sie über mehrere Jahrhunderte hinweg an den Indianern begangen haben?«

Ferner sei hier auf den wieder in den US-Südstaaten aufflammenden alten Rassenhaß zwischen Schwarz und Weiß hingewiesen. »Kaum eine Woche vergeht, in der nicht eine andere Kirche vornehmlich schwarzer Gemeinden im *›Bible Belt‹*, dem frommen Süden der USA, durch Brandstiftung zerstört wird. Allein seit Anfang 1995 wurden (bis Mitte 1996) mindestens 27, nach anderen Berichten sogar beinahe 40 schwarze Kirchen Raub der Flammen.«[111] Und das war nicht das Ende. Bis zum Jahresende 1996 ungefähr brannte in den USA weiterhin im Schnitt etwa jede Woche eine Kirche ab, so daß sich die letzte der nicht einmal genau erfaßten angegebenen Zahlen bald verdoppelte, ohne allerdings auch nur annähernd ein vergleichbares Medienecho, masochistische Betroffenheitsbekundungen von Politikern oder gar Lichterketten, wie das Deutschland selbst dann verordnet wird, wenn ›leider‹ kein deutscher, sondern ein sich dazu noch illegal im Lande aufhaltender ausländischer Tatverdächtiger in Lübeck sein Asylantenwohnheim angezündet haben soll.

Da wurde sogar die zuständige Staatsanwaltschaft in Flugblättern bezichtigt, sie hätte »rassistisch ermittelt«, weil keine deutschen Tatverdächtigen aufgespürt wurden. Ein ›Bündnis gegen Rassismus‹ und andere Bürgerinitiativen haben solche Vorwürfe artikuliert. Unter dem Motto »Freiheit für Safwan E.« hat ein Berliner ›Anti-Repressionsbüro‹ mit einer PDS-Geschäftsstelle als Kontaktadresse im August 1996 zu einer Kundgebung aufgerufen, um die die Sache verhandelnde Jugendstrafkammer des Landgerichts Lübeck bei ihrer Urteilsfindung unter Druck zu setzen. Und Lübecks Bürgermeister bemühte sich um Medienecho

---

111 Jürgen Schönstein, »Wenn es Nacht wird, brennen die Kirchen – Im Süden der USA wüten die Feuerteufel – Schwarze Gemeinden werden Opfer des Hasses«, in *Die Welt*, 11. 6. 1996.

zugunsten seines Verbleibs im Amt, indem er für die von dem Brandanschlag betroffenen Ausländer (42 abgelehnte Asylbewerber) unbefristetes Bleiberecht auf Kosten natürlich nicht eigenen Verzichts, sondern des deutschen Steuerzahlers forderte.[112]

---

[112] Diethart Goos, »Schnelle Aufklärung gefordert – Lübecks Bürgermeister nimmt Staatsanwaltschaft im Fall Eid in Schutz«, in *Die Welt*, 21. 8. 1996.

Churchills Deutschlandpolitik

Sir Winston CHURCHILL war mindestens bis zu seinem Aufsatz in der *Times* vom 7. November 1938 zufolge ein Adolf-Hitler-Bewunderer. Noch einen Tag vor der ›Reichskristallnacht‹ würdigte er diesen darin »als den großen Mann« und erklärte hypothetisch, »daß Großbritannien im Falle einer politischen Katastrophe nur wünschen könne, über einen Staatsmann wie Adolf HITLER zu verfügen«.[113] Diese Wertung ist um so interessanter, als CHURCHILLS Lebensinhalt einmal der Krieg und zum anderen die Vernichtung Deutschlands war. Er hat es allerdings vermieden, selbst sein Leben dafür einzusetzen. Wie wir aus Sir John COLVILLES nachstehend eingehender behandelten Tagebuchaufzeichnungen (S. 32 ff.) unter dem 29. Juni 1940 erfahren, hat er das auch seinem Sohn Randolph verwehrt. Auf dessen Bitte, »eine aktivere Rolle im Kriege spielen zu dürfen«, erklärte er, »wenn sein Sohn fiele, wäre er selbst nicht in der Lage weiterzumachen!« Als glänzender Redner und Schriftsteller hat CHURCHILL es vielmehr vorgezogen, anfangs als Kriegsberichterstatter in Indien, dem Sudan und im Burenkrieg lediglich darüber zu berichten und ab 1900, dem Beginn seiner parlamentarischen Tätigkeit als konservativer – zwischenzeitlich auch liberaler – Abgeordneter im britischen Unterhaus, sein Volk während seiner steilen politischen Karriere zur militärischen Vernichtung Deutschlands anzustacheln. Seine Worte:

> »Ich werde Deutschland an der Kehle würgen, bis sein Herz aussetzt«,

stammen aus dem Jahre 1915[114] (1911–1915 Marineminister). 1936 hatte er – allerdings zwischenzeitlich noch bis 1939 ohne Regierungsamt – zur Vorbereitung seines Krieges erklärt:

> *»Wir werden Hitler den Krieg aufzwingen, ob er will oder nicht«,*[115]

sowie diese Absicht 1938 wie folgt präzisiert:

---

[113] Werner Masser, »Moralisch durch und durch – Interview zu seiner Hindenburg-Biographie«, in *MUT,* Ausgabe 266, Okt. 1989, S. 62.

[114] Hans-Werner Woltersdorf, »›Ein 30 Jahre dauernder Krieg, 1914 bis 1945‹ gegen Deutschland, in *Unabhängige Nachrichten*, Sonderdruck 954, 11/1995

[115] Erwin Schütz, aaO. (S. 20, Q. 9).

»Was wir wollen, ist die restlose Vernichtung der deutschen Wirtschaft!«[116]

Die Tagebuchaufzeichnungen des vorerwähnten Sir John COLVILLE,[117] eines stellvertretenden Privatsekretärs erst von Premier CHAMBERLAIN und dann von CHURCHILL während dessen ganzer Amtszeit als britischer Premier (1940–1945), unterrichten recht aufschlußreich über die Gedankengänge insbesondere des letzteren, mit dem Schicksal Deutschlands eng verknüpften britischen Staatsmanns. Wegen deren Echo bis in die Gegenwart – vor allem auf seiten der *Tories* (Konservativen) – werden daraus nachstehend einige ausgewählte, auf die Kriegsjahre 1940/41 beschränkte Stellen wiedergegeben. Daß diese Aufzeichnungen Deutschland gegenüber unvoreingenommen sind, geht unter anderem aus folgender Protokollierung des von COLVILLE selbst am 22. Oktober 1939 mit Lionel DE ROTHSCHILD geführten Gesprächs hervor:

»Er empfahl als Kriegsziel, Deutschland den Juden zu überlassen und die Deutschen unter den anderen Völkern dieser Erde aufzuteilen, mit anderen Worten, die Rolle der beiden Völker zu vertauschen. ›Aber dann‹, sagte ich, ›werden sich die Juden in Deutschland darüber beschweren, daß die Deutschen die internationale Finanzwelt beherrschen!‹« (S. 31)

1. 7. 1940 – »Der Premierminister gab die Anweisung, sich mit dem Problem des ›Einweichens‹ der Küste mit Senfgas im Falle einer Landung der Deutschen zu befassen. Er vertritt die Ansicht, daß ein Gaskrieg in diesem Fall gerechtfertigt sei. Neulich sagte er zu General THORNE: ›Ich kenne keine Skrupel mit Ausnahme des einen: daß ich nichts Unehrenhaftes tun möchte.‹ Das Vergasen von Deutschen scheint er also nicht als etwas Unehrenhaftes zu betrachten.« (S. 137)

5. 7. 1940 – »Der Premierminister hat noch einmal an ROOSEVELT telegrafiert und ihm unseren dringenden Wunsch nach sofortiger Lieferung von Zerstörern und Torpedobooten unterbreitet. Da sich die gesamte französische Küste in Feindeshand befindet, sei unsere Stärke zur See doppelt so wichtig. Wenn Amerika uns jetzt im Stich lasse, trage es eine große, oder wie der Pre-

[116] Dietrich Aigner, *Sir Winston Churchill*, 1975, S. 141, nach *Unabhängige Nachrichten*, 1/1996, S. 3, »Schon einmal drohten die Internationalisten mit Krieg«.

[117] John Colville, *Downing Street Tagebücher 1939–1945*, Siedler Verlag, Berlin 1988.

mier sich ausdrückte, schmerzliche Verantwortung.« (S. 139) Man beachte: Damals befanden sich die Vereinigten Staaten noch nicht im Kriegszustand mit Deutschland.

13. 7. 1940 – »Später sprach er [CHURCHILL] noch einmal von den ›Panthersprüngen‹, die unsere motorisierten Divisionen im nächsten Jahr hinüber auf den Kontinent machen würden, und von unserer künftigen ›Bombenübermacht‹. Selbst wenn ›dieser Kerl‹ (so bezeichnete er HITLER immer) am Kaspischen Meer stünde – und nichts könnte ihn abhalten, dorthin zu gelangen –, würden wir ihn mit einem ›gewaltigen Feuer in seinem eigenen Hinterhof‹ zurückholen, *›und wir werden Deutschland zu einer Wüste machen, ja, zu einer Wüste‹*. HITLER könne alles erreichen, was er wolle, solange er kein Salzwasser überqueren müsse.« (S. 145) Nach der Tagebuchaufzeichnung vom 8. 3. 1941 empfahl Duncan SANDYS seinem Schwiegervater CHURCHILL einige Monate später hierzu, »daß die deutschen Städte und Fabriken bis auf die Grundmauern niedergebrannt werden und man die Landwirtschaft verwüstet, so daß die Deutschen Jahrzehnte mit dem Wiederaufbau beschäftigt sind. Auch ihre Bücher und Bibliotheken müsse man zerstören, damit dort eine Generation von Analphabeten aufwachse«. (S. 258)

11. 8. 1940 – »Nach dem Tee begleitete ich den Premierminister zum nahegelegenen Schießstand, wo er mit seinem Mannlicher-Gewehr auf Ziele bis 270 Meter Entfernung schoß. . . Dabei sprach er die ganze Zeit über die beste Methode, Hunnen umzulegen. Dumdumgeschosse seien das Beste für sie, meinte er. [Sein Sohn] Randolph wandte ein, daß diese Geschosse geächtet sind. Darauf entgegnete Winston, daß die Deutschen kurzen Prozeß mit ihm machen würden, wenn sie ihn erwischten; warum also sollte er Erbarmen mit ihnen haben. Er scheint sich immer wieder einzubilden, daß er sich eines Tages persönlich gegen die Deutschen verteidigen muß.« (S. 162 f.)

13. 10. 1940 – »Clement ATTLEE, der Führer der Labour Party, blieb mit seiner Frau zum Lunch. Die einzige bemerkenswerte Äußerung Winstons, die während des Gesprächs fiel: ›Jeder lebende Hunne bedeutet einen möglichen Krieg.‹« (S. 192)

6. 1. 1941 – »VANSITTART hat ein sehr scharfes Papier über Deutschland verfaßt. Er macht keinen Unterschied zwischen Deutschen und Nazis. Auf eine Revolution bei diesem unterwürfigen Volk zu hoffen, sei vergebens.[118] Der Premierminister ist mit diesem Ausbruch nicht einverstanden und erwidert: ›Ich denke über eine wiedervereinigte europäische Familie nach, in der die Deutschen einen wichtigen Platz einnehmen. Wir dürfen diese Vision nicht durch Haß verdunkeln und unsere Gefühle nicht verzerren lassen. Eine viel bessere Lösung scheint mir zu sein, die Preußen von den Süddeutschen zu trennen.‹« (S. 235 f.)

Nach dem Krieg hat CHURCHILL dann allerdings zugegeben: »Wir haben das falsche Schwein geschlachtet« und ist in seinen Memoiren zu der späten Erkenntnis gelangt, *daß es allein die Deutschen waren, die sich den Sowjets entgegengestellt haben, um die kommunistische Weltrevolution zu verhindern.*[119] Damit bewertet er im *nachhinein* Adolf HITLER und seinen Nationalsozialismus als weniger gefährlich für Europa und die Welt als STALIN und den Kommunismus! Solche Bewertungen CHURCHILLS aus dem Munde oder der Feder eines heutigen deutschen Historikers, Politikers oder Autors würden zweifellos den Verfassungsschutz und die Staatsanwaltschaften des nur diesbezüglich ›wehrhaften Staats‹ auf den Plan rufen.

Das Moskauer Presseorgan *Kuranty* fordert mit nachstehendem Kommentar zumindest die Gleichstellung der kommunistischen mit den nationalsozialistischen Verbrechen: »Der Kommunismus ist zum Sterben verurteilt. . . Damit sich seine Geschwüre nicht in die Provinz ausweiten, muß endlich ein entscheidender Schritt gemacht werden. Die kommunistischen Parteien müssen den faschistischen Verbrechen gleichgestellt und das Land von dieser Seuche befreit werden.«[120]

Der US-Botschafter beim Vatikan, Myron TAYLOR, unterrichtet Präsident ROOSEVELT per Geheimbericht vom 21. März 1945 unter anderem über folgenden Verlauf seiner Audienz bei Papst PIUS XII.:

»Seine Heiligkeit gab mir einen Auszug aus einer Radiosendung aus Moskau vom 16. März um 18 : 45 Uhr, die erklärte, daß das

[118] Als wenn VANSITTART bereits damals gewußt hätte, wie unwürdig sich einmal gewisse deutsche Presseleute und Politiker für den ihnen vom Ausland vorgegebenen Verzicht – eines weiteren Viertels historisch deutschen Bodens und die Umwandlung des verbleibenden Deutschlandtorsos in ein EU-Protektorat oder mehrere davon – einsetzen würden.

[119] Wilhelm Schülke, »Helmut Schmidt war mal mein Idol« (Leserzuschrift), in *Die Pommersche Zeitung*, 25. 2. 1995.

[120] *Die Welt*, 7. 10. 1993.

zwanzigste Jahrhundert ein Jahrhundert des Bolschewismus sei und daß dessen Mission von der Roten Armee bis ans Ende der Welt getragen werde; daß sie nicht anhalten werde, wenn der Nazismus gestürzt ist, sondern ihr Vormarsch fortgesetzt werden wird, bis die in den Händen einiger krimineller Plünderer konzentrierten Reichtümer gleichmäßig unter alle Menschen verteilt sind und daß der russische Endsieg derjenige des russischen Menschen und der russischen Humanität über den westlichen Menschen und die westliche Humanität und nur ein Sieg der Stalinistischen Strategie sein wird.«[121]

Derselbe Charakter, der bei so manchem deutschen ›Volksgenossen‹ oder so mancher deutschen ›Volksgenossin‹ zum blinden Glauben an den ›Führer‹ geführt hat, unterwirft sich heute ›demokratiebewußte‹ dem Deutschland und dem deutschen Volk nach dem Morgenthau- und Hooton-Plan (s. S. 246 ff., Q. 374–380, u. S. 254, Q. 386) vorgegebenen vernichtungs- oder auflösungspolitischen Zeitgeist; und das geschieht um so konsequenter, je einflußreicher (mächtiger) er/sie in Staat und Gesellschaft aufsteigen will. Recht interessant ist dabei die Beobachtung, daß so manche(r) NS-Aktivist(in) fast nahtlos auch im Nachkriegsdeutschland Karriere machen konnte, indem er/sie sich dort nunmehr statt der NS-Ideologie bedingungslos dem von den Siegermächten vorgegebenen separatistisch-kulturkämpferischen ›Unsere-Schuld-Zeitgeist‹ dienstbar machte. Als Paradebeispiel hierfür gilt der Leiter des Referats für Staatsangehörigkeitsfragen im Reichsinnenministerium und unter anderen Mitherausgeber eines Kommentars zu den Nürnberger Rassengesetzen (1935), Hans GLOBKE. Dieser durfte als Leiter der Verwaltung von Konrad ADENAUERS Bundeskanzleramts in den Jahren 1953 bis 1963 den Aufbau der Bundesverwaltung personalpolitisch entscheidend prägen,[122] also die Schlüsselpositionen mit kartellierten Beamten durchsetzen. In Bonn hieß es deshalb zugespitzt, unter ADENAUER würde Karriere mit CV (Cartell-Verbindung) geschrieben. Den alliierten Besatzern lag so sehr an dem Wiederaufleben des separatistischen Kulturkampfs, daß sie nicht nur dafür sorgten, über die von ihnen kontrollierten Massenmedien den deshalb vom SPD-Oppositionsführer Kurt SCHUMACHER im Plenum des Deutschen Bundestages als

---

[121] Archiv Zeitgeschichtliche Forschungsstelle Ingolstadt.

[122] *Brockhaus Enzyklopädie*, 1969, Bd. 7.

›*Kanzler der Alliierten*‹ beschimpften Altseparatisten ADENAUER zum Bundeskanzler zu machen, sondern auch den von ihnen wegen seiner Vergangenheit erpreßbaren und damit ihrer Besatzungspolitik zuverlässig dienlichen GLOBKE diese personalpolitische Schlüsselstellung im Bundeskanzleramt (anfangs als Ministerialdirektor und dann als Staatssekretär) einnehmen zu lassen. Damals konnte in den Vereinigten Staaten noch kein Katholik Präsident werden. Aber für Westdeutschland mußte aus separatistischen Gründen nicht nur der ultramontane ADENAUER Bundeskanzler werden, sondern auch der für den personalpolitischen Aufbau der westdeutschen Bundesverwaltung maßgebliche Beamte ein zuverlässiger politischer Katholik sein. Wie in Bonn giftig behauptet wurde, habe GLOBKE sich dafür flink in der Wolle von edelbraun auf so tief schwarz umfärben lassen, daß er bei Nacht Schatten werfen würde, und damit den an den Chef des Bundeskanzleramts gestellten Anforderungen entsprochen. Die *Insider* bevorzugen bei der Selektion ihrer Werkzeuge durchsetzungsfähige Personen, die entweder ohnehin auf der Linie dessen liegen, was sie umgesetzt haben wollen, und/oder wegen eines schwarzen Fleckens in ihrer Vergangenheit erpreßbar sind. Schließlich kommen für sie noch opportunistische Erfüllungsgehilfen in Frage, die für ihre Karriere zu allem in der Lage sind. In der Person von GLOBKE haben sie möglicherweise alle drei Eigenschaften vermutet.

Die ganze Verlogenheit der ›Nürnberger Prozesse‹, der ›Entnazifizierung‹ und der Verfolgung von NS-Funktionären und ›Neonazis‹ bis in die heutigen Tage wird am Beispiel der Nachkriegsbehandlung dieses NS-Schreibtischtäters erkennbar. Während nicht etwa 50 Jahre nach dem Krieg, sondern gleich danach der für die Rassengesetze zuständige Verwaltungsjurist im Reichsinnenministerium für so unbedenklich eingestuft wurde, daß er als *der* Spitzenbeamte ADENAUERS schlechthin beim Aufbau der Nachkriegsdemokratie für die Bundesverwaltung die personalpolitisch entscheidenden Weichen stellen durfte, wird heute unter anderen von dem in Deutschland in mehreren TV-übertragenen Gesprächsrunden und Gazetten kritisch gefeierten US-amerikanische Soziologen und Holocaust-Forscher der Harvard Universität, Daniel GOLDHAGEN, mit seiner mittlerweile zum Bestseller hochgejubelten Dissertation *Hitlers willige Vollstrecker. Ganz gewöhnliche Deutsche und der Holocaust* versucht, *die* Deutschen, und da inbegriffen auch *die* (weil) eher wertkonservativen Wehrmachtsangehörigen, für die Judenverfolgung mitverantwortlichen zu machen und auf jeden Fall – von Ausnahmen abgesehen – insgesamt als potentielle Verbrecher abzustempeln![123]

[123] Katja Riddebusch, »›Mit dieser Reaktion habe ich nicht gerechnet‹ – Daniel Goldhagen im Gespräch: ›Manchmal vergesse ich einfach, wie schockierend diese Vorgänge auf andere wirken‹«, in *Die Welt*, 7. 9. 1996.

Der neue Versuch von Goldhagen

Zu dem nicht nur von GOLDHAGEN unternommenen Versuch – nachdem das Potential an verfolgbaren Nationalsozialisten so gut wie erschöpft ist –, die deutsche Wehrmacht auf die historische Anklagebank zu setzen, wird im Interesse der Wahrheit, Ehre und Gerechtigkeit gegenüber den deutschen Soldaten im 20. Jahrhundert auf das von der Militärgeschichtlichen Abteilung des israelischen Generalstabs Ende der fünfziger Jahre veröffentlichte Ergebnis einer durchgehenden Befragung bei mehr als tausend Militärspezialisten über die Qualität der großen Armeen der Weltkriege hingewiesen. Seitens des israelischen Generalstabs wurde diese Befragung durchgeführt, um daraus Schlüsse für den Aufbau ihrer eigenen Streitkräfte zu ziehen. Als tapferste Soldaten beider Weltkriege wurden von den Israelis die Deutschen ermittelt. Als Elite-Einheit des Zweiten Weltkriegs wurden die US- Marines, die britischen Kommandotruppen, die französische Fremdenlegion, die deutsche Waffen-SS und die sowjetische Arbeitsmiliz hervorgehoben. Die Ergebnisse im einzelnen (100 Punkte sind Höchststand) sind in der Aufstellung **Abbildung 5** wiedergegeben.

Qualität der großen Armeen der Welt nach einer Befragung der Militärgeschichtlichen Abteilung des israelischen Generalstabs

Für den Ersten Weltkrieg		Für den Zweiten Weltkrieg	
Deutsche Armee	86 Punkte	Deutsche Armee	93 Punkte
Französische Armee	65 Punkte	Japanische Armee	86 Punkte
Englische Armee	59 Punkte	Sowjetische Armee	83 Punkte
Türkische Armee	52 Punkte	Finnische Armee	79 Punkte
US-Armee	49 Punkte	Polnische Armee	71 Punkte
Russische Armee	45 Punkte	Britische Armee	62 Punkte
Österr.-ungarische Armee	37 Punkte	US-amerik.Armee	55 Punkte
Italienische Armee	22 Punkte	Franz. Armee	39 Punkte
		Italienische Armee	24 Punkte

Abbildung 5 · Quelle: Emil Schlee, »Kriege, deutsche Soldaten, Kriegsende 1945«, in *Soldat und Volk*, Nr.7/8 (Juli/August), 1996, S. 167 (Bewertung der Armeen durch den israelischen Generalstab)

Die heutige Verfolgung von aus der Szene meist beruflich ausgegrenzter *Hooligans* rekrutierter ›Neonazis‹ würde dagegen lediglich hysterisch wirken, würde sie nicht auf Betreiben wohl derselben deutschfeindlichen Kräfte ideologisch und materiell in der Hoffnung gefördert, Deutschland damit Schaden zuzufügen oder deswegen die Deutschen weiterhin bußfertig und tributpflichtig auf der Anklagebank zu halten. Bei GOLDHAGEN ist weniger interessant, welches antisemitische Verbrechenspotential er bei *den* »ganz gewöhnlichen Deutschen« feststellt, sondern aus welcher geistigen Heimat er kommt und wer ihn finanziert sowie seine Arbeit materiell gefördert hat. Hierzu und zum Inhalt von *Hitlers willige Vollstrecke*r äußert sich der US-amerikanische Historiker Anton CHAITKIN[124] recht aufschlußreich:

1. »Als ›Antisemiten‹ beschimpft GOLDHAGEN sogar die deutschen Widerstandskämpfer gegen HITLER und diejenigen Deutschen, die sich im 18. Jahrhundert für die Emanzipation der Juden einsetzten.«

2. »Wenn das Buch eines amerikanischen Autors eine so krasse antideutsche Provokation in die Welt setzt, liegt der Verdacht nahe, daß damit eine antiamerikanische und antijüdische Reaktion in Deutschland hervorgerufen werden soll. Und es stellt sich – weniger überraschend – heraus, daß das Buch überhaupt nicht ›amerikanisch‹ ist. Es ist vielmehr ein britisches Projekt, entstanden in einem Zentrum britischer Geheimdienstaktivitäten an der Harvard-Universität, das britische Geopolitiker und ihre Helfer einrichteten, um einen skandalösen Betrug gegen Deutschland und die Vereinigten Staaten von Amerika loszulassen.«

3. »Geht man den Geldquellen von GOLDHAGENS Buch nach, die nämlich in Deutschland zu suchen sind, so stößt man interes-

---

[124] Zur Person des Autors bemerkt die *Neue Solidarität*: »Anton CHAITKIN, geboren 1943 in New York ist Historiker. . . Sein Vater Jacob CHAITKIN, . . . bekannter jüdischer Anwalt in New York, war vor und während des Zweiten Weltkriegs eine wichtige Figur im Widerstand gegen Nazideutschland. Für den American Jewish Congress war er anwaltlich tätig, um den Boykott gegen die Nazis zu organisieren. Dies brachte ihn in direkten Konflikt mit jenen angloamerikanischen Bankierskreisen, zu denen auch George BUSHS Vater Prescott gehörte, die damals noch mit HITLER sympathisierten und Geschäfte machten, bis F. D. ROOSEVELT dem 1942 ein abruptes Ende setzte. Anton CHAITKIN hat zahlreiche Bücher und Aufsätze über amerikanische Geschichte und Zeitgeschichte verfaßt, u.a. *Treason in America – From Aaron Burr to Averall Harriman* (›Verrat in Amerika‹) und, zusammen mit Webster TARPLEY, *George Bush – An Unauthorized Biography*, ein Enthüllungsbuch über den früheren Präsidenten, das dazu beigetragen hat, daß BUSH 1992 nicht wiedergewählt wurde.«

santerweise auf Überreste jener anglo-amerikanischen Finanzkreise, die den Nationalsozialismus in seiner Frühphase förderten. Diese Enthüllung dürfte den britischen politischen Interessen in Deutschland sehr unangenehm sein.«

4. »Ich fragte ihn (bei einem etwa halbstündigen Gespräch), wie es, auf die Implikation seines Buches bezogen, mit Deutschland wohl weiterginge. GOLDHAGEN sagte, Deutschland sei heute ein anderes Land; es sei kein wirkliches Problem. Diesen Standpunkt nimmt er jetzt bei allen öffentlichen Anhörungen und Medieninterviews ein. Daß dies der These seines Buches völlig widerspricht, kümmert ihn nicht. Vielmehr meint er, so könne man ihm nicht den Vorwurf machen, er hege Vorurteile gegen Deutschland, da sein Buch ›nur von der Geschichte‹ handele.«

5. »Wie hätte er sich verhalten, wäre er für die Nürnberger Prozesse verantwortlich gewesen? Hätte er eine genaue Untersuchung des Phänomens Nationalsozialismus bis zu dessen Ursprüngen durchgeführt? Das hätte sicherlich so manchen Schock ausgelöst, wenn die *westliche Unterstützung HITLERS* (seitens der Anglo-Amerikaner, Franzosen, Polen und Tschechen ab 1923) publik geworden wäre. GOLDHAGEN sagte, er hätte lediglich strengere Urteile gefällt und mehr Personen angeklagt. Seiner Meinung nach sei die (wie sein Buch das deutsche Volk betreffend auf Belastung der Angeklagten ausgerichtete) Untersuchung damals hinreichend gewesen.«

6. »Die Aussage, HITLER habe sich von der Partei ›angezogen‹ gefühlt, ist ein Irrtum. HITLER wurde der Partei von General Erich LUDENDORFF, einem Anhänger des Nordischen Kults, der enge Verbindungen zu den Herrschenden in Großbritannien hatte, als politischer Agent des Militärgeheimdienstes *zugewiesen*. Seinen Posten beim Militärgeheimdienst behielt HITLER offiziell bis nach der Einsetzung als Propagandachef der Partei. Dieser Irrtum in GOLDHAGENS Buch ist bezeichnend, denn er drückt eine Unfähigkeit oder einen Unwillen aus, irgend etwas über die Geschichte des Nationalsozialismus zu berichten, was nicht in die ›soziologische‹ Propaganda gegen Deutschland paßt.«

7. »Ich sagte zu GOLDHAGEN, es sei erstaunlich, daß man in seinem Buch keinen Hinweis auf die Eugenik findet. Die britische Pseudowissenschaft der Eugenik, der ›Reinhaltung der Rasse‹, habe schon seit Beginn des 20. Jahrhunderts ihr wichtigstes amerikanisches Zentrum hier in Harvard gehabt.«

8. »Die Frage, ob die deutsche Regierung negativ auf sein Buch reagiert habe, verneinte er. Könne die deutsche Regierung nicht die (nach CHAITKIN vom Auswärtigen Amt über den Deutschen Akademischen Austausch-Dienst – DAAD – erfolgenden) Gehaltszahlungen für ihn einstellen, falls die Kontroverse eskaliert? Darauf antwortete GOLDHAGEN: ›Das würde sie nicht wagen.‹«

9. »Über den Ursprung seines Buches, oder wer ihn dazu angeregt hatte, sagte GOLDHAGEN nur, es sei ihm ›Anfang der 80er Jahre aufgegangen, daß niemand den Holocaust von diesem Gesichtspunkt aus behandelt habe‹, und seither habe er an dem Buch gearbeitet. Als ich die Sprache auf Shell Oil, Montagu NORMAN, Averell HARRIMAN, Prescott BUSH (George BUSHS Vater) brachte, die alle HITLER gefördert haben, und ihre Verbindungen zur Familie Krupp in Deutschland, mit deren Geld GOLDHAGENS Buch finanziert wurde, erklärte GOLDHAGEN, er sei in Eile und komplimentierte mich hinaus.«

10. »In dem Buch bedankt sich GOLDHAGEN: ›Meine Forschung wurde unterstützt durch die Zuwendungen aus dem Fulbright-Programm, der *Krupp-Stiftung* und dem Minda de Gunzburg-Zentrum für europäische Studien der Harvard-Universität und seinem Programm für Deutschland- und Europastudien. Auch die Whitin-Stiftung, die Littauer-Stiftung und das Simon Wiesenthal-Zentrum in Los Angeles gaben finanzielle Unterstützung.‹ ... Das Gunzburg Center... ›gehört (nach seinem Prospekt) zur Harvard-Universität... 1989 zog das (nach ihr benannte) Zentrum mit Hilfe großzügiger Zuwendungen der Familie Minda DE GUNZBURG in seinen jetzigen Sitz in der Adolphus Bush Hall um.‹ ... (Bei der Zuwenderin handelt es sich) um Baronin Aileen ›Minda‹ Bronfman DE GUNZBURG (†1989)... Ihr Vater war Sam BRONFMAN, der Gründer des Spirituosenkonzerns Seagram's mit 50% Anteilen Mitinhaber des British Whisky Trust. Ihr Bruder Edgar BRONFMAN ist Chef des Jüdischen Weltkongresses... Ihr Mann, der französische Baron Alain DE GUNZBURG, ist seit 1971 in der Führung von Seagram's und Mitglied im ›Club 1001‹, einer Vereinigung der europäischen Aristokratie und des Geldadels, welche die Machtstellung und Politik der britischen Monarchie unterstützt. In der offiziellen Broschüre (des Gunzburg Centers) heißt es noch: ›Das Programm für Deutschland- und Europastudien wurde 1990 mit einem Zehnjahresstipendium der deutschen Regierung ein-

gerichtet.‹ ... ›Der DAAD‹ (überweist) das Geld ... an Guido GOLDMANN..., der es an Daniel GOLDHAGEN auszahle.«[125]

Aus dieser Hintergrundinformation zu dem Buch von GOLDHAGEN geht hervor, daß es sich keinesfalls um die gewöhnliche Dissertation eines phantasiereichen Doktoranden handelt, sondern um den Teil eines breit angelegten *Insider*-Programms, bei dem der Buchautor lediglich ein engagiertes Werkzeug ist. Seine Veröffentlichung bringt historisch nichts Neues und vornehmlich rein spekulative Behauptungen, die den potentiellen verbrecherischen Antisemitismus *der* Deutschen betreffen. Interessant ist lediglich, wer alles seine Arbeit gefördert hat und warum das wohl geschehen ist. Antwort auf die erste Frage gibt der deswegen so ausführlich zitierte CHAITKIN. Die zweite Frage wird durch das zeitgeistkonforme Echo und Interesse nicht nur seitens deutscher Lizenzmedien – allen voran der ÖRA – beantwortet, die dieser Angriff auf *die* Deutschen gefunden und zu finden hat. Der Vorsitzende des CSU-Bezirks München, Peter GAUWEILER, verurteilt diese »Anbiederei und das Entzücken«, mit denen Deutschland den »Propagandisten seines Unwerts« empfangen hat, und nennt den Holocaust-Forscher einen »Volksrichter«, dem er »mühsam umgekehrten Rassismus« vorwirft. Zudem weist GAUWEILER auf den »ökonomischen Ertrag« GOLDHAGENS aus seinem Buch hin, der »von Fachleuten auf über eine Million Deutschmark geschätzt« werde.[126] Da die bisherige Berichterstattung über die Aburteilung von dafür zwei Generationen in Vorrat gehaltener NS-Delinquenten wegen deren Ablebens zukünftig nicht mehr möglich sein wird, dürfen es nicht nur diese Schuldigen gewesen sein, sondern die genetische Veranlagung des ganzen deutschen Volkes, und das in alle Ewigkeit oder bis der Hooton-Plan (S. 253–268, Q. 386–402) mit Hilfe der Deutschen selbst umgesetzt worden ist. Für den deutschen Steuerzahler ist zudem interessant, wofür seine Bundesregierung die ihm abgepreßten Abgaben unter anderem einsetzt, so daß sie nunmehr keinen Spielraum mehr haben will, selbst die von ihr beschlossene Kindergelderhöhung termingemäß zu finanzieren. Oder sollte es sich bei dieser beabsichtigten Sparaktion etwa – wie bei der bislang praktizierten allgemeinen Benachteiligung der Familie bei gleichzeitiger Legalisierung oder gar Förderung der Abtreibung – um Teil der ihr vorgegebenen Umsetzung des Hooton-Planes handeln?

125 Anton Chaitkin, »Goldhagens Buch: Eine britische Provokation aus Harvard«, in *Neue Solidarität*, 4. 9. 1996, S. 4 f.

126 Peter Gauweiler, in *Bayernkurier*, nach *Die Welt*, 10. 10. 1996.

Deutsche Friedensbemühungen

Die 1939 nach der für die Deutschen überraschenden Kriegserklärung Großbritanniens und Frankreichs unternommenen kompromißbereiten Bemühungen Hitlers, die Vereinigten Staaten zu einer Friedensvermittlung zu bewegen, konnten nicht nur wegen der Tatsache, daß dieser mit seinem Angriff auf Polen offenkundig seine Glaubwürdigkeit verspielt hatte, sondern in Anbetracht des wirklichen Kriegsgrundes keinen Erfolg haben. Wozu hätten die Westmächte sonst die ›Machtergreifung‹ Adolf Hitlers seit 1923 finanziert? »Die amerikanische Regierung hielt (deshalb)... über diese deutsche Friedensoffensive nicht nur Stillschweigen, sondern überging auch den an sie gerichteten Appell zur Vermittlung, obwohl Präsident Roosevelt bereits am 3. September 1939 angekündigt hatte, die ›Bemühungen zur Wiederherstellung des Friedens fortzusetzen‹.«[127]

So konnte auch – der nach der 1979 in New York erschienenen Quelle des britischen Arztes und Autors W. Hugh Thomas lediglich angebliche – Rudolf Hess[128] 1941 gar keinen Erfolg mit seiner

[127] Alfred Schickel, aaO. (S. 39, Q. 45).

[128] Nachdem der damalige ranghöchste Militärarzt in Berlin, W. Hugh Thomas, festgestellt hatte, daß der letzte in Spandau gehaltene Gefangene Nr. 7 keine Narben am Thorax hatte, die der Führer-Stellvertreter aufgrund einer 1917 von Ferdinand Sauerbruch nach einem Lungendurchschuß im Ersten Weltkrieg vorgenommenen schweren Operation aufwies, ist er dem Fall Hess nachgegangen. Dabei hat er festgestellt, daß weder die Nummer (NJ + C 11) der Messerschmitt Bf 110, mit der Hess am 10. Mai 1941 in Augsburg abgehoben hat, noch seine Lederjacke mit denjenigen übereinstimmen, die der spätere Spandauer Gefangene Nr. 7 bei seiner Ankunft in Schottland (NJ + OQ) geflogen ist, beziehungsweise getragen hat. Daraus erklärt sich für den Autor, daß der Gefangene Nr. 7 erst nach 20 Jahren Haft seine Ehefrau als Besucherin in Spandau empfangen wollte sowie bei Vernehmungen nur allgemein über das Umfeld und die Tätigkeit des Führer-Stellvertreters Bescheid wußte. Hess war zum Beispiel ein leidenschaftlicher Tennisspieler. Der Gefangene Nr. 7 gab jedoch vor, nicht Tennis spielen zu können, und kannte auch nicht die Tennisregeln. Der richtige Hess war strikter Vegetarier. Der Gefangene Nr. 7 verlangte jedoch während seiner Gefangenschaft nicht nach Vegetarierkost.
Thomas geht davon aus, daß Reichsleiter Himmler dafür gesorgt hat, daß nicht der richtige Hess, sondern ein von ihm dafür vorbereitetes Double in Schottland ankam. Zu den Berichten über den recht verworrenen Zustand des Gefangenen Nr. 7 bemerkt der Autor: »1941 wollten sie (die britische Regierung), daß er (das Hess-Double) geistig ausreichend unzurechnungsfähig war, um ihn in psychiatrischer Verwahrung zu halten. 1945 wollten sie jedoch ihn für gesund genug erklärt sehen, um in Nürnberg (vor dem dort abgehaltenen Tribunal) erscheinen und entweder zum Tode oder zu lebenslänglicher Haft verurteilt werden zu können.« (W. Hugh Thomas, *The Murder of Rudolf Hess,* Harper & Row, New York 1979)

Englandmission haben, über die wir bisher allerdings nur wenig wissen. COLVILLE berichtet in seinen vorerwähnten Tagebüchern unter dem 13. Mai 1941 darüber: »Die HESS-Story ließ natürlich jedermann vor Erstaunen den Mund aufreißen. Am Vormittag, mit dem Premierminister aus dem Parlament zurückgekehrt, sah ich einen Bericht über die Unterredung, die KIRKPATRICK mit HESS führte. Aus dem Bericht geht hervor, daß HESS kein Verräter ist, sondern aufrichtig glaubt, er könne uns davon überzeugen, daß der Krieg für uns nicht zu gewinnen und ein Kompromißfrieden erreichbar sei. Unabdingbare Voraussetzung dafür sei die Absetzung der Regierung CHURCHILL.« (S. 274)

Die britischen HESS-Akten werden sowohl zur Aufrechterhaltung der Kriegsschuldthese als auch mit Rücksicht auf die vermeidbar gewesenen Kriegsverluste des britischen Volkes weiter unter Verschluß gehalten. Auch wurde verhindert, daß der seit seiner Gefangennahme bis zu seiner vermutlichen Ermordung[129] deswegen in Einzelhaft gehaltene einstige Führerstellvertreter schriftlich oder vor Zeugen über seine seinerzeitigen Friedensbemühungen berichten konnte. Allein daraus geht hervor, wie stark die alliierte Kriegspropaganda von der zeitgeschichtlichen Wahrheit abweichen muß. Das deutsche Volk soll aber nach folgender, seitens des US-amerikanischen Publizisten Walter LIPPMANN vorgenommenen Kennzeichnung der Deutschlandpolitik der Sieger an deren Kriegspropaganda glauben, die den Deutschen deshalb immer noch von den öffentlich-rechtlichen Rundfunkanstalten (ÖRA) und anderen Lizenzmedien penetrant aufgetischt wird und nicht durch historische Wahrheiten abgeschwächt werden darf:

---

[128] (Fortsetzung). Da die britische Regierung einen Teil der HESS-Akten auch nach 50 Jahren Historikern noch nicht zur Auswertung freigibt, bleibt der Fall HESS weiterhin dubios. Nach der Beweisführung von THOMAS scheint es, daß es sich bei dem Gefangenen Nr. 7 nicht um den einstigen Führer-Stellvertreter Rudolf Hess gehandelt hat. Warum der Gefangene Nr. 7 seine Identität nicht preisgegeben hat, um dadurch seine Haftentlassung zu bewirken, bleibt für den Verfasser nach Durchsicht der Quelle unverständlich. Möglicherweise war ihm bedeutet worden, daß er einen solchen Versuch nicht überleben würde. Er machte sich nach der angezogenen Quelle ohnehin berechtigte Sorgen, daß man ihn vergiften wolle. Andere Tatsachen, auch die Familie, widersprechen THOMAS' Folgerungen.

[129] Nachdem Rudolf HESS am 17. 8. 1987 im Alter von 93 Jahren in seiner Zelle Selbstmord begangen haben sollte, gaben die Alliierten innerhalb weniger Stunden vier verschiedene Versionen über seinen Tod an die Öffentlichkeit. Der seit 1964 tätig gewesene US-amerikanische Kommandant des Spandauer Kriegsverbrechergefängnisses, Eugen K. BIRD, kommt nach Prüfung aller Beobachtungen und Indizien – u.a. Beseitigung der Beweismittel – in seinem *Der mysteriöse Tod von Rudolf Heß* zu dem Schluß: »HESS wurde ermordet!«

»Erst wenn die Kriegspropaganda der Sieger Eingang gefunden hat in die Geschichtsbücher der Besiegten und von der nachfolgenden Generation auch geglaubt wird, kann die Umerziehung als wirklich gelungen angesehen werden.«[130]

Hierbei vermochte man und versucht das immer noch, auf die bereits von Napoleon I. gemachte Erfahrung mit den Deutschen zurückzugreifen:

»Keine Lüge kann grob genug ersonnen sein, die Deutschen glauben sie. Um eine Parole, die man ihnen gab, verfolgen sie ihre Landsleute mit größerer Erbitterung als ihre wirklichen Feinde.«

Zum zweitzitierten Satz des französischen Kaisers muß allerdings einschränkend aus heutiger Beobachtung hinzugefügt werden, soweit es sich nicht um Kommunisten, Neomarxisten oder Personen handelt, die aus anderen Gründen ihrem Vaterland Schaden zugefügt haben oder sich das heute noch zur Aufgabe oder zum ›Grundversorgungs-Auftrag‹ gemacht haben.

Winston Churchill hat sich zum Wahrheitsgehalt der alliierten Kriegspropaganda folgendermaßen geäußert:

»Im Krieg ist die Wahrheit so kostbar, daß sie nie anders als mit einer Leibwache von Lügen auftreten sollte!«

Stalin und seine Mitarbeiter sollen an dem Bonmot, als es übersetzt wurde, großen Gefallen gefunden haben, wie Churchill in seinem *Der Zweite Weltkrieg* (5. Buch, Bd. II) berichtet.[131]

Zeitgeistkonforme Medien, Politiker und Zeitgeschichtler pflegen bei ihrer ›Aufarbeitung der jüngsten Vergangenheit‹ dementsprechend das deutsche Vordringen 1940 in Belgien, Holland und Norwegen an die dortigen Nordseeküsten mit der dafür erforderlichen Besetzung Dänemarks einseitig als Überfall auf diese neutralen Länder zu bezeichnen, ohne wahrhaben zu wollen, daß die Briten ansonsten der Wehrmacht – wie später auf Kreta – zuvor-

---

130 *Unsere Sendung*, Aktion Funk und Fernsehen (AFF), Nr. 5–6, Mai/Juni 1995.

131 Sir Winston Churchill, *Der Zweite Weltkrieg*, nach Robert Vansittart, *Black Record*, London 1941, S. 75, und Hans Riegelmann, aaO. (S. 32, Q. 34) – Für dieses Werk hat er nebenbei den Nobelpreis für Literatur erhalten, wozu der Verfasser 1954 vom späteren langjährigen Kabinettsmitglied der Nixon-Administration, Professor Earl L. Butz, erfuhr, diese Ehrung sei ein Kompromiß gewesen. Churchill habe den Friedensnobelpreis erhalten wollen, den ihm jedoch das Nobelkomitee in Anbetracht der Rolle, die er als britischer Premier im Krieg gespielt habe, nicht zusprechen wollte. Da habe man sich auf diese Weise aus der Verlegenheit geholfen.

gekommen wären. Das Dritte Reich verfolgte in diesen Ländern keine anderen Absichten, als einen von dort erwarteten ungehinderten Vormarsch der Briten an die deutschen Landesgrenzen zu verhindern. COLVILLE vermerkt in seinen oben angezogenen Tagebuchaufzeichnungen unter dem 13. September 1939, also bereits zwei Wochen nach Kriegsausbruch: »Die britische *Royal Air Force* hat die holländische Neutralität verletzt, eine dänische Stadt bombardiert und ist mit einem belgischen Flugzeug über belgischem Gebiet aneinandergeraten.« (S. 16)

Bei der Besetzung von Nordnorwegen sind die deutschen Truppen einer britischen Landung nur um wenige Stunden zuvorgekommen. Hierzu vermerkt COLVILLE unter dem 7. Februar 1940: Laut Protokoll der Sitzung des obersten Kriegsrats »wurde endgültig entschieden, daß wir unseren Plan zur Besetzung der Erzgruben ausführen, unter dem Vorwand, Hilfe für (das von der Sowjetunion am 30. November 1939 angegriffene) Finnland über Norwegen zu entsenden. Die Finnen werden öffentlich an Norwegen und Schweden appellieren, ausländische Freiwillige durch ihre Länder hindurchzulassen. Dann werden wir um die Genehmigung nachsuchen, unsere ›Freiwilligen‹ in der bewährten ›Nichteinmischungsmanier‹ in Narvik und Trontdheim landen zu lassen«. (S. 63) Mit seiner zwei Monate später unter dem 9. April 1940 vorgenommenen Tagebucheintragung läßt uns COLVILLE dann wissen: »Wurde früh mit der Nachricht geweckt, daß das Kabinett um 8 Uhr 30 zu einer Sitzung zusammentritt, und hastete hinüber nach Downing Street, wo ich erfuhr, daß die Deutschen in Norwegen und Dänemark einmarschiert sind. Mittlerweile ist der größte Teil unserer Flotte bemüht, deutsche Schiffe in Richtung Nordpol zu verfolgen... (Später) bestätigte mir der Schatzkanzler, daß die Gerüchte, die Deutschen hätten Narvik mit einer Aktion nach Art des Trojanischen Pferdes erobert, den Tatsachen entsprechen... ›Sehr geschickt‹, bemerkte der Kanzler, ›und wir waren die Trottel, wirkliche Trottel.‹« (S. 77)

Präventivkrieg im Osten

Zum gleichfalls zeitgeistkonform bestrittenen Sachverhalt des deutschen Präventivkrieges gegen die Sowjetunion wird neben dem viel zitierten russischen Autor und ehemaligen hochrangigen Offizier des sowjetischen militärischen Geheimdienstes GUR, Viktor SUWOROW (*Der Eisbrecher* und *Der Tag M*),[132] nach dem STALIN für den Sommer 1941 eine Offensive gegen das Deutsche Reich plante, der jedoch deutscherseits zuvorgekommen war, auch auf die weniger bekannten Arbeiten der T.S. BUSCUJEWA hingewiesen. Diese russische Historikerin hat im Geheimfonds des Sonderarchivs der UdSSR (jetzt ›Aufbewahrungszentrum der historisch-dokumentarischen Sammlung‹, Reg.-Nr. 7/1/1223) eine von STALIN am 19. August 1939 – vier Tage vor der Unterzeichnung des deutsch-sowjetischen Nichtangriffspaktes – vor Politbüromitgliedern gehaltene Rede entdeckt. Unter dem Buchtitel *Stalin als Provozierer des Zweiten Weltkrieges* veröffentlicht sie daraus im Moskauer Literaturmagazin *Nowij Mir* (›Neue Welt‹) folgende Textstelle:

> »Unsere Wahl ist klar. Wir müssen den deutschen Vorschlag annehmen und die anglo-französische Mission höflich nach Hause schicken. Unser erster Vorteil besteht in der Auslöschung Polens und in der Gewinnung eines Teiles von Polen bis Warschau, einschließlich des ukrainischen Galiziens.«

Zum weiteren Schicksal Polens nach seiner von der Sowjetunion gemeinsam mit dem Dritten Reich vorgenommenen vierten Teilung hatte sich der sowjetische Außenminister MOLOTOW in einer außenpolitischen Rede auf der 5. außerordentlichen Tagung des Obersten Sowjets am 31. Oktober 1939 folgendermaßen geäußert:

> »Es kann von der Wiederherstellung des alten Polens nicht die Rede sein. . . Wenn man heute von den europäischen Großmächten spricht, so befindet sich Deutschland in der Lage eines Staates, der möglichst rasch das Ende des Krieges und den Frieden erstrebt, während England und Frankreich, die sich gestern noch gegen jeden Angriff aussprachen, sich für die Weiterführung des Krieges und gegen den Abschluß des Friedens einsetzen.«

---

[132] Viktor Suworow, *Der Eisbrecher – Hitler in Stalins Kalkül* und *Der Tag M*, Klett-Cotta, Stuttgart, 1993 u. 1995.

Eine Bekräftigung dieser Ausführungen MOLOTOWS war der anschließende Beschluß des Obersten Sowjets, die im Frieden von Riga (18. 3. 1921) an Polen abgetretene Westukraine wieder in die UdSSR einzugliedern.[133] Historiker der Universität Nowosibirsk haben auf der Grundlage der Arbeiten der BUSCUJEWA die Vorgeschichte des Zweiten Weltkriegs untersucht und anläßlich des 50. Jahrestages der ›Vernichtung des faschistischen Deutschlands‹ ihre Forschungsergebnisse veröffentlicht. Einer der Verfasser, W. L. DOROSCHENKO, hält STALIN für den Hauptschuldigen am Ausbruch des Zweiten Weltkriegs und stellt dazu fest: »Nicht nur, daß er HITLER half; es lag in STALINS ureigenem Interesse, den Krieg zu entfachen, einmal mit dem allgemeinen Ziel der Machteroberung in Europa, zum anderen mit einem unmittelbaren Gewinn, der sich aus der Vernichtung Polens und der Eroberung Galiziens ergab. Das wichtigste Motiv STALINS war aber der Krieg selbst,. . . der Sturz (man beachte: nicht lediglich der deutschen, sondern wie bei den Kriegstreibern in den Vereinigten Staaten) der europäischen Ordnung und die sich daraus ergebende Möglichkeit, unter solchen Bedingungen seine Diktatur zu stabilisieren, wobei er sich zunächst aus dem Konflikt heraushalten wollte, um dann in einem günstigen Moment in den Krieg einzutreten.«[134] Dafür hatte er spätestens den Zeitpunkt ins Auge gefaßt, wenn die Wehrmacht nach England übersetzen oder die Invasion der Vereinigten Staaten in Frankreich erfolgen würde. Auch veröffentlichten zwischenzeitlich die russischen Historiker G. GORDJUGOW und W. NEMESCHKIN eine Dokumentation über den ›Großen Vaterländischen Krieg‹, in der sie die Ergebnisse vorgenannter Recherchen unter anderem damit bestätigen, daß STALIN am 5. Mai 1941 in einer erstmals in der Zeitschrift *Historitscheskij Archiw* (›Historisches Archiv‹) abgedruckten Rede vor den Absolventen aller sowjetischen Militärakademien ausführte, es sei nunmehr »Zeit. . ., von der Verteidigung zum Angriff überzugehen«. Am 4. Juni 1941 – 18 Tage vor dem deutschen ›Überfall‹ auf die ›friedliche‹ Sowjetunion – wurde im Politbüro der KPdSU beschlossen, die Gründung einer roten polnischen Befreiungsarmee vorzunehmen. Diese sollte aus sowjetischen Staatsangehörigen polnischer Herkunft, insbesondere aus der Polen 1939 wieder abgenommenen Zone östlich der Cur-

---

[133] Alfred Schickel, »Die Vergangenheit, die nicht vergeht – Wichtige Quellen erhellen die Frage der Kriegsverantwortung weiter«, in *Das Ostpreußenblatt*, 20. 4. 1996.

[134] Wolfgang Strauss, »Stalin provozierte den Zweiten Weltkrieg – Ein sensationeller russischer Dokumentenfund«, in *Nation & Europa*, 4/1996.

zon-Linie (West-Ukraine), gebildet werden.[135] Die kriegerische Auseinandersetzung mit der von STALIN geführten Sowjetunion ließ sich deshalb für Deutschland nicht vermeiden. Die Frage war lediglich, welcher dafür der günstigste Zeitpunkt war.

Wie Deutschland hatte auch Japan einen Nichtangriffspakt mit der Sowjetunion geschlossen. STALINS Botschafter in Tokio hatte den Auftrag, nach Kräften dahin zu wirken, daß es zwischen den beiden kapitalistischen Mächten Japan und den Vereinigten Staaten zum Krieg käme. Nachdem dieser im Sommer 1945 kurz vor seinem Abschluß stand, hat die Sowjetunion dann schnell noch in die Kriegshandlungen eingegriffen, um sich ohne großen Aufwand seinen Teil der Beute – die nördlichen Kurilen – zu sichern. Auf deren Anspruch hat Japan unter seinen verschiedenen Regierungen bisher nicht verzichtet, während die deutschen Verzichtspolitiker verschiedener Couleurs und Regierungen – dabei von den Lizenzmedien überwacht – alles nur Erdenkliche unternehmen, um die völkerrechtswidrige Abtrennung und ethnische Säuberung der deutschen Ostgebiete unumkehrbar zu machen. Die von Deutschland betriebene Osterweiterung von NATO und Europäischer Union ist der bisher letzte Akt dieser deutschen Tragödie.

Rudolf AUGSTEIN bemüht sich im *Spiegel* vom 5. Februar 1996, SUWOROW sowie die deutschen Autoren Walter POST und Joachim HOFFMANN, die neuerdings gleichfalls dieser Frage nachgegangen und zu ähnlichen Schlußfolgerungen wie SUWOROW und die anderen vorgenannten russischen Autoren gekommen sind, mit seinen Thesen zum Rußlandkrieg (leider ohne Quellenangaben) zu widerlegen.

Der von AUGSTEIN kritisierte Walter POST hat sich in seinem *Unternehmen Barbarossa* mit der Sichtung einer Reihe von seiten Rußlands bisher streng geheim gehaltener, in den vergangenen Jahren zugänglich gewordener Dokumente befaßt, um die Geschichte der militärischen Planung der sowjetischen Führung in den Jahren 1940/41 für die Kriegführung gegen Deutschland zu rekonstruieren. Dabei ist der Operationsplan von Armeegeneral MEREZKOW und Marschall TIMOSCHENKO vom 18. September 1940 von zentraler Bedeutung. In diesem wird vorgeschlagen, Deutschland durch einen Angriff auf Südpolen und Schlesien von den rumänischen Ölquellen abzuschneiden. Dieser Entwurf hat nach Recher-

[135] Joachim Görlich, »Russischer Historikerstreit – Neubewertung des deutsch-sowjetischen Krieges«, in *Die Pommersche Zeitung*, 20. 7. 1996.

chen des Autors die Billigung STALINS gefunden und wurde danach zur Grundlage der weiteren Planungsarbeit des Generalstabs gemacht. POST beweist anhand der gesichteten Dokumente, daß STALIN von dem deutschen Angriff nicht überrascht war, weil er seinerseits Eroberungsabsichten hatte, um die Grenzen der Sowjetunion weiter nach Westen zu verlegen.[136]

Der zweite, von AUGSTEIN angegriffene deutsche Autor, Joachim HOFFMANN, hatte als wissenschaftlicher Direktor am Militärgeschichtlichen Forschungsamt der Bundeswehr, Freiburg, in seiner Behörde Arbeiten über *Die Sowjetunion bis zum Vorabend des deutschen Angriffs* und *Die Kriegsführung aus der Sicht der Sowjetunion* erstellt. Deren Freigabe zur Veröffentlichung konnte er allerdings erst mit einem Verfahren vor dem Landgericht Freiburg erwirken, weil die dort niedergeschriebenen Ergebnisse seiner Auswertung des im Forschungsamt lagernden umfangreichen Materials nach Auffassung der entsprechend besetzten Leitung dieser Bundeswehreinrichtung wohl nicht dem vorerwähnten ›volkspädagogisch gewünschten Geschichtsbild‹ entsprachen. Damit befindet sich dieser Bundeswehrhistoriker nebenbei in guter Gesellschaft mit dem britischen Premier MAJOR, dessen an die Presse verteiltes Manuskript für die in Berlin am 8. Mai 1995 (dem Tag, an dem die Deutschen dort geflissentlich ihre Niederlage als ›Befreiung‹ feierten) gehaltene Rede wohl im *Bulletin der Britischen Botschaft Bonn*, vom Bundes-Presse- und Informationsamt (BPA) aber nicht mit diesem Wortlaut im *Bulletin der Bundesregierung* veröffentlicht werden durfte (wie nachstehend belegt wird).

Auf der Grundlage dieser Arbeiten und in den letzten Jahren zugänglich gewordener russischer Quellen kommt HOFFMANN in seiner neuen, im Verlag für Wehrwissenschaften erschienenen Veröffentlichung *Stalins Vernichtungskrieg 1941–1945* zu folgendem Ergebnis: »Das Argument, die Sowjetunion sei durch den deutschen Überfall überrascht worden, entbehrt jeder Grundlage.« STALIN habe seinen Krieg nicht geführt, um einen Überfall abzuwehren, er bereitete seinen Krieg vielmehr mit dem Ziel der Vernichtung Deutschlands vor. Im Vorwort zu dieser Veröffentlichung wird auf folgenden rechtsstaatlich bedenklichen Umstand hingewiesen: »Im Gegensatz zu Geist und Buchstaben der grundgesetzlich proklamierten Wissenschaftsfreiheit ist es heutzutage leider schon empfehlenswert, manche Passagen historiographischer Texte vor

[136] *Die Pommersche Zeitung*, 24. 2. 1996, »Kampf der Diktatoren« (Rezension).

ihrer Veröffentlichung auf einen möglichen ›Straftatbestand‹ hin überprüfen zu lassen – ein fast entwürdigender Zustand.«[137] HOFFMANN befaßt sich auch in einer Leserzuschrift mit dem Angriffsplan der Roten Armee vom 15. Mai 1941. Dieser sei »nicht etwa gegen, sondern gerade auf Befehl STALINS hin ausgearbeitet, ihm dann vorgelegt und, wie Marschall WASSILEWSKI versichert, von ihm auch genehmigt« worden. Auch Generaloberst WOLKOGONOW habe ihm am 26. Juni 1990 bestätigt, »daß STALIN ihn zur Kenntnis genommen und sogar monogrammiert habe. Die militärisch-politischen Maßnahmen zur Verwirklichung dieses Angriffsplanes wurden ungesäumt und mit Energie in Angriff genommen. Das Beweismaterial hierfür ist erdrückend. Und überwältigend war auch die materielle Überlegenheit der Roten Armee«.

Am 12. Mai 1993 habe das Moskauer Fernsehen im Militärgeschichtlichen Forschungsamt Freiburg i.Br. eine Diskussion zwischen seinem Freund Viktor SUWOROW und ihm über diese Frage aufgenommen.

»Der Regisseur erbat eingangs in ziemlicher Fassungslosigkeit eine Erklärung zu dem, was einige prominente deutsche Persönlichkeiten ihm zuvor gesagt hatten, nämlich daß, selbst wenn Viktor SUWOROW recht hätte und HITLER STALIN zuvorgekommen wäre, dieses niemals gesagt werden dürfe, weil damit ja HITLER entlastet werden würde.«

Vielleicht ist dies eine Erklärung für die Penetranz, mit der die Verfechter überholter Anschauungen an den längst widerlegten Thesen festhalten.[138] Das ist natürlich nur erforderlich, wenn Handlungen gegen Deutschland und deutsche Personen historisch mit belastendem Ergebnis ›aufgearbeitet‹ werden. Wird jedoch das Andenken deutscher Verfolgter, Vertriebener, Gefolterter oder Ermordeter durch Rechtfertigen, Herunterrechnen, Bagatellisieren oder gar Ableugnen verletzt, können sich die Täter sicher sein, daß ihnen weder Strafverfolgungen noch Medienschelte droht, sondern vielmehr zur Verbreitung ihrer Thesen seitens der Öffentlich-Rechtlichen Rundfunkanstalten (ÖRA) und anderer zeitgeistnaher Sender und Gazetten nach Kräften beigetragen wird.

Hierbei vermittelt AUGSTEIN – wie bereits den Polenkrieg betreffend – das »volkspädagogisch gewünschte Geschichtsbild« (Golo

---

[137] Joachim Hoffmann, *Stalins Vernichtungskrieg 1941–1945,* Verlag für Wehrwissenschaften, München 1995, S. 16.

[138] Joachim Hoffmann, »Angriffsplan auf Stalins Befehl« (Leserzuschrift), in *FAZ,* 11. 5. 1996.

MANN), nach dem die friedliebende Sowjetunion vom Dritten Reich unprovoziert überfallen worden ist und STALIN zu den Befreiern der Deutschen gehört. Die Veröffentlichungen der BUSCUJEWA und der oben weiter genannten russischen Historiker sowie der völkerrechtliche Sachverhalt bleiben ebenso unberücksichtigt, wie daß die Sowjetunion bereits Annexionskriege gegen Finnland und die baltischen Staaten geführt hatte. Wegen des Angriffskrieges auf Finnland war sie vom Völkerbund, dem Vorgänger der Vereinten Nationen, am 14. Dezember 1939 ausgeschlossen worden.[139] Bei seiner Kommentierung des oben genannten, 1996 in deutscher Übersetzung vom Siedler Verlag herausgegebenen *Hitlers willige Vollstrecker – Ganz gewöhnliche Deutsche und der Holocaust* des US-amerikanischen Holocaust-Forschers Daniel Jonah GOLDHAGEN entkräftet AUGSTEIN seine These vom unprovozierten deutschen Überfall auf die Sowjetunion allerdings selbst, indem er dort zu der Auffassung gelangt, »STALIN hätte HITLERS ›Endsieg‹, so er denn überhaupt in Reichweite war, nicht tatenlos zugesehen«.[140]

Der Tübinger Politologe Theodor ESCHENBURG faßte die von Deutschland erwartete Interpretation seiner jüngsten Geschichte in folgendem Satz zusammen:

> »Die Erkenntnis von der unbestrittenen und alleinigen Schuld HITLERS ist vielmehr eine Grundlage der Politik der Bundesrepublik«, und er forderte, »alles zu unterlassen, was die Glaubwürdigkeit der deutschen Auffassung über die Ursachen des Zweiten Weltkrieges in Frage stellt«.[141]

Danach bemüht sich nicht nur AUGSTEIN, die Aussagen russischer Zeitzeugen und die Ergebnisse zeitgeschichtlicher Archivstudien selbst russischer Autoren anzugreifen, um die mühsam aufgebaute Legende von der Alleinschuld Deutschlands nicht nur am Ausbruch des Ersten und Zweiten Weltkriegs, sondern auch an dem »unprovozierten Überfall auf die friedliche Sowjetunion« zu retten. Nunmehr arbeitet auch der israelische Historiker und Leiter des Cummings-Instituts für russische Geschichte an der Universität Tel Aviv, Gabriel GORODETSKY, in dieser Richtung. Nach seinen inzwischen widerlegten Recherchen handle es sich bei der Aufzeich-

---

[139] Alfred de Zayas, »Kein Anlaß zur Schwarzmalerei – Zur Versachlichung der Diskussion um die Rolle der Wehrmachtjustiz«, in *Das Ostpreußenblatt*, 6. 1. 1996.

[140] Rudolf Augstein, »Todbringende ›Humanisten‹ – Rudolf Augstein zur Geschichte des Holocaust und zu den neuen Thesen«, in *Der Spiegel*, 12. 8. 1996, S. 47.

[141] Theodor Eschenburg, *Zur politischen Praxis in der Bundesrepublik*, 1964, S. 164 f.

nung der oben genannten Geheimrede STALINS am 19. August 1939 um eine Fälschung des französischen Geheimdienstes.[142]

Die Briten sind nach der oben genannten Tagebuchaufzeichnung des 7. Februar 1940 von CHURCHILLS persönlichem Referenten COLVILLE ähnlich verfahren, um sich damit einen Grund für die beabsichtigte Besetzung Norwegens zu verschaffen. Auch seitens Frankreichs dürfte nicht daran gedacht worden sein, die Sowjetunion wirklich Finnlands wegen anzugreifen. *Die Welt* druckt GORODETSKYS Bericht ab, ohne zu seiner recht merkwürdigen historischen Wahrheitsfindung Stellung zu nehmen.

---

[142] Diese Aufzeichnung wurde schon 1940 in der Schweizer Presse und ferner in der Biographie des Vorsitzenden der britischen faschistischen Partei, Oswald MOSLEY, *On Borrowed Time* (›Zu geliehener Zeit‹), veröffentlicht. Bei der Besetzung von Paris im Juli 1940 soll sich das Dokument in einem der Archive befunden haben, die deutscherseits nach Berlin gebracht wurden. Dort seien sie später der Roten Armee in die Hände gefallen, ehe sie – bereits bahnverladen – in Sicherheit gebracht werden konnten. So sei ›STALINS Rede‹ mit anderen Dokumenten in das Moskauer Sonderarchiv (›*Osobv-Archiv*‹) gelangt. Bei der Aufzeichnung soll es sich um ein in französischer Sprache abgefaßtes Papier ohne Unterschrift handeln. HITLER habe einen Zweifrontenkrieg um jeden Preis verhindern wollen. Als die Briten Anfang August 1939 eine Militärdelegation zu Verhandlungen über einen gegenseitigen Beistandspakt nach Moskau entsandten, kam es gleichzeitig zu einer Intensivierung der Verhandlungen zwischen Berlin und Moskau. Doch entgegen dem Wortlaut der ›Rede‹ sei STALIN unvermindert daran interessiert gewesen, den Krieg zu verhindern. Motiv für die am 23. Dezember 1939 vorgenommene Fälschung sei gewesen, daß Frankreich nach dem sowjetischen Überfall auf Finnland am 30. November 1939 und Rußlands daraufhin erfolgtem Ausschluß aus dem Völkerbund eine Rechtfertigung für ein militärisches Eingreifen gegen die Sowjetunion gesucht habe. (Gabriel Gorodetsky, »Stalins Geheimrede stammt aus Paris – Französischer Geheimdienst fälscht Ansprache, um Eingreifen gegen die Sowjetunion zu bewirken«, in *Die Welt*, 31. 8. 1996)

Geschichtsfälschung und ›Neues Völkerrecht‹

Nach dem Ergebnis der umfangreichen Arbeiten von SUWOROW, POST, HOFFMANN und anderen plante STALIN nicht nur für den Sommer 1941 eine Offensive gegen das Deutsche Reich, sondern gehörte überhaupt zu den Provozierern des Zweiten Weltkriegs. Ob diese Erkenntnisse durch die eine französische Fälschung erschüttert werden können, wagt der Verfasser zu bezweifeln. Interessant ist hierbei jedoch, daß historische Dokumente wie das obige, die Deutschland entlasten, nachher zunächst als Fälschungen bezeichnet werden. So etwas wird von sich mit der ›Aufarbeitung der deutschen Alleinschuld am Kriege‹ befassenden Historikern jedoch hinsichtlich Deutschland belastenden Dokumenten, Zeugenaussagen, Lichtbildmaterial usw. kaum ernsthaft geprüft und grundsätzlich nicht für möglich gehalten, obwohl sich genügend, teilweise hier zitierte prominente Zeitzeugen aus den Vereinigten Staaten, Großbritannien und Frankreich dahingehend geäußert haben. Und wie leicht es offenbar möglich ist zu fälschen, geht zum Beispiel aus den ›Hitlertagebüchern‹ hervor, deren Anschaffung und Verbreitung sich *Der Stern* Millionen hat kosten lassen, bis schließlich nachgewiesen werden konnte, daß es sich bei diesen umfangreichen handschriftlichen Aufzeichnungen des ›Führers‹ um eine Totalfälschung handelt. Das DDR-Ministerium für Staatssicherheit (MfS) hat eine ganze Abteilung für Fehlinformation unterhalten, die gewisse westdeutsche Medien mit ›Wahrheiten‹ über nicht – wie zum Beispiel der dort als ›IM Tulpe‹ geführte langjährige deutsche Außenminister Hans-Dietrich GENSCHER —auf DDR-Linie liegende Persönlichkeiten aus dem öffentlichen Leben versorgte. Bundespräsident LÜBKE war zum Beispiel ein solches Opfer. Ihm wurde unterstellt, er habe im Dritten Reich als Bauingenieur KZ-Baracken entworfen. Das wurde mit seiner – wie sich später aus STASI-Archiven ergab – gefälschten Paraphe (Handzeichen) tragenden Blaupausen ›nachgewiesen‹. Vorher waren diese – bis heute ungestraft – wählerwirksam in einem MfS-versorgten westdeutschen Magazin publiziert worden.

Protektorat Deutschland

Beobachtet man, in welchem Ausmaß Deutschland 1996 – kein zu seiner eigenen Einkreisung ausgelegtes Fettnäpfchen auslassend –, mit außenpolitischen Erklärungen und Interventionen wie seinem Eintreten für die NATO-Osterweiterung und die Verurteilung Rußlands wegen dessen unerfreulichen Vorgehens in Tschetschenien, seinem Bundeswehreinsatz auf dem Balkan, seiner Kritik an China in Sachen Tibet, dem Versuch, den Iran durch das ein dortiges Kabinettsmitglied betreffende Auslieferungsgesuch bloßzustellen, und schließlich noch Israel wegen seiner Siedlungspolitik zu rügen, ist das vergleichbar mit der Verurteilung eines deutschen Kanonenboot-Einsatzes in einer französischen Interessenzone seitens eines wohl reichen, aber weltpolitisch unbedeutenden Maharadschas zur Zeit des kolonialen Indiens. Den kleinen und großen Völkern des Globus entgeht natürlich nicht, daß Deutschland als bereits über 50 Jahre widerstandslos militärisch besetzt, territorial amputiert und tributpflichtig gehaltenes Protektorat hinsichtlich seiner eigenen Lage sowohl völker- als auch menschenrechtlich-verzichtspolitisch denkt und handelt sowie danach strebt, sich innerhalb der Europäischen Union mit seiner Währung aufzulösen. Wenn es trotzdem so tut, als ob es geopolitisch als Großmacht mitreden müsse, weil es zum Beispiel den Golfkrieg überreichlich finanziert hat, macht es sich schlicht lächerlich. Außerdem sollte nichts darüber hinwegtäuschen, daß es wegen seiner Spendierfreudigkeit gern finanziell ›abgeschöpft‹ und deswegen gelegentlich wie eine reiche Erbtante mit Artigkeiten bedacht wird. Wirkliche Achtung steht jedoch nicht dahinter. So bemerkt zum Beispiel die Moskauer *Komsomolskaja Prawda* im August 1996 zu dem erneuten – wohl aus Washington für Bundeskanzler Kohl angeordneten – Besuch bei Präsident Jelzin am 7. September 1996:

> »In jedem Fall ist sich Kohl treu geblieben. Ungeachtet der Ratschläge seiner Umgebung, sich in der heutigen politischen Situation so fern wie möglich von Jelzin zu halten, setzt er sofort nach seinem Urlaub die Reise nach Moskau durch. Es ist interessant, daß der Kanzler in der Regel gerade dann nach Moskau kommt, wenn begonnen wird, über die Gesundheit Präsident Jelzins zu spekulieren. Bei seinem kommenden Besuch wird es

ihm vielleicht gelingen, eine richtige Diagnose zu stellen. Nachdem der (ihn nach Moskau beordernde) Westen davon erfahren hat, dürfte er bereit sein, seinen Beutel für eine neue Anleihe zu öffnen.«[143]

Abbildung 6 · Klaus Böhle karikiert diesen Kanzlerbesuch entsprechend in der *Welt* (5. 9. 1996).

Grotesk wurde das Eintreten des Bundeskanzlers für die Menschenrechte in Ost-Timor, als er im August 1996 dem seit 30 Jahren sein mit fast 200 Millionen Einwohnern viertgrößtes Volk der Erde absolutistisch (»gelenkte Demokratie«) regierenden Staatspräsidenten SUHARTO[144] humanitäre Ermahnungen erteilen zu müs-

[143] *Komsomolskaja Prawda,* nach *Die Welt,* 31. 8. 1996.

[144] Als General SUHARTO nach einem gescheiterten kommunistischen Putschversuch 1965 in Indonesien die Macht an sich riß, also die seit der Unabhängigkeit (1949) existierende schwache parlamentarische Demokratie beseitigte, litt das Land unter einer Reihe von kolonialen Hypotheken, zusammen mit raschem Bevölkerungswachstum, ethnisch-sozialen, intraislamischen und anderen religiösen Gegensätzen sowie Armut, Analphabetismus und wirtschaftlicher Stagnation. Seine ›Neue Ordnung‹ ist gekennzeichnet durch Ausbau der Infrastruktur, Eindämmung der Inflation, Rücknahme der Nationalisierungen, Förderung ausländischer Direktinvestitionen und die Liberalisierung des Außenhandels und des Devisenverkehrs. Die Unabhängigkeit der ehemaligen portugiesischen Besitzung Ost-Timor wurde im November 1981 vom UN-Entkolonisierungsausschuß gefordert, doch die bewaffneten Auseinandersetzungen zwischen indonesischen Truppen und der FRETILIN dauerten an. (*Lexikon Dritte Welt,* Rowohlt, Reinbeck 1983)

sen glaubte.[145] Vor seiner Abreise nach Indonesien hat er in Deutschland verkündet, die »Schlußstrich-Erklärung« zu den Vertreibungsverbrechen der Tschechen an seinen sudetendeutschen Landsleuten bis zum Jahresende 1996 durchsetzen zu wollen.[146] Und das, obwohl Tschechien nicht daran denkt, Bedauern über das im Sudetengebiet, Böhmen und Mähren begangene völkerrechtliche Verbrechen der Vertreibung zum Ausdruck zu bringen. Auch ist man dort nicht bereit, mit den auf grausamste Weise aus ihrer angestammten Heimat vertriebenen Opfern oder ihren Nachkommen über Wiedergutmachungsansprüche und Rückkehrrechte zu reden. Das gilt insbesondere für den Sprecher deren Landsmannschaft, Franz Neubauer. Die nach dem verlorenen Ersten Weltkrieg bei der Gründung der Tschechoslowakei mit ihrem Siedlungsraum (s. **Abbildung** 7) in diesen Kunststaat hineingepreßten und nach dem Zweiten Weltkrieg vertriebenen Deutschen bildeten in diesem Staat schließlich keine Minderheit, sondern die zweitgrößte Volksgruppe. Das zu 85 Prozent islamisch

Abbildung 7 · Die Heimat der Sudetendeutschen in Böhmen, Mähren und Sudetenschlesien. Quelle: *Deutscher Ostdienst* (DOD), 17. 1. 1997

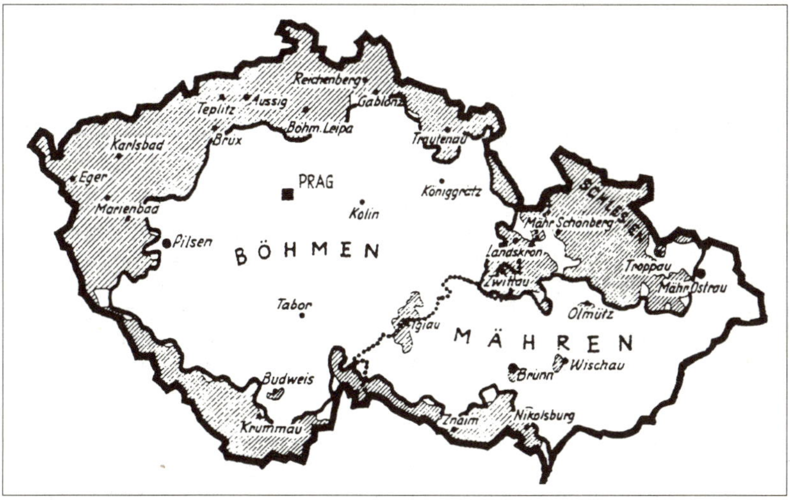

[145] Gerhard Reuter, »Es geht auch um die Menschenrechte – Indonesien begrüßt Bundeskanzler Helmut Kohl mit riesigen Konterfeis – Fischen und Gespräche auf Bira Kecil«, in *General-Anzeiger*, Bonn, 28. 10. 1996.

[146] Gernot Facius, »Kohl: Erklärung mit Prag noch 1996 – Bundeskanzler sieht gute Fortschritte – Opposition mahnt zur Eile – Vorstoß für symbolische Geste«, in *Die Welt*, 12. 9. 1996.

geprägte Indonesien hat das katholische Ost-Timor nach dessen Unabhängigkeit von Portugal genauso völkerrechtswidrig annektiert, wie das Sudetengebiet 1919 zu einem Protektorat der Tschechoslowakei gemacht wurde.[147] Nach seiner friedlichen Befreiung (Münchner Abkommen von 1938) ist das Sudetenland 1945 erneut annektiert und dabei im Gegensatz zu Ost-Timor auch gleichzeitig ethnisch gesäubert worden. Und das, obwohl Tschechien nicht wie Indonesien unter Bevölkerungsdruck leidet. Der deutsche Bundeskanzler, der letzteres – wie bereits mit der »Gemeinsamen Erklärung« vom 14. November 1989 die ostdeutschen Raubprovinzen Polens betreffend – ohne Beteiligung der betroffenen Heimatvertriebenen mit einer »Schlußstrich-Erklärung« sanktioniert und Tschechien sogar noch dafür – wie auch Polen – mit Wiedergutmachungsleistungen versorgt, will diese Staaten mit deren Aufnahme in die NATO und Europäische Union belohnen! Derselbe Bundeskanzler meint hingegen, Indonesien ermahnen zu müssen, die Menschenrechte in Ost-Timor einzuhalten! Um diesen völkerrechtlichen Spagat fertigzubringen, muß der deutsche Bundeskanzler und politische ›Adenauerenkel‹ entweder als rheinischer Separatist oder als *»Kanzler der Alliierten«* (wie Kurt SCHUMACHER Konrad ADENAUER bezeichnete) handeln. Seine zwiespältigen Verlautbarungen und seine daraus erkennbare Politik lassen sich anders wohl kaum erklären.

Bundespräsident Roman HERZOG hat für die Regelung mit Tschechien allerdings gute Vorarbeit geleistet, als er sich im Mai 1995

[147] In welchem Umfang es sich nach der tschechischen Annexion ohne Volksabstimmung des Sudetengebiets um eine Vergewaltigung der dortigen deutschen Bevölkerung und nicht etwa die Teilhabe an einem demokratischen Staatswesen gehandelt hat, geht unter anderem daraus hervor, daß »zum Staatsdienst. . . nur zugelassen (wurde), wer die tschechische Sprache in Wort und Schrift beherrschte. Das konnten die wenigsten Deutschen. So war es leicht, (z.B.) bei den Postdienststellen im deutschen Sprachraum die Deutschen zu entlassen und dafür Tschechen einzusetzen. Tschechen waren also materiell eindeutig besser gestellt als Deutsche. (Gleichzeitig entstand so aufgrund der damaligen Aufgabenstruktur der Post ein vorzüglicher protschechischer Nachrichtendienst.) Das war lange, bevor HENLEINS (geboren 1898) politische Aktivitäten Bedeutung erhielten. Und das ist nur ein kleiner Teil all dessen, was zur Eskalation beitrug und schließlich in die Katastrophe führte«. »Für die Siegermächte des I. Weltkrieges, und besonders für US-Präsident WILSON, waren die Darlegungen von MASARYK und BENESCH plausibel, wonach die vorhandene Wirtschaftsstruktur Böhmens in einer demokratischen Republik nach dem Vorbild der Schweiz die beste Lösung sei. Tschechen, Deutsche (als zweitgrößte Volksgruppe in der Tschechoslowakei) und Slowaken hätten die gleichen Rechte. Nachdem der Staat aber existierte, wurde anders verfahren.« (Herbert Papert, Niederdollendorf, »Es wurde anders verfahren«, Leserzuschrift, in *General-Anzeiger*, Bonn, 6. 11. 1996)

für eine Entschädigung tschechischer Opfer des Nationalsozialismus zu Lasten des deutschen Steuerzahlers aussprach. Daß Tschechien durch die Vertreibung von drei Millionen Sudetendeutschen Milliardenwerte ohne jede Vergütung übernommen hat und daraus die Opfer des Nationalsozialismus mehr als angemessen selbst entschädigen könnte, läßt er dabei unberücksichtigt. Von den vielen empörten Leserzuschriften, die zur »Schlußstrich-Erklärung« nicht lediglich in Heimatvertriebenenzeitschriften, sondern auch besonders in der *FAZ* und der *Welt* abgedruckt wurden, schließt sich der Verfasser uneingeschränkt der Aussage nachstehend zitierter Reaktion an:

> »Bis zu dem Beitrag von Professor BLUMENWITZ habe ich vergeblich nach dem Text der so leidenschaftlich diskutierten deutsch-tschechischen Erklärung Ausschau gehalten. Und auch hier sind nur einige wenige Textstellen herausgegriffen. Doch allein die Textstellen mit der Feststellung, daß Prag die Menschenrechte, die Grundfreiheiten und Normen des Völkerrechts achtet, dokumentiert die ungeheure Verlogenheit dieser ganzen Veranstaltung. Uns Deutschen wird unentwegt vorgehalten und mit immer wieder aufs neue geforderten Kriegsverbrecherprozessen vorexerziert, daß Verbrechen gegen die Menschlichkeit niemals verjähren können. Und da wird einem Staat, der mit den ausdrücklich fortbestehenden berüchtigten Benesch-Dekreten Verbrechen gegen die Menschlichkeit ausdrücklich sanktioniert, von unserer famosen Regierung bescheinigt, daß er die Normen des Völkerrechts achtet. Eine solche Art von Rechtsauffassung überschreitet mein Vorstellungsvermögen.«[148]

Kaum hatte der Bundeskanzler im Januar 1997 die »Schlußstrich-Erklärung« in Prag unterzeichnet, wollten der tschechische Außenminister, Josef ZIELENIEC, und der Auswärtige Ausschuß des Prager Abgeordnetenhauses die deutsch-tschechische Erklärung mit gleichlautenden Entschließungen beider Parlamente ergänzen. Und das, noch bevor eine breite Mehrheit der Abgeordneten des Deutschen Bundestages, sich über die Rechte der sudetendeutschen Minderheit hinwegsetzend, am 30. Januar 1997 die Verzichtserklärung billigen konnte. Normalerweise werden ausgehandelte völkerrechtliche Verträge von den Außenministern paraphiert und

---

[148] Hans Reindl, »Normen achten« (Stellungnahme zum Aufsatz des Würzburger Staatsrechtlers Blumenwitz »Die Erklärung wird den Opfern nicht gerecht« in *Die Welt* vom 19. Dezember 1996), in *Die Welt*, 8. 1. 1997.

dann den Parlamenten zur Zustimmung vorgelegt, bevor sie von den jeweiligen Staatsoberhäuptern unterzeichnet werden. Bei der deutsch-tschechischen Erklärung ist von dieser Vorgehensweise abgewichen worden. Motiv dafür ist wohl gewesen, bereits vor der parlamentarischen Beratung und erwarteten Zustimmung vollendete Tatsachen für die Sanktionierung der Vertreibung und territorialen Annexion trotz deren Unvereinbarkeit mit der grundgesetzlichen Bindung an das kodifizierte Völkerrecht zu schaffen. Das Unglück der Heimatvertriebenen in Deutschland ist, daß es sich bei ihnen um eine deutsche, damit offensichtlich in Deutschland schutzlose, und keine ausländische – gar moslimische und/oder farbige – Minderheit handelt, über deren Rechte sich nicht nur die Bundesregierung im Schulterschluß mit Politikern der SPD- und bündnisgrünen Opposition, sondern am 30. Januar 1997 auch eine satte Bundestagsmehrheit zeitgeistkonform hinwegsetzen konnte, ohne dafür als pro-tschechisch ›ausländerfeindlich‹, ›rassistisch‹ oder ›rechtsradikal‹ gescholten zu werden. Widerstand der Betroffenen und ihrer wenigen rechtsstaatlich gesonnenen Freunde im Deutschen Bundestag ist vielmehr zeitgeistkonform als ›revanchistisch‹ zu verurteilen.

KOHL hatte kurz nach der Unterzeichnung auf die Frage eines deutschen Journalisten die Vermögensansprüche der vertriebenen Sudetendeutschen als weiterhin offen bezeichnet, um diese nicht entschädigen zu müssen. Darauf forderte der tschechische Auswärtige Ausschuß, der Deutsche Bundestag und das tschechische Abgeordnetenhaus sollten gleichlautende einleitende Beschlüsse zu den von den Regierungen ausgehandelten Erklärungen verabschieden, in denen beide Seiten ihre jeweiligen Rechtsordnungen respektieren und Deutschland damit nun auch noch formell erklären soll, die Eigentumsansprüche der nach dem Zweiten Weltkrieg aus der Tschechoslowakei vertriebenen Sudetendeutschen nicht zu unterstützen. Dem bereits in der recht fragwürdig auch »Aussöhnungserklärung« genannten Vereinbarung enthaltenen einseitigen territorialen Verzicht der deutschen Bundesregierung soll nunmehr noch eine weitere einseitige Verzichtserklärung des Deutschen Bundestages über die individuellen Eigentumsrechte der vertriebenen Sudetendeutschen und wohl auch deren Recht auf Heimat betreffend folgen! Der christdemokratische tschechische Auschußvorsitzende, Vilem HOLAN, und der sozialdemokratische Parlamentspräsident, Milosch ZEMAN, wurden aufgefordert, bereits in der der Unterzeichnung folgenden Woche in Bonn

Gespräche über die von Prag geforderten einleitenden Beschlüsse (Präambel zur »Schlußstrich-Erklärung«) zu führen.[149]

Die nach tschechischen Interessen ausgehandelte »Aussöhnungserklärung« war bereits keine solche, weil es sich bei ihr um eine deutscherseits von unbetroffenen Dritten über die Köpfe der Heimatvertriebenen hinweg ausformulierte Verzichtserklärung handelt, die ohne freie Volksabstimmung der Betroffenen nicht völkerrechtlich wirksam werden kann. Es handelt sich auch nur um eine »Schlußstrich-Erklärung« *non re sed nomine* (nicht der Sache, sondern nur dem Namen nach), weil daraufhin der Streit um das individuelle Raubgut der in Todesmärschen aus ihrer Heimat vertriebenen Sudetendeutschen weitergeht.

Auch hier ist völkerrechtlich keine verzichtspolitische Beilegung seitens des nunmehr Deutschen Bundestages ohne Einverständnis zum Beispiel im Rahmen einer Volksabstimmung der Sudetendeutschen möglich, auch wenn das von völkerrechtlichen Dilettanten wiederum versucht wird. Außerdem kann mit der Beugung des kodifizierten Völkerrechts der Streit weder um das Sudetenland als Territorium noch um die individuellen Rechte der dort angestammten Bevölkerung auf Dauer beigelegt werden. Die bisher offengebliebene Sudetendeutsche Frage bleibt so lange offen, wie sie nicht völkerrechtlich korrekt geregelt wurde. Und das haben Bundesregierung und Bundestag bisher nicht vollbracht. *›Political correct‹* läßt sie sich nicht auf Dauer regeln. Mit der vom Verfasser als von der Bundesregierung sanktioniertes »Neues Völkerrecht« bezeichneten Vergewaltigung der Rechte der Heimatvertriebenen wird keine Basis für dauernden Frieden gelegt, wie das zum Beispiel völkerrechtlich sauber nach dem Ersten Weltkrieg mit der Grenzregelung in Schleswig, aber nicht mit der Abtretung deutscher und mehrheitlich deutsch besiedelter Territorien an Polen und die Tschechoslowakei ohne Mehrheitsentscheidung der betroffenen Bevölkerung geschehen ist. Es wird nur ein Scheinfrieden ähnlich dem die zeitweilige Schwäche der jungen UdSSR durch Polen ausnutzenden Frieden von Riga (1921) geschlossen, der dann auch keiner war.

Die »Schlußstrich-Erklärung« trägt bereits seit ihrer Unterzeichnung weniger zum Frieden und zur Versöhnung bei, als daß sie die bestehende völkerrechtliche deutsch-tschechische Verunsicherung vergrößert. Außerdem stellt sich die Frage, ob die Bundes-

---

[149] *Die Welt*, 25. 1. 1997, »Prager Politiker fordern Zusatzerklärung – Eigentumsansprüche von Sudetendeutschen soll mit Präambel Absage erteilt werden«.

republik Deutschland und nicht die Bundesrepublik Österreich in bezug auf das Sudetengebiet und die Interessen der von dort vertriebenen Sudetendeutschen Rechtsnachfolger des Großdeutschen Reiches ist. Ungeachtet dessen ist mit der außenpolitisch stümperhaft ausgehandelten »Schlußstrich-Erklärung« die offene sudetendeutsche Frage nicht geschlossen, sondern für zukünftige Deutschland- oder Österreichpolitiker nur noch schwieriger völkerrechtlich lösbar geworden. Deutschlands derzeitige Verzichtspolitiker hätten besser auf sie als auf das Recht auf Heimat der Sudetendeutschen verzichten können, wenn sie ehrlich an einer zumindest zukünftigen Aussöhnung von Tschechen und Deutschen interessiert sind. Das gilt auch für Polen, wo mit zeitgeistkonformen Kniefällen, Canossagängen und einseitigen Verzichtsabkommen deutscherseits nicht Betroffener weniger für einen dauerhaften Frieden getan wurde, als mit einer Regelung nach dem kodifizierten und nicht »Neuen Völkerrecht« getan worden wäre, auch wenn auf eine günstige Konstellation dafür – wie bei der geduldigen Vertretung von Japans Anspruch auf seine von Rußland besetzten Kurileninseln – länger gewartet werden muß. Die Sudetendeutschen wurden von Bundesregierung und Bundestag wie Mündel von bösen, Eigeninteressen verfolgenden Vormundschaften behandelt. Hier wäre gegebenenfalls ein ›Aussitzen‹ des Bundeskanzlers angebrachter gewesen, als er das ansonsten zum Nachteil von Deutschlands Zukunft allzu häufig praktiziert.

Man kann nicht glaubwürdig die ethnische Säuberung Deutschlands von den dort beheimateten Juden und die Wegnahme von deren Eigentum verurteilen, wenn man das bei den Sudetendeutschen, wie auch Ostpreußen, Hinterpommern und Schlesiern, sanktioniert. Eine politische Klasse, die die ethnische Säuberung *politisch ausgegrenzter Minderheiten* ihres Volkes absegnet, hat aus der Vergangenheit keine Lehren gezogen. Wie soll man dieser im Ausland hinsichtlich ihrer moralischen und rechtsstaatlichen Charakterfestigkeit vertrauen, die Verbrechen ihrer politischen Vorgänger-Klasse eines Tages nicht auch zu sanktionieren oder gar zu wiederholen? Die im Bundestag am 30. Januar 1997 gehaltenen pathetischen Reden zur Sanktionierung der ethnischen Säuberungsverbrechen an den Sudetendeutschen erinnern den Verfasser als Zeitzeugen in makabrer Weise an Rundfunkübertragungen und Wochenschauen vergleichbarer Auftritte im Reichstag der Jahre 1933 bis 1945 zur ethnischen Säuberung rassistisch ausgegrenzter Minderheiten.

Die Glückwünsche in dieser Bundestagssitzung an den derzeitigen Kanzler seitens der Vizepräsidentin des Deutschen Bundestages Antje VOLLMER wegen seiner Initiative zur nachträglichen Sanktionierung der tschechischen Vertreibungsverbrechen hätten auch in einer Sitzung des seinerzeitigen Reichstags vom Reichsminister für Volksaufklärung und Propaganda, Joseph GOEBBELS, an den seinerzeitigen Kanzler und ›Führer‹ in Sachen dessen Initiative für die dann auch entsprechend verwirklichte Judenverfolgung abgegeben worden sein können. Antje VOLLMERS Partei, die Bündnis 90/Die Grünen, achtet die Menschenrechte so wenig, daß sie in ihren Satzungen die Freigabe von Sex mit Minderjährigen fordert, deren Folgen fast täglich der Medienberichterstattung – allerdings nie mit Fingerzeig auf die dafür politisch Mitverantwortlichen – zu entnehmen sind. Kein Wunder, daß dort auch die Menschenrechte der Sudetendeutschen mit Füßen getreten werden. Peinlich ist nur, daß sich ein deutscher Bundeskanzler bezüglich der Einhaltung der Menschenrechte in diesen Dunstkreis begeben hat und nun auch noch dafür von dort öffentlich beglückwünschen lassen mußte.

Außerdem ist nach Artikel 3 des Grundgesetzes (Gleichbehandlungsgrundsatz) nunmehr die Rückführung der Deutschland überfremdenden Ausländer – dazu noch *in* ihre angestammten Heimatländer – gemäß der von der Bundesregierung und am 30. Januar 1997 von einer fraktionsübergreifenden Bundestagsmehrheit sanktionierten Vertreibung der Sudetendeutschen – dazu noch *aus* ihrer angestammten Heimat – unzweifelhaft als Präzedenzregelung im voraus sanktioniert worden! Die Befürworter der »Schlußstrich-Erklärung« sollten sich deshalb der Auswirkungen bewußt sein, welche diese Erklärung haben kann und möglicherweise wegen zunehmender ausländischer Bandenkriminalität in Deutschland und fortschreitendem Asylmißbrauch bei gleichzeitig unter anderem dadurch bedingtem Zusammenbruch des Sozialstaats eines Tages wohl auch haben wird.

Schon Cornelius TACITUS stellt in seiner 98 n. Chr. veröffentlichten Monographie *De origine, situ, moribus ac populis Germaniae* (›Über den Ursprung, die Lage, die Gebräuche sowie das Volk Germaniens‹), der ältesten schriftlichen Quelle über die Germanen fest, daß diese, wenn militärisch unterlegen, besonders unterwürfig seien. Inwieweit TACITUS zu seiner Zeit diesbezüglich recht gehabt hat, vermag der Verfasser nicht zu beurteilen. Auf viele deutsche, nach dem verlorenen Zweiten Weltkrieg von den Besatzungsmächten ausgesuchte sowie heute noch von deren im Lande zugelassenen Medien gemachte und kontrollierte Politiker trifft diese Charakterisierung jedenfalls zu. Wie der Bundeskanzler, sein Außenminister und die von ihnen eingesetzten Amtsträger ihre doppelte Moral mit ihren Amtseiden verbinden, werden sie einmal demjenigen gegenüber zu vertreten haben, auf den sie sich bei der Ableistung dieser Amtseide berufen haben. In Sachen Ost-Timor könnten ihre vermuteten Auftraggeber bewirkt haben wollen, daß das einst außenwirtschaftlich enger als heute mit Deutschland verbundene Indonesien nicht durch den 1996 absolvierten Kanzlerbesuch mit Gefolge aus Wirtschaft und Politik veranlaßt wird, zu seiner einstigen Vorliebe für ›*Made in Germany*‹ unter anderem beim Automobilimport zurückzukehren.[150] Da Ost-Timor über keine Erdölvorkommen verfügt, haben sich weder die Vereinten Nationen als US-Instrument noch die Vereinigten Staaten selbst – wie später bei dem feudalistisch regierten Ölscheichtum Kuwait – veranlaßt gesehen, dessen Annexion durch Indonesien mit mehr als einer wirkungslosen Forderung des UN-Entkolonisierungsausschusses zu begegnen.

Ob wohl ein deutscher Bischof, der sich genau so mutig wie Bischof Carlos Belo für die Menschenrechte (unter anderem das Recht auf Heimat) seiner aus dem deutschen Osten vertriebenen Schäfchen einsetzen würde, auch für den Friedensnobelpreis vorgesehen werden würde wie der Bischof Ost-Timors?[151] Oder wäre der ein Revanchist? Indonesien peinigt die Einwohner seines Annexionsgebietes, hat auch bereits eine Anzahl von politischen Morden auf dem Gewissen, vertreibt die ortsansässige Bevölkerung aber nicht. Zu Tötungsdelikten ist es im völkerrechtlichen Modellfall des Deutschen Ostens in wesentlich größerem Umfang als in Ost-Timor gekommen. Allein bei der ethnischen Säuberung des Sudetengebiets, die derzeit mit einer »Schlußstrich-Erklärung« von der Bundesregierung für rechtens erklärt wird, wurde mit 250 000 Todesopfern über das Zehnfache an Morden begangen, als in Ost-Timor annexionsbedingt beklagt wird. Wenn die Bundesrepublik Deutschland sich schon versöhnungspolitisch engagieren will, wäre es für ihre Regierung angebrachter, erst einmal um eine ›Schlußstrich-Erklärung‹ für Ost-Timor bemüht zu sein, ehe sie

[150] Dieter Schütz, »Bonn mahnt Marktöffnung an – In Indonesien erste Absichtserklärungen über Millionen-Aufträge unterzeichnet«, in *Die Welt*, 28. 10. 1996.

[151] *Die Welt*, 12. 10. 1996, »Ost-Timor ins Blickfeld gerückt – Mutige Ankläger der Gewalt: Bischof Belo und Ramos-Horta – Indonesien schockiert«.

mit der Sanktionierung der viel umfangreicheren polnischen und nunmehr auch tschechischen Annexions- und Vertreibungsverbrechen nicht nur durch geflissentliches ›Wegsehen‹, sondern auch sogar mit das deutsche Volk einseitig belastenden Versöhnungsverträgen nationale Interessen ohne Gegenleistung opfert und ihre eigenen Heimatvertriebenen und deren Vertreibungsopfer unter Aberkennung des ihnen zustehenden kodifizierten Völkerrechts verhöhnt.

Nach dem von der deutschen politischen Klasse hiermit bestätigten »Neuen Völkerrecht« liegt das, was Indonesien mit Ost-Timor angestellt hat, völlig im Bereich der unter anderem von der Bundesregierung als Signatarstaat des 2 + 4-Vertrages sogar mitgestalteten neuvölkerrechtlichen Normen. Und wenn letzteres bestritten werden sollte, dann tragen die zeitgeistergebenen deutschen Medien sowie die von ihnen abhängigen deutschen Politiker durch ihre Anerkennungs- und Verzichtspolitik für den Deutschen Osten und die ethnische Säuberung von seiner angestammten deutschen Bevölkerung zumindest ein gerütteltes Maß an Mitverantwortung. Wer ein Viertel seines eigenen Landes verzichtspolitisch dem ›Neuen Völkerrecht‹ unterwirft, macht sich unglaubwürdig, wenn nicht sogar lächerlich, wenn er dann darauf besteht, daß das kodifizierte Völkerrecht auf der anderen Seite des Globus geachtet wird. Erschwerend wirkt hierbei, daß dieses Land – Deutschland – bereits nach dem Ersten Weltkrieg hinsichtlich des angestammten Lebensraumes seines Volkes beschnitten wurde. Und sollten mohammedanische Indonesier in Ost-Timor als Siedler eindringen und in dem christlich geprägten Annexionsgebiet nach Kräften Moscheen errichten, wäre es nach deutschem politischen Verständnis ›ausländerfeindlich‹, das zu kritisieren. Die Polen haben sich das sogar noch einfacher gemacht, indem sie die protestantischen und katholischen deutschen Christen aus ihren Kirchen vertrieben (so auch aus denjenigen, die ein Großvater und der Vater des Verfassers stifteten) und diese – soweit erforderlich – nicht nur römisch-katholisch umgewidmet, sondern auf jeden Fall polonisiert haben. Auch wurden im Namen wohl eines polnischen Jesu Christi deutsche Friedhöfe verwüstet (in der Heimatgemeinde des Verfassers von Schulkindern unter Anleitung des polnischen Dorfgeistlichen) und verwertbare Grabsteine sowohl zu Straßenschotter verarbeitet als auch einfach umgewidmet. Vergleichbares ist in Ost-Timor zumindest noch nicht geschehen, aber die indonesische Annexion trotzdem offizieller deutscher Kritik ausgesetzt, während gleichzeitig schwerwiegendere polnische Verbrechen an Deutschen von denselben Politikern dem polnischen Klerus und dem polnischen Papst gegenüber unter den Teppich der christlichen Nächstenliebe gekehrt werden und der Bundeskanzler nunmehr in einem Beitrag für die konservative polnische Zeitung *Zycie* erneut die Unterstützung Deutschlands für die Bemühungen Polens um eine EU- und NATO-Mitgliedschaft zusichert.[152]

Ob dem Bundeskanzler die ökonomischen Auswirkungen auf Deutschland und da zum Beispiel das ohnehin besonders unter Arbeitslosigkeit leidende Vorpommern – sozusagen die Nahtstelle zum EU-Beitrittskandidaten Polen – bewußt gewesen sind, als er bei seinem Warschau-Besuch im Juli 1995 erklärte, daß die Republik Polen »noch in diesem Jahrzehnt« (also bis zum Jahre 2000) in der Europäischen Union sein werde, darf bezweifelt werden. Zudem will der Bundeskanzler ja etwa gleichzeitig (1999) die europäische Währungsunion verwirklichen, was nicht nur für Deutschland ohnehin mit erheblichen Schwierigkeiten verbunden sein wird. Hinzu kommt dann noch die bisher ungelöste Vertriebenenproblematik (Recht auf Heimat und Recht auf Eigentum).[153] Bisher sind diese Fragen noch offen. Bevor sie nicht völkerrechtlich korrekt geregelt worden sind, ist eine EU-Osterweiterung nach Polen (und Tschechien) nicht möglich, so gern der Bundeskanzler auch den ganzen Komplex der polnischen (und tschechischen) Annexion und ethnischen Säuberung fast des ganzen Deutschen Ostens den ihm offensichtlich näher als seine ostdeutschen Landsleute stehenden Polen (und Tschechen) zuliebe sanktionieren möchte. Motiv dafür mag unter anderem die damit in Polen verbundene Gegenreformation sein. Hierzu hat sich der 1945 aus dem Exil nach Polen zurückgekehrte Primas der polnischen Kirche, August Kardinal Hlond, in seinem Schreiben vom 24. Oktober 1946 an Papst Pius XII. recht aufschlußreich geäußert:

> »Mit dem Weggang (!) der Deutschen stirbt dort die Häresie [ketzerische Irrlehre], mit der Ankunft der Polen lebt der römische Glaube wieder auf. Die Verluste, die die Kirche östlich der Curzon-Linie erlitten hat, gleichen sich jetzt an der Oder aus, die jetzt die Ostgrenze des germanischen Lutheranertums darstellt. In knapp zwei Jahren wurde die protestantische Religion aus

[152] dpa-Meldung, »Kohl bekräftigt Unterstützung für Polen«, in *Die Welt*, 2. 1. 1997.

[153] Michael Hammermeister, »Ist Vorpommern auf Polens EU-Beitritt vorbereitet?«, in *Die Pommersche Zeitung*, 25. 1. 1997.

den Gebieten östlich der Oder verdrängt. In den sterilen protestantischen Ländern an der Ostgrenze beginnen die ersten Blüten katholischen Lebens. Der germanische Protestantismus erhält einen mächtigen Stoß.«

Papst JOHANNES PAUL II. beabsichtigt, diesen polnischen Landsmann seligzusprechen. Daß der polnische Primas sich zu Lebzeiten auch mit antisemitischen Äußerungen hervorgetan hat, stört die Weltöffentlichkeit hierbei offensichtlich genauso wenig wie die damit verbundene provokative Verhöhnung der Vertriebenen. In einem Hirtenbrief aus dem Jahre 1936 hat Kardinal HLOND Bolschewismus, Revolution, Freidenkertum und fatale Moral als Schuld der Juden deklariert. Und am 24. Oktober 1946 schrieb er: »Die Behörden in Breslau (sind) am rötesten und am stärksten verjudet in ganz Polen... Die ersten dort (in Schlesien) von den Russen eingerichteten polnischen Behörden bestanden zumeist aus Kommunisten, ungebildeten Menschen, rachsüchtigen Juden...«[154]

Gegenreformatorische Bemühungen von Bundeskanzler KOHL lassen sich auch aus der Entsendung von nur katholischen CDU-Spitzenpolitikern in das immer noch eher protestantisch als katholisch geprägte Mitteldeutschland erkennen. Das mag sich aus der nach der deutschen Teilvereinigung im römisch-katholischen Monatsblatt *30Giorni* geäußerten Sorge erklären: »Die Einheit beendet die katholische Republik.«[155]

Inhaltlich hat diese »katholische Republik« allerdings bereits mit hochgestellten politischen Führungskräften und sogar Verfassungsorganen wie die unter einem CDU-Kanzler nicht über einen Wahlkreis, sondern über ihre Mitgliedschaft im Zentralkomitee Deutscher Katholiken abgesicherte Abtreibungspolitikerin Rita SÜSSMUTH ihren christlich geprägten Charakter verloren. Dieses fortschrittliche Mitglied der CDU-Fraktion wurde im Amt gehalten trotz wiederholter Dienstwagen- und Dienstreiseaffären mit prominenter Unterstützung – selbst des Bundeskanzlers[156] – oder Duldung auch von Abgeordneten linker Oppositionsparteien sowie schließlich des Ältestenrats des Bundestages. Das charakterisiert Deutschlands politische Klasse nicht zu ihrem Vorteil.

---

[154] Herbert Hupka (Bundesvorsitzender der Landsmannschaft Schlesien), in *Deutscher Ostdienst (DOD)*, 10. 1. 1997.

[155] *30Giorni*, »Die Einheit beendet die katholische Republik«, nach *Die Welt*, 4. 8. 1990.

[156] *Die Welt*, 13. 1. 1997, »Dienstflug-Affäre: Kohl stellt sich hinter Süssmuth«.

Fall Süßmuth

Ein Leser der Welt bemerkt zur wachsenden Unterstützung für die Bundestagspräsidentin: »Die Affäre Süssmuth entwickelt sich zum Pendant zu (dem immer noch als Ministerpräsident Brandenburgs im Amt gehaltenen einstigen evangelischen DDR-Kirchenmann und -Verdienstmedaillenträger IM ›Sekretär‹) STOLPE.«[157] Ein anderer stellt die Frage: »Wer zählt die Wähler, nennt die Namen, die wegen ihr zur Wahl nicht kamen?«[158] Bei der CDU hofft man hingegen wohl, mit SÜSSMUTH ein paar linke feministische Wählerstimmen halten zu können. Einer vom Vorsitzenden des Steuerzahlerbundes geforderten Überprüfung der Süssmuth-Flüge durch den unabhängigen Bundesrechnungshof (BRH) sah »man in den Reihen der Unionsfraktion und der SPD-Fraktion . . . mit sehr gemischten Gefühlen entgegen. Es. . . (wurde) davon ausgegangen, daß der BRH zu einem ganz anderen Ergebnis als der sehr wohlwollende Süssmuth-Vize Hans-Ulrich KLOSE (SPD) kommt. Dies (hätte). . . zu einer Neuauflage der Affäre führen« können.

Für die Wahrnehmung außenpolitischer Belange ist in dieser Republik nicht die Legislative, sondern die Exekutive, in diesem Fall das Auswärtige Amt und dessen Ressortchef, zuständig. Repräsentiert wird die Bundesrepublik Deutschland im Ausland nach der Verfassung vom Bundespräsidenten und auch nicht vertretungsweise vom Präsidenten oder von der Präsidentin des Deutschen Bundestages. Die Dienstpflichten der Bundestagspräsidentin sind eindeutig grundgesetzlich geregelt (Art. 40 GG). Danach hätte der BRH diese ›Dienstgeschäfte‹ wohl als jedem anderen Bürger innerhalb und außerhalb des Parlaments zustehende Privatangelegenheit einstufen müssen. Und das auch in Anbetracht der herausgehobenen öffentlichen Stellung der Bundestagspräsidentin. Es wäre die protokollarische Frage zu klären, wie oft der Präsident des Schweizer Bundesrats dienstlich die Bundesrepublik aufsucht. Der BRH ist dieser Aufforderung jedoch ausgewichen und wollte sich nur generell mit der Inanspruchnahme dieses Postens (DM 250 Mio.) im Etat des Bundesverteidigungsministeriums (BMVg) befassen. Ungeachtet dessen hat die Diskussion um die Flüge der Bundestagspräsidentin mit der Flugbereitschaft der

---

[157] Henry Jahnke, Leserzuschrift, in *Die Welt*, 9. 1. 1997.

[158] M. Seidel, Leserzuschrift, in *Die Welt*, 3. 1. 1997.

Bundeswehr nach dem SPD-Fraktionsgeschäftsführer, Peter STRUCK, für die Politik bereits ohne eine Neuauflage der Affäre einen »schweren Vertrauensverlust insgesamt« mit sich gebracht.[159]

Dafür ist jedoch auch der Tatbestand verantwortlich, daß das Verhalten der Bundestagspräsidentin im Bundestag interfraktionell gedeckt wurde. Das gilt mit für die der ›fortschrittlichen‹ Rita SÜSSMUTH wohl politisch recht nahe stehende SPD-Fraktion. Nach der Vizepräsidentin des Deutschen Bundestages Antje VOLLMER (Bündnis 90/Die Grünen) werden »in England... Politiker über Sexaffären gestürzt, in Deutschland über Kleingeld, bei den Tschechen über die Anmaßung falscher Titel«.[160] Hiermit wird das Verständnis für ›Staatsknete‹ ihrer Fraktion, und wie weit deren ›Volksvertreter‹ bereits von der Basis abgehoben haben, für den Steuerzahler aufschlußreich erkennbar, wenn man bedenkt, daß bereits einer dieser über 30 zur Debatte gestandenen ›Dienstflüge‹ den unversteuerten Jahresverdienst so mancher den hier involvierten Feministinnen im Bundestag besonders am Herzen liegender weiblicher Berufstätigen übersteigt. Auch der die Einkommen und Ersparnisse der Steuerbürger als Sparschwein für seine Haushaltsmisere schlachtende Bundesfinanzminister (CSU) hat ein schnelles Ende der Debatte um die Dienstreisen der Bundestagspräsidentin gefordert. Amt und Person dieser Politikerin dürften nicht weiter beschädigt werden, sagte WAIGEL weiter dazu im Berliner *Rundfunk Hundert, 6.*[161] Als ihm im Januar 1997 der ›Orden wider den tierischen Ernst‹ verliehen wurde, spöttelte er über sich selbst, er würde so manchen Bürger zum Besitzer eines kleinen Vermögens machen, ... der vorher ein großes gehabt habe. Letzteres soll jedoch nach dem Referentenentwurf seines Hauses für den (nach KOHL) »großen Wurf« der Steuerreform bereits für die ›großen Vermögen‹ der Facharbeiterfamilien gelten, die sich bisher mit großen Anstrengungen darum bemüht haben, ein Familienheim anzusparen oder dafür aufgenommene Hypotheken abzuzahlen, und zudem nach dem Dafürhalten der Bundesregierung – wie alle Besitzer eines öffentlichen, vorher regierungsseitig viel zu lange als ›sicher‹ bezeichneten Rentenanspruchs – neuerlich mit einer

---

[159] *Die Welt*, 18. 1. 1997, »Wird Rechnungshof Süssmuth-Affäre neu prüfen?«

[160] *Die Welt*, 27. 12. 1996, »Unterstützung für Süssmuth wächst – Bundestags-Vizepräsidentin Vollmer fordert ›Rückkehr zur Vernunft‹ – SPD-Abgeordneter: Fatale Angriffe«.

[161] dpa/ADN-Meldung, »Waigel für Ende der Debatte um Süssmuth-Flüge«, in *Die Welt*, 6. 1. 1997.

privaten Zusatz-Rentenversicherung für ihre ausreichende Absicherung im Alter sorgen sollen.

Die wiederholten Appelle der Bundestagspräsidentin an die Moral der Bundesbürger würden überzeugender wirken, wenn sie selbst entsprechend leben und handeln würde. So hat sie zum Beispiel ein Jahr vor ihrer letzten Affäre in der Münchner *Abendzeitung* die »Aufwertung von Ehrenämtern« mittels eins Bonussystems, wie beispielsweise in den USA praktiziert, gefordert, wo gesellschaftliches Engagement bei der Vergabe von Arbeits- und Studienplätzen berücksichtigt wird.[162] Würde sie als ›Erste Frau im Staate‹ mit gutem Beispiel vorangehen, täte sie mehr gegen die in Deutschland unter anderem ihretwegen zunehmende Politik(er)-verdrossenheit und damit für die Festigung der deutschen Demokratie als mit ihren diversen, jeweils mit Inanspruchnahme der Flugbereitschaft der Bundeswehr Reisekosten zwischen mindestens DM 18 000.- und 30 000.- je Betriebsstunde verursachenden Dienstreisen in die Schweiz und die Niederlande,[163] wo sich ihre verheiratete Tochter aufhält bzw. ihre Familie ein Ferienhaus besitzt; und das, um dort fern ihres deutschen Aufgabenbereichs ›dienstlich‹ unter anderem über Frauenfragen zu dozieren. Schließlich ist Rita SÜSSMUTH über ihren Ehemann (dazu noch aus öffentlichen Kassen) ausreichend versorgt, um ihr Amt (in Deutschland) selbst ehrenamtlich ausüben zu können – eventuell unter Beibehaltung der vom Deutschen Bundestag auf ihr Betreiben für sie selbst und die übrigen Abgeordneten recht großzügig selbstbewilligten steuerfreien Aufwandspauschale –, als das lediglich ihren in der Regel schlechter versorgten Landsleuten zu empfehlen. Nach vielen von denen könnte sie besser ihr Verhalten ausrichten, als zu meinen, daß gerade sie qualifiziert sei, dem Bürger überzeugend von ihr in der Öffentlichkeit vertretene hohe moralische Normen vermitteln zu müssen. In Anbetracht der bisher von ihr gezeigten *Chuzpe* (hebr. ›Unverfrorenheit‹) wäre es nicht verwunderlich, wenn ihr diesbezüglicher Eifer zudem darauf zurückzuführen ist, daß sie sich für diese ›dienstlichen‹ belehrenden Vorträge im In- und Ausland von den wohl doch von ihr dazu ermunterten einladenden Einrichtungen ihrerseits nicht an die Kasse des Bundestages abgeführte Honorare überweisen läßt.

---

[162] *Abendzeitung*, München, nach *Die Welt*, 29. 1. 1995.

[163] *Die Welt*, 16. 1. 1997, »Ruf nach neuen Flug-Richtlinien – Klose-Bericht: Keine Amtspflichtverletzung durch Frau Süssmuth – Diskussion über die Kosten«.

Deutschland und Israel 1996

Deutschland muß gelegentlich die von seinen Kolonialherren vertretenen Interessen als internationales Anliegen vorbringen und dann häufig auch noch mit eigenem Einsatz von Geld, Gerät und Personal durchsetzen helfen. Wenn sich das einmal zu seinen eigenen Gunsten auswirkt, wird sofort direkt oder von irgendeinem Auftragnehmer dagegengesteuert. Im Zusammenhang mit der deutscherseits in diplomatischer Zusammenarbeit mit dem Iran bewirkten und dann von einem Flugzeug der Bundesluftwaffe bewerkstelligten Rückführung eines israelischen Kriegsgefangenen hat Israels Premierminister Benjamin NETANJAHU freundschaftliche Verbundenheit mit Deutschland zum Ausdruck gebracht. Das hat die Deutschlands Einkreisung überwachenden *Insider* natürlich alarmiert. Deshalb wurde Deutschland von der anderen Seite des Atlantiks veranlaßt, plötzlich Israel gegenüber wegen dessen Siedlungspolitik im Westjordanland den Finger zu heben, um damit schnellstens wieder Öl auf die Flammen bestehender Ressentiments zu gießen. Die Wirkung blieb nicht aus.

Als NETANJAHU danach im September 1996 zu einem Staatsbesuch nach Deutschland kam, ereignete sich der wohl diplomatisch einmalige Fall, daß sich ein ausländischer Staatsgast mit Rücksicht auf innenpolitische Animositäten zu Hause, in diesem Falle seiner orthodoxen Koalitionspartner, nicht traute, vor der Bundesflagge die bei solchen Anlässen übliche Verbeugung zu machen.[164]

Außerdem dürfte mit der gleichen Zielsetzung auch der jüdische *Hardliner* GORODETSKY mit seiner wissenschaftlichen Feststellung an die Deutschlandfront geschickt worden sein (s. S. 43, Q.120). Und das ungeachtet dessen, daß das Nachkriegsdeutschland alles nur Mögliche unternommen hat, sich mit den Juden und ihrem Staat auszusöhnen. Zeugnis dieser Bemühungen ist die umfangreiche, sowohl als Wiedergutmachung als auch zum Beispiel im Rahmen der deutschen Entwicklungspolitik diesem mittlerweile ›High-Tech‹-Land gewährte Aufbaufinanzierung. Bei letzterer handelt es sich um in der Zeit von 1950 bis 1993 erbrachte Leistungen in Höhe von DM 7,3 Milliarden (s. **Abbildung 8**). Wenn diese auch projektgebunden bewilligt wurden, so haben sie letztlich den Haushalt Israels allgemein entlastet, also damit indirekt

---

[164] Karl-L. Günsche, »Der Gruß blieb aus – Die verkürzte Visite Benjamin Netanjahus«, in *Die Welt*, 27. 9. 1996.

auch die Finanzierung anderer Aufgaben ermöglicht. Dies dürfte auch für die Einrichtung des Cummings-Instituts für russische Geschichte an der Universität Tel Aviv gelten, sofern dieses nicht ausschließlich mit Spenden jüdischer Gruppierungen der Vereinigten Staaten errichtet worden sein und unterhalten werden sollte.[165] Auf jeden Fall wäre es für das Cummings-Institut angebrachter, einmal zu erforschen, wie hoch der Anteil jüdischer Sowjetbürger an den rund 50 Millionen zivilen Opfern des leninistisch-stalinistischen Arbeiter- und Bauernparadieses ist, als bemüht zu sein, die Friedensliebe STALINS wissenschaftlich nachzuweisen. Dies dürfte auch für überzeugte Kommunisten ein vergebliches Unterfangen sein – ungeachtet dessen, was französischerseits gefälscht worden sein mag.

Schwerpunkte deutscher Entwicklungshilfe

Empfänger öffentlicher Leistungen 1950 bis 1993 (Abflüsse)
in Milliarden Deutsche Mark

Indien	8,4	Indonesien	4,9	China	2,6
Peru	2,1	Zaire	1,5	**Israel**	**7,3**
Pakistan	3,4	Brasilien	2,5	Sudan	2,1
Sambia	1,5	Ägypten	6,4	Jugoslawien	3,3
Tansania	2,3	Kenia	2,0	Türkei	6,2
Bangladesch	3,1	Marokko	2,1	Tunesien	1,7

Abbildung 8 (Globus 2862, nach *Unabhängige Nachrichten*, 6/1996 , S. 8)

In welchem Ausmaß im Nachkriegsdeutschland in Sachen ›Unsere Schuld‹ *›political correct‹* an der Wahrheit vorbeiberichtet wird, hat zum Beispiel der diesbezüglich unverdächtige Bundeswehrhistoriker Michael WOLFFSOHN 1994 als Gastkolumnist der *Welt* – in einer Antwort an Gräfin DÖNHOF, s. **Abbildung 9** – dargelegt.

[165] Bei einem Besuch im Agrarforschungszentrum Rechowot/Israel wurde dem Verfasser von einem Wissenschaftler der Witz erzählt, in Israel sei es gelungen, eine Kreuzung von Rind und Giraffe zu züchten, die in den Vereinigten Staaten fressen und in Israel Milch geben könne.

Alles hat seine ZEIT

Von MICHAEL WOLFFSOHN

Marion Gräfin Dönhof, die Herausgeberin der „Zeit", schätzt mich nicht mehr. Sie schreibt: „Ich selbst habe Wolffsohn sehr bewundert am Anfang, weil er seine israelische Staatsbürgerschaft aufgab und die deutsche wieder annahm und weil ich seine Auschwitz-Stellungnahme sehr großzügig fand. Inzwischen ist er aber leider weiter nach rechts gerutscht, so daß man sich nur noch sehr schwer mit ihm identifizieren kann,"

Als „rechts" galt der Gräfin besonders mein Artikel in der „Geistigen Welt" über Herbert Wehner und das Kartell der Verharmloser. Mein „Vergehen": Ich lege in bezug auf die Bewältigung der braun-rechten und rot-linken Vergangenheit die gleichen Maßstäbe an.

Welche „Auschwitz-Stellungnahme" meinte die Gräfin? Meine im Januar 1991 öffentlich ausgetragene Kontroverse mit Heinz Galinski über die wirkliche Zahl der in Auschwitz ermordeten Juden. Galinski „beharrte auf vier Millionen. Ich verwies auf die in der Forschung unbestrittene – ebenfalls ungeheuerliche – Zahl von zirka1,3 Millionen.

Dieser „Zahlenstreit" betrifft die Glaubwürdigkeit der Wahrhaftigen in ihrem Kampf gegen die Holocaust-Leugner.

Meine damalige Stellungnahme war nicht „großzügig". Sie basierte auf Tatsachen. Soll „großzügig" soviel wie „Teil-Absolution" für Auschwitz bedeuten? Dafür stand ich nie zur Verfügung.

Die Rückgabe meiner israelischen Staatsbürgerschaft war auch keine Kritik an oder gar eine Distanzierung von Israel. Weil ich mich für ein jüdisches Leben in Deutschland entschieden hatte, empfand ich es als aufrichtig und Israel gegenüber unwürdig, die israelische Staatsbürgerschaft zu behalten.

Die Botschaft der Gräfin ist eindeutig: Dieser Jude ist so lange akzeptabel, wie er andere Juden kritisiert und ausspricht, wozu Nichtjuden Aufrichtigkeit oder Mut fehlen, obwohl die Wahrheit offensichtlich ist. Nein, „Antisemitismus" ist das nicht. Es ist auch kein gegen Juden gerichteter Holzhammer. Florett wird hier gefochten. Stiche ins deutsch-jüdische Herz.

Die seltsame Juden"freundschaft„ der Gräfin Dönhoff hat Tradition. Am 16. Oktober 1952 fragte Sie „bangen Herzens" in der „Zeit", ob die Deutschen durch die Wiedergutmachung an Israel nicht „neue Schuld auf sich. . . laden". Die deutschen Lieferungen könnten Israels „Kriegspotential stärken". Was die Gräfin geflissentlich übersah: Es wurden nur nichtmilitärische Güter geliefert.

Schon 1952 war die Gräfin „liberal" und ausgewogen: Sie empfahl der Bundesregierung unter Kanzler Adenauer, mit den Zahlungen und Lieferungen erst zu beginnen, wenn „Israel und die arabischen Staaten Frieden geschlossen haben". Bis heute hätte Israel warten müssen. Es darf bezweifelt werden, ob es ohne deutsche Wiedergutmachung überlebt hätte.

Mit solchen Judenfreunden brauche ich keine antisemitischen Feinde mehr. Die beglücken mich ohnehin mit Waschkörben vulgär rechtsextremistischer Droh- Und Schmähbriefe.

Ich sitze weder auf „rechten" noch „linken" Stühlen. Ich sitze lieber zwischen allen Stühlen. Das ist ein ehrenwerter Platz.

Abbildung 9 · Quelle: *Die Welt*, 26. 2. 1994.

ANMERKUNG: Der französische Berater des polnischen Auschwitz-Museums, Jean-Claude PRESSAC, hat nach Öffnung der Moskauer Archive »die Gesamtzahl der Auschwitz-Toten mit rund 800 000 Personen« angegeben. Dabei stützt er sich auf 46 in Moskau aufbewahrte ›Sterbebücher‹. Hierbei handelt es sich jedoch nur um die erfaßten Arbeitskräfte. »Nach Kriegsende hat die Sowjetische Auschwitz-Kommission die Gesamtzahl der Toten mit 5,5 Millionen angegeben. Danach korrigierte der polnische Historiker Francis PIPER die Schätzung auf 1,1 Millionen und kam damit seinem US-Kollegen Raul HILBERG sehr nahe, der von 1,2 Millionen ausging.« (Greta Maillo, »Neue Erkenntnisse über Auschwitz – Der Franzose Jean-Claude Pressac wertet Moskauer Archive aus«, in *Die Welt*, 27. 9. 1993) Auf welche Quellen sich GALINSKI und WOLFFSOHN stützen, ist dem Verfasser unbekannt.

Europäische Union zur ›Bändigung‹ Deutschlands

Nach Premierminister John MAJOR (Manuskript Ansprache Berlin, 8. 5. 1995) wurde gegen Deutschland ein »Dreißigjähriger Krieg, 1914 bis 1945. . . (geführt), geradeso wie der andere Dreißigjährige Krieg«[166] 1618 bis 1648 vom Vatikan um sein Protektorat, das Heilige Römische Reich Deutscher Nation, geführt wurde und am Ende der Westfälische Friede von ihm bis heute nicht anerkannt wird. Neu ist diese Feststellung eines britischen Premierministers jedoch nicht. Winston CHURCHILL hatte bereits in seinem Schreiben vom 20. Februar 1944 an STALIN freimütig bekannt: »Ich betrachte diesen Krieg gegen die deutsche Aggression als ein Ganzes und als einen Dreißigjährigen Krieg von 1914 an.«[167] Wie der Westfälische Frieden von 1648 seitens des Heiligen Stuhls bisher

---

[166] Der britische Premier John MAJOR hat am 8. Mai 1995 im Schauspielhaus zu Berlin in Anwesenheit des Bundeskanzlers eine faire und versöhnliche Ansprache gehalten, die laut des von der Britischen Botschaft Bonn an die Presse verteilten Manuskripts folgende zeitgeschichtliche Aussage enthalten sollte:

»Fifty years ago Europe saw the end of the 30 Years War, 1914 to 1945. The slaughter in the trenches, the destruction of cities and the oppression of citizens: all these left a Europe in ruins just as the other 30 Years War did three centuries ago.« (Britische Botschaft, Bonn, Nachricht vom 13. 11. 1995, nach Emil Schlee, aaO., S. 10)

Wohl auf Betreiben zeitgeistkonformer Kräfte hat der Premier sich nach Tonbandprotokoll diesen Textteil betreffend nicht vollinhaltlich an das zweifellos vorher von ihm genehmigte Redemanuskript gehalten. Die historische Aussage über den aus britischer Sicht gegen Deutschland geführten »Dreißigjährigen Krieg, 1914 bis 1945« wird dadurch jedoch nicht geschmälert. Danach hätte es – wie hier bereits belegt – gar keiner ›Machtergreifung‹ Adolf HITLERS bedurft, um die kriegerische Auseinandersetzung Polens mit dem Reich herbeizuführen, die seitens der Alliierten zur Auslösung ihres Zweiten Weltkrieges betrieben worden war. Weil das jedoch auch nach einem halben Jahrhundert nicht dem »volkspädagogisch gewünschten Geschichtsbild« (Golo MANN) entspricht, hat die von einem Historiker geleitete Bundesregierung diese Passage in ihrem Bulletin vom 12. Mai 1995 Nr. 38, S. 333 – ihr ihren historischen Aussagewert nehmend – nur nach MAJORS wirklichem Vortragstext wie folgt ›political correct‹ auf Deutsch wiedergegeben:

»Vor fünfzig Jahren erlebte Europa das Ende der dreißig Jahre, die nicht einen, sondern zwei Weltkriege beinhaltet hatten. Das Gemetzel in den Schützengräben, die Zerstörung der Städte und die Unterdrückung der Bürger hinterließen ein Europa in Trümmern, gerade wie es einige Jahrhunderte zuvor der Dreißigjährige Krieg getan hatte.«

Dieses Beispiel kennzeichnet die mangelhafte Vertretung der Interessen des deutschen Volkes seitens der nicht national, sondern zeitgeistkonform handelnden Bundesregierung.

[167] Hugo Wellems, »Der 30jährige Krieg des 20. Jahrhunderts«, aaO. (S. 45, Q. 61).

nicht anerkannt worden ist, ist auch der Dreißigjährige Krieg im 20. Jahrhundert bisher nicht von den Alliierten mit einem Friedensvertrag abgeschlossen, sondern mit dem sogenannten 2 + 4-Vertrag in eine kalte Phase geführt und noch keinesfalls beendet worden. Demgemäß bleibt zum Beispiel Deutschland militärisch besetzt sowie die französische Politik stark unter anderem auf die Serben als Frankreichs traditionelle Bundesgenossen und Gegner der Deutschen fixiert. Letzteres bemerkt Carl Gustav STRÖM in der *Welt* vom 29. September 1995, als in dieser Zeitung noch nicht über die tagebuchartige Veröffentlichung *Verbatim III 1988–1991* des langjährigen Beraters von Präsident MITTERRAND, Jacques ATTALI, berichtet worden war. In dieser wird MITTERRAND unter dem 5. November 1989 mit folgender Äußerung zitiert:

> »Ein vereinigtes Deutschland würde eine doppelte Gefahr für Europa bedeuten. 1.) Durch seine Macht. Und 2.) weil es Großbritannien, Frankreich und die Sowjetunion zu einer Allianz drängen würde. Damit wäre der Krieg im 21. Jahrhundert sicher.«[168]

Mit seiner Reise nach Kiew zu Michail GORBATSCHOW im Dezember 1989 hat MITTERRAND deshalb versucht, die Teilvereinigung seines EG-Partners noch in letzter Minute zu verhindern, und dann, nach ATTALI, ein Jahr später, am 4. Oktober 1990, seine deutschlandpolitischen Vorstellungen mit folgenden Ausführungen konkretisiert:

> »Man muß Deutschland einbinden, es in der politischen Union Europas auflösen, bevor KOHL abtritt. Wenn nicht, wird die deutsche Arroganz – dieses Mal die bayrische und nicht die preußische – erneut den Frieden in Europa bedrohen!«[169]

Nach Bekanntwerden hat sich Bundeskanzler Helmut KOHL diese Warnungen teilweise wörtlich zu eigen gemacht, indem er in der Generaldebatte des Bundestages vom 8. November 1995 – und auch wiederholt danach – die europäische Einigung als eine »Frage von Krieg und Frieden für die Deutschen im 21. Jahrhundert« bezeichnete.[170] Das gilt besonders für die Opferung der DM, wofür es bereits eine Vorgeschichte gibt, über die der britische Oberstleut-

---

[168] Michael Hammermeister, »Frankreich und Bayern – Mitterrands Rezept: Deutschland in der politischen Union Europas auflösen«, in *Die Pommersche Zeitung*, 21. 10. 1995.

[169] Ebenda.

[170] Martin S. Lambeck, »Kohl verteidigt Europapolitik – Währungsstreit bestimmt Etatdebatte – SPD: Nachverhandeln – Rühe rügt Soldatenurteil, in *Die Welt*, 9. 11. 1995.

nant Creagh SCOTT in seiner Rede im Stadthaus von Chelsea am 11. August 1947 unter anderem die aufschlußreiche Mitteilung machte:

> »Während der Dauer des Telefon-Krieges 1939/40 wurden zwischen den englischen und deutschen Außenministerien weitläufige Verhandlungen geführt, während welcher wir [England] uns erboten, den Krieg gegen Deutschland abzublasen, wenn dieses sich bereit erklärt, zum Goldstandard zurückzukehren. Später tagte dann die Atlantic-Charta-Sitzung, der auch der Chef der englischen Reichsbank [Bank of England], Mr. Montagu NORMAN, beiwohnte und während welcher CHURCHILL gelobte, Deutschland zur Rückkehr zum Goldstandard zu verpflichten, nachdem HITLER geschlagen sei.«[171]

CHURCHILL selbst bestätigt seine hier eingenommene Haltung in seinen Memoiren, wo er dazu ausführt:

> »Das unverzeihliche Verbrechen Deutschlands vor dem Zweiten Weltkrieg war der Versuch, seine Wirtschaftskraft aus dem Welthandelssystem herauszulösen und ein eigenes Austauschsystem zu schaffen, bei dem die Weltfinanz nicht mehr mitverdienen konnte.«[172]

»Auf deutscher Seite hatte man erkannt, daß die Rückkehr zum Goldstandard nur auf Kosten der neugewonnenen wirtschaftlichen Freiheit und der politischen Unabhängigkeit gehen konnte, und lehnte schließlich die englischen Vorschläge ab. Da Deutschland keine nennenswerten Goldvorräte besaß, wäre es gezwungen gewesen, bei den Weltbanken große Goldkäufe auf langfristige Kredite zu tätigen«,[173] mit deren Kündigung dann – wie in der Weltwirtschaftskrise von 1929 ff. – die deutsche Wirtschaft erneut nach Belieben von internationalen Banken hätte zum Zusammenbruch gebracht werden können.

Die Presse kommentiert aus Wien die nach Bundeskanzler KOHL bestehende Kriegsgefahr im Falle einer deutschen Ablehnung der Währungsunion:

---

[171] *Tomorrow* (engl. Magazin), Folge Nr. 6/1947, nach *Unabhängige Nachrichten*, 1/1996, S. 3 f., »Kriegsgrund ›Goldstandard‹«.

[172] Sir Winston Churchill, *Memoiren*, nach *Der Schlesier*, 12. 5. 1995, und *Unabhängige Nachrichten*, 1/1996.

[173] *Unabhängige Nachrichten*, 1/1996, S. 4, »Kriegsgrund ›Goldstandard‹«.

»Es ist einfach nicht so, daß wir vor der Alternative Währungsunion oder Krieg in Europa stehen, auch wenn es der deutsche Bundeskanzler sagt. Politisch-visionäre Begründungen hat man schon genug gehört, die Bürger müssen mit harten Fakten überzeugt werden. Das Problem der Bürokratisierung der Entscheidungsprozesse in der EU kann ebenfalls nicht einfach vom Tisch gewischt werden. Es wird über die Köpfe der Leute hinweg reglementiert. Und *last but not least* sind die Grundfragen der Demokratie auf europäischer Ebene unbeantwortet: Wem sind die europäischen Entscheidungsträger verantwortlich? Wer kann sie abwählen?«[174]

Bundesbankpräsident Hans TIETMEYER äußert sich zur währungspolitischen Euroeuphorie der in Deutschland die Währungsunion betreibenden Politiker:

»Ich habe aber bisweilen den Eindruck, daß sich die meisten Politiker immer noch nicht darüber im klaren sind, wie sehr sie bereits heute unter der Kontrolle der Finanzmärkte stehen und sogar von diesen beherrscht werden.«[175]

Bundespräsident Roman HERZOG sieht das »Ergebnis von 1989 (als) Chance für (ein) neues Selbstbewußtsein der Deutschen«, denen er zur Auflösung ihres Rest-Vaterlandes erklärt:

»Wir sind am Ende dieses Jahrhunderts dabei, die nationalstaatliche Form zu überwinden... Der Nationalstaat mit den dazugehörigen Souveränitätsvorstellungen hat sich überlebt.«[176]

Der Verfasser geht nicht so weit anzunehmen, daß der Bundespräsident sich hierbei als Konkursverwalter eines in den Bankrott geführten Staatswesens sieht, schließt sich diesbezüglich jedoch vollinhaltlich der im Bonner *General-Anzeiger* abgedruckten Stellungnahme von Siegfried KOTTWITZ zu den Feierlichkeiten anläßlich des ›Tags der Deutschen Einheit‹ 1996 an:

»Viele sehen in diesem Tage lediglich den Gedanken für die Vereinigung West- und Mitteldeutschlands; die Wiedervereinigung mit Ostdeutschland – also mit den nach dem Ersten Weltkrieg

---

[174] *Die Presse,* Wien, nach *Die Welt,* 17. 5. 1996.

[175] Hans Tietmeyer, nach *Das Ostpreußenblatt,* 22. 6. 1996.

[176] Hannes Burger, »Herzog: Nationalstaat hat sich überlebt – Historikertag in München eröffnet – ›Ereignisse von 1989 Chance für neues Selbstbewußtsein der Deutschen‹«, in *Die Welt,* 18. 9. 1996.

unstrittig deutschen Ländern östlich der Oder und Neiße – entsprechend dem Auftrag in unserem ursprünglichen (sogar dem Parlamentarischen Rat mehr oder weniger von den westlichen Besatzungsmächten diktierten) Grundgesetz fand nicht statt. Daher sind die (in dieser Standortanalyse deshalb auch vermiedenen) Bezeichnungen ›Wiedervereinigung‹ und ›Deutsche Einheit‹ genauso falsch wie von einem ganzen Haus zu sprechen, an welchem noch große Teile fehlen. Daran ändert auch nichts die Tatsache, daß man den Vertriebenen ihre Herkunftsbezeichnung Ostdeutsche oder Ostdeutschland nahm und diese Namen für Mitteldeutschland verwendet. Auf diese Weise wurden die ostdeutschen Vertriebenen und ihre jahrhundertalte Kultur ein weiteres Mal vertrieben: aus dem Sprachgebrauch, und aus dem Gedächtnis. So nimmt es nicht wunder, daß weder in den elektronischen noch in den Printmedien irgendeine Aussage eines Politikers zu der Heimat, zur Kultur, zum Eigentum oder gar zu den Rechten der Vertriebenen erfolgt ist. Dafür hat der Bundespräsident (und vormalige Präsident des Bundesverfassungsgerichts) am ›Tag der Heimat‹ daran gedacht, den Vertriebenen zu sagen, daß Ostdeutschland *›heute völkerrechtlich unbestritten polnisches oder russisches Staatsgebiet‹* sei, obwohl qualifizierte Völkerrechtler auf das zwingende Völkerrecht verweisen, wodurch – wenn es nicht eingehalten wird – Verträge nichtig sind bzw. außer Kraft treten. Den deutschen Vertriebenen hat man sogar das Selbstbestimmungsrecht vorenthalten. Und wenn der Bundeskanzler die ›deutsche Einheit‹ wollte. . ., so hat er dieses im ursprünglichen Grundgesetz festgeschriebene Ziel leider nicht erreicht.«[177]

»Wir brauchen das Wir-Gefühl. Sein Fehlen hat jetzt schon üble Folgen, die immer schlimmer werden, je weiter das Gemeinwesen eingebundener Bürger zu einem Multikulti-Potpourri wurzelloser Individuen verkommt. . . Daß wir den Nationalstaat in ein Europa der Vaterländer einbringen und die Annäherung der europäischen Völker aneinander. . . betreiben, widerstrebt dem nicht.«[178]

Aus dem Munde zum Beispiel des französischen Staatspräsidenten wäre obige Äußerung des deutschen Bundespräsidenten

---

177 Siegfried Kottwitz , Bonn, »Wo bleibt die Wiedergutmachung?« (Leserzuschrift), in *General-Anzeiger*, Bonn, 6. 11. 1996.

178 Gisela Schmeling, Berlin, Leserzuschrift, in *Die Welt*, 15. 10. 1996.

über Frankreich undenkbar. Präsident Charles DE GAULLE hat sich noch 1962 auf die Frage: »*Wozu dient Europa*?« im französischen Kabinett geäußert:

> »Für Frankreich ist Europa das Mittel, um wieder das zu werden, was es seit Waterloo zu sein aufgegeben hat: die erste Weltmacht.«[179]

Und DE GAULLES heutiger Nachfolger im Präsidialamt, Jacques CHIRAC, denkt mit seinen verteidigungs- und außenpolitischen Alleingängen von Frankreichs Nuklearversuchsreihe auf dem Mururoa-Atoll bis zu seiner Nahostinitiative von 1996 keinesfalls anders. Für den Historiker Helmut KOHL stellt sich nach dieser Inanspruchnahme Europas für französisches imperiales Vormachtstreben die Frage, ob die Befreiungskriege, mit denen Deutschlands Unterjochung durch NAPOLEON I. beendet werden konnte, heute noch in den Schulbüchern als solche angesehen werden dürfen, weil damit dann auch das von Frankreich angestrebte Maastricht-Europa als ›Mittel‹ für seine neo-napoleonische Beherrschung Deutschlands abgelehnt werden müßte, oder ob die Befreiungskriege nachträglich zu verurteilen sind, weil ohne diese und den Wiener Kongreß (1814/15) das vom Bundeskanzler gewollte Europa unter Frankreichs Herrschaft vereint geblieben wäre. Dann hätte er sich allerdings anderthalb Jahrhunderte später nicht als der große Einiger Europas feiern können, sondern allenfalls als kleiner Rheinbundvasall (1806–1813) einem französischen Kaiser oder Staatspräsidenten zu Diensten sein können.

Aus dieser historischen Perspektive wird KOHLS verzichtspolitische Europapolitik verständlich. Und das um so mehr, je eingehender man sich mit der dem Historiker KOHL wohlbekannt sein dürfenden Geschichte des Rheinlands seit NAPOLEON I. befaßt. Als dieser in der Völkerschlacht bei Leipzig (16.–19.10.1813) von den Preußen, Österreichern und Russen umzingelt war, befürchtete der deutsche Kaiser FRANZ I. aus dem Hause Habsburg,[180] daß eine Gefangennahme des Korsen Preußen unangemessen stärken würde. Deshalb gab er seinem General und Oberbefehlshaber der Verbündeten- und der Hauptarmee, KARL PHILIPP Fürst (1813) zu SCHWARZENBERG, den Befehl, den Ring um die eingeschlossene

---

[179] Charles DE GAULLE, nach Alain Peyreffite, *C'est de Gaulle,* zitiert nach Hans-Peter Schwarz, »Frankreich einbinden«, in *Die Welt,* 11. 11. 1996.

[180] Andreas Ranke, »Die Völkerschlacht bei Leipzig – Der Gegensatz von Metternich und den preußischen Reformern«, in *Neue Solidarität,* 13. 10. 1988.

französische Armee an einer Stelle zu öffnen, damit NAPOLEON entkommen konnte.

Das preußische Kontingent hatte sich bereits unter General Ludwig YORCK VON WARTENBURG – auf Initiative vornehmlich des damals 27jährigen russischen Generals und späteren Generalstabschefs Iwan Iwanowitsch VON DIEBITSCH, der wie sein Vater als preußischer Offizier in russischen Diensten stand – bei Tauroggen (30. 12. 1812) von NAPOLEON abgesetzt,[181] während die übrigen, vornehmlich aus Deutschen und Polen bestehenden Hilfstruppen des französischen Kaisers dessen Niederlage nutzten, um sich nunmehr auch von ihm zu trennen. Das traf allerdings nicht auf die rheinischen Hilfstruppen zu. Diese sind mit dem geschlagenen Kaiser durch die geöffnete Bresche entwichen. Auch das hat den aus dem damaligen österreichischen Saarland stammenden Klemens Wenzel Fürst VON METTERNICH veranlaßt, auf dem Wiener Kongreß darauf zu bestehen, daß das Rheinland Preußen zugeschlagen wurde. So sollte das Ex-Römische Reich Deutscher Nation vor einem erneuten Einfall der Franzosen in seine weiche Flanke durch Stationierung preußischer Truppen am Rhein geschützt werden. Preußen war jedoch an Sachsen interessiert, aber nicht am Rheinland. Der preußische Verhandlungsführer in Wien, Staatskanzler Karl August Graf (später Fürst) VON HARDENBERG, vertrat die preußischen Interessen jedoch nicht entschieden genug und ging schließlich – wenn auch zögerlich – auf METTERNICHS Forderung ein. Daraus erklärt sich die verzichtspolitische Gesamtdeutschland-Aversion gewisser rheinischer Führungskräfte. Zu denen gehörte auch der Altseparatist Konrad ADENAUER, der deswegen von den westlichen Alliierten zum ersten Kanzler der Teilung gekürt wurde. Bundeskanzler KOHL bemüht sich, dessen politischer Enkel zu sein.

So wirkt sich die Geschichte – geschickt von den Siegermächten und einem großen Teil deren Lizenzmedien genutzt – auf tragische Weise bis in die heutigen Tage auf Deutschlands Nachkriegspolitik aus. Das gilt zum Beispiel für den sogenannten ›Aufbau Ost‹, der mit der wirtschaftlich kontraproduktiven Sanktionierung des eigentumspolitischen Unrechts der DDR – also dessen, woran die DDR wirtschaftlich zusammengebrochen ist – wohl nicht ganz ungewollt um mindestens eine Generation verzögert wird. KOHL wußte, weshalb er – vergleichbar mit dem einstigen ostpreußischen

---

[181] Hellmut Diwald, »Die Entscheidung von Tauroggen«, Teil I, in *Mut*, XII/1987, S. 10 ff.

Landrat, der im Rheinland den Karneval abschaffen wollte[182] – nunmehr einen rheinland-pfälzischen Landsmann von ihm und zuverlässigen Kulturkämpfer den Bundestagsausschuß leiten ließ, der sich mit der Sanktionierung dieses DDR-Unrechts (nebenbei vornehmlich zugunsten der öffentlichen Hand) zu befassen hatte. Auch die vom Kanzler hartnäckig verfolgte Osterweiterung von NATO und Europäischer Union fußt auf dieser Historie.

Als Kanzler der Ost- und Mitteldeutschen wird KOHL wohl kaum in die Geschichte eingehen. Wie den Franzosen stehen ihm die Polen und Tschechen näher. Deren Anliegen vertritt er jedenfalls hartnäckiger als die Interessen der Deutschen und da insbesondere derjenigen östlich der Elbe. Da gibt es zwischen ihm und seinem Ex-Außenminister GENSCHER kaum einen Unterschied. Deshalb harmonierten die beiden auch so gut bei der Fortentwicklung von Willy BRANDTS Ostpolitik. Man denke hier nur an den roten Teppich, der von diesen für den DDR-Staatsratsvorsitzenden Erich HONECKER auf westdeutschem Boden nicht lange vor der Teilvereinigung ausgerollt wurde. Das dürfte nebenbei einer der Gründe sein, weshalb der frühere SED-Chef unter dubiosen Umständen unbestraft nach Chile ausreisen durfte. Hätte HONECKER sich für seine Untaten vor einem Gericht verantworten müssen, hätten die westdeutschen Anerkennungspolitiker des DDR-Staates und damit indirekt auch dessen Verbrechen (mitgegangen, mitgehangen) zumindest moralisch mit auf der Anklagebank gesessen sowie riskiert, von HONECKER als Entlastungszeugen benannt zu werden.

In Deutschland hält der *grand old man* der deutschen Nachkriegspolitik und heutige Ehrenvorsitzende der CDU/CSU-Bundestagsfraktion, Alfred DREGGER, einen Monat nach der zeitgeistergebenen HERZOG-Äußerung in erfreulicher Ergänzung zur Annahme des zitierten Siegfried KOTTWITZ die Vorstellung, daß

---

[182] In Köln geht der Karneval auf das Jahr 1822 oder 1823 zurück und ist hinsichtlich seiner Ausgestaltung zum Beispiel mit den berühmten Roten Funken in preußischen Uniformen (Rudolf Simon, »Stippeföttche für die Philatelisten – Mit einem Sonderdruck würdigt die Deutsche Post das 175jährige Jubiläum des Kölner Karnevals«, in *Die Welt*, 31. 1. 1997) eine Antwort auf die auf Betreiben von Fürst METTERNICH auf dem Wiener Kongreß (1814–1815) beschlossene Eingliederung der bis 1806 (Auflösung des Heiligen Römischen Reiches Deutscher Nation durch NAPOLEON I.) geistlichen Kurfürstentümer Trier, Mainz und Köln als Rheinprovinz in das preußische Königreich. Unter NAPOLEON waren sie Teil des Rheinbundes. Zu etwas ähnlichem möchte Frankreich heute den teilvereinigten Deutschlandtorso gern wieder machen. Der Karneval bot die Möglichkeit, das im Rheinland unbeliebte preußische Militär auf humorvolle Weise zu verspotten.

»die Zeit der Nationalstaaten in Europa vorüber sei, ... für eine grundlegende Fehleinschätzung. Die Nationalstaaten sind – nach seiner Auffassung – nicht überholt, und Europa würde nicht stärker durch ihre Überwindung, auch nicht durch deren Aushöhlung. Die Europäische Union und die Nationalstaaten ergänzen einander und bilden zusammen das Modell der Zukunft. Die Nationalstaaten sind der Ort, der im politischen Zusammenleben Identität stiftet und damit Solidarität begründet. Wir konnten im vom Krieg zerstörten Westen Deutschlands das Millionenheer der Flüchtlinge und Heimatvertriebenen nur aufnehmen, und diese konnten dort eine zweite Heimat finden, weil sie als Deutsche zu Deutschen kamen. In der gleichen Solidarität wird uns auch im (teil-)wiedervereinigten Deutschland der ›Aufbau Ost‹ gelingen. Die Stärke Europas liegt in seiner Vielfalt. Deshalb brauchen wir keinen europäischen Zentralstaat, sondern einen europäischen Verbund seiner Mitgliedsstaaten, der aufgrund der ihm von diesen übertragenen Kompetenzen – unter Beachtung des Prinzips der Subsidiarität – auf europäischer Ebene regelt, was auf nationaler Ebene nicht mehr geregelt werden könnte. Dazu gehört außer der Währungsunion auch eine gemeinsame Außen- und Sicherheitspolitik. Es kommt nicht darauf an, das Ende der Nationalstaaten zu verkünden, sondern eine vernünftige Abgrenzung der Aufgaben zwischen den Nationalstaaten und der Europäischen Union vorzunehmen und auf diese Weise ihr Zusammenwirken zu sichern«.[183]

DREGGER macht hier Vorgaben für eine sinnvolle Europapolitik, wie sie mit Ausnahme seiner von ihm unkonditioniert gebliebenen Einbeziehung der Währungsunion kaum hätten besser formuliert werden können. Die Frage stellt sich jedoch, ob die tonangebenden großen EU-Mitgliedsländer Frankreich und Großbritannien überhaupt bereit sind, so weit zu gehen und nicht nur Deutschland irgendwie – als Staat in der Union aufgelöst – unter ihre Kontrolle bringen und Lasten aufbürden wollen. Man denke nur daran, wie weit heute noch Frankreich und Großbritannien außen- und sicherheitspolitisch mit ihrer gegen Deutschland gerichteten, noch im 19. Jahrhundert verankerten Balkanpolitik und Nuklearwaffenstrategie vom unionistischen Denken entfernt sind.

Bereits der spätere ›Große Europäer‹ und seinerzeitige französische Außenminister Robert SCHUMAN antwortete 1949 auf eine entsprechende Anfrage im Rat der Republik:

---

[183] Alfred Dregger, »Fehleinschätzung« (Leserzuschrift), in *Die Welt*, 15. 10. 1996.

»Ich bin für einen Wiederaufbau Deutschlands, aber ohne daß dies unsere Sicherheit gefährdet... Der in Bonn ausgearbeitete Plan (I. Entwurf des Grundgesetzes) gewährt den deutschen Zentralstellen zu ausgedehnte Vollmachten.«[184]

Deshalb mußte der Parlamentarische Rat 1948/49 einen zweiten und einen dritten Entwurf des von den Vereinigten Staaten vorgegebenen Grundgesetzes vorlegen, ehe es seitens der Besatzungsmächte genehmigt wurde. Ein Grundgesetz der Deutschen ist diese Verfassung deshalb nicht, sondern eher ein Diktat der Sieger.

[184] *Die Welt* im März 1949, nach *Die Welt*, 3. 3. 1994.

Der Euro

Zur Währungsunion vertritt der Verfasser aus volkswirtschaftlicher Sicht die Auffassung, daß ein währungspolitischer Zusammenschluß ohne die weder von Frankreich noch von Großbritannien gewollte und deshalb bisher unvereinbar gebliebene gemeinsame Finanz- und Wirtschaftspolitik nicht realisierbar ist und sich diese deshalb mit DREGGERS übrigen Vorstellungen auf absehbare Zeit nicht in Einklang bringen läßt. Außerdem ist sie auch nicht eine notwendige Voraussetzung für eine enge wirtschaftliche Zusammenarbeit oder gar Verflechtung, wie sie zum Beispiel zwischen den Vereinigten Staaten und Kanada besteht, obwohl jedes der beiden Länder seine eigene konvertierbare Währung behält. Auch die im britischen Commonwealth wirtschaftlich eng zusammenarbeitenden Länder mit konvertierbaren Währungen sind bisher ohne deren Zusammenlegung ausgekommen. Großbritannien wäre wohl auch nicht dazu bereit, sein Pfund – und damit seine eigenständige Finanz- und Währungspolitik – dafür zu opfern. Es ist daher verständlich, in welchem Dilemma sich die Insel befindet, wenn sie einerseits ihren Status als (nach Shakespeare) *»jewel set in the silver sea«* (›als Juwel, gefaßt in das Silber der See‹) nicht währungspolitisch aufgeben möchte, andererseits jedoch befürchtet, mit Frankreich und dessen Satelliten würde die europäische *Balance of power* (›das Gleichgewicht der Kräfte‹) zugunsten des Kontinents verlagert werden, wenn ihrerseits der Unsinn der Währungsunion nicht mitgemacht wird.

La Stampa aus Turin äußerte sich noch 1995 zur anhaltenden Talfahrt der italienischen Lira und zur Deutschen Mark:

> »Ein Korken im stürmischen Meer – so erscheint derzeit die Lira auf dem Währungsmarkt, der von heftigen Spekulationen erschüttert wird. Aber der Korken geht nicht unter. Doch auch der französische Franc und der Dollar leiden. Das Erdbeben von Kobe hat sogar den japanischen Yen geschwächt. Die Mark ist derzeit die einzige Währung, bis hin zum Paradoxon: Nur Mark, nichts anderes als D-Mark ist gefragt – ohne auf den Preis zu schauen.«[185]

Und *The Financial Times* kommentierte ähnlich 1995 aus London:

> »Wieder einmal bewies sich die Kraft der primär an Stabilität ausgerichteten Steuer- und Währungspolitik in Deutschland. Da

[185] *La Stampa*, nach *Die Welt* vom 27. 2. 1995.

kann es nicht überraschen, daß die meisten anderen europäischen Währungen wacklig erscheinen. Die Stärke der Deutschen Mark ist gut für Deutschland, weniger gut für den Rest Europas.«[186]

Das Urteil über die deutsche Steuerpolitik und die Aussage im letzten Nebensatz vermag der Verfasser nicht zu teilen.

Altbundeskanzler Helmut SCHMIDT hat am 7. Oktober 1995 »katastrophale Wirkungen« für den Fall vorausgesagt, daß die Europäische Währungsunion nicht zustande käme:

»Im Laufe weniger Jahrzehnte würde die D-Mark, würden die deutschen Finanzinstitute – Bundesbank, private Großbanken, Versicherungskonzerne – ganz Europa beherrschen. Deutschland wäre finanzwirtschaftlich eine Weltmacht. Zum drittenmal wäre eine Koalition fast aller anderen europäischen Staaten gegen Deutschland zu befürchten.«[187]

Zu dieser Bewertung des Altbundeskanzlers darf angemerkt werden, daß Helmut SCHMIDT sich hierbei hinsichtlich der Absolutheit seiner Äußerung genauso irren könnte wie bei seiner nach der Statistik **Abbildung 11** (s. S. 149) keinesfalls erfolgreich gewesenen sozial-liberalen Regierungspolitik. Schließlich hat er während seiner Amtszeit als Bundeskanzler weniger zum Wohlstand Westdeutschlands als zu dessen Verschuldung und Arbeitslosigkeit beigetragen. Ob Helmut SCHMIDT deshalb wirklich als der große Weltökonom in die Geschichte eingehen wird, zu dem er von den Medien hochstilisiert worden ist, muß in Anbetracht dieser Erfolgsstatistik seines Wirkens als westdeutscher Bundeskanzler bezweifelt werden. Das dürfte er jedoch als äußerst geschickter Taktiker erreichen, der es im Dritten Reich fertiggebracht hat, einerseits seine Knochen bei der Heimatflak zu schonen und als Offizier auch nicht in die NSDAP eintreten zu müssen (dürfen), andererseits aber für die Nationalsozialisten als so zuverlässig zu gelten, daß er als Sachbearbeiter im Reichsluftfahrtministerium beschäftigt wurde.

Abgesehen von einem – seinerseits wohl nicht einkalkulierten – zwischenzeitlichen Einsatz im Erdkampf an der Ostfront hat er im wesentlichen an der ›Heimatfront‹ gekämpft, während viele

---

186 *The Financial Times*, nach *Die Welt* vom 27. 2. 1995.

187 *Unabhängige Nachrichten*, 1/1996, S. 3, »Fingerzeig, Signal und Warnung eines Wissenden: Ablehnung der Währungsunion hätte ›katastrophale Wirkung‹«.

weniger vom NS-System überzeugte Familienväter ihr Leben für die Verteidigung ihres Vaterlandes an der Front eingesetzt haben. Er galt offensichtlich als ein so überzeugter Nationalsozialist, daß er nach dem 20. Juli 1944 als Beobachter zur Aburteilung der Widerstandskämpfer in die FREISLER-Prozesse abkommandiert wurde. Nach dem verlorenen Krieg durfte er dann – wiederum angepaßt an die herrschende ›*Political Correctness*‹ – trotzdem erfolgreich Politik machen. Daraus leitet er wahrscheinlich für sich ab, er müsse den Deutschen darlegen, wie sowohl der SPD-Ministerpräsident STOLPE als Informeller Mitarbeiter (IM Sekretär) des Ministeriums für Staatssicherheit (MfS) und DDR-Verdienstmedaillenträger[188] rechtens gehandelt hat,[189] als auch, weshalb sie ihre hart erarbeitete stabile Mark zugunsten einer europäischen Inflationswährung aufgeben sollen. Die US-Währungsspezialisten von Merrill LYNCH haben dem zu erwartenden weichen Euro bereits den Spitznamen ›Deutsche Lira‹ gegeben.[190]

Nicht verwunderlich ist es, daß abweichend von der politischen Klasse sowohl auf Regierungs- als auch auf Oppositionsseite bei den dazu noch zum Unterschied zu Staatsangehörigen anderer EU-Mitgliedsländer bei der Entscheidung über Maastricht und die EWU undemokratisch ausgeschlossenen Bürgern so recht keine Freude darüber aufkommen will, je bewußter es ihnen wird, wie schwer sie das Euro-Joch zumindest bis zum absehbaren Zusammenbruch der EWU drücken wird. Der Trost, daß es den Deutschen schon wiederholt in ihrer Geschichte gelungen ist, ein zusammengebrochenes nationales Währungssystem mit Fleiß und Sparsamkeit wieder aufzubauen, hilft denen nicht, die erst einmal ihre Ersparnisse verlieren, um dann wieder beim Nullpunkt anzufangen, sofern sie dazu altersmäßig noch in der Lage sind. Eine Generation bleibt dabei naturgemäß auf der Strecke.

Nach einer im Juli 1996 veröffentlichten Emnid-Befragung sind 52 Prozent der Deutschen gegen die Europäische Währungsunion

---

188 *Die Welt*, 6. 1. 1997, »Neue Vorwürfe um Stolpe wegen Medaillen-Affäre – Beeinflußte Ministerpräsident wichtige Zeugin?«.

189 Obwohl die Staatsanwaltschaft »offen einräumt, Ermittlungen gegen den eigenen Ministerpräsidenten seien ihr unangenehm, (und) versucht, sich der Last mit einem Handstreich zu entledigen, (indem sie) kritische Aktenvermerke. . . beiseite gelegt und die Ermittlungen eingestellt (hat, verdichten sich – Stand Januar 1997 – die Fakten), daß der Ministerpräsident ein Stasi-Spitzel war. Noch trotzt STOLPE (allerdings) den Stasi-Vorwürfen«. (Peter Schmalz, »Stolpert Stolpe doch über den Ordens-Fall? – Fakten verdichten sich, daß der Ministerpräsident ein Stasi-Spitzel war«, in Die Welt, 17. 1. 1997)

190 Klaus Methfessel, *Wenn die D-Mark geht,* ECON Verlag, Düsseldorf 1996, S. 156.

(EWU), während 40 Prozent zur Aufgabe ihrer Deutschen Mark bereit sind. Heute lehnen über 71 Prozent sie ab. Mit 50 und 65 Prozent Gegnern lehnten 1996 die Anhänger der FDP und der Republikaner am entschiedensten die EWU ab. Aber auch die bei einer Volksabstimmung jeweils wohl knapp mehrheitlich für Deutschlands Beitritt zur EWU sich entscheidenden CDU/CSU- und PDS-Wähler sehen der Währungsunion zu 81 und zu 91 Prozent eher mit Befürchtungen entgegen. Das gilt auch zu 79 Prozent für die Bundesbürger insgesamt. Hinsichtlich der Motive für die Ablehnung der EWU steht an erster Stelle die Sorge um die Stabilität der Gemeinschaftswährung. An zweiter Stelle besteht bei den nebenbei parallel zur Ablehnung der EWU auch die politische Union ablehnenden Bürgern die Besorgnis, Deutschland würde mit seiner Europaeinbindung an Gewicht und Einfluß in der Welt verlieren, was ja auch das Ziel der EWU ist. Bei den FDP-Wählern rangiert diese Befürchtung sogar noch vor der Sorge um die Stabilität des Euro. Mit der regierungsseitigen Zustimmung zur EWU wird Deutschlands Demokratie abgeschafft. Dieser Verlust wird sich noch nachteiliger für Deutschland auswirken als der Zusammenbruch des Währungssystems. Deutschland fällt praktisch mit der am Bürger vorbei vorgenommenen Aufgabe seiner Währung politisch in eine Lage zurück, von der es seitens der Siegermächte ›befreit‹ worden sein soll.

Genau umgekehrt ist die Stimmungslage bei den Bündnisgrünen. Da ist man bei den EWU-Skeptikern kaum um das Vaterland, sondern hauptsächlich um die Währungsstabilität besorgt. Bei aller Meinungsfreudigkeit ist nach dieser Befragung der Informationsstand über die Währungsunion nach wie vor sehr unbefriedigend. Nur ganze zwei Prozent der Befragten fühlen sich »sehr informiert«, 14 Prozent »ziemlich informiert«, 36 Prozent »etwas informiert«, 23 Prozent »kaum informiert« und 21 Prozent »gar nicht informiert«.[191]

Ein halbes Jahr später standen der geplanten Euro-Währung nach einer im Auftrag der Bayerischen Vereinsbank, München, erstellten repräsentativen Studie der ›Nürnberger Gesellschaft für Konsumforschung‹ (GfK) 67 Prozent der Bevölkerung ablehnend gegenüber, während sich 29 Prozent der insgesamt 1250 Befragten positiv zum Euro äußerten.[192] Wenn auch die Befragungen von

[191] Rainer Zitelmann, »Umfrage: Mehrheit lehnt die Euro-Währung ab«, in *Die Welt*, 27. 7. 1996.
[192] *Die Welt*, 18. 1. 1997, »Neue Umfrage zum Euro«.

Emnid und GfK nicht absolut vergleichbar sein mögen, so ist doch ein ablehnender Trend in der Gunst des Euro deutlich zu erkennen. Die Bundesregierung hat offensichtlich Gründe, das deutsche Volk möglichst unaufgeklärt über die Folgen der angestrebten Aufgabe der nationalen Währung zu lassen, um eine öffentliche Erörterung über das Für und Wider dieses währungspolitischen Großversuchs zu vermeiden. Selbst die Bundesbank wurde von der Bundesregierung nicht davon in Kenntnis gesetzt, daß der Bundeskanzler sich auf das französische Begehren hin eines Starts der Währungsunion spätestens 1999 einlassen wollte oder das bereits in vertraulichen Gesprächen Präsident MITTERRAND zugesagt hatte. Bundesbankpräsident SCHLESINGER hatte sich mit dem Bundeskanzler vor dem Maastricht-Gipfel getroffen, auf dem die Wirtschafts- und Währungsunion ein wichtiger Tagesordnungspunkt war, und berichtete anschließend dem Zentralbankrat auf dessen routinemäßiger Sitzung vor diesem Maastricht-Gipfel, daß er »dem Gesamtkonzept zugestimmt habe«. Das hätte er wohl nicht getan, wenn er – eher *Hardliner* und Gegner der Währungsunion – gewußt hätte, daß mit der Euro ohne eine gleichzeitige Wirtschaftsunion bereits 1999 begonnen werden sollte.

Das Zentralbankmitglied Reimut JOCHIMSEN, Landeszentralbankchef von Nordrhein-Westfalen, erinnerte sich:

> »*Was in Maastricht vereinbart wurde, war gegen den Stand, der uns mitgeteilt worden war.*«

Nach seiner Annahme habe auch der Bundesminister der Finanzen WAIGEL die Automatik des Übergangs damals nicht gewollt. Bundeskanzler KOHL habe sich jedoch über WAIGELS Bedenken hinweggesetzt.

Nach der hier angezogenen Quelle sprachen dafür zwei Gründe: »Erstens entsprach sie KOHLS eigenen Vorstellungen, die europäische Integration zügig voranzutreiben und irreversibel zu machen, zweitens stand er bei MITTERRAND im Wort.« Erleichtert wurde KOHLS Ausmanöverierung der Bundesbank mit ihrem Zentralbankrat zweifellos dadurch, daß zur Zeit des entscheidenden Maastricht-Gipfels Bundesbankpräsident SCHLESINGER die Altersgrenze erreichte und sein Nachfolger im Amt, Finanzstaatssektretär und Kanzlerberater TIETMEYER zu dem Zeitpunkt »ja noch von KOHL die Ernennungsurkunde zum Präsidenten erhalten wollte«.[193]

---

193 Klaus Methfessel, aaO. (S. 126, Q. 190), S. 65.

Die Londoner *Times* befaßt sich im September 1996 zur Zeit der Erörterung des letztlich mehr theoretischen als praktisch durchführbaren Stabilitätspaktes[194] mit der Einstellung der deutschen Öffentlichkeit zur EWU, ohne offensichtlich diese Umfrageergebnisse und die beabsichtigte undemokratische Vergewaltigung des deutschen Volkes in Sachen Beitritt zur Währungsunion zu kennen. Sie gelangt dabei zu folgender Auffassung:

> »Selbst wenn es gelingen sollte, die deutsche Öffentlichkeit durch einen Stabilitätspakt zur Annahme der Währungsunion zu bewegen, würden damit die langfristigen Gefahren des Projekts nur noch verstärkt werden. Es ist zu erwarten, daß auch die deutsche Öffentlichkeit ihre Meinung ändert, wenn die Auswirkungen auf die öffentlichen Ausgaben und die Finanzmärkte sichtbar werden. Mit jedem Schritt, den Europa in Richtung Währungsunion unternimmt, erscheint das Ziel weniger attraktiv und Großbritannien mit seinem Zögern klug zu handeln.«[195]

Würde eine Diskussion wie in demokratisch geführten EU-Mitgliedsländern etwa im Rahmen einer Volksabstimmung zugelassen und dem Ergebnis dann Rechnung getragen, wäre die Besorgnis der *Times* unangebracht, weil es dann in Anbetracht der dabei wahrscheinlich noch negativer als bei der Emnid-Umfrage ausfallenden Mehrheitsverhältnisse mit einiger Sicherheit keinen deutschen Beitritt zur EWU, und damit keine Aufgabe der Deutschen Mark, gäbe.

Auch der Börsenaltmeister André KOSTOLANY vertrat in einem dpa-Gespräch die Auffassung:

> »Wenn die Politiker versuchen sollten, die Währungsunion rücksichtslos durchzupauken, wird es ein Tohuwabohu auf den Finanzmärkten geben.« . . . Die Angst vor dem Euro sei besonders ausgeprägt in Deutschland, wo die Bevölkerung die Währungsunion überwiegend ablehnt, die Regierung, die Großindustrie und vor allem die Großbanken den Euro jedoch (fern jedes Demokratieverständnisses) durchboxen wollen . . . Wenn der Euro

---

[194] Wenn ein Mitgliedsland der EWU aus innenpolitischen Gründen meint, die vereinbarten Stabilitätskriterien nicht einhalten zu können, wird es kaum gewillt oder in der Lage sein, ein ernst zu nehmendes Bußgeld in den EWU-Topf abzuführen, zumal das nicht automatisch geschieht, sondern von einem politischen Konsens abhängen soll. Für letzteren werden sich im Bedarfsfall leicht Mehrheiten gegen den von Deutschland vertretenen Stabilitätskurs finden, sobald die EWU erst einmal geschaffen worden ist. Und solche Mehrheitsentscheidungen im Rahmen der Europäischen Union werden gerade deutscherseits angestrebt.

[195] *The Times*, London, nach *Die Welt*, 17. 9. 1996.

> kommt, wird er weicher als die D-Mark. »Man kann Währungsparitäten nicht am Grünen Tisch festlegen.« Als den »größten Unsinn« müsse der Mitte Dezember 1996 in Dublin abgeschlossene Stabilitätspakt bezeichnet werden. Es könne zu einer Panikreaktion der deutschen Anleger kommen, also zu einer Flucht aus der D-Mark heraus in internationale Anleihen oder Aktien, beispielsweise in Schweizer Franken, Dollar oder britische Pfunde.[196]

Hierzu sei angemerkt, daß KOSTOLANY Börsen- und kein Arbeitsmarktspezialist ist, also hier lediglich die EWU-ausgelösten »Turbulenzen auf den Finanzmärkten« vorhersieht. Welche Rückwirkungen solche Ereignisse auf den durch den bereits strukturbedingt aus dem Gleichgewicht geratenen Arbeitsmarkt mit dem vom Deutschen Institut für Wirtschaftsforschung (DIW) für 1997 erwarteten Anstieg auf 11 Prozent Arbeitslosigkeit[197] haben werden, hat er in seinem dpa-Gespräch offengelassen. Die Gesundbeter der deutschen Wirtschaftskrise wollen bisher nicht wahrhaben, daß es sich hierbei lediglich sekundär um ein konjunkturelles Tief handelt. Primär leidet Deutschland – und damit auch Europa – unter den politisch zu verantwortenden Standortfaktoren unter anderem seiner offenen Grenzen für Dumpingerzeugnisse, Dienstleistungen (z.B. Computer-Programme aus Indien), billige Arbeitskräfte nicht nur aus Süd- und Osteuropa, Bandenkriminalität und Seuchen. Wie zwiespältig diesbezüglich die deutsche Politik ist, mag an folgendem Beispiel gesehen werden: Einerseits sieht sich der Bundesminister des Inneren, Manfred KANTHER, gezwungen, 1500 zusätzliche Bundesgrenzschutzbeamte an der Grenze zu Polen und Tschechien gegen Schlepperbanden einzusetzen.[198] Andererseits betreibt der Bundeskanzler die unkontrollierte Öffnung dieser Grenzen durch die insbesondere diesen Ländern geltende EU-Osterweiterung. Ist ihm das erst einmal gelungen, wird man sich in Deutschland weder bei Tag noch bei Nacht sicher fühlen können. Von den finanz-, sozial- und arbeitsmarktpolitischen Auswirkungen einer solchen Öffnung ganz zu schweigen.

---

[196] dpa-Meldung, »Kostolany warnt vor Euro-Turbulenzen – Altmeister der Spekulanten nennt Dubliner Stabilitätspakt größten Unsinn – ›Placebo‹«, in *General-Anzeiger,* Bonn, 2. 1. 1997.

[197] *Die Welt,* 8. 1. 1997, »Deutsches Institut für Wirtschaftsforschung: Arbeitslosigkeit steigt auf 11 Prozent – Prognose für 1997 – Zwei Prozent Wachstum – Osten rutscht in Rezession – Kritik an Bonner Sparpolitik«.

[198] *Die Welt,* 3. 1. 1997, »Bundesgrenzschutz verstärkt – Kanther setzt 1500 zusätzliche Beamte gegen Schleuser an Ostgrenze ein«.

Hans TIETMEYER, der nicht nur selbst ein aus der Schule von MÜLLER-ARMACK kommender Fachmann ist, sondern dem auch in der von ihm geleiteten Bundesbank währungspolitische Fachleute und nicht wie BMF WAIGEL vornehmlich wirtschaftsferne Verwaltungsjuristen zuarbeiten, macht sich Sorgen um die Zukunft des Euro. Altbundeskanzler Helmut SCHMIDT nennt ihn bereits den »mächtigsten Gegner der Währungsunion.«[199] Am 15. März 1996 bemerkte TIETMEYER in Dublin, daß Deutschland mit einer europäischen Währung, deren Stabilität nur auf dem Niveau des Durchschnitts der Mitglieder der Währungsunion liege – und wie sollte auch nach dem oben zitierten KOSTOLANY *im günstigsten Falle* etwas anderes zu erwarten sein –, viel zu verlieren habe.[200]

Besonders gefährlich bei einem Beitritt Deutschlands zur EWU ist die Tatsache, daß dieser sich von Bundeskanzler KOHL im Bunde mit zeitgeisthörigen Parlamentariern nur gegen die Mehrheit des deutschen Volkes durchsetzen läßt und damit die Demokratie bei einer die Nation fundamental betreffenden politischen Entscheidung – etwa wie bei Adolf HITLERS ›Ermächtigungsgesetz‹ – außer Kraft gesetzt würde. Wenn es nicht gelingen sollte, diese Vergewaltigung des deutschen Volkes durch seine eigene Regierung zu verhindern, wird sich das mit Sicherheit innenpolitisch bitter rächen. Weimarer Verhältnisse sind bereits in zunehmendem Maße nicht nur auf deutschen Straßen und Plätzen zu beobachten. Und wie diese Republik 1933 ihr Ende gefunden hat, ist zumindest der Erlebensgeneration noch zur Genüge gegenwärtig. Aber nicht nur die als Zahlmeister für Fremdinteressen mißbrauchte deutsche Volkswirtschaft wird unter dem Euro sowie auch unter der protektoralen Einbindung Deutschlands in eine mehrheitlich deutschfeindliche Europäische Union weiche Knie bekommen, sondern auch die übrigen EU-Mitglieder werden wirtschaftlich erschüttert.

Die deutsche Soziale Marktwirtschaft dient nämlich Europa als ein wesentlicher Stabilitätsfaktor. Und die harte Deutsche Mark ist praktisch Europas – wenn auch wenig geliebte, aber deswegen nicht weniger notwendige – Leitwährung, sofern Europa nicht den nationalen währungspolitischen Launen der Vereinigten Staaten ausgesetzt sein will. Darüber hinaus bildet die deutsche Wirtschaft

---

[199] Thomas Löffelholz, »Wie der Herr der D-Mark für einen starken Euro ficht«, in *Die Welt*, 17. 8. 1996.

[200] *General-Anzeiger*, Bonn, 16. 3. 1996, »›Deutschland hat mit DM viel zu verlieren‹ Tietmeyer warnt vor laxer Stabilitätspolitik«.

und Währung zusammen mit denjenigen der Vereinigten Staaten und Japans das geowirtschaftliche Rückgrat schlechthin, wenn das auch dem Streben Frankreichs und Großbritanniens nach Weltgeltung nicht behagen mag. *Wird Deutschland mit seiner Währung eurosozialisiert, wird Europa und darüber hinaus der Weltwirtschaft ein wesentlicher Stabilitätsfaktor genommen,* der nicht nur die übrigen EU-Mitgliedsländer immer wieder zu wirtschafts- und währungspolitischer Vernunft wie Mäßigung bei ihrer staatlichen Ausgabenpolitik veranlaßt hat.

Ist der Euro erst einmal da, dürfte sich im innenpolitischen Bedarfsfalle zum Beispiel Großbritannien, sofern es der EWU überhaupt beitritt, wie es sich bei der ihm EU-verordneten Bekämpfung der BSE (*Bovine spongiforme encephalopathie*) verhalten hat, oder Frankreich, wie es sich über das Schengener Abkommen und den internationalen Konsens, keine weiteren Atomtests vorzunehmen gebunden fühlte, genauso wenig finanz- und wirtschaftspolitisch an die nicht einmal mit gegebenenfalls automatischen Sanktionen vertraglich gesicherte währungspolitische Disziplin halten.

Ähnliches hat Frankreich früher vorgeführt. Zu Frankreichs Atomtestserie kommentiert die Pariser *Libération* im Januar 1996:

> »Eines Tages wird Jacques CHIRAC vielleicht bereit sein, den wahren Grund für die Ankündigung einer letzten Atomtestserie zu nennen. . . Doch die beste Erklärung für seine Entscheidung ist zweifellos ausschließlich politischer Natur. Jacques CHIRAC wollte Frankreich und der Welt zeigen, daß jeder Herr im eigenen Hause ist. Das ist ihm in jeder Hinsicht teuer zu stehen gekommen, aber die Botschaft hat ihr Ziel erreicht.«[201]

Die *Grande Nation* wird nach Einführung des Euro finanz- und wirtschaftspolitisch zweifellos auch »Herr im eigenen Hause« bleiben wollen. Der im Januar 1996 beendete EWU-währungspolitisch bedingte »Sozialkonflikt in Frankreich kann jederzeit wieder aufbrechen. . . Die Streiks seien nämlich ›nicht beendet‹, sondern lediglich ›aufgeschoben‹, hatten die Gewerkschaftsführer Marc BLONDEL von der unabhängigen Force Ouvrière (FO) und Louis VIANNET von der kommunistisch dominierten CGT nach Einstellung des Arbeitskampfes betont«.[202] Frankreich wurde dann auch bereits

---

[201] *Libération*, nach *Die Welt* vom 30. 1. 1996.

[202] Jochen Hehn, Der Sozialkonflikt in Frankreich kann jederzeit wieder aufbrechen – Trotz steigender Popularität von Chirac und Juppé bleibt der Stimmungsumschwung aus – »Kein klarer Schlußstrich«, in *Die Welt*, 30. 1. 1996.

im Oktober 1996 mit dem Generalstreik – wiederum des öffentlichen Dienstes – ein erneutes Ausbrechen dieses Konflikts beschert. Als im November 1996 der Streik bei den, was Arbeitszeit und Lohn anbetrifft, stark benachteiligten Fernfahrern – unterstützt von den Mitgliedern von FO und CGT bei der Eisenbahn und zivilen Luftfahrt – das ganze Land lahm legte, drohten der sehnsüchtig auf einen Aufschwung wartenden französischen Wirtschaft ähnlich schwere Rückschläge wie ein Jahr zuvor, als durch vorerwähnten vierwöchigen Arbeitskampf praktisch das gesamte Weihnachtsgeschäft ausfiel. Obwohl es sich bei den Fernfahrern um keine Angehörigen des öffentlichen Dienstes handelt, sah sich die Regierung gezwungen, in die Verhandlungen der Tarifpartner einzugreifen und ihrerseits zur Begrenzung des Schadens Zugeständnisse bei der Frühverrentung (nunmehr mit 55 Jahren) zu machen. Wie allerdings die dadurch entstehenden zusätzlichen Kosten von der bereits hoch verschuldeten Sozialversicherung verkraftet werden können, ist bei dieser Notaktion offengeblieben. Ob es Präsident Jacques CHIRAC und seinem bereits angeschlagenen Premierminister Alain JUPPÉ gelingen wird, weitere Unruhen an der französischen Arbeitsfront bis nach der Durchsetzung der Währungsunion zu verhindern, erscheint in Anbetracht der allgemeinen Wirtschaftslage des Landes, seinen Ende August 1996 veröffentlichten enttäuschenden Arbeitsmarktzahlen sowie der strikten Sparpolitik zur Erreichung der EWU-Kriterien mit empfindlichen Streichungen im Sozialhaushalt zweifelhaft.[203] Auch im Januar 1997 war Frankreich wieder einmal streikgeplagt. Da handelte es sich gleichfalls um Verkehrsbetriebe. Dieses Mal wurde der öffentliche Nahverkehr vieler Städte lahmgelegt. Ziel der Streikaktion war es, das Rentenalter von 60 auf 55 Jahre und die wöchentliche Arbeitszeit von 37,5 auf 35 Stunden herabzusetzen.[204]

Für eine deutsche Standortanalyse in einem ohne Zusammenarbeit nicht als solches überlebensfähigen Europa sind die jeweiligen Streikziele in Frankreich jedoch weniger erheblich als der Zustand, in dem sich Deutschlands Nachbarland mit seinem europäischen Führungsanspruch befindet. »Frankreich leidet an einem Siechtum«, äußerte Ex-Premierminister BALLADUR, der damit sicherlich näher an der Wahrheit liegen dürfte als sein bereits ein

---

[203] Jochen Hehn, »Mit der Brechstange – Der Streik der französischen Fernfahrer«, in *Die Welt*, 27. 11. 1996.

[204] *Die Welt*, 25. 1. 1997, »Streik in Frankreich für 35-Stundenwoche«.

halbes Jahr davor den »Wirtschaftsfrühling« ankündigender Amtsnachfolger JUPPÉ und der Präsident. Letzterer versicherte seinen Landsleuten noch Ende August 1996: »Wir haben das Schlimmste hinter uns.« Noch pessimistischer als BALLADUR hat sich die Vorsitzende der gemäßigten Gewerkschaft CFDT, Nicole NOTAT, geäußert. Nach ihr habe sich in Frankreich »die Enttäuschung installiert« sowie das »Gefühl der Ohnmacht, ja der Wut«, und es werde »an Terrain gewinnen«. Nach einer Umfrage der Tageszeitung *Le Parisien* deckt sich diese Auffassung mit der Überzeugung von 78 Prozent der eine »schwierige Zeit« für die Regierung voraussehenden Bevölkerung.[205] Wenn die Massen nach der Einführung der europäischen Einheitswährung revoltieren, wird Frankreich sich seinen finanzpolitischen Handlungsspielraum nicht nehmen lassen, zumal hauptsächlich Deutschland dann den dadurch entstehenden währungspolitischen Schaden mitzutragen haben wird. Der diesbezügliche nicht nur von »GISCARD D'ESTAING gemachte Vorschlag, die Konvergenz-Kriterien von Maastricht um rezessionsbedingte Veränderungen in den Wirtschaften der einzelnen Länder zu vermindern und dadurch aufzuweichen, verwirrt die Diskussion ebenso wie die vom Kanzleramt ins Standortpapier gemengte Bemerkung, der ›Euro‹ werde Arbeitsplätze schaffen. (Selbst) Jacques DELORS, der Anatom Europas, hat... angemerkt, diese Vorstellung führe in die Irre«.[206]

»Die Furcht vor einer deutschen Dominanz in Europa ist weit verbreitet, CHIRACS (im November 1994 zur Stärkung seiner Chancen bei den französischen Präsidentschaftswahlen gemachter wahltaktischer) Vorschlag, vor der nächsten Stufe der Währungsunion ein neues Referendum zu veranstalten, ist auf fruchtbaren Boden gefallen. Der Zulauf zur ›Bewegung für Frankreich‹ des Superpatrioten Philippe DE VILLIERS kommt nicht von ungefähr. Er rührt aus dem sicheren Empfinden vieler Franzosen, daß Frankreich an Einfluß verloren hat, und droht, zu einer Marginalmacht in Europa zu werden, die bei der großen Neuordnung Europas um einen deutschen Drehpunkt und (eine) Schwerpunktverschiebung nach Norden und Osten nicht mehr mitzuentscheiden haben wird.« DELORS glaubte 1994 hingegen, dieser Entwicklung dadurch entgegenzuwirken, daß er der »von Maastricht geforderten tota-

---

[205] Jochen Hehn, »In Frankreich schwelt die Unzufriedenheit – Der Regierung drohen Protestaktionen, die das Ausmaß des letzten Jahres überschreiten können«, in *Die Welt*, 30. 8. 1996.

[206] Herbert Kremp, »Ausblick auf Europa«, in *Die Welt*, 30. 1. 1996.

len Integration der Nationalstaaten (und damit Deutschlands) in die (natürlich von Frankreich zu beherrschende) Union«[207] den Vorzug gibt.

1993 sagte Jacques DELORS vor der französischen Volksabstimmung über den Maastricht-Vertrag und die Europäische Währungsunion (EWU):

> »Die D-Mark ist das letzte Machtmittel Deutschlands. Mein jahrzehntelanger Kampf galt der Abschaffung dieser Währung. Ich hoffe, meine Franzosen werden mich bei der Abstimmung nicht im Stich lassen.«[208]

Und der nach seinem Tod in Frankreich besondere Verehrung genießende François MITTERRAND äußerte sich dahingehend, »er habe die Einheitswährung nur deshalb akzeptiert, weil Frankreich auf sie mehr Einfluß ausüben könne als heute auf die D-Mark«.[209]

Als die französische Währung Ende der achtziger Jahre von dem damaligen Wirtschaftsminister und späteren Regierungschef BÉRÉGOVOY zum »*Franc fort*« (›starken Franc‹) deklariert wurde, spottete man in Frankreich, der befände sich aber nicht an der Seine, sondern am Main in »*Francfort*«.[210] Es ist daher nur verständlich, wenn Frankreich von seinem Vasallenland Deutschland verlangt, seine stabile nationale Währung so schnell wie möglich zu europäisieren. Die französische Deutschlandpolitik unter CHIRAC hat vorbeugend für den Fall, daß sich Deutschland nicht in den ihm verordneten Maastricht-Status fügen sollte, eine engere militärische Zusammenarbeit mit Großbritannien – damit eine Wiederauflage der *Entente Cordiale* – vereinbart, und in diesem Rahmen modernisiert Frankreich seine Atomwaffen, deren Reichweite – abgesehen von einigen see- und luftgestützten Nuklearkampfmitteln – nicht Rußland bedroht, sondern die (wie auch das britische Atomwaffenarsenal) den dem deutschen Volk belassenen kleinstdeutschen Lebensraum seiner Geschichte bedroht.

Während die Europabegeisterung in Italien während der Ratifizierung der Maastricht-Verträge (1992) ›noch keine Grenzen‹ kannte, schmilzt zwischenzeitlich die Maastricht-Front langsam dahin.

---

207 August Graf Kageneck, »Delors' Vorzug ist zugleich sein Handicap – Im französischen Präsidentschafts-Wahlkampf schadet der Verdacht zu großer Nähe zu den Deutschen«, in *Die Welt*, 29. 11. 1994.

208 Helmut Oberschachtsiek, »Vaterländer« (Leserzuschrift), in *Die Welt*, 24. 12. 1996.

209 E. Köster, »Machtmittel« (Leserzuschrift), in *General-Anzeiger*, Bonn, 4. 1. 1997.

210 Werner Sdlowski, »Franc und D-Mark« (Leserzuschrift), in *Die Welt*, 30. 8. 1996.

Am deutlichsten hat sich im August 1996 Fiat-Präsident Cesare Romiti entsprechend öffentlich geäußert, indem er feststellte, Italien müsse sich zuerst um den Abbau der Arbeitslosigkeit im Lande bemühen. Das Ziel der Europäischen Währungsunion (EWU) könne es auch später erreichen. Die im Fiat-Besitz befindliche *La Stampa* kommentierte hierzu, Romiti hätte mit seiner Äußerung ein Tabu nicht nur für Italien, sondern für ganz Europa gebrochen. Auf jeden Fall hat er damit nun auch in Italien eine Maastricht-Diskussion ausgelöst, womit sich die italienischen Euroskeptiker wie der seit 1994 vor den EWU-Kriterien warnende Silvio Berlusconi (›Forza Italia‹), aber auch der Parteivorsitzende der orthodoxen Kommunisten, Fausto Bertinotti, bestätigt fühlen. In Italien war man sonst immer für Europa gewesen. Und diesbezüglich wurde Maastricht als ein Schritt in diese Richtung verstanden. »Allerdings hat sich bisher (wie nebenbei auch in Deutschland) kaum jemand ernsthaft für das Vertragswerk interessiert. Denn für Italien schien es bisher klar, daß man sich mitsamt seiner Schulden unter das Dach Europa werde schmuggeln können.«[211]

La Tribune bemerkte im selben Monat aus Paris dazu: »Paris und Bonn müssen sich... auf eine gemeinsame Haltung gegenüber denjenigen Ländern abstimmen, die wie Italien Tendenzen zeigen, auf Abstand zu den Maastrichter Vereinbarungen zu gehen.«[212] Die Euro-Euphorik in Deutschland – soweit sie überhaupt im Volk vorhanden ist und nicht lediglich von medienabhängigen Politikern vertreten wird – dürfte hingegen nicht das Ergebnis einer offenen Erörterung der sich für Deutschland und seine Bevölkerung mit der Einführung des Euro ergebenden Folgen sein, sondern Folge der massiven medialen Volksverdummung und entsprechenden Indoktrinierung. Nach der Mitte 1995 auf dem 4. Deutschen Börsentag in Frankfurt vorsichtig formulierten Auffassung des bei Unbotmäßigkeit jederzeit in den einstweiligen Ruhestand versetzbaren politischen Beamten, Finanz-Staatssekretär Jürgen Stark, wird »der Finanzplatz Deutschland... mit der Einführung einer gemeinsamen europäischen Währung seinen traditionellen DM-Vorteil verlieren«.[213]

Nach einer vom Deutschen Industrie- und Handelstag (DIHT) in Auftrag gegebenen Studie des Instituts für Wirtschaftspolitik

---

[211] Rose-Marie Borngässer, »In Italien bröckelt die Maastricht-Front«, *Die Welt*, 27. 8. 1996.

[212] *La Tribune*, Paris, nach *Die Welt*, 31. 8. 1996.

[213] Jürgen Stark nach dpa-Meldung »Euro-Geld schadet dem Finanzplatz Deutschland«, in *Die Welt*, 4. 7. 1995.

und Konjunkturforschung Witten/Herdecke schafft nur eine harte Währung neue Arbeitsplätze. In Ländern mit schwacher Währung wie Italien und Schweden zwischen 1990 und 1994 seien überdurchschnittlich viele *Industrie*arbeitsplätze verlorengegangen. Damit widerspricht dieses Institut verschiedenen Analysen anderer Institute, auch dem Institut der deutschen Wirtschaft (IW), Köln, und dem Ifo-Institut, München. Beide hatten die Auffassung vertreten, daß vor allem die DM-Aufwertung und weniger die Lohnpolitik die Wettbewerbsfähigkeit der deutschen Industrie gefährdet habe.[214] Und eine starke Währung kann der Euro nicht sein. Seine Stabilität wird vielmehr weicher sein als der vorherige Durchschnitt aller an der EWU teilnehmenden EU-Staaten. Deren Finanzpolitik wird sich nach Einführung des Euro nicht mehr teils widerwillig nach derjenigen Deutschlands mit seiner stabilen Mark auszurichten brauchen. Wie ein Kolchosearbeiter, der mit seinem Engagement oder seiner Faulheit seine eigene Lage nur unwesentlich beeinflussen kann und etwa bei 100 Kolchos-Malochern ceteris paribus (alle übrigen Faktoren unverändert) nur ein Prozent seines sonstigen Anteils am Reinertrag einbüßt, wenn er überhaupt keine Leistung erbringt, so wird das finanzpolitische Verhalten der Einzelstaaten nach dem Beitritt zur EWU weniger unter ihrem zum Beispiel aus innenpolitischen Gründen praktizierten Fehlverhalten leiden, als wenn sich dieses nicht auf eine ›Kolchos-Währung‹, den Euro, gewissermaßen sozialisiert, sondern nur auf den Wechselkurs oder die Stabilität der eigenen nationalen Währung auswirkt. Deshalb kann dem Londoner *European* nur beigepflichtet werden, wenn er im August 1996 feststellt:

> »Wer Zweifel über die gemeinsame Währung äußert, ist nicht unbedingt ein schlechter Europäer. Wenn es mit der Währungsunion nicht klappt, liegt darin mehr Gefahr für Europa als in der Gefährdung der Harmonie (einer Einheitswährung), die der Union offenbar so wichtig ist.«[215]

Das seit Bretton Woods (Juli 1944) bestehende internationale Währungssystem ist aus dem Gleichgewicht geraten, nachdem US-Präsident NIXON 1971 die Golddeckung des US-Dollars abgeschafft und damit dessen Stabilität einer innen- und exportpolitisch orientierten Währungspolitik geopfert hat. Das führte zu einer kon-

---

[214] *Die Welt*, 27. 8. 1996, »Harte Währung schafft neue Jobs – Studie des DIHT: Falsche Lohnpolitik ist eigentliche Ursache für den Abbau von Arbeitsplätzen«.

[215] *The European*, London, nach *Die Welt*, 30. 8. 1996.

tinuierlichen Abwertung dieser internationalen Leitwährung und zu einer zumindest in Europa immer stärker Leitwährungscharakter annehmenden Deutschen Mark. Für ihre Stabilität sorgte das von allen deutschen Regierungen beachtete Zentralbankgesetz. Wie obigen Zitaten zu entnehmen ist, war und ist das weder den auch finanzpolitisch auf ›*US World leadership*‹ (US-Welt-Führung) bedachten Vereinigten Staaten noch den unverändert nach nationaler geopolitischer Bedeutung strebenden westeuropäischen Siegermächten recht.

Den zitierten Ausführungen aus dem Jahre 1993 des Ex-EU-Kommissionspräsidenten Jacques DELORS (s. S.135, Q. 208) läßt sich entnehmen, daß es sich folgerichtig beim Euro gar nicht um die Schaffung einer Gemeinschaftswährung handelt, deren Zweckmäßigkeit für die Verwirklichung der Einheit Europas bejaht oder angezweifelt werden kann, sondern schlicht um die »Abschaffung« der »D-Mark als letztes Machtmittel Deutschlands«, der (nicht nur) DELORS' »jahrzehntelanger Kampf« gegolten hat.

Mit der Frage, wie vermieden werden kann, daß Europa durch eine übereilte Einführung der Einheitswährung in eine sich deswegen bereits abzeichnende schwere sozio-ökonomische Krise mit möglichen nicht absehbaren politischen Folgen gestürzt werden kann oder wird, hat sich die dafür verantwortliche europäische Politprominenz offensichtlich nicht oder nur am Rande befaßt. In Frankreich ist bereits als Folge unter anderem von dessen Euro-Politik ein Viertel der jugendlichen Arbeitskräfte arbeitslos! Lediglich Großbritannien, Schweden und Dänemark laufen derzeit euro-politisch auf Vernunftkurs.

Sollte davon ausgegangen werden, daß die Einheitswährung deutscherseits auch durch einen euroskeptischen Macht- oder Sinneswandel am Rhein nicht mehr aufgehalten werden kann, ließe sich das mit ihrer Einführung verbundene Risiko einer europäischen Katastrophe dadurch verringern, wenn nicht sogar vermeiden, daß für den Euro Golddeckung vorgesehen und er vorerst als übergeordnete Währung eingeführt wird. Einerseits entfiele damit sowohl das Erfordernis der Einhaltung für die EWU-Aufnahme festgelegter Stabilitätskriterien – wozu mittlerweile selbst Deutschland als Verfechter eines harten Euros wohl allenfalls mittels ›kreativer Buchhaltung‹ in der Lage sein wird – als auch die nach seiner Einführung bei mangelhafter finanz- und wirtschaftspolitischer *Performance* eines Mitgliedslandes problematische Durchsetzung gemäß Stabilitätspakt zu verhängender Zwangsmaßnahmen. Die natürlich auch nicht absolute Stabilität des Goldes wäre immer noch sicherer als die Zuverlässigkeit einer Vielzahl europäischer Regierungen in bezug auf die Stabilitätskontrolle des Euro. Wie oben schon zitiert wurde, hat zum Beispiel Staatspräsident François MITTERRAND »die Einheitswährung nur deshalb akzeptiert, weil Frankreich auf sie mehr Einfluß ausüben könne als. . . auf die D-Mark«. Andererseits wird damit den an der EWU teilnehmenden Staaten Zeit gegeben, sich finanz- und wirtschaftspolitisch den Anforderungen einer solchen Einheitswährung anzupassen, ehe sie ihre nationalen Parallelwährungen aufgeben oder aufgeben können.

Beides zusammen würde bedeuten:

1. Statt einer begrenzten Zahl von die – eventuell nach Stand der Dinge dafür aufgeweichten – Stabilitätskriterien erfüllenden EWU-Mitglieder können alle EU-Staaten von Anbeginn an der Gemeinschaftswährung teilnehmen; das mühsame Zusammenwachsen Europas wird damit nicht durch eine qualitative, sich nach Stabilitätskriterien richtende währungspolitische Spaltung erschwert.

2. Die nationalen Währungen aller EU-Mitglieder, die der Währungsunion beitreten wollen, werden nicht von einem (geschlossenen) *Papier-Euro* abgelöst, sondern vorerst unter dem Dach einer (offenen) nominellen *Euro-Goldwährung* weiterbestehen, um mit dieser zumindest ihren europäischen und internationalen Zahlungsverkehr abzuwickeln, ob es sich dabei um denjenigen ihrer öffentlichen Einrichtungen, Großunternehmen, KMU (Klein- und Mittelunternehmen) oder Touristen handelt.

3. Parallel dazu können die nationalen Währungen so lange für den internen Gebrauch beibehalten werden, bis diese jeweils – etwa über die Dauer eines Jahrzehnts – dem Euro gegenüber nicht abgewertet zu werden brauchen. Das *müßte* sogar geschehen, sofern nationale Parallelwährungen nicht finanz- und wirtschaftspolitisch stabil gehalten werden können. So lange die politische Einigung Europas nicht vollzogen ist, wird das möglicherweise einigen EU-Mitgliedsländern auch innerhalb eines Jahrzehnts nicht gelingen, ohne daß die offene (in Gold einlösbare) europäische Gemeinschaftswährung dadurch Schaden nehmen würde.

4. Wie lange die einzelnen EU-Mitgliedsländer neben dem dann zumindest im europäischen und internationalen Zahlungsver-

kehr verwendeten Euro noch nationale Parallelwährungen sowie ihre Unternehmen und Privatpersonen nach Bedarf eigene Nationalwährungs- *und* Euro-Konten bei ihren Bankinstituten unterhalten, bleibt eine Frage des jeweiligen politischen Willens und der Stabilitätspolitik ihrer nationalen Regierungen.

5. Die europäischen Weichwährungspolitiker müssen weiterhin die nationalen Währungen ihrer Länder gelegentlich, nunmehr dem Euro gegenüber, abwerten. Das ist jedoch erträglicher, als wenn bei jeder sozio-ökonomischen Krise (wie etwa politikbedingt zunehmend in Frankreich und Deutschland) oder der Änderung der Europapolitik eines einflußreichen EWU-Mitgliedslandes währungspolitischer Kompromiß gesucht werden muß, wodurch der Euro schließlich zu der bereits von nationalen und internationalen Finanzexperten prognostizierten ›Camembert-Währung‹ mit ihren Auswirkungen auf die Gemeinschaftsstaaten und -gesellschaften degenerieren würde, ehe er überhaupt – richtig hart geworden – international Vertrauen in seine Stabilität erlangt hat.

6. Die Bundesrepublik Deutschland braucht sich nicht unter Zeitdruck verkrampft mit Euro-Stabilitätskriterien herumzuschlagen, sondern kann in Ruhe wieder zu ihrer soliden Finanz- und Wirtschaftspolitik der Sozialen Marktwirtschaft zurückkehren, um auch Deutschlands Beschäftigungsprobleme wie zu seligen Zeiten von ADENAUER und ERHARD euro-irritationsfrei unter Kontrolle zu bringen. Sollte diese oder eine andere Bundesregierung ungeachtet aller sich daraus ergebenden Konsequenzen (weiterhin) dem Sozialismus huldigen, würde die Deutsche Mark demzufolge regelmäßig der europäischen Goldwährung gegenüber abgewertet werden müssen, wie das schon bisher bei gewissen EU-Währungen der Deutschen Mark gegenüber erforderlich war, ohne daß das europäische Währungssystem deswegen in Frage gestellt werden müßte.

7. Sowohl den Euro-Euphorikern als auch den Euro-Skeptikern (so in Großbritannien) wird mit einer solchen Regelung entgegengekommen und sichergestellt, daß der Euro ohne nach einem Stabilitätspakt die nationale Würde von EU-Mitgliedsländern verletzende und gegebenenfalls auch nur schwer realisierbare Strafmaßnahmen stabil gehalten wird, um auch dem US-Dollar Paroli bieten zu können. Die bisher für die Gewährleistung seiner Stabilität getroffenen Absprachen haben nicht zu verhindern ver-

mocht, daß er bereits vor seiner Einführung trotz massiver politischer Stabilitätsbeteuerungen so weit davon entfernt ist, daß eine den US-Dollar hochtreibende monetäre Fluchtbewegung aus den erklärten EWU-Mitgliedsländern – so aus dem noch Hartwährungsland Deutschland – eingesetzt hat. Wahrscheinlich würde bereits die Ankündigung, daß für den Euro Golddeckung vorgesehen ist, dem entgegenwirken. Viel Zeit für eine solche Schadensbegrenzung bleibt allerdings nicht.

Bei der vorerwähnten ›kreativen Buchhaltung‹ handelt es sich weniger um eine rein rechnerische als vielmehr um eine Bewertungsfrage. So können EWU-Beitrittskandidaten erforderliche Abschreibungen in Staatsbetrieben hinauszögern, mit der Absicht der Privatisierung voll gerechtfertigte, aber nur einmalig den Haushalt konsolidierende Verkäufe von Staatsbetrieben vornehmen, erforderliche, öffentliche Investitionen so verschieben, daß die Rechnungen dafür erst im nächsten Haushaltsjahr beglichen werden müssen, oder – wie von der italienischen Regierung gehandhabt – eine einmalige EWU-Abgabe erheben. Das ›frisiert‹ die Haushalte und kann bei EWU-Beitrittskandidaten 1997 einmalig die Neuverschuldung im Rahmen der 3-Prozent-Marke des Bruttoinlandsprodukts (BIPs) halten. Der im Artikel 109 des Maastricht-Vertrages als weitere Voraussetzung für den EWU-Beitritt festgeschriebene »hohe Grad *dauerhafter* Konvergenz« wird damit jedoch nicht gewährleistet.

Da es sich bei dieser 3-Prozent-Marke um statistische Zahlen und ihren jeweiligen Aussagewert handelt, sei hier ein dazu passendes US-amerikanisches Sprichwort zitiert: *»Figures don't lie, but liars may figure.«* (Zahlen lügen nicht, aber Lügner können Zahlen erstellen.) Und um etwas anderes als ein Täuschungsmanöver handelt es sich bei der hier angewandten ›kreativen Buchhaltung‹ nicht.

Ferner ›schweigt des Sängers Höflichkeit‹ über leidenschaftlich die termingerechte Einführung des Euros fordernde Politiker in bezug auf die gleichfalls im Maastricht-Vertrag für den EWU-Beitritt festgeschriebene Voraussetzung der 60-Prozent-Marke für die maximale Gesamtverschuldung. Grund dafür ist , daß diese von den meisten Beitrittskandidaten genau so wenig wie die vorerwähnte 3-Prozent-Marke für die Neuverschuldung eingehalten wird, sich aber zum Unterschied zu der letzteren kaum mit buchhalterischen Tricks den Wunschvorstellungen der Euroeuphoriker anpassen läßt. Mit der EWU soll demnach so begonnen werden wie mit einem Wirtschaftsunternehmen, dessen Eröffnungsbilanz bereits manipuliert (gefälscht) ist.

Deutschlands Tributpflichtigkeit

Neben den währungspolitischen Risiken, die in einer europäischen Währungsunion auf jeden Fall nach dem bislang vereinbarten Muster liegen, wird Deutschland bereits heute durch seine bilateralen, zwischenstaatlichen und überstaatlichen Transferleistungen stark belastet, das heißt durch seine Tributpflichten unter anderem der Europäischen Union gegenüber – sei es direkt (s. Graphik **Abbildung 10**) oder indirekt über gegen deutsche Interessen verfügte Wettbewerbsmaßnahmen und getroffene Regelungen wie bei der Bananenmarktordnung.[216]

Der Preis für Europa (Zahlungen in Mrd. DM)

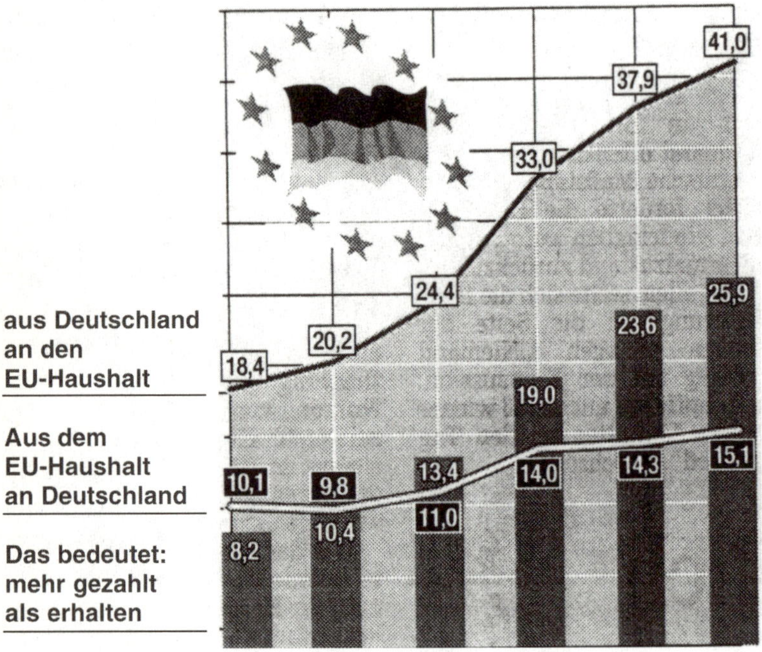

Abbildung 10 · Nach *Die Welt*, 3. 8. 1996

[216] Bernd-Artin Wessels, *Das Bananendiktat*, Campus-Verlag, Frankfurt/M. 1995.

Zur Tributpflichtigkeit des EU-unterjochten Deutschlands äußerte sich der Pariser *Figaro*:

»›Deutschland wird zahlen‹, sagte man in den 20er Jahren. Es zahlt heute: Maastricht, das ist der Versailler Vertrag ohne Krieg.«[217]

Deutschland führte 1996 in die EU-Kassen netto etwa zwanzigmal mehr ab als Frankreich.[218]

Wie es ein hoher Beamter aus dem Bundesministerium der Finanzen zum Ausdruck brachte, »*wird aus dem deutschen Haushalt bezahlt*«, wo sich der politische Konsens in Europa nicht einstellen will. Und hier funktioniert die durch die Massenmedien erfolgende Indoktrinierung der Deutschen so gut, daß nach Friedensforscher MECHTERSHEIMER der »Klagen über die Transferzahlungen in die neuen Bundesländer, also in ihr eigenes Land,. . . mehr (sind) als über die rapide steigenden deutschen Nettobeiträge an die EU. Im Jahre 2000 werden es rund DM 50 Mrd. sein, die Deutschland mehr zahlt als erhält«.[219]

Weil die teilvereinigte Bundesrepublik Deutschland mittlerweile an ihren für Drittinteressen übernommenen Verpflichtungen und der deswegen munter eingegangenen Verschuldung finanzpolitisch zusammenbricht, mehren sich im Lager der um ihre Wiederwahl fürchtenden Politiker zaghafte Stimmen, die bei den umfangreichen Transferzahlungen an zwischenstaatliche und überstaatliche Organisationen sowie Sonderaktionen (man denke hier etwa an die 18 Milliarden DM, die für den Golfkrieg beigesteuert wurden) den Sparstift ansetzen wollen. Sogar der diesbezüglich bisher besonders spendierfreudige Bundeskanzler KOHL »verstand sich. . . schließlich Ende 1995 in einer Regierungserklärung zu der vom Europäischen Rat beschlossenen ›Europäischen Agenda 2000‹ im Bundestag zu der vorsichtig definierten Einlassung, daß die Verhandlungen zwischen den EU-Partnern über die künftige Mittelausstattung der Union ›rechtzeitig vor dem Auslaufen der Finanzregelung von Edinburgh im Jahre 1999‹ zu ›neuen Vereinbarungen‹ führen müßten, die ›dem Prinzip einer fairen Lastenverteilung stärker als bisher entsprechen‹. Damit war von der Bundesregierung

---

[217] *Le Figaro*, Paris, nach *Die Welt*, 19. 9. 1992.

[218] Dietrich A. Roller, Leserzuschrift, in *Die Welt*, 23. 7. 1996.

[219] Alfred Mechtersheimer, *Deutschland – Friedensmacht in Europas Mitte, Kyffhäuser-Rede vom 3. 10. 1995*, Friedenskomitee 2000, Starnberg, Argumentationspapier 3/1995, 3. Aufl., S. 8.

(jedoch) noch keine förmliche Forderung an die Partner erhoben und auch politisch nicht viel zur Sache ausgesagt. Aber der deutsche Regierungschef hatte sich mit dieser Erklärung zur Aufnahme von Revisionsverhandlungen mit dem Ziel einer Korrektur im Sinne ausgewogener Lastenverteilung bereiterklärt, ohne sich auf die von den Bundesländern geforderte Berechnungsmethode und das ›Wohlstands‹-Kriterium festzulegen.«[220] Hierzu kann allerdings bemerkt werden, daß einmal bei der generellen Unterwürfigkeit aller bisherigen deutschen Bundesregierungen wohl nicht zu viel von diesem ersten Schritt erwartet werden sollte und zum anderen zwischenzeitlich der deutsche Sozialstaat weiter zusammenbrechen wird. Die Prognose *zu spät und zu wenig* dürfte deshalb nicht zu gewagt sein.

In Anbetracht des von den Parteien bisher akzeptierten politischen Status der Bundesrepublik Deutschland befindet sich der einzelne Politiker in einer Lage, die vergleichbar ist mit derjenigen eines Lebensmittelchemikers, der in einem Geflügelverarbeitungsunternehmen die geschlachteten Tiere so zu präparieren hat, daß sie vor dem Einfrieren noch möglichst viel Wasser aufnehmen, ohne das Produkt geschmacklich darunter leiden und den Konsumenten merken zu lassen, in welchem Ausmaß er aufgenommenes Wasser als Fleisch bezahlt.[221] Genauso muß der Berufspolitiker dem ihm von den Medien vorgegebenen Zeitgeist der sowohl multikulturell-ethnischen als auch völkerrechtlichen EU-Auflösung Deutschlands mit seiner geopolitisch-wirtschaftlichen Komponente entsprechen und trotzdem vom düpierten Bürger gewählt und wiedergewählt werden. Schafft er diesen Spagat nicht, wird er – wie der Lebensmittelchemiker bei ›Versagen‹ – seinen ›Job‹ los, weil ihn die über seine Wählbarkeit vorentscheidenden Medien fallen lassen oder ausgrenzen oder der Wähler ihm nicht mehr seine Stimme gibt. Da Medien und Politiker der ›demokratischen‹ Parteien es fertiggebracht haben, alle politischen Strömungen als nationalistisch-ausländerfeindlich oder rechtsradikal auszugrenzen, die sich nicht *›political correct‹* verhalten, ist der zeitgeistkonforme Politiker noch verhältnismäßig ungefährdet. Wie die Ausgrenzung politisch konkurrierender national-wertkon-

---

220 Lothar Rühl, *Deutschland als europäische Macht – Nationale Interessen und internationale Verantwortung,* Bouvier Verlag, Bonn 1996, S. 159.

221 Daß auch andere Fleischprodukte so gestreckt werden, ist folgender Meldung aus Den Haag zu entnehmen: »Gekochter niederländischer Schinken kann manchmal ›schnittfestes Wasser‹ sein. Denn 63 Prozent der von der holländischen Verbraucherschutzorganisation ›Consumentenbond‹ untersuchten 120 Schinkenproben enthielten zuviel künstlich zugefügtes Wasser.« (*Die Welt,* 28. 9. 1996, »Niederländischer Schinken enthält zuviel Wasser«)

servativer Gruppierungen unter Einsatz von Zwangsbeiträgen zu den öffentlich-rechtlichen Rundfunkanstalten und aus Steuergeldern nicht nur mit den ›demokratischen‹ Parteien gewährten Zuwendungen, sondern auch zum Beispiel über den Verfassungsschutz aus den Verwaltungshaushalten bewerkstelligt wird, bleibt dem Durchschnittsbürger weitgehend verborgen, da kaum darüber berichtet wird. Zu letzterem verdanken wir dem *Kurier* vom 18. Juli 1993, der *Taz* vom 28. Mai 1994, der *Westdeutschen Allgemeinen Zeitung* vom 5. August 1994 und der *Süddeutschen Zeitung* vom 11. August 1994 eine vom VAWS-Pressebüro West zusammengefaßte Unterrichtung über folgendes Beispiel:

Ein siebzehnmal wegen gefährlicher Körperverletzung, Diebstahls und Betrugs vorbestrafter V-Mann des nordrhein-westfälischen Verfassungsschutzes hat zeitweise drei der vier Angeklagten im Solinger Mordprozeß in der Kampfsportschule ›Hak-Pao‹, Solingen, trainiert. Nachdem dieser Tatbestand bei den Vernehmungen der Tatverdächtigen des Brandanschlages protokolliert worden war, schaffte der V-Mann umfangreiches Aktenmaterial aus seiner Kampfsportschule beiseite. Ein dreiviertel Jahr später fand die Polizei das Material. Dabei handelte es sich unter anderem um Anleitungen zum Bau von Molotowcocktails sowie um Observationsprotokolle und genaue Lageskizzen überwiegend von Ausländern bewohnter Häuser in Bonn, Köln und Wuppertal. Es bedurfte erst eines Artikels im *Solinger Tageblatt*, bevor sich die zuständige Düsseldorfer Staatsanwaltschaft mit diesem Fund befaßte und dann ein Ermittlungsverfahren gegen den V-Mann einleitete. Als der nordrhein-westfälische Innenminister SCHNOOR daraufhin seinen V-Mann fallenlassen mußte, rief er ihm nach, daß dieser einer »der wichtigsten Informanten des Verfassungsschutzes in der rechtsextremen Szene« gewesen sei.[222]

So werden sozial schwache Halbstarke mißbraucht und zu rechtsradikalen Tätern gemacht, um national-wertkonservative Gruppierungen als angebliche Hintermänner dieser Straftaten zu verleumden sowie dann mit Betroffenheitsbekundungen und Lichterketten auf den zunehmenden Rechtsradikalismus in Deutschland aufmerksam zu machen. Wenn kurdische Radikalisten türkische Einrichtungen in Deutschland anzünden, wartet man vergeblich auf solche Betroffenheitsbekundungen und Lichterketten! Weitere Beispiele dafür können der angezogenen Quelle ent-

[222] VAWS-Pressebüro West, *Unter falscher Flagge*, Bingen, Oktober [3]1995, S. 53 f.

nommen werden. Diese Vorgehensweise erinnert an die den Nationalsozialisten nachgesagte Instrumentalisierung des niederländischen Kommunisten VAN DER LUBBE, den Reichstag anzuzünden, um dessen Brandanschlag (27. 2. 1933) nachher den deutschen Kommunisten anzulasten. »*Il change d'autant plus qu'il reste le même.*« (›Je mehr sich die Dinge ändern, desto mehr bleibt alles beim Alten.‹)

Der aufgeklärte Wähler kann meinen, als Alternative zu den ›demokratischen‹ Parteien gebe es nur noch das Fernbleiben von der Urne. Das ist aber falsch. Auch wenn mittlerweile ein Drittel der Wahlberechtigten von ihrem Stimmenthaltungsrecht Gebrauch macht und von dem restlichen Zweidrittel der Wähler viele nur noch aus Sorge vor Rot-Grün eine der links-international-bürgerlichen Parteien wählen, wirkt sich das für den so ins Parlament gelangten ›Volksvertreter‹ nicht nachteilig aus. Daß die ›Partei der Nicht(mehr)wähler‹ und die ›Nur-noch-aus-Furcht-vor-Schlimmerem-Wähler‹ zusammen ganz andere parlamentarische Mehrheitsverhältnisse bewirken würden und wahrscheinlich sogar den Bundeskanzler stellen könnten, kann ihm im Verlaß auf gewisse einflußreiche Medien keine schlaflosen Nächte bereiten. Im Dritten Reich gab es auch Wahlen, in denen man mit ›Ja‹ oder – allerdings unter Inkaufnahme gewisser Risiken – auch mit ›Nein‹ für den Führer und seine Bewegung stimmen konnte. Heute gibt es für Andersdenkende zwar glücklicherweise keine Konzentrationslager mehr; aber wählen kann er auch fast nur mit Ja oder Nein. Dieses Mal nicht für einen Führer, sondern für den Zeitgeist.

Zu den Folgen Deutschlands semikolonialer ›Einbindung‹ in die Europäische Union und der Öffnung aller nur möglichen Tore für die Globalisierung seiner Wirtschaft äußert sich Ministerpräsident Gerhard SCHRÖDER als bisher einer der wenigen EU-Kritiker unter den SPD-Spitzenpolitikern der Bundesrepublik, die selbst als Amtsinhaber wirtschaftspolitische Verantwortung tragen:

> »Noch problematischer wird es, wenn in einer Strukturkrise, wie sie 1993 für die Automobilindustrie zu beklagen war, die in ihrer Existenz bedrohten Betriebe, d.h. die Geschäftsführer und Betriebsräte, vor der Tür stehen, mir aber die wirtschaftspolitischen Instrumente durch EU-Verordnungen aus der Hand genommen werden.«[223]

---

[223] Gerhard Schröder, »Nationale Politik reicht nicht – Die Interessen der Menschen vor Ort dürfen aber nicht übergangen werden« (Teil III), in *Das Ostpreußenblatt*, 6. 7. 1996, S. 24.

Diese Euroskepsis hat er wiederholt vertreten, letztmals vor Abschluß dieses Teils der Standortanalyse am 15. Januar 1997 anläßlich der SPD-Klausurtagung im schwäbischen Irrsee. Dort wiederholte er seine Kritik an der Wirtschafts- und Währungsunion, die seiner Meinung nach erst nach der politischen Union hätte folgen sollen, aber ohnehin nicht termingerecht zustande komme, weil Deutschland die Stabilitätskriterien bis 1998 nicht erreichen werde. Vor deren Aufweichung warnte er ausdrücklich. *»Das Interessante an der Euro-Debatte ist doch«*, kritisierte er, *»daß die nicht geführt werden darf.«*[224] Nach Bundesfinanzminister WAIGEL ist die Nettokreditaufnahme des Bundes 1996 auf die Rekordhöhe von DM 78,3 Mrd. und das Staatsdefizit auf 3,9 Prozent des Bruttoinlandsprodukts (BIP) gestiegen.[225] Die EWU-Kriterien begrenzen drei Jahre lang vor dem Beitritt zur Währungsunion die Nettokreditaufnahme auf maximal 3,0 Prozent.

SCHRÖDER entspricht deutschlandpolitisch mit seiner wiederholt zu erkennen gegebenen wirtschaftspolitischen Euroskepsis über die diesbezüglichen Terminvorstellungen der Bundesregierung weitgehend der mehrheitlichen Sorge des deutschen Volkes. Mit der Aufgabe der Deutschen Mark zumindest zum dafür vorgesehenen Termin dürfte die Währungsstabilität verloren gehen. Ferner werden die offenen EU-Binnengrenzen für Dienstleistungen, Waren, Kriminalität und ungehinderten Zuzug von Ausländern die persönliche Sicherheit der Bürger sowie ihre Arbeitsplätze, Renten, ausreichende Krankenversorgung und andere, bislang liebgewonnene Sozialleistungen in Frage stellen. Damit verhält sich SCHRÖDER jedoch nicht *›political correct‹* und demzufolge auch nicht nur gegensätzlich zur Europapolitik der auf Zeitgeistkurs liegenden Regierungsparteien CDU/CSU und FDP, sondern auch zu seinen eigenen SPD-Parteigrößen. Die dort bislang recht schwammigen außen-, verteidigungs- und europapolitischen Vorstellungen sind von der im Januar 1996 eingesetzten Kommission unter dem Vorsitz des SPD-Fraktionschefs Rudolf SCHARPING mit Ex-Minister Horst EHMKE, dem zweiten Mann in diesem Gremium, als »Art Leitfaden für eine operative Außenpolitik« ausformuliert worden und sollen mit Billigung des Parteivorsitzenden Oskar LAFONTAINE im Frühjahr 1997 auf einem außenpolitischen Kongreß als generelle Parteilinie vertreten und gebilligt werden. Zu dieser erarbeiteten neuen SPD-Europapolitik hat SCHARPING im Oktober 1996 unter anderem bekanntgegeben:

---

[224] Hannes Burger, »Schröder zweifelt am Euro«, in *Die Welt*, 16. 1. 1997.

[225] *Die Welt*, 16. 1. 1997, »Waigel meldet Schulden-Rekord – Nettokreditaufnahme steigt auf 78 Milliarden Mark – Haushaltsansatz deutlich überschritten«.

»Die europäische Integration ist die einzige Möglichkeit der Selbstbehauptung der europäischen Staaten im Zeitalter globaler Prozesse... Die Europäische Währungsunion (ist) die unabdingbare Voraussetzung für eine starke europäische Stellung auf den internationalen Finanz- und Kapitalmärkten.«[226]

In Abweichung dazu geht SCHRÖDER wohl davon aus, daß der Wähler sich in seinen Sorgen bald über den ihm von den Medien vorgegebenen Zeitgeist hinwegsetzen und nach einem ›Retter der Nation‹ rufen wird. Nach dem ZDF-Politbarometer vom Januar 1997 liegt die SPD erstmals in der Wählergunst vorn; aber nur mit einem Kanzlerkandidaten Gerhard SCHRÖDER. Letzteren würden nach diesem Umfrageergebnis 45 und Helmut KOHL 42 Prozent der Wahlberechtigten unterstützen. Demgegenüber spekuliert die SPD-Führung (wie auch der bündnisgrüne Fraktionsvorsitzende FISCHER im Gegensatz zu den ›Fundis‹ seiner Partei) auf den Machterhalt der Zeitgeistmacher und deren für die Ablösung KOHLS benötigte Medien-Unterstützung. Sie unterwirft sich deshalb mit ihren außenpolitischen Leitgedanken genau so der *›Political Correctness‹*, wie das Helmut KOHL zur Erhaltung seiner Macht tut. Als eine Alternative zu dessen Europapolitik kann die nunmehr vorgestellte SPD-Marschrichtung damit nicht angesehen werden.

Die derzeit einzige Kanzleralternative Gerhard SCHRÖDER hat jedoch zur Erlangung der Mehrheitsfähigkeit seiner Landesregierung die bündnisgrüne ›Morgenthau-Fraktion‹ ins Schlepp genommen, womit er bei gleichem Koalitionspartner, ohne den er nach derzeitiger Konstellation nicht in Bonn oder Berlin an die Macht gelangen kann, und bei dem linken Flügel seiner eigenen Partei den von ihm vertretenen marktwirtschaftlichen Kurs als Bundeskanzler wohl kaum durchsetzen können dürfte. Bereits Bundeskanzler Helmut SCHMIDT ist an den Linken seiner eigenen Partei gescheitert. Während das CDU/CSU-Lager wieder wie zur Zeit ADENAUERS unter KOHL monolithisch mit einem quasi unfehlbaren Vorsitzenden an der Spitze strukturiert ist, ist es den bisherigen SPD-Parteivorsitzenden weder als Oppositionsführer noch als Bundeskanzler gelungen, ihre Partei zwischen Marktwirtschaft und ›Demokratischem Sozialismus‹ auf klarem Kurs zu halten.

---

226 Rudolf Scharping, nach Karl-Ludwig Günsche, »Wie die SPD in der Außenpolitik Profil gewinnen will – Scharping-Kommission bekennt sich zum Euro – Stärkung der EU geht vor Nato-Erweiterung«, in *Die Welt*, 31. 10. 1996.

Soziale Umverteilung

Während der dreizehnjährigen sozial-liberalen Koalitionsregierung hat es dazu geführt, daß als Folge zunehmender sozialistischer Umverteilungspolitk zwar der Konsum gesteigert werden konnte, diese Steigerung aber auf Kosten von Investitionen und öffentlicher Verschuldung stattfand. Bedingt durch diese Politik, ist damals die Zahl der Arbeitslosen auf das 15,2fache und die der Konkurse auf das 4,2fache angestiegen (**Abbildung 11**).

Volkswirtschaftliche Folgen einer 13jährigen sozialliberalen Bundespolitik Westdeutschlands 1970 bis 1984

(Absolute Zahlen)	1970	1975	1980	1984
Einwohner	60 651 000	61 829 000	61 566 000	61 175 000
Erwerbstätige	26 668 000	25 810 000	26 302 000	25 087 000
Arbeitslose	**148 800**	1 074 200	888 900	**2 265 600**
Konkurse	**3 943**		9 059	**16 698**

Abbildung 11 · Quelle: *Die Wirtschaftswoche*, Nr. 45, 1. 11. 1985

Auch das während der sozialliberalen Regierungszeit von Willy Brandt und Helmut Schmidt begonnene, von John Maynard Keynes in seiner 1935 erschienenen *The General Theory of Employment, Interest, and Money* als Krisenmanagement empfohlene »*Deficit spending*« (regierungsseitiges Schuldenmachen zugunsten öffentlicher Investitionen und des damit verbundenen Ankurbelungseffekts der Wirtschaft) hat versagt. *Deficit spending* ist nämlich nur sinnvoll, wenn es in der in die Krise geratenen Volkswirtschaft als Stimulans wie Kaffee bei einer nächtlichen Autofahrt eingesetzt wird. Als Dauertherapie wirkt die dadurch bedingte öffentliche Verschuldung beschäftigungspolitisch genau so ungünstig wie fortwährend Kaffee als Ersatz für den benötigten Schlaf. Und die Arbeitslosen sind nicht nur von gesellschaftlicher Ausgrenzung bedroht, sondern verursachen auch öffentliche Belastungen in Höhe von etwa DM 4 Mrd. je 100 000 der von diesem Schicksal Betroffenen.[227]

Gegenüber dem Risiko, das mit einer rot-grünen Schröder-Alternative eingegangen würde, befindet sich das von Bundeskanzler

[227] ARD, ›Tagesthemen‹, 6. 11. 1996.

KOHL verzichtspolitisch geführte Deutschland in einer Lage, die in einem Kabarett mit KOHL als ›Fliegendem Maastrichter‹ auf der in schwerer See kreuzenden ›Germania‹ karikiert werden könnte. Gleich dem ›Fliegenden Holländer‹ bestimmt letzterer den ihm von äußeren Mächten vorgegebenen Kurs nicht selbst, darf aber immer häufiger – wohlwollend kommentiert und wählerwirksam – vom Bildschirm für sich und seinen Eurokurs werben. In der Kleinkunstinszenierung hält die Verherrlichung des Bundeskapitäns in den Massenmedien so lange an, wie dieser mit seinem lediglich Rheinschifferpatent so sicher vor der Zeitgeistbrise auf das Euroriff zusteuert, als habe er einen nach dem unten behandelten Hooton-Plan navigierenden *Insider* als unsichtbaren Lotsen an Bord genommen. Er hofft, daß die multikulturelle Besatzung seines im II. Register eingetragenen, mittlerweile eher einem Seelenverkäufer gleichenden Kahn nicht merkt, wohin die Reise geht. Der vom ›Fliegenden Maastrichter‹ angeheuerte, umverteilungserfahrene Purser (Zahlmeister) soll ihm helfen, seinen noch unter deutscher Flagge fahrenden Segler so mit Schulden zu überladen, daß er das ›Blaue Band mit Sternen‹ als schnellstes ›unumkehrbar‹ gestrandetes Schiff der Euroflotte gewinnt. Das bisher unvollendete Kleinkunstwerk endet mit der Regieanweisung, das Publikum am Schluß der Vorstellung von der Bühne aus wissen zu lassen, daß die unter Bundeskapitän KOHL segelnde ›Germania‹ als Favorit für das ›Blaue Band‹ gilt und die in Aussicht genommene Fortsetzung des ›Fliegenden Maastrichters‹ mit dem Untergang der ›Germania‹ im Euromeer sehr spannend werden wird.

Wenn KOHLS ›Karawane‹ nicht ›weiter so‹ strampeln oder eine Koalition SCHRÖDER/FISCHER sich nicht gegenseitig neutralisieren soll, bleibt für Deutschland nach der vorgegebenen *Political Correctness* noch die Große Koalition als kleinste gemeinsame Basis. Diese drei, jede für sich höchst unbefriedigenden Konstellationen lassen sich nur vermeiden, wenn der mündige Bürger alternativ zur ›mediokratischen‹ Parteienlandschaft sein demokratisches Recht einfordert und ›patriotisch korrekt‹ wählt (s. S. 204 *›Patriotic correctness‹*, Q. 301). Dafür muß er allerdings gegen die Beeinflussung durch die Meinungsmacher gefeit sein. Zur Alternative Große Koalition sei angemerkt, daß die Bundesrepublik Deutschland (West) so 1966–1969 ihre mehr als gefährliche ›Ostpolitik‹ eingeleitet hat (s. **Abbildung 12**), obwohl dem deutschen Volk immer noch vorgegaukelt wird, daß es dieser die Teilvereinigung zu verdanken hat. Einer erneuten Großen Koalition könnte sie den Vollzug der EWU verdanken.

Warschauer Pakt plante Offensive

Der Warschauer Pakt plante für den Kriegsfall eine breitangelegte Offensive bis nach Frankreich und an die spanische Grenze. Dabei war die Einnahme Dänemarks, der Bundesrepublik Deutschland, der Niederlande und Belgiens vorgesehen. Diese Angriffsplanung geht aus einer Studie der früheren DDR hervor, die Verteidigungsminister Stoltenberg am Freitag in Bonn vorstellte und damit einen Bericht der WELT vom 31.7.1991 bestätigte. Erst mit Beginn der Ära Gorbatschow habe es eine Betonung defensiver Aufgaben gegeben. Die Studie stützte sich auf 25.000 Dokumente, die trotz der Vernichtung zahlreicher geheimer Unterlagen vor der Wiedervereinigung noch bei der Nationalen Volksarmee der DDR gefunden wurden. Der Einsatz taktischer Atomwaffen war nach der Studie integraler Bestandteil der Ausbildung auf der Führungsebene der Armee. So sei beim „Stabstraining 89" die Verwüstung grenznaher Landstriche Schleswig-Holsteins durch 76 Atomwaffen durchgespielt worden.

Abbildung 12 · Quelle: *Die Welt*, 1. 2. 1992

Den wahren Charakter der Europäischen Union hat Deutschland im Sommer 1996 zu spüren bekommen, als das Land Sachsen den Ausbau des Volkswagenwerks in Mosel und Chemnitz ohne Zustimmung der EU-Kommission mit einer Aufbauhilfe gefördert hat.[228] Durch die augenblickliche Rezession beschleunigt, wird der sozio-ökonomische Niedergang Deutschlands im Rahmen seiner – dazu mit dem Verlust der eigenen Währung verbundenen – ›Einbindung‹ in die Europäische Union wohl kaum aufgehalten werden können und nicht absehbare innenpolitische Verwerfungen zur Folge haben. Abweichend von den Unruhen der letzten Jahre der Weimarer Republik wird dabei mit international-multikulturell verstärkter Brutalität gerechnet werden müssen.

---

[228] Hier hatte Sachsen trotz eines Vetos der Brüsseler EU-Kommission nicht genehmigte Subventionen in Höhe von DM 141 Mio. an VW ausgezahlt. Mit der staatlichen Beihilfe sollten die beiden sächsischen VW-Werke ausgebaut werden, in denen damals 20 000 Menschen beschäftigt waren. Derselbe flämische EU-Wettbewerbskommissar Karel van Miert, der die Subventionierung der ›Air France‹ genehmigt hat, wollte jedoch den deutschen ›Aufbau Ost‹ nicht auf diese Weise gefördert sehen. Die sächsische Staatsregierung unter CDU-Ministerpräsident Kurt Biedenkopf erhielt von dessen niedersächsischem SPD-Amtskollegen Gerhard Schröder Rückendeckung. Schließlich wurde eine gerichtliche Auseinandersetzung dadurch vermieden, daß die Bundesregierung sich auf einen Kompromiß einließ, bei dem sie ihrerseits auf eine vorgesehene Förderung der beiden VW-Werke verzichtete.

Deutsche Euroeuphorie

Das deutsche Volk hat deshalb nur zwei Alternativen, sich entweder von der zeitgeistvorgegebenen Euroeuphorie freizumachen oder sich mit entsprechenden EU-Folgeproblemen abzufinden. Bei Duldung oder gar Befürwortung der zweiten Alternative sollte es aber nachher nicht beklagen, wenn deswegen bald »die Lebensbedingungen des deutschen Volkes nicht besser sind als diejenigen in irgendeinem der benachbarten Mitgliedsländer der Vereinten Nationen«,[229] also den Staaten des westlichen ehemaligen Ostblocks und Südeuropas. Das gilt auch für die sich heute zum Schaden Deutschlands ›*political correct*‹ verhaltenden ›Volksvertreter‹. Diese könnten dabei sowohl ihre gegenwärtigen Pfründe, als auch die von ihnen für sich bewilligten großzügigen Versorgungsprivilegien verlieren. Mit den derzeitigen Rentenkürzungen und der eingeleiteten Diskussion um die Beamtenversorgung werden bereits Präzedenzregelungen geschaffen, die zu gegebener Zeit auch auf die dafür Verantwortlichen angewendet werden könnten. Und das dann genau so überproportional, wie man sich dort derzeit selbstbegünstigt.

Auch sollte den Euroeuphorikern in Deutschland zu denken geben, mit welcher Leidenschaft in der britischen Öffentlichkeit Mitte 1996 die ›Kriegserklärung‹ Premierministers MAJOR wegen des Importverbots britischen Rindfleisches, Rindertalgs usw. von weltweit mehr als 30 Staaten weniger an diese und die Europäische Union als vielmehr so gut wie ausschließlich an Deutschland bejubelt wurde.[230] In welcher Richtung Deutschland dabei von der britischen Presse verunglimpft wird, geht aus der in **Abbildung 13** wiedergegebenen Karikatur des *Daily Express* hervor, in der die deutschen Widersacher in den von Premier MAJOR als »Dreißigjährigen Krieg« bezeichneten britischen Vernichtungsbemühungen Deutschlands aus der Sicht dieses deutschen NATO- und EU-Partners dargestellt werden.

---

[229] Auszug aus der unten (s. S. 248, Q. 380) behandelten Direktive JCS/1067 vom April 1945 des US-Oberkommandos an den Oberkommandierenden der US-Streitkräfte in Europa, General Dwight D. EISENHOWER. (s. Q. 356)

[230] Reiner Gatermann, »›Kein deutsches Bier!‹ – England bejubelt Majors ›Kriegserklärung‹«, und Claudia Ehrenstein, »Die lange Geschichte des Wahnsinns – Unzureichende Maßnahmen zum Schutz vor Tierseuchen begünstigen die Ausbreitung der BSE«, in *Die Welt*, 23. 5. 1996.

Die Redakteurin des *Daily Telegraph*, Anne McElvoy, bemerkt in ihrem kürzlich in Deutschland erschienenen, aus dem Englischen übersetzten Aufsatz »Wir sind *immer* gemein zu den Deutschen«, »daß die Geschichte englisch-deutscher Karikierung weit vor 1939 oder sogar 1914 zurückgeht. Noch bevor wir zwei Weltkriege als Entschuldigung hatten, waren wir regelmäßig an derartigen Beschimpfungen erfreut, etwas, was Konferenzteilnehmer heute mit ernster Miene als ›unterschwelliges Verbreiten negativer Stereotypen‹ kritisieren... Was die Schimpfwörter von Hunnen, *Krauts* und *Jerries* betrifft, hat ihr Gebrauch als geläufige Beleidigung auch die Friedenszeit nach 1945 überlebt; und zweifelsohne wird dieser weiter bestehen, auch wenn die Europaföderalisten ihren Willen durchsetzen und wir alle gezwungen sind, auf ›unsere deutschen Partner‹ zu verweisen.

Abbild 13 · Quelle: *Die Pommersche Zeitung*, 22. Juni 1996

Im 18. Jahrhundert verband man das Wort ›Hunnen‹ mit jedem, der unkultiviert oder in tölpelhafter Manier auftrat; auf seinen Italienreisen tendierte Byron (Lord, englischer Romantiker 1788–1824) dazu, die spießbürgerlichen Österreicher so zu bezeichnen. Das Wort ›Hunne‹ als Form der Beleidigung wurde jedoch erst während des Ersten Weltkriegs durch die britische Propaganda populär... Ihr Ruf, Befehlen zu gehorchen und unverdrossen Gehorsamkeit zu üben, taucht zum ersten Mal bei Tacitus und später bei John Barclay (schottischer Satiriker 1582–1621) auf, der 1614 schrieb: ›Das Volk gehorcht seinen Vorgesetzten mit der größten

Bereitschaft... Ihre Begriffsstutzigkeit im Denken wird nur übertroffen von ihrer Zähigkeit, kontinuierliche Arbeit zu verrichten.‹ Diese Eigenschaften haben sich nicht geändert, was auch immer sonst sich in Deutschland verändert haben mag. Und das will nichts Gutes heißen, sollte es in dem Fußballspiel Deutschland gegen England zur Verlängerung kommen.«[231]

Daß die antideutschen Pressekampagnen nicht ohne Wirkung auf die Bevölkerung bleiben und dementsprechend auch seitens der von der Wählergunst abhängigen Politiker beachtet werden müssen, läßt sich folgender Leserreaktion einer in England studierenden Deutschen auf einen am 17. Juni 1996 in der *Welt* erschienenen Aufsatz »Kriegsgeschrei übertönt die Stimme der Vernunft« entnehmen:

> »Als Deutsche, die in England studiert, kann ich den Bericht nur bestätigen. Der Haß, der hierzulande auf die Deutschen ausgeschüttet wird, macht Angst. Und die Feindlichkeiten sind nicht nur auf die Rinderkrise beschränkt. Die Deutschen sind der Sündenbock Nummer eins für alles, was bei den Briten schief geht. Der beliebteste Vorwurf, wenn Deutschland – im Gegensatz zu England – Erfolgsmeldungen vorzuweisen hat, ist: ›*Who won the last war? The Germans?*‹ (Wer gewann den letzten Krieg? Die Deutschen?). Auch der Kommentar der Fußball-EM ist mit antideutscher Propaganda durchsetzt. Ein Sportsprecher: ›*We don't enjoy to see the Germans play, but unfortunately we have to acknowledge they are good!*‹ (Wir mögen die Deutschen nicht Fußball spielen sehen. Aber leider müssen wir eingestehen, daß sie gut sind!) Ein trauriges Kapitel, das da wieder aufgeschlagen wurde.«[232]

Hier wird bestätigt, daß die BSE-Rinderseuche lediglich Ventil für aufgestauten Ärger über die schwindende Weltgeltung Großbritanniens ist, wofür nicht eigenes außen- und wirtschaftspolitisches Versagen verantwortlich gemacht wird, sondern die bösen Deutschen die Schuldigen sind. Auch wenn die Deutschen und vor allem ihre Politiker mittlerweile akzeptiert haben oder von den Medien dazu gebracht wurden anzuerkennen, daß sie für so gut wie alles Übel der Welt verantwortlich sind, dürfte sowohl für den BSE-geschädigten deutschen Produzenten als auch für den

---

[231] Anne McElvoy, »›Wir sind *immer* gemein zu den Deutschen‹ – Wie eine Engländerin das deutsch-britische Verhältnis sieht«, in *Das Ostpreußenblatt*, 6. 7. 1996.

[232] Silja Hirland, »Trauerspiel« (Leserzuschrift aus Lancaster/England), in *Die Welt*, 20. 6. 1996.

ohnehin übergebührlich EU-gebeutelten deutschen Steuerzahler unverständlich bleiben, weshalb die Briten nicht den übrigen EU-Rindfleischerzeugern eine Entschädigung für deren zurückgegangenen Absatz und die eingeschleppte Seuche bezahlen müssen, sondern für ihre schlampige Prävention aus der EU-Kasse Vergütungen erhalten. Das Vereinigte Königreich ist schließlich kein Nachsicht beanspruchen könnendes Entwicklungsland, auch wenn es sich europapolitisch so verhalten mag, sondern eine der führenden Tierzuchtnationen der Welt.

Während Deutschland aus Brüssel eine Millionen-Strafe droht, weil es in drei Fällen versäumt hat, EU-Umweltrecht in nationales Recht umzuwandeln,[233] handelte die EU-Kommission bei den Briten in Sachen BSE umgekehrt. An Stelle von der britischen Regierung wird den vom Verfall des Rindfleichpreises und von der Notschlachtung BSE-verdächtiger Importrinder betroffenen EU-Erzeugern seitens der Europäischen Union mit einer Bereitstellung einer Entschädigungssumme von rund DM 1,62 Mrd. zur Hilfe gekommen, von der (Stand Januar 1997) rund DM 98,4 Mio. auf die deutsche Landwirtschaft entfallen. Dafür wurde der EU-Haushalt um rund DM 382 Mio. aufgestockt.[234] Damit erhält Deutschland etwas weniger als ein Sechzehntel der hier bereitgestellten Mittel, finanziert den EU-Haushalt aber zu rund 30 Prozent und wird somit nicht entschädigt, sondern ist einmal wieder tributpflichtiger Nettozahler.

Nachdem das Bundesministerium für Ernährung, Landwirtschaft und Forsten in Bonn Mitte 1996 bestätigt hat, daß trotz Embargos allein 1995 insgesamt knapp 79 Tonnen britisches Tier-

---

[233] Die Kommission beschloß erstmals, beim Europäischen Gerichtshof die Verhängung von Geldbußen zu beantragen, wegen

1. Versäumnis Deutschlands, eine EU-Richtlinie zum Schutz der Grundwasserqualität in nationales Recht umzusetzen.
   Höhe des beantragten Bußgeldes: Ecu 264 000/Tag (etwa DM 511 000.-),
2. Versäumnis Deutschlands und Italiens, eine EU-Richtlinie zum Schutz von Oberflächenwasser und Gewinnung von Trinkwasser jeweils in nationales Recht umzusetzen.
   Höhe der beantragten Geldbuße: Ecu 158 400/Tag
3. Versäumnis Deutschlands und Italiens, eine EU-Richtlinie zum Vogelschutz in jeweils nationales Recht umzusetzen.
   Höhe der beantragten Geldbuße: Ecu 26 400/Tag
   Hierfür hatte die EU-Kommission Anfang Januar 1997 einen Bußgeldkatalog mit deren Kriterien vorgestellt. (*Die Welt*, 30. 1. 1997, »Deutschland droht Millionen-Strafe – Brüssel prangert Verletzung des Umweltrechts an«)

[234] *Die Welt*, 27. 6. 1997, »Ausgleich für BSE-Verluste – EU-Agrarministerrat beschließt Entschädigung für die Rinderhalter«.

mehl EU-typisch auf Umwegen nach Deutschland gelangt sind,[235] und Wissenschaftler der St. Mary's Medical School in London im Oktober 1996 bekanntgegeben haben, daß nach ihren Forschungsergebnissen die BSE in Form einer – mittlerweile möglicherweise auch in Deutschland aufgetretenen – neuen Variante der Creutzfeld-Jakob-Krankheit wahrscheinlich auf eine Infektion mit dem BSE-Erreger zurückzuführen, also die BSE auf den Menschen übertragbar ist,[236] ist der Absatz von Erzeugnissen aus der heimischen Rinderproduktion weiter zurückgegangen. Nach dem Agrarbericht der Bundesregierung für das am 30. Juni endende Wirtschaftsjahr 1996/1997 dürften die Gewinne in den Futterbaubetrieben deutlich niedriger liegen als im Vorjahr, als sie auch nur um 1,9 Prozent gestiegen waren. Der Erlöseinbruch infolge des BSE-Skandals wird als ein wesentlicher Grund für die insgesamt negative Gewinnentwicklung angesehen.[237] Daß seitens der deutschen Regierung beteuert wird, keine Verfütterung dieses Tiermehls an Rinder sei erfolgt, wird mittelfristig daran wohl kaum etwas ändern. Wer glaubt heute schon einer Regierung, die wiederholt – so in Sachen russische Bedingungen für den 2 + 4-Vertrag, Sicherheit der Renten, zu erwartende Stabilität des Euro usw. – sowohl dem Bürger gegenüber als auch vor dem Bundesverfassungsgericht Unwahrheiten von sich gegeben hat.

Wenn der langjährige französische Botschafter in Bonn, Jean François-Poncet, einmal zur Wahrheit im Nachkriegsdeutschland sagte,

> »Einer der größten Fehler der Deutschen ist, nicht glauben zu wollen, daß ihre Regierung auch lügen kann«,[238]

---

[235] Martin S. Lambeck, »Neuer BSE-Skandal bahnt sich an – Bonn bestätigt: Britisches Tiermehl wurde trotz Importstopp nach Deutschland geliefert«, in *Die Welt*, 17. 6. 1996.

[236] AP-Meldung, London, »Forscher: BSE auf Menschen übertragbar«, in *Die Welt*, 24. 10. 1996. – BSE-Experten der Universität Edinburgh gehen (Stand November 1996) davon aus, daß die Rinderseuche nicht die katastrophalen Folgen haben wird, wie sie von einigen Forschern prophezeit wurden. Sie wird nach den Erkenntnissen der Edinburgher Wissenschaftler jedoch nicht so glimpflich ausgehen, wie von der britische Regierung bislang vertreten. Einige hundert Briten werden wahrscheinlich jährlich an der Creutzfeld-Jacob-Krankheit sterben. (Reiner Gatermann, »Viele Briten werden sterben« – Forscher in Edinburgh beziffern die Folgen der Rinderseuche BSE«, in *Die Welt*, 27. 11. 1996)

[237] *Die Welt*, 30. 1. 1997, »BSE trifft Bauern schwer – Agrarbericht sagt Gewinnrückgang in der Landwirtschaft voraus «.

[238] Hans-Werner Woltersdorf, »Regierungsbulletin veröffentlicht Unwahrheit!«, Sonderdruck 954 zu *Unabhängige Nachrichten*, 11/1995.

dürfte dieses Manko zwischenzeitlich wegen diesbezüglicher Überstrapazierung des Bürgers weitgehend überwunden sein. Die vornehmlich politik(er)verdrossene Wahlenthaltung von mittlerweile einem Drittel der wahlberechtigten Bundesbürger gibt diese Erkenntnis wieder. Denn:

»Wer einmal lügt, dem glaubt man nicht, wer zweimal lügt, dem traut man nicht, wer dreimal lügt, den wählt man nicht.«

In diesem Zusammenhang ist interessant, daß Großbritannien seine BSE-bedingte EU-Blockadepolitik am 10. Juni 1996 – also nicht erst nach den weiteren Zugeständnissen auf dem zwei Wochen später abgehaltenen EU-Gipfel in Florenz – aufweichte, indem Außenminister Malcom RIFKIND im EU-Außenministerrat neben zwei anderen Entscheidungen, für die Einstimmigkeit erforderlich ist, darauf verzichtete, bezüglich des Assoziationsabkommens der Europäischen Union mit Slowenien von seinem Vetorecht Gebrauch zu machen. Dieses Abkommen konnte daraufhin von den 15 Außenministern der Gemeinschaft in Luxemburg unterzeichnet werden.[239] Der Grund hierfür liegt wohl im vorerwähnten deutschlandpolitischen Interesse Großbritanniens an der EU- und insbesondere NATO-Osterweiterung vornehmlich um Polen und Tschechien. Polen in die Organisation für wirtschaftliche Zusammenarbeit und Entwicklung (OECD) aufzunehmen konnte bereits am 11. Juli 1996 verwirklicht werden. Der stellvertretende polnische Ministerpräsident Grzegorz KOLODKO sprach diesbezüglich von einer »historischen Etappe hin zu einer Mitgliedschaft in der Europäischen Union nach dem Jahre 2000«. Er vertrat die Auffassung: »Wir haben die Kriterien für die OECD-Mitgliedschaft erfüllt. Das bedeutet, daß wir auch die Kriterien für die EU erfüllen können.«[240]

Ungeachtet dieser Zielsetzung wurde nach Meldung der polnischen Nachrichtenagentur PAP noch kurz davor von der Staatsanwaltschaft des Bezirks Stettin Anklage gegen sieben Polen und einen Deutschen polnischer Herkunft wegen illegaler Landkaufgeschäfte erhoben. Die Beschuldigten sollen Deutschen mit Hilfe von Firmen mit fiktivem polnischen Mehrheitsanteil den Kauf von Land in Polen ermöglicht haben. In der Region Stettin habe es nach

---

[239] *Welt-Nachrichtendienst*, »Slowenien beantragt EU-Mitgliedschaft – Assoziationsabkommen in Luxemburg unterzeichnet – Partner werfen London Erpressung vor«, in *Die Welt*, 11. 6. 1996.

[240] AFP-Meldung, »Polen Mitglied in der OECD«, in *Die Welt*, 12. 7. 1996.

dieser PAP-Meldung noch mindestens weitere 19 solcher Firmen geben. Die Polizei hatte schon vor Wochen berichtet, Deutsche gründeten zunehmend Gemeinschaftsunternehmen mit fiktiven polnischen Mehrheitseignern, um die für Ausländer bestehenden Beschränkungen beim Landkauf zu umgehen.[241] Ferner sollten die Befürworter einer EU- und NATO-Osterweiterung bedenken, daß in Polen mittlerweile aus freien Wahlen eine kommunistische Regierung hervorgegangen ist, was sich weder mit einer EU- noch mit einer NATO-Mitgliedschaft vereinbaren läßt.

In einer Analyse kam das polnische oppositionelle Nachrichtenmagazin *WPost* 1996 zur Schlußfolgerung, daß der von ihm wegen Kreml-Spionage zu Fall gebrachte Ex-Ministerpräsident Józef Oleksy als neuer Chef der post-kommunistischen SdRP weiterhin sämtliche Fäden in Polen in der Hand hält. Danach bestimme er in Wahrheit die Richtlinien der Politik. Als eigentlicher Chefideologe fungiert der letzte 1. KP-Chef Polens, Mieczyslaw Rakowski, der auch Chefredakteur der ideologischen Parteizeitung *Dzis* (›Heute‹) ist. Ihm steht der marxistische *Hardliner*, Innenminister Jerzy Wiatr, zur Seite (dessen Vater wegen NS-Kollaboration von der polnischen nationalen Heimatarmee im Kriege hingerichtet wurde).[242] Aus deutscher Sicht ist auch bedenklich, daß der Vorsitzende des Auswärtigen Ausschusses des polnischen Sejms, Bronislaw Geremek, am 15. Juni 1996 anläßlich einer Feierstunde in der Aula Leopoldina der Universität Breslau die alte ›Rückkehrlüge‹ der von Polen geraubten deutschen Ostgebiete aufgetischt hat.[243]

Tschechien gelang die Aufnahme in die OECD sogar noch früher, obwohl sich der tschechische Staat 1945 unter Ausnutzung der deutsch-österreichischen Niederlage und Verletzung elementarster Menschenrechte – wie nebenbei Polen in bezug auf seine Annexion und ethnische Säuberung Ostpommerns, des südlichen Ostpreußens und Schlesiens auch – in den Besitz des Sudetengebiets gebracht hat, eines seit Jahrhunderten deutschen Siedlungsraums und Staatsgebiets. Dabei haben über drei Millionen Menschen ihre Heimat und viele auch das Leben verloren, ohne daß tschechische Regierungen bisher bereit dazu waren, sich von den Verbrechen und dem diesbezüglichen Amnestiegesetz des diese

---

[241] dpa-Meldung, »Anklage in Polen wegen Landverkaufs an Deutsche«, in *FAZ*, 14. 6. 1996.

[242] Bernhard Smykalla, »Die ›grauen Eminenzen‹ – Nomenklatur in der post-kommunistischen Republik Polen«, in *Die Pommersche Zeitung*, 20. 7. 1996.

[243] Herbert Hupka *(DOD)*, »›Zu Polen zurückgekehrt‹ – Breslau: Prof. Bronislaw Geremek tischt alte Rückkehrlüge auf«, in *Die Pommersche Zeitung*, 27. 7. 1996.

Maßnahmen anordnenden Benesch-Regimes zu distanzieren. Auch sei hier darauf hingewiesen, daß bei den letzten relativ freien Wahlen in der CSR vor der kommunistischen Machtergreifung (Mai 1946) die KPC von prozentual viel mehr Wählern gewählt wurde als die NSDAP bei den letzten freien Wahlen in der Weimarer Republik (November 1932).[244]

Der Londoner *Sunday Telegraph* gibt das deutschfeindliche Europabild – Stand Januar 1996 –, das zumindest auf der Insel herrscht, folgendermaßen wieder:

> »Die Hitler-Jahre waren so tief verflochten in der vorherigen Geschichte und in der Politik der Periode von 1933 bis 1945, daß es schwierig wird zu sagen, sie waren einzigartig, beispiellos und ein Alptraum an Verwirrung. . . Sollten wir nicht etwas langfristiger denken, als wir es seit 1945 gewohnt sind, wenn es für ein Volk um die Ablösung von der Vergangenheit und die Versöhnung mit ihr geht? Sagen wir – hundert Jahre?«[245]

Sofern es überhaupt möglich sein sollte, »375 Millionen Westeuropäer mit sich seit Jahrhunderten unterschiedlich entwickelnden Auffassungen und Lebensweisen auf einen Leisten disziplinieren zu können«[246] – und dann auch die dafür erforderlichen wirtschaftlichen Voraussetzungen gegeben sein sollten –, könnte Europa nach dieser wohl zutreffend wiedergegebenen britischen Gefühlslage Mitte des 21. Jahrhunderts so weit sein, Maastricht zu verwirklichen, aber noch nicht 1999 oder bald danach. Es sei denn, Bundeskanzler KOHL beabsichtigt im Bunde mit einer Mehrheit zeitgeistkonformer Parlamentarier, eine katholische Europaunion nach dem Vorbild des Reichs KARLS DES GROSSEN unter französischer Führung mit seinem die Union finanzierenden Satelliten Deutschland als Kernbereich gegen das protestantische Großbritannien aufzubauen. Eine solche Union würde für Deutschland bedeuten, daß einerseits seine bereits EU- und ausländerpolitikbedingt eingeleitete Verarmung fortschreiten würde, da Frankreich seine Führungsrolle mittelfristig nur behaupten kann, wenn Deutschland wirtschaftlich schwächer als die europäische Führungsmacht gehalten wird, und zum anderen, daß Großbritanni-

---

[244] Ludek Pachmann, Prag/Vilshofen, »Ausstehende tschechische Vergangenheitsbewältigung« (Leserzuschrift), in *FAZ*, 15. 4. 1996.

[245] *Sunday Telegraph*, London, nach *Die Welt*, 30. 1. 1995.

[246] Claus Michahelles, »Disziplin« (Leserzuschrift), in *Die Welt*, 8. 2. 1996.

en dazu veranlaßt werden dürfte, Bündnispartner östlich und transatlantisch zu suchen, um nach seinem Prinzip der Aufrechterhaltung einer *Balance of power* (Gleichgewicht der Kräfte) diese Union – und deren wirtschaftliches Rückgrat Deutschland – militärisch in einen Dritten Weltkrieg zu führen und dann endgültig zu zerschlagen. Sollte Deutschland in der Union nicht politisch aufgelöst niedergehalten werden können, wird sich Frankreich nach MITTERRAND daran beteiligen. CHIRAC schmiedet dafür bereits vorsorglich die Allianzen. Die »*Frage von Krieg und Frieden für die Deutschen im 21. Jahrhundert*« (KOHL) läßt sich deshalb mit einer solchen Europapolitik nicht zugunsten einer Sicherung des Friedens beantworten.

Alternativen zur EU

Da es bisher nicht möglich ist, die Führung Europas einem auch die Lebensinteressen des deutschen Volkes berücksichtigenden, aus Großbritannien, Frankreich und Deutschland bestehenden Kernbereich zu übertragen, muß sich Deutschland europapolitisch die Möglichkeit für ein Zusammengehen mit der vierten europäischen Macht, Rußland, offenhalten. Mit diesem Großreich könnte – sobald es wieder unter was für einem System auch immer (bei Polen wird ja auch nicht danach gefragt) entsprechend handlungsfähig geworden ist – ein zweiter Kooperationsbereich mit den dazu bereiten Klein- und Mittelmächten Osteuropas gebildet werden. Dann würden sowohl die westliche EU als auch der östliche Kooperationsbereich über Atomwaffen verfügen und Deutschland damit wahrscheinlich eher einem Dritten Weltkrieg aus dem Wege gehen als mit seiner hilflosen Westeinbindung.

Wie oben dargelegt, ist es im Westen – ungeachtet seiner bisherigen Unterwerfung – nicht ohne seine vollständige Selbstaufgabe vor einem erneuten Überfall seiner mißgünstigen europäischen nunmehr ›Bündnispartner‹ sicher. Es befindet sich zumindest weiterhin im Visier der Atomraketen der westeuropäischen Nuklearmächte, gegen die es für Deutschland nach Lage der Dinge ohne Rußland kein Gleichgewicht des Schreckens gibt. Eine auch nach Osten ausgerichtete europäische Friedenspolitik dürfte jedenfalls so lange für Deutschland richtig sein, wie die Briten und Franzosen nicht so unionistisch denken, daß sie als Gegenleistung für die deutschen EU-Nettozahlungen und hoffentlich auch nicht noch die Europäisierung der Deutschen Mark bereit dazu sind, dem deutschen Volk sowohl seinen völkerrechtlichen Anspruch auf seine ganze Heimat uneingeschränkt zuzubilligen,[247] als auch ihre Atomwaffen mit Deutschland ehrlich zu teilen. Das ist die Gretchenfrage, ohne deren unionistische Beantwortung ein Maastricht-Europa Schwindel ist und lediglich zu Deutschlands ›Auflösung‹ und Opferung auf dem Altar der von Frankreich bis Polen und Großbritannien bis Griechenland nationalpolitisch denkenden EU-

---

[247] Siehe hierzu den Bericht des *Deutschen Ost-Dienstes (DOD)* zu den neuerlichen Ausführungen des US-amerikanischen Völkerrechtlers DE ZAYAS im US-amerikanischen Criminal Law Forum, 1995 lt. Pressemeldung **Abbildung 14**, S. 163.

Partnerländer und Anwärter führt. Diese Gretchenfrage hat Frankreichs Ex-Premierminister Alain JUPPÉ in seinem der *Welt* im Februar 1996 gegebenen und unter deren Kennzeichnung der Lage: »Jetzt ist die Stunde der Wahrheit gekommen« veröffentlichten Interview teilweise folgendermaßen beantwortet:

> »In einer Welt, die extrem instabil ist, sind wir der Auffassung, daß die atomare Abschreckung die Garantie unserer vitalen Interessen ist. Wir sagen unseren europäischen Partnern, daß diese Abschreckung natürlich national bleiben muß. Es geht nicht darum, sie zu europäisieren. Aber wir überlegen uns, unter welchen Umständen sie gegebenenfalls einen Beitrag zur Sicherung Europas leisten kann.«[248]

Wenn man in dieser Erklärung von JUPPÉ die Worte »atomare Abschreckung«, »Abschreckung« und »Sicherung« durch ›DM‹, ›Währung‹ und ›Stabilisierung‹ ersetzt, entspräche das der vergleichbaren Interessenlage Deutschlands und seiner Bevölkerung. Oder gilt hier etwa: *Quod licet jovi, non licet bovi.* (Was Jupiter ›der *Grande Nation*‹ erlaubt ist, steht noch lange nicht dem ›im EU-Joch gehaltenen deutschen‹ Ochsen zu)?

Fast ein Jahr später wurden die Deutschen dann allerdings Mitte Januar 1997 mit einer Nachricht überrascht, deren Interpretation von dessen Was und Warum ihnen einige Spekulationen abverlangt: Nach Geheimverhandlungen ihrer Regierungen haben Bundeskanzler KOHL und Staatspräsident CHIRAC während eines Treffens in Nürnberg am 9. Dezember 1996 ein Papier unterzeichnet, das ein »gemeinsames strategisches Konzept« beinhaltet. Dieses Papier soll erstmals die Aufnahme von Gesprächen über die gemeinsame Nutzung der französischen Atomwaffen zu Abschrekkungszwecken vorsehen. Nach einem Bericht des Pariser *Le Monde* berufen sich beide Seiten in dem Dokument auf untrennbare Sicherheitsinteressen aufgrund ihrer geographischen Lage. Eine gemeinsame Atomstreitmacht sollte im Rahmen des NATO-Bündnisses eingesetzt werden.[249/250]

Noch rechtzeitig vor Abschluß dieses Teils der Standortanalyse (31. Januar 1997) entpuppte sich das vereinbarte ›Gemeinsame deutsch-französische Sicherheits- und Verteidigungskonzept‹ im

---

248 *Die Welt*, 12. 2. 1996, »›Alain Juppé: Jetzt ist die Stunde der Wahrheit gekommen‹. Von Jochen Hehn mit dem französischen Premier geführtes *Welt*-Gespräch«.

249 *Die Welt*, 27. 1. 1997, »Paris und Bonn wollen A-Waffen gemeinsam nutzen«.

250 Deutschlandfunk, ›3-Uhr Nachrichten‹, 28. 1. 1997.

Vertreibung – ein internationales Verbrechen
Prof. Alfred M. de Zayas zum Recht auf die Heimat

Die völkerrechtliche Absicherung des Rechts auf die Heimat macht weitere Fortschritte. Ein Meilenstein auf diesem Weg ist der soeben erschienene, wegweisende Artikel von Prof. Alfred de Zayas „Das Recht auf Heimat, ethnische Säuberungen und das internationale Kriegsverbrechertribunal für das frühere Jugoslawien„ in der juristischen Fachzeitschrift „Criminal Law Forum"(Forum des Strafrechts), Jahrgang 1995, S. 257-314.

Diese Zeitschrift gilt als die führende Fachzeitschrift für Strafrecht in den USA und als eine der einflußreichsten juristischen Publikationen des Landes. In dem 58seitigen Beitrag belegt de Zayas, daß Vertreibungen und sog. „Bevölkerungstransfers" gegen einen ganzen Katalog zwingender Normen des Völkerrechts verstoßen, u.a. gegen Bestimmungen des Internationalen Pakts über bürgerliche und politische Rechte, des Pakts über wirtschaftliche, soziale und kulturelle Rechte, der Internationalen Konvention gegen Rassendiskriminierung, der Konvention zur Verhütung und Bestrafung von Völkermord sowie der Vierten Genfer Konvention des Roten Kreuzes.

In dem klar gegliederten Artikel werden die einschlägigen Resolutionen des UN-Sicherheitsrates, der Generalversammlung der Vereinten Nationen, des Wirtschafts- und Sozialrates, der Menschenrechtskommission und der Unterkommission für Diskriminierungsverhütung und Minderheitenschutz kurz zitiert und analysiert. Ferner werden relevante Aussagen der nationalen und internationalen Rechtsprechung , u.a. des Nürnberger Kriegsverbrechertribunals und von Expertenausschüssen der Vereinten Nationen ausgewertet. Auch die Worte des Hochkommissars für Menschenrechte der Vereinten Nationen an die deutschen Vertriebenen in der Frankfurter Paulskirche vom 28. Mai 1995 werden gewürdigt. Besonders wichtig und aktuell ist die Analyse des Vertreibungsgeschehens im ehemaligen Jugoslawien und die Anklage der Serbenführer Karadzic und Mladic wegen des Verbrechens der „ethnischen Säuberung".

Nicht zufällig ist dieser Beitrag in einer Fachzeitschrift für Strafrecht erschienen, denn Vertreibungen stellen nicht nur eine Verletzung des Völkerrechts dar, sondern auch eine Verletzung des internationalen Strafrechts. Der Verfasser kommt zu dem Schluß, daß jede Vertreibung ein internationales Verbrechen darstellt, was bedeutet, daß die Täter strafrechtlich verfolgt werden müssen und die Staatengemeinschaft die Ergebnisse von Vertreibungen nicht anerkennen dürfe. Ferner haben die Betroffenen zivilrechtlich einen unmittelbaren Wiedergutmachungsanspruch, der neben dem Rückkehrrecht in die Heimat Restitutions- und Entschädigungsansprüche für verlorenes Eigentum einschließt. De Zayas verweist hier exemplarisch auf die UN-Resolutionen zu Jugoslawien und die Friedensvereinbarungen von Dayton, die eben diese Rechtsfolgen der Vertreibungen vorsehen und festschreiben. Bemerkenswert ist, daß die Überschrift des Artikels im Original lautet „The Right to Ones Homeland...", also ganz wörtlich „Das Recht auf die Heimat...". Auch in solchen Formulierungen zeigt sich der Einfluß der deutschsprachigen Völkerrechtslehre auf die Entwicklung des Rechts auf die Heimat, das in englischsprachigen Publikationen sonst oft umschrieben wird, etwa als „Recht zu bleiben und zurückzukehren" („the right to remain and to return").

Man kann gespannt sein, welche Wirkung dieser Beitrag im wissenschaftlichen Bereich haben wird. Noch wichtiger wäre die Verbreitung bei Politikern und Journalisten, und so wäre zu wünschen, daß möglichst bald eine deutsche Übersetzung zur Verfügung steht.

Konrad Badenheuer (DOD)

Abbildung 14 · Quelle: *Die Pommersche Zeitung*, 3. 2. 1996

doppelten Rahmen der NATO und EU mit der WEU aus deutscher Sicht jedoch lediglich als Gleichberechtigungs-Kosmetik französischer Dominanz-Interessen. Das Papier mit der ihm beigefügten Anlage enthält vor allem viel Semantik wie ›Leitlinien für‹ eine deutsch-französische und zum anderen ›zur Entwicklung einer Europäischen Rüstungspolitik‹ bei einer Konzentration auf bilaterale Prioritäten mit – nach der angezogenen Quelle – einem nahezu exklusiven deutsch-französischen Ansatz für Sicherheit und Verteidigung in Europa und dem Ziel einer »größeren Komplementarität zwischen (den) Streitkräften« beider Partner im Bündnis- und Unionsrahmen unter Einbeziehung der »strategischen Nuklearkräfte des Bündnisses«. Letztbezüglich wird zum Ausdruck gebracht, daß beide Länder bereit sind, einen »Dialog (*und nicht mehr)* über die Rolle der nuklearen Abschreckung im Kontext der europäischen Verteidigungspolitik aufzunehmen«. Den Finger an den Abzug von Kernwaffen der deutschlandbezogen entwickelten und aufgestellten französischen *Force de Frappe* mit ihrem Erfordernis einer nach Osten nur Deutschland abdeckenden Raketenreichweite wird die Bundesrepublik jedenfalls nicht bekommen. Schließlich hatte sie dem Atomwaffensperrvertrag beizutreten, um den westlichen Sieger- und Atommächten – wie zur Zeit der Hunderttausendmann-Reichswehr der Weimarer Republik – militärisch unterlegen zu bleiben, und das sogar während der akuten Bedrohung des Westens durch die UdSSR-geführten Staaten des Warschauer Paktes.

Auch eine ›Gemeinsame Außen- und Sicherheitspolitik‹ (GASP) wird in dem Dokument wieder einmal beschworen,[251] obwohl die französische wie auch die britische Außen- und Sicherheitspolitik doch so gut wie ausschließlich auf die Niederhaltung Deutschlands fixiert sind, während die (*Insider*-gesteuerte) US-amerikanische das lediglich sekundär beinhaltet, um damit – wie hier bereits wiederholt dargelegt – die wirtschaftlich-militärisch-außenpolitische Konkurrenz der Alten Welt insgesamt (bislang recht erfolgreich) auszuschalten.

Aufschlußreich für die deutschen Euroeuphoriker dürfte die Kontroverse in der französischen Nationalversammlung sein, nachdem Bundesverteidigungsminister Volker RÜHE das in Frankreich offensichtlich hinsichtlich seiner Bedeutung überbewertete »ge-

[251] Lothar Rühl, »Bonn-Pariser Schulterschluß – Papier über gemeinsame Sicherheitspolitik – Verhältnis zur Nato unklar«, in *Die Welt*, 29. 1. 1997.

meinsame strategische Konzept« im deutschen Fernsehen erläutert hatte. Nicht nur die dortige Opposition zeigte sich empört, sondern auch der frühere Verteidigungsminister François LÉOTARD und heutige Präsident der Regierungspartei UDF reagierte ungehalten.[252] Man kann nur hoffen, daß sich das diesbezügliche Protestpotential der französischen Nationalversammlung mittlerweile genauso weit von der Basis des französischen Volkes abgehoben hat, wie das auf die Mehrheit der im Deutschen Bundestag ihr Volk vertretenden Abgeordneten zutrifft. Ansonsten dürfte es mit der deutsch-französischen Freundschaft nicht weit her sein.

Ferner hat das deutsch-französische Verteidigungskonzept in der französischen Nationalversammlung auch deswegen einen Eklat ausgelöst, weil aus ihm die beabsichtigte Wiederannäherung Frankreichs an die NATO hervorgeht und Präsident CHIRAC vorgeworfen wird, er habe diesbezüglich hinter dem Rücken des Parlaments ›Geheimdiplomatie‹ in Sachen nationaler äußerer Sicherheit betrieben.[253] Der *France-Soir* äußert aus Paris die Befürchtung, die vereinbarte neue verteidigungspolitische Konzeption könne »einen Verlust der französischen Souveränität zugunsten der USA, den wahren Herren der (NATO)Organisation« bewirken. Hingegen verdient nach der Pariser *Libération* das deutsch-französische Dokument eine solche Aufregung nicht, obwohl »nichts garantiert, daß der eingeschlagene Weg in einen Erfolg mündet«.[254] Nach der nachstehend angezogenen Quelle finden die NATO und die NATO-Agenturen für gemeinsame Entwicklung und Beschaffung von Militärtechnik wie die USA in den ›Leitlinien‹ keine Erwähnung. Deswegen muß wohl der *Libération* beigepflichtet werden, daß die Unruhe in der französischen Nationalversammlung bloß wegen gewisser Strategiegespräche auch mit der NATO unbegründet ist. Sie zeigt jedoch den Deutschen, was die militärische Souveränität ihres Landes für französische Politiker bedeutet, wohingegen in Bonn das Heil für Deutschland neben seiner Hörigkeit Washington gegenüber in der Unterwerfung seines danach noch verbleibenden militärischen Spielraums unter das Kommando des französischen Bündnispartners gesehen wird.

---

252 Jochen Leibel, »Léotard fordert US-›Garantien‹ – Bedingungen für Frankreichs Annäherung an die Nato – Wirbel um Rühes Äußerungen zum Strategiepapier hält an«, in *Die Welt*, 31. 1. 1997.

253 ebo/tl/dpa-Meldung aus Paris und Bonn, »Verteidigungskonzept löst in Paris Eklat aus«, in *Handelsblatt*, 29. 1. 1997.

254 *France-Soir* und *Libération* zum deutsch-französischen Strategiekonzept, nach *Die Welt*, 31. 1. 1997.

Motive für die neuerliche verteidigungspolitische Initiative der französischen Regierung, ihre militärische Zusammenarbeit mit Deutschland auszuweiten, gäbe es mehrere:

1. Frankreich könnte den US-Amerikanern zeigen wollen, daß es mit seinem deutschen Satellitenstaat auch zu einer eigenständigen europäischen Verteidigungspolitik in der Lage ist, nachdem es mit seinem Versuch gescheitert ist, als amerikanische Gegenleistung für seine Rückkehr in die militärische Struktur der US-beherrschten NATO deren bisher traditionell unter amerikanischem Oberbefehl stehendes Kommando der Alliierten Streitkräfte Europa-Süd (Afsouth) in Neapel einem europäischen Militär zu unterstellen.[255] Zur Vermutung des Verfassers sei bemerkt, daß der Stolz der ›*Grande Nation*‹ dauernd darunter leidet, daß sie von den Vereinigten Staaten nicht als eine der Großmächte anerkannt wurde und immer noch nicht wird, nachdem Frankreich dem Reich selbstbewußt den Zweiten Weltkrieg erklärt hatte, dann aber in der kriegerischen Auseinandersetzung mit Deutschland – trotz ›*Entente Cordiale*‹ von seinem Verbündeten auf der anderen Seite des Kanals (wie vorher Polen von beiden Alliierten) im Stich gelassen – unterlag und sich daraufhin von den Amerikanern hat befreien lassen müssen. Zu der geringen amerikanischen Respektierung von Frankreichs beanspruchter Großmachtstellung kommt noch die Kränkung hinzu, die es nach seiner Befreiung durch die wesentlich schlechtere Behandlung seitens der bis zum Kriegsende im Lande stationierten US-Streitkräfte hinnehmen mußte als während der vergleichsweise liberalen deutschen Besatzung, die deshalb auch zu vielschichtiger Kollaboration geführt hatte. Zu letzterem Tatbestand wird darauf hingewiesen, daß die französische Bevölkerung viel deutschfreundlich-europabewußter war und ist, als so mancher in dieser Analyse zitierte, zu den ›großen Europäern‹ zählende französische Nachkriegspolitiker von DE GAULLE bis DELORS. Das hat sich nicht nur bei der Kollaboration gezeigt, sondern bereits 1936, als die französische Mannschaft beim Einzug in das Berliner Olympiastadion geschlossen mit zum deutschen Gruß erhobenem Arm an der Ehrentribüne vorbeimarschierte,[256] was nicht einmal von der deutschen Mannschaft

---

[255] AFP London, »Frankreich rudert zurück«, in *Die Welt*, 24. 1. 1997.

[256] *Neue Solidarität*, 21. 11. 1988.

verlangt wurde. Auch die in der deutschen Landwirtschaft eingesetzten französischen Kriegsgefangenen waren keinesfalls sabotageverdächtige Gegner, sondern Partner bei der während des Krieges so wichtigen Sicherstellung der landwirtschaftlichen Lebensmittelversorgung. Im Finnischen Meerbusen wurden freiwillige französische Marinesoldaten in ihren französischen Uniformen gemeinsam mit dem Verfasser an Bord seines Kriegsschiffes eingesetzt. Der oben zitierte Winston CHURCHILL irrt somit, wenn er in seinen Memoiren davon ausgeht, daß es allein die Deutschen waren, die sich den Sowjets entgegengestellt haben, um die kommunistische Weltrevolution zu verhindern. Dazu gehörten auch Franzosen wie neben anderen 20 000 Niederländer, die sich freiwillig für den Einsatz gegen den Kommunismus an der Ostfront zur Waffen-SS gemeldet haben.[257]

2. Französische Absicht kann auch sein, mit der Vereinbarung einer Rüstungskooperation und gemeinsamen Rüstungspolitik unter Einbeziehung eines nuklearstrategischen ›Dialogs‹ Bonn zu veranlassen, sich an den nicht unerheblichen Kosten für die Aufrechterhaltung und Modernisierung seiner atomaren Kampfbereitschaft zu beteiligen. Das wäre für Frankreich einerseits in Anbetracht seiner großen finanziellen Schwierigkeiten bei seiner Einhaltung der Kriterien für die Europäische Währungsunion (EWU) wünschenswert und böte ihm zum anderen eine Möglichkeit, weitere Teile der schrumpfenden deutschen verteidigungspolitischen Kapazität unter seine Kontrolle zu bringen. Der deutsche Generalinspekteur, General Hartmut BAGGER, stellte am 31. Januar 1996 fest:

   »Keine andere Nation hat ihre Streitkräfte so stark in multinationale Strukturen integriert wie Deutschland.«[258]

   Warum sollte es bei der bereits dementsprechend praktizierten bereitwilligen Unterstellung deutscher Streitkräfte unter nicht nur französischen Oberbefehl nicht auch größere Teile seines Verteidigungsetats dem befreundeten Bündnispartner zur Verfügung stellen? In Friedenszeiten mag die starke multinationale Integration deutscher Streitkräfte harmonisch wirken. Was

---

[257] dpa-Meldung aus Den Haag, »Schlechte Noten für Parlamentarier«, in *Die Welt*, 31. 12. 1996.

[258] Rüdiger Moniac, »Integration soll vertieft werden – Bagger: Bundeswehr schon jetzt international stark eingebunden«, in *Die Welt*, 1. 2. 1997.

es jedoch im Ernstfall für Deutschland und seine Soldaten bedeutet, wenn ein möglicherweise noch dazu chauvinistischer ausländischer Oberbefehlshaber in bezug auf den Einsatz deutscher militärischer Einheiten darüber entscheidet, wer einen Brückenkopf verlustreich zu verteidigen hat und wessen Rückzug damit gedeckt werden soll, der sei an den Befehl des britischen Oberbefehlshabers des europäischen Expeditionskorps bei einer kritischen Situation während des Boxeraufstands in China (1900), »*The Germans to the front*« (›Die Deutschen an die Front!‹), erinnert. Heute sind es ungediente Mitglieder der deutschen Bundesregierung, die stolz darauf sind, daß deutsche Soldaten – sogar ungeachtet des Weiterbestehens der von Bonn bisher nicht angefochtenen UN-Feindstaatenklauseln – angefordert werden, für unter anderem französische Interessen wie 1812 bei NAPOLEONS I. Winterfeldzug gen Rußland nunmehr auf dem Balkan unter französischem Kommando eingesetzt zu werden. Im Kaiserreich war man stolz darauf, mit diesem Befehl die Kampfkraft des deutschen Kontingents des europäischen Expeditionskorps anerkennend gewürdigt zu sehen, obwohl es sich doch nur darum gehandelt hatte, nicht die anderen oder eigenen, sondern deutsche Soldaten einem eingetretenen militärischen Risiko auszusetzen.

3. Eine solche rüstungspolitische Kooperation zu Lasten des ständig weiter zusammengestrichenen Haushalts des Bundesverteidigungsministers (BMVg) würde die Verteidigungsbereitschaft Deutschlands eher weiter schwächen als stärken. Vielleicht ist das auch eines der Ziele Frankreichs bei seiner Bereitschaft zu dieser strategischen Zusammenarbeit.

4. Als weiteres Motive für den unerwarteten französischen verteidigungspolitischen Sinneswandel wäre auch die dortige Besorgnis möglich, daß sich die aus Meinungsumfragen verschiedener Institute hervorgehende zunehmende Euroskepsis in Deutschland hinsichtlich seines Beitritts zur Europäischen Währungsunion (EWU) durchsetzen könnte, wenn den Deutschen nicht suggeriert wird, irgendein Zugeständnis als Kompensation für den erwarteten großen Schaden zu erhalten, der ihnen mit der Aufgabe der Deutschen Mark sozio-ökonomisch zugefügt werden wird.

Zu letzterer Besorgnis der Deutschen wird einmal auf die zum Jahreswechsel 1996/97 von der Schlesinger-Kommission aufgezeigte Gefahr falscher Umrechnungskurse von den derzeitigen nationalen

Währungen auf den Euro hingewiesen, wodurch dem Sparer »Milliardenverluste« drohen,[259] und zum anderen auf eine gleichfalls zur Jahreswende 1996/97 vom Bundesverband der Deutschen Industrie (BDI) verbreitete Hiobsbotschaft. Nach BDI-Präsident Hans-Olaf Henkel kann die Arbeitslosigkeit in Deutschland, also nicht lediglich in den dem BDI angeschlossenen Unternehmen, zu einer »Existenzbedrohung für unser politisches System« werden. Die Aussichten für mehr Beschäftigung seien deutlich gesunken. »Selbst wenn man sich nicht verschlechtert, kann man zurückfallen.«[260]

Das führt der eher eurofreundliche BDI allerdings nicht auf die beabsichtigte Aufgabe der Deutschen Mark, die horrende Finanzbelastung Deutschlands durch von seiner Regierung übernommene Tributleistungen an auswärtige Staaten und über- oder zwischenstaatliche Einrichtungen, ausländerpolitikbedingte Ausgaben sowie offene Grenzen für Billigimporte und Dienstleistungen (die gepriesene ›Globalisierung‹), importierte Kriminalität usw. zurück, sondern vielmehr aus der Froschperspektive seines Verbandes recht einseitig auf die Belastung der Betriebe mit vornehmlich Lohnnebenkosten und Lohnfortzahlung im Krankheitsfall. Im deutschen Volk nimmt die Furcht vor dem Euro und seinen Folgen jedoch ständig zu, je näher der für die Währungsunion und die damit verbundene Währungsreform (Abwertung) in Aussicht genommene Termin (1999) heranrückt. Und das geschieht vor allem – allerdings nach unwissenschaftlichen Feststellungen des Verfassers – einerseits bei den sowohl im privaten als auch im öffentlichen Sektor einen Ausbildungsplatz suchenden, bei den im Besitz eines Ausbildungsplatzes befindlichen, bei denen in einem bisher als sicher geltenden Arbeitsverhältnis stehenden, bei denen ihren Altersruhestand vor Augen habenden und bei denen bereits in Rente gegangenen oder in den Ruhestand versetzten Altersgruppen sowie andererseits im unternehmerisch tätigen Mittelstand des Vor-Euro-Deutschlands.

Nach der letzten, dem Verfasser vor Abschluß dieses Teils der Standortanalyse zugänglich gewordenen, vom Bundesverband deutscher Banken zur Jahreswende 1996/97 veröffentlichten Umfrage des Instituts für praxisorientierte Sozialforschung, Mannheim, glauben trotz dauernder öffentlicher Propaganda für Deutsch-

---

[259] *Die Welt*, 31. 12. 1996, »Sparer drohen Milliarden-Verluste – Schlesinger-Kommission: Falscher Umrechnungskurs für den Euro könnte zu Prozeßflut führen«.

[260] *Die Welt*, 15. 1. 1997, »›Arbeitslosigkeit bedroht das System‹ – BDI-Chef Henkel: Chancen für ein Job-Wunder sind deutlich gesunken.– Verband legt neues Konzept vor«.

lands Beitritt zur EWU rund 71 Prozent der 2000 im August 1996 Befragten, daß der Euro nicht so stark wie die D-Mark sein könne, und 51 Prozent, daß sich die Währungsunion allgemein für Deutschland nachteilig auswirken wird.[261]

Damit werden hier zitierte vorher veröffentlichte Umfrageergebnisse anderer Institute bestätigt. Darüber sollte nicht hinwegtäuschen, daß das Gros der hauptberuflichen ›Volksvertreter‹ offensichtlich weniger durch diese Sorgen der von ihnen vertretenen Bürger berührt wird als vielmehr durch den Erhalt und den Ausbau ihrer Pfründe. Sie richten sich deshalb nach der ihnen medial zur Niederhaltung Deutschlands (NATO-Konzeption mit -Osterweiterung), seiner »Auflösung« (MITTERRAND), seiner Öko-Deindustrialisierung (Morgenthau-Plan) und seiner sozio-kulturellen Auslöschung (Hooton-Plan) vorgegebenen ›*Political Correctness*‹. Die parteiübergreifende Behandlung der letzten Affäre SÜSSMUTH – weniger als die fehlende Selbstkontrolle und Vorbildlichkeit der wegen ihrer strammen ›*Political Correctness*‹ doch schließlich wie ein Fettauge an die Oberfläche des immer dünner werdenden Politikereintopfs gelangten Bundestagspräsidentin selbst – ist kennzeichnend dafür und wurde deshalb oben so ausführlich behandelt.

Alfred MECHTERSHEIMER kommentiert diesbezüglich die undemokratische Mündelrolle der deutschen Bevölkerung:

> »Es müßte doch möglich sein, den Deutschen bewußt zu machen, daß man sie zuerst ihrer Identität beraubt, dann zu einem materialistischen Leben verführt hat und jetzt auch noch mit dem Verlust der eigenen Währung das letzte Element deutscher Eigenständigkeit nehmen will... Der verhängnisvolle Weg von Maastricht wäre sofort beendet, wenn es der deutschen Bevölkerung gelänge, die eigene Regierung dazu zu bringen, den nationalen Interessen jene Bedeutung beizumessen, wie dies alle anderen europäischen Partner auch tun... Im kommenden Jahrhundert wird die Weltpolitik von einem gnadenlosen wirtschaftlichen Wettbewerb zwischen den ökonomischen Großmächten bestimmt werden. Deshalb muß sich Deutschland – mit 81 Millionen Einwohnern und seiner Wirtschaftskraft die größte zivile Macht in der Mitte Europas – [nach hier geteilter Auffassung, H. F.] verstärkt Osteuropa und vor allem Rußland zuwenden.«[262]

---

[261] dpa-Meldung, »Studie: Deutsche sehen den Euro meist skeptisch«, in *Die Welt*, 4. 1. 1997.
[262] Alfred Mechtersheimer, aaO. (S. 143, Q. 219), S. 9 f.

Provokation zum Krieg

Inwieweit sich Deutschland in seiner schwierigen Lage auf eine die Überlebensinteressen des deutschen Volkes achtende Europapolitik der Vereinigten Staaten verlassen kann, sollte auf der Grundlage zeitgeschichtlicher Erfahrungen mit dieser Großmacht beurteilt werden. Die Vereinigten Staaten – vor allem die dortigen, vom US-amerikanischen Historiker Gary ALLEN »*Insider*« genannten »Baumeister der ›Neuen Weltordnung‹«[263] – haben bereits mit dem ›Lusitania‹-Zwischenfall den US-amerikanischen Eintritt in den Ersten Weltkrieg inszeniert,[264] für den ohne dieses Verbrechen an eigenen Bürgern es wohl nicht gelungen wäre, das US-amerikanische Volk kriegswillig zu machen.

Deutsch-amerikanischerseits waren Bemühungen unternommen worden, den von ihrer Regierung betriebenen unprovozierten Kriegseintritt zu verhindern. Ein Beispiel für dieses Unterfangen ist die Aktion auf der in **Abbildung 15** wiedergegebenen Postkarte. Dann haben die USA nicht nur die Briten zum Eintritt in den Zweiten Weltkrieg genötigt, sondern auch schon Monate vor dem japanischen Angriff auf die US-amerikanische Marinebasis Pearl Harbor (7. 12. 1941) einerseits verdeckte Kampfhandlungen gegen das japanische Kaiserreich von China aus geführt sowie andererseits Großbritannien mit Kriegsmaterial – so den vorerwähnten, unter amerikanischer Kriegsflagge über den Atlantik geschifften 50 Zerstörern

---

263 Gary Allen, *Die Insider – Baumeister der ›Neuen Welt-Ordnung‹* (Amerikanischer Originaltitel: *None Dare Call it Conspiracy*, 1971), VAP-Wiesbaden 1974–1990. – Garry ALLEN wendet sich gegen »Hetzparolen. . .. wie etwa ›Die Verschwörer sind alles Juden, Katholiken und Freimaurer!‹ Es liegt auf der Hand, daß solche. . . einem Aufdecken der Verschwörung eher schaden als nützen. Sie unterstützen dadurch nur die Beweiskraft derer, die der Öffentlichkeit weismachen wollen, alle Verschwörungstheoretiker seien Spinner und Verleumder«. (S. 14)

264 »*Lusitania* engl. Fahrgastdampfer von 30 400 BRT, der – nach Warnung der US-Regierung seitens der deutschen Botschaft Washington – im Ersten Weltkrieg durch U20 an der irischen Südküste torpediert wurde (7. 5. 1915), infolge seiner ›der Reichsregierung bekannten‹ Munitionsladung explodierte und sank, wobei von den 1959 an Bord Eingeschifften 1198 (darunter 120 Amerikaner) ertranken.« (*Der Große Brockhaus*, 1955)

265 Was diese Lieferung bedeutete, geht daraus hervor, daß Großbritannien mit 183 (und Frankreich mit 59) Zerstörern (Polen mit zwei Torpedobooten) in den Krieg ging, [Quelle: *Wie das Gesetz es befahl, Sammelband, Originalberichte der Generale und Kommandeure aller drei Waffengattungen*, Verlag Welsermühl, München 1954, Teil II: *Der Seekrieg*, S.5, nach Peter H. Splittgerber, aaO., S. 21], während Deutschland zu der Zeit ledig-

– versorgt[265] und im Krieg mit Großbritannien befindliche deutsche Unterseeboote verfolgt und schließlich sogar beschossen.

»Roosevelt provozierte Deutschland fortgesetzt, um endlich Krieg führen zu können. Er befahl der Atlantikflotte, faschistische Kriegs- und Handelsschiffe zu verfolgen, ebenso [deutsche] Flugzeuge und deren Bewegungen alle vier Stunden der britischen Marine und Luftwaffe durch Funk zu übermitteln.[266]Nicht einmal, als amerikanische Marineinfanterie am 7. Juli 1941 in Island landete, um eine Besetzung durch deutsche Truppen zu verhindern

---

lich über 22 Zerstörer und 12 Torpedoboote verfügte. Bis zu CHURCHILLS oben erwähntem zweiten, von COLVILLE unter dem 6. 8. 1940 notierten Hinweis auf die US-Lieferung von 50 Zerstörern hatte die Kriegsmarine bereits 11 Zerstörer (davon allein acht bei dem Narvik-Unternehmen) verloren und noch keinen weiteren in Dienst stellen können. Zu dem Zeitpunkt hatte sie drei Torpedoboote verloren, jedoch bis zum 5. 8. 1940 12 neue Einheiten (die letzte am 5. 8. 1940) zum Einsatz gebracht. Damit verfügte sie am 6. 8. 1940 über ganze 11 Zerstörer und 21 Torpedoboote. (M. J. Whitley, *Die deutschen Zerstörer im 2. Weltkrieg* (Originaltitel :*Destroyer! German Destroyers in World War II*), Motorbuch Verlag, Stuttgart1985, S. 313–337) Die Verluste und Neuindienststellungen der Royal Navy bis zum 6. 8. 1940 sind dem Verfasser nicht bekannt. Es dürfte jedoch kein Zweifel darüber bestehen, daß die britische Überlegenheit in diesem Waffenbereich bereits ohne die angeforderten und auch von der US-Navy erhaltenen 50 Zerstörer gewaltig war.

»Der amerikanische Präsident begann sofort nach dem Kriegsausbruch in Europa sein Neutralitätsgesetz durch Waffenlieferungen an England gegen Barzahlung zu unterlaufen. Seit dem 11. März 1941, dem amerikanischen Lend & Lease (Leih und Pacht) -Gesetz, konnte CHURCHILL den Krieg, nach Erschöpfung seiner Devisen, nun mit Hilfe seines Geldgebers ROOSEVELT weiterführen. Ebenso bekam schon im Sommer 1941 STALIN von ROOSEVELT eine lebenserhaltende Geldspritze aus dem gleichen Kriegstopf. Sie bewahrte den Bolschewismus vor dem Zusammenbruch. Laut einer Zusammenstellung des amerikanischen Kongresses vom 19. Februar 1980 (Congressional Research Service, The Library of Congress, Economics Division) erhielten Großbritannien bis Ende 1945 die schwindelnde Summe von 30,753.304 Milliarden Golddollar und der Kreml 11,141.470 Milliarden an Kriegsmaterial, Textilien, Schuhen und Lebensmitteln. Besser als tausend Dokumente beweisen diese Zahlen ROOSEVELTS und Schatzminister MORGENTHAUS finanzielle Verantwortung für die Länge und Härte des Krieges, dessen gewichtige Förderer sie waren.« (Karl Anton Braun, aaO. – S. 21, Q. 13 –, S. 12)

[266] Hierfür bezeichnend ist folgender Vorfall: » Am 4. September 1941 heftete sich der US-Zerstörer ›Greer‹ südlich Islands auf die Fährte des deutschen U-Boots U 652. Dabei funkte der Zerstörer fortgesetzt seine Position, um britische Kriegsschiffe herbeizuziehen, bis ihn endlich das U-Boot mit zwei Torpedos angriff und er Wasserbomben warf; beides erfolglos. Doch gab ROOSEVELT eine Woche später die Sache als einerseits unprovozierten, andererseits wohlüberlegten Überfall, als großangelegten Angriff auf Amerika aus. Ja, er kündigte nun für alle alliierten Schiffe zwischen Amerika und Island Geleitschutz an und befahl, gegen Schiffe der Achsenmächte das Feuer ›auf Sicht‹ zu eröffnen. Schließlich sagte er: ›Die Schießerei ist losgegangen. Und die Geschichte verzeichnet nicht, wer den ersten Schuß abfeuerte.‹« (Karlheinz Deschner, *Der Moloch – »Sprecht sanft und tragt immer einen Knüppel bei euch!« – Eine kritische Geschichte der USA*, Wilhelm Heyne Verlag, München 1992, ^{3}1996, S. 237)

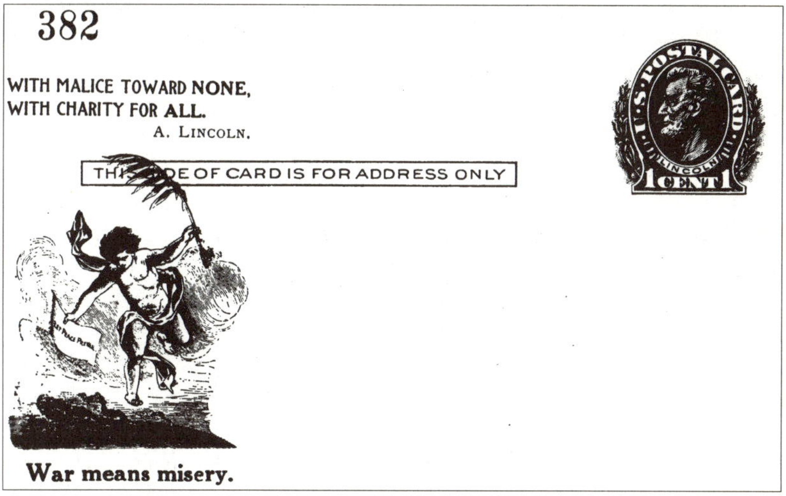

Abbildung 15

(was Deutschland in Nürnberg und bis heute als Überfall auf ein friedliches Land angelastet worden wäre), ließ sich Deutschland herausfordern. ›Wir verfolgen kein anderes Ziel, als die USA aus dem Krieg herauszuhalten‹, erklärte (der deutsche Außenminister Joachim von) RIBBENTROP. ›Diese Politik erfordert auf deutscher Seite ein Übermaß von Zurückhaltung. . ., wir antworten auf keine der zahllosen Provokationen.‹«[267]

[267] Karlheinz Deschner, ebenda.

Was von Ribbentrop vermutlich nicht wußte, war, daß »Präsident Roosevelt (nach 1971 freigegebenen Regierungsdokumenten) schon 1941 fest entschlossen war, die USA in den Krieg gegen Deutschland zu führen. Dies geht aus einem damals mit höchster Geheimhaltungsstufe versehenen Bericht hervor, den Churchill nach seinem Treffen mit dem amerikanischen Präsidenten im August 1941 auf einem Kriegsschiff in der Placentia-Bucht in Neufundland an das Kabinett in London schickte. Darin stellte der Premier fest: »Präsident Roosevelt sagte, daß er in den Krieg eintreten, diesen aber nicht erklären werde. Er werde die Deutschen zunehmend herausfordern. Falls ihnen dies nicht gefalle, könnten sie ja die amerikanischen Streitkräfte angreifen. Der britische Premierminister faßte seine Eindrücke aus der Unterredung zusammen: ›Alles soll getan werden, um den Beginn der Feindseligkeiten zu rechtfertigen.‹ Laut Churchill versprach Roosevelt, daß er den amerikanischen Kriegsschiffen, die die Versorgungstransporte für Großbritannien über See eskortierten, Befehl geben würde, jedes deutsche U-Boot anzugreifen, das sich bis auf 300 Meilen den Konvois nähert.‹ Churchill hatte in seiner Geschichte des Zweiten Weltkriegs, in der er auch über die Begegnung berichtet, diese Äußerungen Roosevelts mit keinem Wort erwähnt«.[268]

Völker- und staatsrechtlich ist hierzu anzumerken, daß sich die Vereinigten Staaten damals weder mit Deutschland noch mit Japan formell im Krieg befanden, noch dazu nach ihrer Verfassung ohne Zustimmung der Legislative ermächtigt waren. Daher ist die wiederholt angezogene Arbeit des US-Historikers Tansill über den Eintritt der Vereinigten Staaten in den Krieg gegen Deutschland und Japan von ihm und seiner Warte als US-Staatsangehöriger aus auch unter dem Titel *Back Door to War* (›Die Hintertür zum Kriege‹, s. S. 40, Q. 48) – also an Demokratie und US-Verfassung vorbei – veröffentlicht worden. Wie oben aus dieser Quelle zitiert, wurde Präsident Roosevelt deshalb auch nach dem seinerzeitigen britischen Botschafter in Washington, Lord Halifax, von republikanischen US-Senatoren für »einen größeren Diktator... als Hitler und Mussolini« gehalten. (s. S. 43, Q. 54)

»Während sich japanische Diplomaten in Washington noch um die Lockerung der vom Weißen Haus verhängten Wirtschaftssanktionen mühten, um den zwischen beiden Ländern ausgebro-

[268] dpa/ap/rtr-Meldung über Bericht der Londoner Sonntagszeitung *Observer*, nach *General-Anzeiger*, Bonn, 3. 1. 1972, »Roosevelt drängte zum Kriegseintritt – Britische Kriegsdokumente aus den Jahren 1941 bis 1945«.

chenen Handelskrieg beizulegen, waren bereits amerikanische Spezialeinheiten in China eingetroffen und bekämpften als ›Fliegende Tiger‹ die japanische Luftwaffe. Hervorgegangen aus einer geheimen Rekrutierung innerhalb der ›*US-Air-Force*‹ hatten die rund 200 Piloten im Juli 1941 den Sonderauftrag bekommen, den seit 1937 mit Japan im Krieg befindlichen Chinesen durch gezielte Kampfeinsätze beizustehen.« In das Operationsgebiet eingeschleust wurden die ›Fliegenden Tiger‹ als Agrarexperten, Techniker und Missionare. Die Operation war mit der Billigung von US-Präsident ROOSEVELT und dem Kriegsministerium erfolgt. Finanziert wurde der Einsatz aus einem China eingeräumten 100-Millionen-Kredit, so daß die Aufwendungen als solche in keinem Haushaltstitel ausgewiesen zu werden brauchten. Neben Präsident ROOSEVELT und Kriegsminister STIMSON waren lediglich Finanzminister Henry MORGENTHAU und dessen Stellvertreter Dexter WHITE sowie die Generale Henry ARNOLD und Clare CHENNAULT regierungsseitig beteiligt oder in die Sache eingeweiht worden. Dem mit modernstem Gerät ausgerüsteten, vor der amerikanischen Öffentlichkeit geheimgehaltenen, aber natürlich den Japanern nicht verborgen gebliebenen Expeditionskorps gelang es, während einer Periode von sechs Monaten 296 japanische Kampfflugzeuge zu vernichten, während die japanische Luftwaffe lediglich ganze vier dieser ›chinesischen‹ Angreifer abzuschießen vermochte. Bekanntgeworden ist dieser zeitgeschichtliche Tatbestand dadurch, daß das damals sowohl völker- als auch US-verfassungsrechtlich illegal von China aus gegen Japan eingesetzte US-Personal um seine Anerkennung als Kriegsveteranen kämpfen mußte. Dem wurde schließlich Anfang Juli 1991 entsprochen.[269]

Nachdem den Japanern bewußt geworden war, daß es sich hier um eine kriegerische Auseinandersetzung mit den Vereinigten Staaten um die Vorherrschaft in Fernost handelte, hat das Kaiserreich sich zu seinem Angriff auf Pearl Harbor entschlossen. Hiervon hatte die US-Regierung rechtzeitig vorher durch ihren Geheimdienst Kenntnis erhalten. Nach dem US-Historiker TANSILL (s. S. 40, Q. 48) und den von ihm zitierten Quellen hatten die Japaner drei Tage vor ihrem Angriff auf Pearl Harbor den operativen Code ihrer Kriegsmarine gewechselt, jedoch nicht denjenigen

---

[269] Alfred Schickel, »Vor 50 Jahren eines der geheimsten Unternehmen – Wie US-Präsident F.D. Roosevelt die Vereinigten Staaten in den Zweiten Weltkrieg führte«, in *Deutscher Ostdienst (DOD)*, 6. 9. 1991.

ihres Auswärtigen Dienstes. Letzterer war vom US-Geheimdienst entschlüsselt, und eine Mitteilung der japanischen Regierung an ihre Botschaft in Washington vom 19. November 1941 war mitgelesen worden. Nach der sollte eine falsche Wettermeldung (›Ostwind Regen‹) in der japanischen Übersee-Nachrichtensendung drohenden Krieg mit den Vereinigten Staaten bedeuten.

Am 4. Dezember 1941 war diese Wettermeldung des japanischen Senders JAP von der Marine-Radiostation in Cheltemham, Maryland, abgehört worden. Sie wurde von Korvettenkapitän KRAMER mit den Worten »*Das ist es*!« an Kapitän zur See SAFFORD übergeben, der sie sofort an Konteradmiral NAYES weiterleitete. Dieser unterrichtete daraufhin telefonisch den Marineadjutanten Präsident ROOSEVELTS. Nach der Zeugenaussage von Kapitän zur See SAFFORD »kamen die ›Wind‹-Meldung und der Wechsel des operativen Code der (japanischen) Marine Mitte der Woche: zwei Tage vor Sonnabend und drei Tage vor Sonntag (dem 7. 12. 1941). Es war unvorstellbar, daß die Japaner durch Hinausschiebung auf das Wochenende vom 13. und 14. Dezember ihre Hoffnung auf Überraschung zuschanden machen würden. Es war keine ›Intuition‹, sondern einfach die Auslegung eines nach gesundem Menschenverstand für sich selbst sprechenden Satzes. Col. SADTLER sah ihn, ebenso. ... Col. SADTLERS Aussage im Jahre 1944: ... ›Die Japaner schickten sich an, am Sonnabend, dem 6. Dezember, oder am Sonntag, dem 7. Dezember, den Krieg zu beginnen.‹ ... Die unverantwortliche Unterlassung hoher Marineoffiziere, Honolulu zu warnen, daß unmittelbar Krieg drohe, erschien in noch grellerem Licht, als am 6. Dezember die japanische Antwort auf... (eine) amerikanische Note vom 26. November (dem japanischen) Botschafter (in Washington) NOMURA geheim telegraphiert wurde. Auch sie wurde von der amerikanischen Marine abgefangen und entschlüsselt.

Nachdem der Präsident den ersten, sehr deutlichen Teil der Antwortnote gelesen hatte, sagte er sofort: ›Das bedeutet Krieg!‹« Sein Versuch, den Operationschef der Flotte, Admiral STARK, zu erreichen schlug fehl, weil dieser sich im Nationaltheater den ›Student Prince‹ anhörte. »Man sollte meinen, daß der Präsident nun eiligst eine Konferenz der maßgeblichen Heeres- und Marineoffiziere einberufen hätte, um dem vorherzusehenden Angriff mit einem koordinierten Plan zu begegnen. Nach dem Zeugnis General MARSHALLS und Admiral STARKS nahm der Präsident die unheilvollen Nachrichten offenbar so ruhig auf, daß er nicht einmal Anstalten traf, sich mit ihnen zu besprechen. Wollte er es absichtlich zum Angriff der Japaner kommen lassen? Welches ist die wahre Antwort auf dieses Rätsel von Gemütsruhe angesichts eines drohenden Angriffs auf irgendeinen amerikanischen Außenposten im fernen Pazifik? Das Problem wird immer schwieriger, je näher die Stunde zwölf heranrückt. Am 7. Dezember um 9 Uhr (dem Tag der japanischen Kriegserklärung und von Japans kurz darauf erfolgtem Angriff auf Pearl Harbor), übergab Lieutenant Commander KRAMER Admiral STARK das letzte Stück der Weisung Tokios an NOMURA. Ihre Bedeutung war jetzt so klar, daß STARK ausrief: ›Mein Gott! Das bedeutet Krieg! Ich muß sofort KIMMEL benachrichtigen!‹ Aber er bemühte sich nicht, mit Honolulu Verbindung herzustellen. Statt dessen suchte er General MARSHALL zu erreichen, aber der war aus irgendeinem unbekannten Grund auf einem langen Ausritt. Dieser Reitausflug sollte in die Geschichte eingehen.

In den ersten Stunden der amerikanischen Revolution unternahm Paul REVERE (18. 4. 1775) einen berühmten Ritt, um seine Landsleute vor dem heranrückenden Feind (den Briten) zu warnen und so Menschenleben zu retten. In den ersten Stunden des Zweiten Weltkriegs unternahm General MARSHALL einen Ritt, der dazu beitrug, daß Pearl Harbor nicht rechtzeitig alarmiert wurde, daß eine amerikanische Flotte vor einer Katastrophe und eine amerikanische Garnison vor einem Bombenangriff nicht bewahrt blieb, der über zweitausend Menschenleben forderte. War der Ausflug General MARSHALLS nur der gewohnte Sonntagsritt? Als Oberst BRATTON am Morgen des 7. Dezember den letzten Teil der japanischen Weisung an NOMURA las, war er sich ohne weiteres darüber klar: ›Japan plant, die Vereinigten Staaten irgendwo um oder kurz vor 13 Uhr desselben Tages anzugreifen.‹ Für Lieutenant Commander KRAMER bedeutete die Instruktion ›einen Überraschungsangriff auf Pearl Harbour noch heute‹.

Diese Information war um 10 Uhr in den Händen des Marineministers, und (Frank) KNOX muß sie unverzüglich ROOSEVELT zugeleitet haben... Indessen, ROOSEVELT und Harry HOPKINS (1941 ROOSEVELTS persönlicher Gesandter für die UdSSR und Großbritannien, ›Pacht- und Leihvertrag von 1941‹) sahen diesen schrecklichen Möglichkeiten mit erstaunlicher Gelassenheit entgegen. In der stillen Abgeschiedenheit seines ovalen Arbeitszimmers, getrennt und ungestört von allen eingehenden Telefonanrufen, blätterte der Präsident schweigend in seiner wohlgefüllten Briefmarkensammlung, während HOPKINS Fala streichelte, den schottischen Schäferhund des Weißen Hauses. Um 13:25 Uhr stand der Tod in der Tür. Die Japaner hatten Pearl Harbor bombardiert.«[270] Da Flugzeugträgern im modernen Krieg eine besondere Bedeutung beigemessen wird, waren diese zum Kummer der Japaner wohl vorsorglich nicht in Pearl Harbor als ›Opferlämmer‹ mitangebunden worden.

In Anbetracht der lediglich auszugsweise wiedergegebenen umfangreichen Beweisführung TANSILLS aus dem Jahre 1956 mit an die 30 US-amerikanischen Quellenhinweisen zu diesem Thema vermag der Verfasser nicht nachzuvollziehen, wie und warum Werner RAHN bei seiner Ausleuchtung der Hintergründe und Auswirkungen des japanischen Kriegseintritts 1992 zu dem Ergebnis gelangt: »Aus der Fülle des vorliegenden Nachrichtenmaterials von sehr unterschiedlicher Qualität ergeben sich keine eindeutigen Indizien, die auf einen unmittelbar bevorstehenden Großangriff gegen Pearl Harbor hindeuten. Diesbezügliche Vermutungen bzw. Verdächtigungen, die immer wieder in der revisionistischen und populären Literatur über den Zweiten Weltkrieg auftauchen, erwiesen sich bei näherer Untersuchung als falsch. Washington wußte zwar, daß der Kriegsbeginn unmittelbar bevorstand, und hatte schon Tage vorher seine Streitkräfte in allgemeiner Form gewarnt, doch keine planmäßige Alarmierung ausgelöst.«[271]

Nach Bewertung des Verfassers vermag RAHN mit seinen Feststellungen die Beweisführung des US-Historikers TANSILL nicht zu erschüttern. Möglicherweise lautete sein Auftrag, das »volkspädagogisch gewünschte Geschichtsbild« (Golo MANN) zum Kriegseintritt der Vereinigten Staaten zu vermitteln. Der Verfasser schließt sich RAHN jedoch an, wenn dieser ausführt:

> »Washington war... nicht bereit, in Europa und Asien die Bildung von autarken, nach außen abgeschotteten Wirtschaftsräumen hinzunehmen.«

Wenn er dazu ergänzt, daß dies insbesondere für solche geschlossenen Wirtschaftsräume gegolten habe, »die zudem noch unter der Hegemonie autoritärer Systeme standen«, vergißt er weniger wissenschaftlich als vielmehr zeitgeistkonform *das China* MAO TSE-TUNGS und *die Sowjetunion* des von ROOSEVELT als den guten *»Uncle Joe«* verharmlosten STALINS.

---

[270] Charles C. Tansill, unter Verwendung diverser Quellen, aaO. (s. S. 40, Q. 48), S. 696 ff.

[271] Werner Rahn, »Vor 50 Jahren: Pearl Harbor, 7. Dezember 1941 – Hintergründe und Auswirkungen des japanischen Kriegseintritts – Teil II«, in *Marineforum*, 1/2–1992.

Um das amerikanische Volk gegen seinen Willen in den Ersten Weltkrieg zu führen, wurden mit der ›Lusitania‹ 1198 Menschen (davon 120 US-Amerikaner) geopfert. Präsident ROOSEVELT war der Eintritt der Vereinigten Staaten in den Zweiten Weltkrieg so viel wert, daß er dafür bereitwillig das sehr viel größere Opfer von Pearl Harbor erbrachte, indem er verhinderte, daß dieser von ihm provozierte und sehnlichst herbeigewünschte Angriff beim Anflug der japanischen Luftstreitkräfte abgewehrt werden konnte. Er benötigte das Blut vieler US-Seeleute auf der Wasseroberfläche, um die eigene Nation etwa so undemokratisch gegen ihren Willen in den Zweiten Weltkrieg zu zwingen, wie das deutsche Volk heute undemokratisch gegen seinen Willen mit dem Vertrag von Maastricht ›unumkehrbar‹ zum tributpflichtigen Vasallen der Europäischen Union und zur Hergabe seiner Währung gezwungen wird. Eine andere als die eigene ›Demokratie‹ vermochten oder wollten die US-amerikanischen ›Befreier‹ wohl Deutschland auch gar nicht vermitteln.

Schließlich hatten die »höchsten Stellen in Amerika alle Hebel in Bewegung gesetzt. . ., um Japan in den Krieg hineinzutreiben. Mr. STIMSON berichtet von einer Sitzung des amerikanischen Kabinetts im November 1941, bei der Präsident ROOSEVELT den Vorsitz führte, daß dabei die Hauptfrage gewesen sei, ›wie wir ohne allzu große Gefahr für uns selbst die Japaner dazu verleiten können, den ersten Schuß abzugeben‹«.[272] »Niemand, der auch nur einigermaßen informiert ist, kann heute (das war etwa 10 Jahre nach Kriegsende) noch glauben, daß Japans Angriff den Vereinigten Staaten unerwartet kam und verbrecherisch war. Der Angriff wurde von ihnen nicht nur erwartet, sondern geradezu gewünscht. Es steht außer Zweifel, daß Präsident ROOSEVELT sein Land in den Krieg hineinziehen wollte, aus politischen Gründen aber (vor der amerikanischen Öffentlichkeit) ängstlich bemüht war sicherzustellen, daß die erste feindliche Handlung von der anderen Seite ausging. . . Der amerikanische Präsident wollte, daß Japan die Vereinigten Staaten angriff. Wie. . . (Sir Oliver) LYTTLETON, der damalige englische Produktionsminister, 1944 sagte: ›Japan wurde dazu getrieben, Amerika in Pearl Harbor anzugreifen. Es ist eine Entstellung geschichtlicher Tatsachen, wenn jemand sagt, daß Amerika zum Kriege gezwungen worden ist.‹«[273]

---

[272] Charles Beard (US-amerikanischer Historiker), *Präsident Roosevelt and the Coming War*, Yale University Press, zitiert nach Russell Grenfell, *Das Ende einer Epoche* (Originaltitel: *Main Fleet to Singapore*), Verlag Fritz Schlichtenmayer, Tübingen 1955, S. 127.

[273] Russell Grenfell, ebenda, S. 129.

Ungeachtet dessen wurde die japanische Zivilbevölkerung dafür mit zwei Atombomben bestraft. Die Konstrukteure dieser Teufelswaffe werden noch heute in Deutschland als große Wissenschaftler gefeiert, obwohl diese Vernichtungswaffe von diesen für die Austilgung des deutschen Volkes entwickelt worden war. Diese Haltung wird als Kennzeichnung der deutschen Botmäßigkeit nach kriegerischer Unterwerfung genauso in die Geschichte eingehen, wie das deutsche Bedürfnis, die Niederlage noch nach einem halben Jahrhundert als Befreiung zu feiern. Die amerikanische Kongreß-Abgeordnete Clare Boothe LUCE führte dazu aus: »Präsident ROOSEVELT log uns durch die japanische Hintertür in den Krieg, um gegen Deutschland mit Waffengewalt antreten zu können.«[274]

Senator GEORGE, der damals führende Demokrat aus Georgia, sagte bereits im September 1940: »Betrügen Sie sich nicht selbst, meine Herren, versuchen Sie nicht, das amerikanische Volk zu betrügen. Das Volk weiß, daß Sie nicht den Frieden vorbereiten oder die Nation verteidigen, sondern den Krieg.« GEORGE stand daraufhin auf Präsident ROOSEVELTS ›Schwarzer Liste‹.[275]

Wie imperialistisch die Kriegspläne von US-Präsident ROOSEVELT waren, geht auch aus dem von seinem Sohn Elliot ROOSEVELT in dessen 1946 bei Duell, Sloan and Pearce, New York, erschienenen *As He saw It* und dem 1978 von der Oxford University Press, New York, verlegten Werk von William Roger LOUIS, *The United States and the Decolonialization of the British Empire 1941–45* (›Die Vereinigten Staaten und die Entkolonisierung des britischen Imperiums‹), hervor. Der amerikanische Präsident bemühte sich, Europa seine Vormachtstellung in der Welt zu nehmen, womit dann die Vereinigten Staaten und die oben erwähnten *Insider* an dessen Stelle treten konnten. Hierfür trieb er geschickt unter Ausnutzung europäischer Rivalitäten erst einmal das britische Weltreich und das französische Kolonialimperium in den Zweiten Weltkrieg gegen das Deutsche Reich, weil letzteres sich von der Wall Street unabhängig gemacht hatte. Die in ihrer Politik des 19. Jahrhunderts verharrenden Briten ließen sich nicht nur darauf ein, sondern dann erst einmal Polen und danach Frankreich im Stich. Als sie schließlich selbst kurz vor der Kapitulation standen, waren die US-Amerikaner bereit dazu, sowohl mit ihrem so lange hinausgezögerten

---

[274] UPI-Meldung, 5. 5. 1944, nach Hamilton Fish, aaO. (s. S. 21, Q. 13), S. 14.
[275] Hamilton Fish, ebenda, S. 20.

Kriegseintritt gegen Deutschland diesen Konkurrenten – wie im fernen Osten Japan – auszuschalten, als auch »genauso entschlossen gegen das britische Empire und gegen jede (den USA im Wege stehende) Empire-Idee vorzugehen«.[276]

Wie es dem natürlich auch *Insider*-gesteuert US-Präsidenten Thomas Woodrow WILSON mit seiner vorerwähnten Parole des »Selbstbestimmungsrechts der Völker« gelang, »durch die Kriegsbeteiligung der USA für diese die erste Weltmachtstellung bei geringem Einsatz« zu erreichen,[277] so gelang es Präsident ROOSEVELT beziehungsweise den dortigen ›*Insidern*‹ mit seinen/ihren Bemühungen, »den Kolonialismus so schnell wie möglich abzuschaffen« und auf Kosten Europas die imperiale Vorherrschaft der Vereinigten Staaten in der westlichen Welt vollends durchzusetzen. Nach seinen Vorstellungen »sollten die USA mit den Russen und Chinesen Bündnisse schließen und so einen Block gegen die vierte alliierte Macht, die Briten, bilden. Zusammen könnten die großen Vier oder, wie ROOSEVELT sie nannte, ›*die vier Polizisten*‹ den Frieden garantieren, wobei der UNO als koordinierender Körperschaft die Aufgabe globaler Wirtschaftsentwicklung zufiele.[278] ROOSEVELT glaubte, er könne STALIN und TSCHIANG für diesen Plan gewinnen.

---

[276] Leonie Wolfe, »Roosevelts Kampf gegen Churchill und das britische Imperium«, in *Neue Solidarität*, 22. 11. 1995.

[277] *Das Bertelsmann Lexikon*, 1955.

[278] Wie stark nach dem Zerfall des Sowjetimperiums die Vereinten Nationen seitens der Vereinigten Staaten wieder als ihr Werkzeug betrachtet werden, geht aus dem Gerangel um den von UN-Generalsekretär Boutros BOUTROS-GHALI anläßlich der 51. UN-Vollversammlung (September 1996) formell angemeldeten Anspruch auf seine Wiederwahl hervor. Während er sich wohl der Mehrheit der vielen armen Mitgliedsländer sicher sein dürfte, konterte die Botschafterin der Vereinigten Staaten, Madeleine ALBRIGHT: Die Vereinten Nationen brauchten an ihrer Spitze »keinen Buchhalter (der die USA an ihre ausstehenden Mitgliedsbeiträge erinnert), sondern einen Organisator mit Visionen« (für die von ihm zu vertretenden US-Interessen). (Karl-Ludwig Günsche, »Tauziehen um Boutros-Ghali – Der UNO-Generalsekretär kämpft für eine zweite Amtsperiode«, in *Die Welt* 18. 9. 1996) Die Wiederwahl des wohl auch – wie einst der deswegen als Warnung für seine Nachfolger verleumdete und verfolgte Ex-Generalsekretär WALDHEIM – nicht zur Genüge US-willfährigen 73jährigen Ägypters haben die Vereinigten Staaten mit ihrem Vetorecht im UN-Sicherheitsrat verhindern können. Das ist ein Novum in der 50jährigen Geschichte der Vereinten Nationen. Im US-Kongreß wurde die Kampagne gegen die Vereinten Nationen vom isolationistischen ›America-first-Flügel‹ der Republikaner um Jesse HELMS gestartet. Dieser duldete nicht die militärische Unterordnung der Vereinigten Staaten unter die Vereinten Nationen und fand dabei im letzten Wahlkampf in Bob DOLE einen Befürworter. »Um nun zu verhindern, daß daraus ein Wahlkampfthema wurde, münzte CLINTON diese Vorurteile der rechtskonservativen Republikaner in eine Kampagne gegen BOUTROS-GHALI um.« (Fritz Wirth, »Unwürdiges Trauerspiel um den UN-Generalsekretär – Die USA suchen einen Sündenbock, um ihre ausstehenden Beitragszahlungen an die UNO zu recht

Dann müßten die Briten, so sehr sie sich auch wehrten, bei der Neuordnung mitmachen. ROOSEVELT betrachtete es als notwendig, die praktisch bestehende Kolonialallianz zwischen Franzosen und Briten zu zerschlagen. Wie er seinem Sohn sagte, hatten die Franzosen, die nach außen hin die Briten haßten, die imperiale Einstellung Britanniens übernommen und sich in dieser Frage auf ihre Seite geschlagen. Aus diesem Grund, sagte ROOSEVELT, wolle er verhindern, daß Indochina den Franzosen zurückgegeben würde.« Er vertrat die Auffassung, »für Japan (sei) es ein Kinderspiel (gewesen), dieses Land zu erobern«. Die Einwohner Indochinas seien so geknechtet worden, daß sie meinten: *»Nichts kann schlimmer sein als die französische Kolonialherrschaft!«* ROOSEVELT hat später in Kairo stundenlang allein mit TSCHIANG KAI-SCHEK zusammengesessen, während CHURCHILL immer mürrischer wurde, um seine Vorstellungen von einer »Großmacht China« mit einer »Regierung der nationalen Einheit« von TSCHIANG KAI-SCHEK mit den Kommunisten zu übermitteln. »In Teheran eröffnete ROOSEVELT STALIN unter vier Augen seine Pläne, alle Imperien aufzulösen. In einigen Berichten hieß es, STALIN habe es mit der Angst zu tun bekommen, als er sich die Konsequenzen davon vor Augen führte... Beide Politiker verständigten sich darauf, daß Indochina und auch andere Kolonialgebiete ›befreit‹ werden müßten.«[279]

---

fertigen«,in *Die Welt*, 20. 11. 1996) Neben dem Versuch, damit ihre ausstehenden Beitragszahlungen an die UN zu rechtfertigen, dürfte das einer der Hintergründe des US-inszenierten Trauerspiels um den UN-Generalsekretär sein. Hier wird auf den Vorfall nur eingegangen, weil er darlegt, daß die Vereinten Nationen US-seitig nicht für irgendwelche hehren Ziele, sondern schlicht als Instrument zur Verfolgung US-amerikanischer Interessen geschaffen wurden und selbst für Auseinandersetzungen in der US-Innenpolitik herhalten müssen.

[279] Leonie Wolfe, aaO. (s. S. 181, Q. 276).

Verschwörungshypothese nach Gary Allen

Der vorerwähnte Gary Allen kommt bei der Beweisführung für seine Verschwörungshypothese[280] zu einer Reihe von interessanten Ergebnissen, von denen hier die Kernsätze als Hintergrundinformation für diese Strategie wiedergegeben werden:

1. Er zitiert nach einer UPI-Meldung vom 27. 12. 1956 das Oberhaupt des Jesuitenordens der römisch-katholischen Kirche, Pater Pedro Arrupe, zur Machtentfaltung der von ihm (G. Allen) als *»Insider«* bezeichneten, »nach Selbstverewigung drängenden Clique« (S. 17), mit folgenden, als Teil dessen Bemerkungen zum ökumenischen Konzil erhobenen Vorwürfen:

   »Diese... gottlose Gesellschaft operiert in einer außergewöhnlich wirkungsvollen Art und Weise, wenigstens in den höheren Führungsebenen. Sie macht Gebrauch von allen ihr zur Verfügung stehenden Mitteln, seien sie nun wissenschaftlicher, technischer, sozialer oder wirtschaftlicher Art. Sie folgt einer genau ausgearbeiteten Strategie. Sie hält beinahe die gesamte Macht über die internationalen Organisationen, die Finanzkreise und über den Bereich der Massenkommunikation, nämlich Presse, Kino, Radio und Fernsehen, in den Händen.« (S. 18)

Dann stellt er fest:

2. »Der Erfolg der Verschwörer wird zum größten Teil von ihrer Fähigkeit bestimmt, sich und ihre Vorhaben zu verheimlichen.« Die Elite der akademischen Welt und die Massenmedien würden hier beträchtliche Schützenhilfe leisten, »indem sie die Existenz der *Insider* stets nur ins Lächerliche ziehen und so deren Operationen vertuschen«. (S. 18 f.)
3. »Wer die *Insider* bloßstellt, gerät in ein Dauerfeuer der Massenmedien, da diese durch das Establishment kontrolliert werden. So wird jeder mit dem Verlust seines gesellschaftlichen Ansehens bedroht, sollte er es wagen zu behaupten, daß hinter all den Problemen, die gegenwärtig Amerika ruinieren, eine Or-

---

[280] Gary Allen, aaO. (s. S. 171, Q. 263), S. 17–41.

ganisation steht.[281] Leider ist vielen ihre gesellschaftliche Stellung weit wichtiger als das Überleben der Freiheit in Amerika.« (S. 20)

4. Den sozialorientiert denkenden Menschen werde es schwer gemacht, »die offensichtliche Verschwörung objektiv zu erkennen, (weil) die Verschwörer aus den obersten gesellschaftlichen Schichten kommen. Sie sind sehr vermögend, gebildet, wirken sehr kulturbewußt, und viele genießen den Ruf ausgeprägter Menschenfreunde«. (S. 20)

5. »Die *Insider* wissen, daß der Sozialismus, durch den sie die Welt zu kontrollieren beabsichtigen, nur aufgehalten werden kann, wenn sich die freien Unternehmer zusammen mit der großen Zahl der Beschäftigten dagegen auflehnen.« (S. 20 f.) »Das Bestreben, nicht den Kommunismus, sondern den Sozialismus zu etablieren, ist der Kern dessen, was Kommunisten und *Insider* tun. MARX und alle seine Erben in den kommunistischen Bewegungen haben ihre Nachfolger angewiesen, am Aufbau des Sozialismus zu arbeiten.« (S. 33)

6. »Gerade jene, die (in den USA) den Sozialismus am heftigsten vorantreiben, (haben) ihren eigenen Reichtum in Familientrusts und steuerfreien Stiftungen sichergestellt. Männer wie ROCKEFELLER, FORD und KENNEDY befürworten jedes sozialistische Programm, das Menschen sich ausdenken und das die Steuern der Amerikaner erhöht. Sie selbst jedoch bezahlen so gut wie keine Steuern. Ein Artikel verrät uns, daß einer der Rockefellers in

---

[281] Präsident CLINTONS Herausforderer um das Amt des Präsidenten, der republikanische Mehrheitsführer im Senat, Richard (Bob) DOLE, umschrieb den Tatbestand der Insider-Machtentfaltung in den Vereinigten Staaten, indem er bei seiner Kennzeichnung CLINTONS als das »Haupthindernis für einen ausgeglichenen Haushalt zum Ausdruck brachte, daß unter diesem liberale Eliten die Regierungsinstitutionen als Geisel« genommen hätten. (*Welt-Nachrichtendienst,* »Clinton ruft Republikaner zur Zusammenarbeit auf«, in *Die Welt,* 25. 1. 1996) Mit dieser Haltung konnte er dort allerdings 1996 noch genauso wenig US-Präsident werden, wie Steffen HEITMANN nach seiner von der ›Political Correctness‹ (PC) abweichenden Äußerung in Deutschland 1993 weiterhin für das sehr viel weniger bedeutende Amt des Bundespräsidenten kandidieren durfte.

»Seit. . . Bob DOLE (auch) der Traumfabrik Hollywood und deren Hunderten hörigen TV-Kanälen den moralischen Kampf angesagt hat, fühlen sich immer mehr Regierungschefs der 50 US-Staaten ermutigt, ins gleiche Horn zu stoßen.« (Hella Boschmann, »Eine fernsehfreie Woche in Amerika«, in *Die Welt,* 6. 5. 1996) Die Anti-PC-Bewegung gewinnt zwar in den Vereinigten Staaten an Einfluß, dürfte jedoch derzeit noch nicht stark genug sein, um bereits eine entscheidende Wende herbeiführen zu können.

einem der letzten Jahre den stattlichen Betrag von 685 Dollar an persönlicher Einkommensteuer bezahlt hat. Die Kennedys haben ihren Chicago-Großhandelsmarkt, ihre Häuserblocks, Yachten, Flugzeuge usw., die alle Eigentum ihrer zahllosen Familienstiftungen und Trusts sind. Das Steuerzahlen überläßt man großzügig dem einfachen Volk.« (S. 41)[282]

Gary ALLEN faßt mit seinen *Insider*-Betrachtungen zur ›Verschwörungstheorie‹ Absichten zusammen, die später (1993) mit der auf der Jubiläumstagung des ›Club of Rome‹ in Hannover vertretenen Auffassung bestätigt wurden, nämlich, daß die Welt nicht mit Liberalismus, Demokratie und Marktwirtschaft regiert werden könne. Hier wurde »unsere Demokratie« nicht etwa als reformbedürftig, sondern generell »als eingerostet, schlapp und korrupt« bezeichnet und den »demokratischen Systemen in ihrer jetzigen Ausformung« überhaupt keine Chance eingeräumt, die Probleme zu meistern, mit denen sie in Gegenwart und Zukunft konfrontiert sind. Diese Aussagen sind in dem vom ›Club of Rome‹ in Auftrag gegebenen und von seinem Exekutivkomitee angenommenen, nach der vom Autor verwandten Quelle »wohlfundierten und quellenmäßig umfassend untermauerten Bericht« seines Mitglieds, des Politologen der Hebräischen

282 In Deutschland, wo – bedingt durch zwei verlorene Kriege, Reparationszahlungen, Demontagen und den wirtschaftlichen Zusammenbruch in den zwanziger Jahren – die Vermögensverhältnisse anders strukturiert sind, sind es unter anderen die Politiker, die sich – an der von ihnen ständig fester angezogenen Steuerschraube vorbei – rücksichtslos auf Kosten des arbeitenden Bürgers bereichern. Nachdem die Abgeordneten des Deutschen Bundestages im Herbst 1995 nicht damit durchgekommen sind, sich mittels Grundgesetzänderung mit automatischen Diätenerhöhungen zu versorgen, haben sie sich – dann zwischenzeitlich allerdings um ein Jahr verschoben – auch ohne eine Grundgesetzänderung nicht nur eine sagenhafte Diätenerhöhung bewilligt, sondern auch ihre steuerfreie Kostenpauschale per 1. Januar 1996 auf nunmehr ganze DM 6122.-/Monat erhöht. Wobei hinzugefügt werden muß, daß sie aus ihren Büros im Bundestag gebührenfrei telefonieren, ihnen Dienstfahrzeuge Tag und Nacht für den Stadt- und Nahverkehr zur Verfügung stehen und sie im Fernverkehr kostenfrei die Deutsche Bahn benutzen. Um dem geschröpften Bürger das Erfordernis der drastischen Diätenerhöhung verständlich zu machen, wurde eine Werbeaktion mit Kosten in Höhe von DM 441 000 gestartet, in deren Rahmen Faltblätter verteilt wurden, in denen die »Arbeitsbelastung der Parlamentarier und ihre verantwortliche Tätigkeit« erklärt wurden. Diesem Diätenskandal waren bereits vergleichbare Diätenerhöhungsmanöver in Länderparlamenten – so in der Hamburger Bürgerschaft – vorausgegangen. Ferner sei bemerkt, daß die deutschen Parteien im Haushaltsjahr 1995 mit DM 225 Millionen vom Steuerzahler direkt subventioniert wurden (SPD: DM 90,3 Mio., CDU/CSU DM 90,1 Mio., Grüne: DM 15,3 Mio. und die Republikaner: DM 4,8 Mio.). (*Unabhängige Nachrichten*, 2/1996, S. 10) Hierbei bleibt unberücksichtigt, was den Parteien – etwa an ihre (mit Ausnahme von PDS und Republikanern) politischen Stiftungen – sonst noch aus öffentlichen Kassen zufließt.

Universität Jerusalem und Beraters der israelischen Regierung, Yehezkel DROR, unter dem Titel (deutsche Übersetzung) *Ist die Erde noch regierbar?* veröffentlicht worden. DROR stellt fest:

»Der unabhängige einzelne Bürger, der autonom sein Leben gestaltet, entspricht nicht der Wirklichkeit.«[283] Globale Probleme können nur auf globale Weise gelöst werden. Es seien deshalb Voraussetzungen zu schaffen, die es der internationalen Gemeinschaft gestatten, unabhängig von einem zu erzielenden Konsens oder den innenpolitischen Erwägungen weniger mächtiger Staaten (also statt dessen von den nach Gary ALLEN als *Insider* bezeichneten Oligarchen) entschlossen zu handeln. Als Exekutivinstrument schlägt DROR dafür die – sich zukünftig nach seinen Vorstellungen allerdings aus Zwangsmitgliedern zusammensetzenden – Vereinten Nationen vor.[284] Vorrangig sei die Aufgabe, die Vorstellung von der »Menschheit als einer geschlossenen Gemeinschaft zu schaffen«. Die derzeitigen Einzelstaaten seien nicht mehr dazu in der Lage, die Sicherheit des Überlebens der Menschheit in Frieden und Gerechtigkeit zu gewährleisten.[285] Hier werden Gedanken globalisiert, wie sie im Kleinen als Kibbuz und in der sozialistischen Kommune als Wohngemeinschaft jeweils auf freiwilliger Basis sowie im ehemaligen Ostblock als Zwangskollektiv verwirklicht worden sind. Der ›Club of Rome‹ möchte die Kirche als »Gewissen der Welt« ablösen.[286] Hieraus erklärt sich wohl die von dem oben nach Gary ALLEN zitierten Pater ARRUPE verwandte Charakterisierung der eine ›Neue Weltordnung‹ anstrebenden Kräfte als »gottlose Gesellschaft«.

In Deutschland hat sich Karl W. BÄHRING in seinem *Die anonymen Herrscher – Macht und Macher des Zeitgeistes* wie vorher der US-Amerikaner Gary ALLEN bemüht, jene anonymen Kräfte zu enttarnen, die durch die Gestaltung und Formulierung des Zeitgeistes wahre Macht ausüben und diese mittels Kontrolle von ihnen beherrschter Medien und Politiker durchsetzen.[287]

Aus heutiger Sicht und erstrebenswerter außenpolitischer Orientierung Deutschlands muß festgestellt werden, daß Josef STALIN

---

[283] Yehezkel Dror, *Ist die Erde noch regierbar? – Ein Bericht an den Club of Rome,* Bertelsmann-Verlag, München, 1995, S. 39, nach Rezension von Friedrich R. Romig, in *Junge Freiheit,* 8. 12. 1995.

[284] Yehezkel Dror, ebenda, S. 272. – Aus dieser Sicht wird das »unwürdige Trauerspiel um den UN-Generalsekretär« Boutros BOUTROS-GHALI (1996) verständlich.

[285] Yehezkel Dror, ebenda, S. 267.

[286] Yehezkel Dror, ebenda, S. 8.

[287] Karl W. Bähring, *Die anonymen Herrscher – Macht und Macher des Zeitgeistes,* Druffelverlag, Berg a. Starnberger See, 1996.

– nicht die Russen – den Krieg zur Eroberung ganz Europas betrieben hat. Die *Insider* – nicht die US-Amerikaner – wollen das Gleiche. Während STALIN mittlerweile verstorben und sein Stalinismus untergegangen ist, existieren die *Insider* weiter. Nach dem Zusammenbruch der Sowjetunion stellen sie für Europa – damit keinesfalls nur für Deutschland allein – die Hauptgefahr dar und sind dabei, es mit ihren verschiedenartigen Krakenarmen total zu vereinnahmen, ihm seine Identität zu nehmen und es auszusaugen. Wenn Europa das nicht mit sich geschehen lassen will, muß es seine internen, sich auf die Niederhaltung Deutschlands konzentrierenden Rivalitäten aufgeben und sich vereint dieser *Insider*-Herausforderung stellen. Statt daß Deutschland als bisheriges Hauptopfer dieser transatlantischen Einflußnahme bemüht ist, seine Schlüsselrolle dabei zu verstehen, überbietet sich seine *Insider*-mediengemachte und -kontrollierte Politikerklasse in *›Political Correctness‹*, also im Betreiben Deutschlands tributpflichtiger Auflösung und multikultureller Zersetzung seiner Werte, deren Bedeutung für das restliche Nord-, Mittel- und Westeuropa aus nationaler Eitelkeit seitens dessen Länder leider verkannt wird.

Genauso, wie Deutschland und seinen derzeitigen EU-Partnern nicht am Niedergang Großbritanniens und/oder Frankreichs gelegen sein kann, gilt das auch hinsichtlich deren Überlebenschancen für Deutschland. Erst wenn diese Denkweise geistiges Allgemeingut der EU-Mitgliedsländer und ihrer Bürger geworden ist, kann man an eine ehrliche Union mit gemeinsamer Wirtschafts-, Verteidigungs-, Finanz- usw. -Politik sowie schließlich vielleicht auch an eine gemeinsame Währung denken. Wer das nicht einsehen will, hintergeht Europa, dessen Einigungserfordernisse und geopolitische Zukunft. Diesbezüglich ist zur derzeitigen NATO anzumerken, daß es sich hierbei um ein Instrument der Vereinigten Staaten beziehungsweise deren *Insider* zur Beherrschung Europas handelt.

Auch die NATO-Osterweiterung ist US-amerikanisches Bestreben, ein mit der dadurch bewirkten Einkreisung Deutschlands verteidigungspolitisch geschwächtes Europa unter US-Kontrolle zu halten. Wenn Michael HAMMERMEISTER in der *Pommerschen Zeitung* anmerkt: »Die Nato nach Osten geht auf Deutschlands Kosten«,[288] gilt das letztlich nicht nur für Deutschland allein, sondern für das restliche EU-Europa mit. Es ist daher nicht verwunderlich, daß die »mit Härte

---

[288] Michael Hammermeister, »Die Nato nach Osten geht auf Deutschlands Kosten – Ausgrenzung Rußlands fördert neue Bedrohung und unliebsame Koalitionen«, in *Die Pommersche Zeitung*, 18. 1. 1997.

und Charme« »am Washingtoner Firmament... (als) ein neuer Stern zu strahlen« beginnende US-Außenministerin, Madeleine ALBRIGHT geb. Korbel, bei ihrem ersten öffentlichen Auftritt, nachdrücklich die NATO-Osterweiterung forderte.[289] Hans-Peter SCHWARZ äußert sich Ende Januar 1997 in der *Welt* zu dieser mediengefeierten Außenpolitikerin und dem Hintergrund ihres europapolitischen Denkens:

> »Mit dem gebürtigen Polen Zbigniew BRZEZINSKI, der zu Zeiten Präsident CARTERS Sicherheitsberater war, hat diese Tochter aus tschechischer Emigrantenfamilie die Abneigung gegen brutale Mächte gemeinsam, die schwächeren Ländern übel mitspielen. Ob somit bei ihr, ähnlich wie bei BRZEZINSKI, insgeheim noch gewisse Vorbehalte gegen Deutschland und Rußland bestehen, die früher ein Schrecken ihrer schwächeren Nachbarn waren, bleibt abzuwarten.«

Die *Insider*-seitig getroffene Auswahl der Außenministerin läßt daran zweifeln, ob sich die Europäer und da insbesondere die Deutschen – wie der zitierte Journalist weiter zu Madeleine ALBRIGHTS Ernennung empfiehlt – »sich... glücklich preisen (sollten), daß wieder einmal eine Persönlichkeit an die Spitze der amerikanischen Außenpolitik gelangt ist, die ihre Wurzeln in Europa hat und die mit Feinden der Freiheit und Menschenwürde (also nach herrschender Lehre den bösen Deutschen) nicht lange fackelt... (Auch) könne man die neue Herrin im *State Department* (US-Außenministerium) möglicherweise in Paris und Bonn... fürchten lernen, wenn europäische Zaunkönige ihre Gefieder allzu hochmütig sträuben«.[290]

Madeleine ALBRIGHT hat ihre Eltern – ihr Vater war tschechoslowakischer auswärtiger Beamter – zweimal ins Exil begleitet, einmal 1939 als Kleinkind nach Großbritannien wegen der deutschen Besetzung der Tschechei und das zweite Mal elfjährig Ende der vierziger Jahre ins US-amerikanische Asyl auf der Flucht vor den Kommunisten. Da ihr Hintergrund eher durch die NS-Bedrohung als vom zweiten Auswanderungsgrund ihrer Eltern geprägt ist, werden die Vereinigten Staaten mit ihrer Ernennung wohl kaum

[289] rtr-Meldung, »Albrights politische Grundzüge – US-Außenministerin steht für stabiles Europa und Nato-Osterweiterung«, in *Die Welt*, 27. 1. 1997.

[290] Hans-Peter Schwarz, »Amerikas Außenpolitik mit Härte und Charme, Mrs. Albright nennt die USA ›die unverzichtbare Nation‹ – für Freiheit und Gleichgewicht der Kräfte«, in *Die Welt*, 29. 1. 1997.

positive deutschlandpolitische Absichten verbinden. Hinzu kommt, daß sie Schülerin und spätere wissenschaftliche Mitarbeiterin des vorerwähnten Exilpolen Zbigniew BRZEZINSKI gewesen ist, bevor sie nach einer entsprechenden eigenen Hochschullaufbahn in den US-auswärtigen Dienst eintrat und dann bis zur Übernahme ihrer neuen Funktion ihrem Land als Botschafterin bei den Vereinten Nationen gedient hat. Auf diesem Posten hat sie als Einzelkämpferin die Ablösung des Generalsekretärs Boutros BOUTROS-GHALI betrieben und mit ihrem Veto im UN-Sicherheitsrat durchgesetzt.

Sofort nach ihrer Amtseinführung als US-Außenministerin hat Madeleine ALBRIGHT Deutschland offiziell der »Unterdrückung« der wohl *Insider*-verflochtenen *Scientology*-Organisation bezichtigt. Der Unterton war dabei nicht zu überhören, daß sich hier etwas wiederhole, was es doch schon einmal in Deutschland gegeben habe. »Dieses war ihr erster Streich. Und der zweite. . .« wird wohl bald folgen. *Die Presse* berichtet aus Wien dazu: »Bonn hat freilich sofort klargemacht, daß es seine Politik gegenüber *Scientology* nicht ändern werde, und dies zu Recht. Denn Deutschland ist besonders sensibilisiert, was Organisationen betrifft, die totalitäre Strukturen aufweisen.« Vorher hatte es die in den Vereinigten Staaten mächtige Sekte geschafft, daß Stars des *Insider*-beherrschten Hollywoods Deutschland wegen dieser »Unterdrückung« anklagten.[291] Die anmaßende Überheblichkeit kommt aus einem Land, dessen ethnisch-religiöse Toleranz es zuläßt, daß gleichzeitig – wie bereits oben zitiert – »kaum eine Woche vergeht, in der nicht eine andere Kirche vornehmlich schwarzer Gemeinden im ›*Bible Belt*‹, dem frommen Süden der USA, durch Brandstiftung zerstört wird«. Es dürfte nicht zu erwarten sein, daß der deutsche Außenminister zumindest dem offiziellen Amerika, also seiner forschen US-Kollegin anrät, besser vor der Tür ihres eigenen Hauses zu kehren, ehe sie meint, sich nach Art des Hauses mit erhobenem Zeigefinger in die inneren Angelegenheiten Deutschlands einmischen zu müssen.

Aus diesem Zusammenhang erklärt sich KOHLS plötzliche Eile, vorauseilend-unterwürfig über die Köpfe der deutschen Betroffenen hinweg die »Schlußstrich-Erklärung« zu unterzeichnen, mit der er die tschechische Annexion und ethnische Säuberung der historisch deutsch besiedelten Teile Böhmens und Mährens sowie

---

[291] *Die Presse,* Wien, nach *Die Welt,* 29. 1. 1997.

des Sudentengebiets sanktionieren will, aber völkerrechtlich nicht kann. Und das bei einem Land, das nicht einmal das nach dem Selbstbestimmungsrecht der Völker völkerrechtlich sauber zustande gekommene Münchner Abkommen anerkennt. Schon lange vor ihrer Ernennung war die tschechische Emigrantin ALBRIGHT als neue US-Außenministerin im Kabinett CLINTONS zweiter Amtsperiode gehandelt worden. Wie dezidiert ihre *Insider*-Nominierung gewesen sein muß, geht aus der breiten parlamentarischen Zustimmung hervor, die sie für ihre Ernennung sowohl von CLINTONS Demokraten als auch von der Mehrheitspartei, den Republikanern, erhalten hat.

Die Geopolitik der Neuzeit ist gewissen entwicklungsbedingten Wandlungen unterworfen. Die Spanier und Portugiesen bedienten sich ihrer Flotten und der christlichen Religion, um ihre Entdeckungen und Eroberungen durchzuführen und zu sichern. Von den Briten wurde behauptet, die sprächen von JESUS CHRISTUS, meinten jedoch Kattun. Ihre antikatholische Weltmacht beruhte jedoch auf ihrer Flotte und den von ihr erreichbaren Zielen. Die Eroberung und Beherrschung nicht von See aus zu kontrollierender Territorien wurde vermieden. Und wenn das wie im Falle von Afghanistan doch einmal versucht wurde, mißlang es. Die Franzosen konnten sich zur See nicht behaupten und stützten sich bei ihren imperialen Bestrebungen wie auch die wegen ihrer geographischen Lage weniger meeresorientierten Russen auf ihre jeweiligen Armeen. Bei der Sowjetunion kam noch die Heilslehre des Kommunismus als Rechtfertigung für ihre imperiale Expansionspolitik hinzu. Die Vereinigten Staaten haben diese Großmächte in zwei deswegen inszenierten und jeweils durch materielles und schließlich auch direktes militärisches Eingreifen für sich siegreich entschiedenen Weltkriegen abgelöst und kontrollieren nunmehr die Welt über die Bildschirme des Fernsehens und neuerdings auch des Internets. Was bei den Spaniern und Portugiesen – wie bereits im mittelalterlichen Europa – die Religion als Rechtfertigung für ihre Eroberungen und bei den Sowjets der Kommunismus war, ist bei den US-Amerikanern genau so scheinheilig die US-beherrschte Demokratie. Hollywood ist deshalb zum Beispiel für die *Insider*-gelenkte US-Außenpolitik wichtiger als das *State Department* (US-Außenministerium). Flankiert wird diese mediale Beherrschung der bisher christlichen Welt durch militärische Interventionen. Deshalb tun sich die US-Amerikaner recht schwer, die aus sozio-kulturellen Gründen aus dem Westen medial kaum erreichbare Welt des Islams unter ihre Kontrolle zu bringen.

Das gilt derzeit besonders für die Nahmittelost-Region (NMO-Region), wohingegen es für die US-Amerikaner mittlerweile selbstverständlich zu sein scheint, daß die christliche Welt sich die US-Interessen zum Gebot ihrer jeweiligen Außen-, Handels- und Militärpolitik macht. Das gilt zum Beispiel für die Länder Iran, Irak, Libyen und Kuba im Negativen sowie Polen und Tschechien im Positiven. Und das völlig ungeachtet der bestehenden energie- und rohstoffpolitischen Abhängigkeiten, exportpolitischen Notwendigkeiten, strategischen Erfordernissen und sich aus der Geschichte ergebenden mehr oder weniger freundschaftlichen Beziehungen der so von ihnen vergewaltigten Länder. Hinzu kommen ethnisch-kulturelle Vorgaben, wie derzeit die massive Forderung, die *Scientology*-Organisation als christliche Religionsgemeinschaft anzuerkennen, obwohl in Europa recht totalitäre Erfahrungen[292] mit dieser Einrichtung gemacht worden sind. Wie oben erwähnt, ist Deutschland besonders bei letzterem von US-Druck betroffen.

Wenn sich Europa das nicht auf Dauer gefallen lassen will, muß es sich gemeinsam dieser Bevormundung entgegenstellen und diese gemeinsam abwehren. Konzentriert sich die Europapolitik der EU-Mitgliedsländer jedoch weiterhin lediglich auf die als ›Einbindung‹ umschriebene EU-Auflösung Deutschlands, muß sich Europa (und nicht etwa nur Deutschland allein – so lange es noch besteht) mit dem Status einer ›US-Schutzzone‹ abfinden. Die Franzosen sind seit Staatspräsident Charles DE GAULLE das einzige EU-Mitgliedsland, das sich erkennbar dieser Notwendigkeit bewußt ist, aber bisher bedauerlicherweise auch dasjenige EU-Mitgliedsland im Herzen Europas, das eine solche Europapolitik durch seine europäischen Hegemonialträume aus der napoleonischen Vergangenheit sowohl kulturell als auch wirtschafts- und verteidigungspolitisch unmöglich macht.

[292] Thomas Gandow (Beauftragter der Evangelischen Kirche in Berlin-Brandenburg für Sekten- und Weltanschauungsfragen), »Scientology, Islamisten und SED-Millionen«, in *Die Welt*, 30. 1. 1997 (›Die andere Meinung‹).

Fehler deutscher Politik

Die deutsche Außenpolitik täte deshalb besser daran, Deutschlands Kriecherei vor den westlichen Siegermächten zu beenden und den Franzosen und Briten darzulegen, daß ein Zusammenwachsen Europas in deren eigenem Interesse nur gelingen kann, wenn sie aus ihren Großmachtträumen erwachen und dazu bereit sind, auf dem Boden einer gleichberechtigten europäischen Realpolitik mit Deutschland zusammenzuarbeiten. Trachten sie lediglich danach, letzteres tributpflichtig und militärisch besetzt zu halten oder gar nach MITTERRAND es EU-aufzulösen, werden sie mit untergehen. Dazu gehört auch die Beendigung ihrer Sympathie für die osteuropäischen Nachbarstaaten Deutschlands als heimliche Bündnispartner für dessen militärische Einkreisung.

In Anbetracht der Ernennung vom Madeleine ALBRIGHT scheint eine solche Europapolitik dringlicher denn je zu sein, wenn insbesondere Frankreich und Deutschland »die neue Herrin im *State Department*. . . (nicht) fürchten lernen« wollen, falls sie von US-Vorgaben abweichende eigene handels- oder europapolitische Gedanken entwickeln und deswegen von Washington für unbotmäßig befunden werden.

Der Wille Europas zu einer Gemeinschaft, die nicht zum Scheitern verurteilt ist, kann daran gemessen werden, ob es zu einer Verteidigungsgemeinschaft mit gemeinsamen Atomstreitkräften, einer gemeinsamen Außenpolitik (mit – sofern überhaupt – einem gemeinsamen Sitz im UN-Sicherheitsrat oder lediglich einer gemeinsamen Beobachtermission ohne teuere Mitgliedschaften in diesem US-Instrument), einer gemeinsamen Wirtschaftspolitik, einer gemeinsamen Grenzsicherungspolitik usw. bereit ist. Gemeinsames Interesse, insbesondere die stabile Deutsche Mark abzuschaffen, reicht dafür nicht aus. Dadurch wird Europa lediglich vom deswegen bereits ständig im Verhältnis zu den Währungen der EWU-Kandidaten steigenden US-Dollar als einziger Leitwährung der Welt – und damit von den finanzpolitischen Launen der Vereinigten Staaten – abhängig.

Auf eine gemeinsame Währung und unkontrolliert offene Grenzen für Lohndumping-Erzeugnisse und -Dienstleistungen, Kriminalität sowie aus aller Herren Länder nach Europa eindringende Wirtschaftsflüchtlinge könnte und sollte eine solche Europäische

Union besser verzichten. Wird der EU-Bulle jedoch zum Beispiel mit einer voreiligen gemeinsamen Währung vom Schwanz aus aufgezäumt, bedeutet das – zur Freude nicht nur der US-Amerikaner – mit einiger Sicherheit sein Ende, ehe er sich überhaupt richtig entwickelt hat. Auch müßte eine solche Europäische Gemeinschaft eines Tages selbst, und nicht US-Amerika, nach ihrer Interessenlage entscheiden, ob sie mit ihren integrierten Verteidigungskräften osterweitert werden will und kann oder nicht. Europa schreibt ja den Vereinigten Staaten auch nicht vor, ob sie sich zum Beispiel nach Mexiko bevölkerungs-, währungs-, wirtschafts- und verteidigungspolitisch süderweitern sollen oder besser nicht.

Der transatlantisch interessierte Leser wird hinsichtlich einer solchen europapolitischen Konzeption auf den folgend auszugsweise zitierten Kommentar des *Boston Herald* zur US-amerikanischen Teilvereinigungspolitik und deren logische Folgen hingewiesen. (s. S. 195, Q. 296) US-seitig haben sich die deutschland- und damit europapolitischen Vorstellungen zwischenzeitlich nicht geändert. Die US-Regierung hat zwar gewechselt. Die sie steuernden *Insider* sind aber geblieben.

Eine sicherheitspolitische Zusammenarbeit mit den Vereinigten Staaten ist erstrebenswert, wenn sie mit einer selbstbewußten europäischen Verteidigungsgemeinschaft einhergeht, aber doch nicht mit einem Haufen Einzelinteressen verfolgender Staaten, der nur unter US-amerikanischem Oberbefehl (wie auf dem Balkan) funktionsfähig ist. Das große Geschick der *Insider* besteht darin, daß sie die europäischen Staaten nach dem Prinzip des ›*Divide et impera!*‹ (›Teile und herrsche!‹) – auf eine vermeintliche deutsche Gefahr fixiert[293] – zerstritten halten, um damit Europa von ihnen militärisch kontrolliert, seiner kulturellen Identität beraubt und damit politisch beherrschbar zu halten.

[293] **Warum** werden z.B. bisher die Hess-Akten und viele andere historische Fakten unter Verschluß gehalten?

Warum lernen die europäischen Schulkinder in ihrem Geschichtsunterricht nicht, daß Adolf Hitler mittels Finanzierung aus dem Ausland seit 1923 aufgebaut wurde, warum das geschehen ist und welche Staaten sich daran beteiligt haben?

Warum findet der vom *Foreign Office* 1939 mit dem Auswärtigen Amt geführte ›Telefonkrieg‹ und die darin vertretene britische Forderung keine Erwähnung, wenn das Für und Wider der Währungsunion die deutsche Nation erschüttert?

Warum darf die Vergewaltigung des Selbstbestimmungsrechts der Völker mit Versailles I, den anderen Pariser Vorortverträgen und – nach dem oben zitierten *Boston Herald* – Versailles II (dem 2 + 4-Vertrag) nicht zur historischen Wahrheit gemacht werden, sondern wird weiterhin als völkerrechtlich zulässig bezeichnet?

Haltung der USA zu Deutschland und Europa

Die bereits oben zitierte US-amerikanische Autorin Freda Utley äußerte sich 1949 zu Roosevelts *Insider*-vorgegebenen pro-sozialistischen US-Außenpolitik zum Nachteil Deutschlands: »Der bedeutendste Einfluß in Amerika zur Unterstützung kommunistischer Ziele dürfte die Weigerung der Anhänger des (Roosevelts) *New Deals* sein einzugestehen, daß die Politik von Präsident Roosevelt ein fundamentaler Fehler war. Wenn sie ihre Verehrung für den verstorbenen Präsidenten erhalten sollen, müssen sie weiterhin glauben, daß die Deutschen die Quelle allen Frevels und eine fortbestehende Gefahr für den Frieden in der Welt sind. Die meisten von ihnen haben nicht den Schneid zuzugeben, daß ihr ehrwürdiger Anführer irrte, indem er glaubte, daß all das, was erforderlich war, um einen dauerhaften Frieden zu sichern, die Vernichtung der Existenz der deutschen Nation sei; und daß dieses Ziel die enge Zusammenarbeit mit Stalin rechtfertigte... Sie sind bereit dazu, das Risiko einzugehen, die Deutschen an die Seite der Russen zu treiben.«[294] Letztere Auffassung wird auch noch 41 Jahre später gegenwartsbezogen, in bezug auf die Rolle der Vereinigten Staaten bei der Festlegung der Bedingungen für das Machwerk des 2 + 4-Vertrags, vom hier zitierten *Boston Herald* geteilt:

»Präsident Bush und Außenminister Baker nannten nun Bedingungen für eine deutsche Wiedervereinigung: Die Deutschen müssen in der NATO bleiben; sie müssen alle Gebietsansprüche im Osten aufgeben; sie müssen gute Europäer sein, indem sie ihre Souveränität dem sozialistischen Superstaat, dem herannahenden Europa 92, unterordnen. Indem sie einen seit vierzig Jahren loyalen Partner einem moralischen Test unterwerfen wollen, fordern Bush und Baker ein neues Rapallo[295] heraus... Was

[294] Freda Utley, aaO., (s. S. 22, Q. 17), S. 305.

[295] In Rapallo (Winterkurort und Seebad an der italienischen Riviera südöstlich von Genua am Golf von Rapallo) wurde am 16. April 1922 zwischen Deutschland und der Sowjetunion ein Vertrag abgeschlossen, in dem beiderseitig auf Wiedergutmachungsleistungen für entstandene Kriegsschäden und deutscherseits durch die bolschewistische Revolution verstaatlichte deutsche Vermögen in Rußland verzichtet sowie die Aufnahme von diplomatischen Beziehungen und die Verbesserung der wirtschaftlichen Zusammenarbeit vereinbart wurde. Das Deutsche Reich nutzte hierbei die Isolierung der Sowjetunion

einst das deutsche Volk den Vereinigten Staaten ganz nahe brachte, war die Berliner Luftbrücke. Amerika riskierte den Krieg mit STALIN, um das Leben von Deutschen zu retten, um die Freiheit der Deutschen zu verteidigen. Wenn wir diesen Geist aufrechterhalten, erhalten wir uns ihre Freundschaft. Wenn wir ihn aber gegen den Geist von Versailles eintauschen, die Pose der Sieger von Versailles einnehmen, werden wir Deutschland verlieren.«[296]

Das sollte bei einer deutschen, wohl erst nach der Amtszeit Kohls und dem Genscherismus möglichen US- und EU-Politik bedacht werden. In den Vereinigten Staaten gibt es das Sprichwort:

In New York fragt man: »Was hast Du?«
In Chicago fragt man: »Was kannst Du?«
In Boston fragt man: »Was weißt Du?«

Dem *Boston Herald* kann bestätigt werden, daß er damals US-deutschlandpolitisch zu den Wissenden gehört hat. Auf deutscher Seite hat dieses Wissen zum Nachteil der Nation bei den Teilvereinigungspolitikern entweder gefehlt oder wurde *›political correct‹* ignoriert.

Zeitgeistkonforme deutsche Politiker bemühen sich darum, die Russen mit der Propagierung einer NATO-Osterweiterung so zu verärgern, daß eine Alternative zu Deutschlands ›unumkehrbarer Westeinbindung‹, also seiner Auflösung in tributpflichtige Protektorate der Europäischen Union, unmöglich wird. Kein anderes EU-Mitglied ist bereit dazu, das Überleben seines eigenen Volkes derart ›unumkehrbar‹ den macht- und einflußpolitischen Vorstellungen der anderen ›Partnerländer‹ auszuliefern, und schon gar nicht die europäischen Altgroßmächte Frankreich und Großbritannien.

Es ist aufschlußreich, wie dieser US-amerikanische Bündnispartner auch seine von ihm dazu angestachelten Weggefährten

---

durch die Westmächte aus, um für sich die Folgen des verlorenen Krieges – vor allem die erdrückenden Reparationsleistungen und die sonstigen demütigenden Bedingungen des Vertrages von Versailles – zu mildern. Großbritannien und Frankreich empfanden den vom deutschen Außenminister Walter RATHENAU und dem russischen Volkskommissar für Auswärtige Angelegenheiten, Georgij TSCHITSCHERIN, geschlossenen Vertrag als starke Brüskierung. Seither wird im Westen immer wieder die Sorge wach, Deutschland könne sich wie beim Rapallo-Vertrag erneut durch eine Zusammenarbeit mit Rußland aus der politisch-militärischen Einkreisung der Westmächte zu lösen versuchen.

296 *The Boston Herald*, nach *Die Welt*, 6. 1. 1990, unter »Wider die Angst vor den Deutschen«.

des Zweiten Weltkriegs behandelt hat. Daran ändert nichts, daß sich nach dem Ableben von Präsident ROOSEVELT am 12. April 1945 mit seinem Nachfolger Harry TRUMAN »die britischen Gefolgsleute in Amerika ans Werk (machten), ROOSEVELTS Politik und seine (über die Zerschlagung der Konkurrenten Deutschland und Japan hinausgehenden) Nachkriegspläne (zu Lasten Großbritanniens und Frankreichs) zunichte zu machen. Befehle, die an US-Kriegsschiffe ausgegeben werden sollten, Hongkong einzunehmen und den Chinesen zu übergeben, wurden zurückgezogen. Auch wurden die Franzosen nicht mehr daran gehindert, sich erneut in Indochina festzusetzen. . . Noch im gleichen Monat stimmte die amerikanische Delegation bei den Vereinten Nationen gegen den Vorschlag, der darauf abzielte, die britischen und französischen Kolonialbesitzungen unter internationale Aufsicht zu stellen und einen bindenden Zeitplan für die Unabhängigkeit aufzustellen. (Auch) ließ Präsident TRUMAN unter dem Einfluß des britisch beeinflußten US-Kriegsministers Henry STIMSON die beiden Atombomben abwerfen, angeblich um das Leben amerikanischer Soldaten bei der Invasion Japans zu retten, was ROOSEVELT und seine Militärberater als überflüssig erachteten, denn Japan hatte längst seine Kapitulation vorbereitet. Nicht eines der von ROOSEVELT vorgeschlagenen und schon in die Planungsphase eingetretenen Entwicklungsprojekte wurde jemals verwirklicht«.[276]

Ihre Wirkung haben die ROOSEVELT erteilten *Insider*-Vorgaben jedoch trotzdem hinterlassen. Die Bedeutung Großbritanniens und Frankreichs ist lediglich etwas später zu derjenigen von Mittelmächten geschrumpft. Das kann aber nicht dem Deutschen Reich angelastet werden, sondern allein Frankreichs und Großbritanniens aggressiv-deutschfeindlichem Chauvinismus und der Europapolitik ihres US-amerikanischen Bündnispartners. Das lediglich auf seinen Bestand und seine Gleichberechtigung bedachte Deutsche Reich hätte ihnen das niemals angetan. Aber um das nicht zuzulassen, haben Großbritannien und Frankreich ihre Bedeutung und Größe in der Welt geopfert sowie damit in zwei Weltkriegen ihre eigenen Weltreiche zerstört. Statt deswegen gelegentlich Trauerflor anzulegen, feiern sie jedoch – wie wir gesehen haben – bei jeder passenden Gelegenheit ihre mit Hilfe der Vereinigten Staaten für den Ausbau deren Weltmachtstellung errungenen Siege über ihren deutschen Nachbarn, das ›Herz Europas‹. Der heutige

---

[297] Leonie Wolfe, aaO. (s. S. 181, Q. 276).

geopolitische Zustand dieser ehemaligen Großmächte erinnert im Vergleich zu ihrer einstigen Größe und Bedeutung fatal an denjenigen der Militärkontingente, die 1812 mit dem geschlagenen Napoleon I. aus dem russischen Winter zurückkehrten. Auch diese waren östlich ihrer Landesgrenzen (allerdings nicht freiwillig) für Drittinteressen verschlissen worden wie die Jugend und die Weltgeltung Großbritanniens und Frankreichs in den von Premier Major als »Dreißigjähriger Krieg 1914 bis 1945« bezeichneten beiden Weltkriegen.

Was der oben zitierte, wohl außer *Insider*-Kontrolle geratene *Boston Herald* bei seiner Kommentierung übersehen hat, ist die Tatsache, daß die von ihm kritisierte US-amerikanische Europapolitik nicht nur Deutschland auflösen und es damit für die US-Außenbeziehungen – sei es positiv oder negativ – an Bedeutung verlieren läßt, sondern mit ihm auch die ganze ›Alte Welt‹. Die USA beziehungsweise die von dort aus operierenden *Insider* beabsichtigen auf dieser Grundlage, mit ihrem Medieneinfluß und dem US-Dollar von der ›Neuen Welt‹ aus den Rest des Globus zu beherrschen. Die Denkweise des *Boston Herald* entspricht noch derjenigen zur Zeit des ›Kalten Krieges‹, als der westliche Teil des gerade niedergemachten Deutschlands zeitweilig gebraucht wurde und deshalb sein ›Wirtschaftswunder‹ haben durfte sowie unter Aufsicht der Siegermächte auch eingeschränkt wiederaufgerüstet werden mußte, um Europa gegebenenfalls *am Rhein* mitzuverteidigen. Ein solches Interesse besteht jedoch nach dem Zusammenbruch des Ostblocks auf transatlantischer Seite nicht mehr, sondern wie zur Zeit des Zweiten und Dritten Reiches das Bestreben, Europa machtpolitisch zu neutralisieren, indem erneut eine franko-britanische Allianz mit osteuropäischen Ländern gegen Deutschland von deren *Insider*-beherrschten Medien durchgesetzt wird.

Lediglich auf dem Balkan läßt sich diese Politik mit Rücksicht auf den Friedensprozeß im Nahen Osten nicht lupenrein umsetzen, wenn einmal davon abgesehen wird, daß es wohl auf der Linie dieser Zielsetzungen liegt, die Bundesregierung veranlaßt zu haben, zur Reaktivierung des deutsch-serbisch/russischen Spannungsverhältnisses mit der völkerrechtlichen Anerkennung Kroatiens und Bosniens vorzupreschen – womit gleichzeitig die Briten und Franzosen verärgert wurden –, die Koschnick-Mission durchzuführen und den dortigen Einsatz eines deutschen Bundeswehrkontingents vorzunehmen. Ungeachtet dessen ist es den Vereinigten Staaten und den dortigen *Insidern* wieder einmal gelungen, die franko-britannischen US-Bündnispartner – dieses Mal auf dem Balkan – vorzuführen, um sich dann – wie in beiden Weltkriegen – auf Kosten derer mit geringem Einsatz als die unbestrittene Großmacht in Szene zu setzen.

Die von den Vereinigten Staaten aus betriebene Geopolitik der *Insider* ist durch zwei Merkmale gekennzeichnet, einmal das Streben nach ihrer »Eine-Welt-Regierung« mittels »Unterwerfung oder Übereinkunft«, wie es das CFR-Mitglied James WARBURG am 17. Februar 1950 vor dem US-Senatsausschuß für auswärtige Angelegenheiten zum Ausdruck gebracht hat,[298] und zum anderen durch die dabei angewandte Methode des skrupellosen Einsatzes von den nach der US-amerikanischen Weltanschauung und Rechtsordnung geächteten Herrschaftsformen wie dem Nationalsozialismus, dem Kommunismus, der Mafia und dem islamistischen Fundamentalismus. Erst wurde der Erste Weltkrieg zugunsten der Pariser Vorortverträge, also der Balkanisierung Zentraleuropas und dortiger kommunistischer Unruhen mit US-amerikanischem Geld (unter anderem der Morgan Bank), und – als das allein nicht reichte – auch noch mit dem Einsatz von US-Militär entschieden. Besonders wichtig waren den ›*Insidern*‹ die Deutschland im Versailler Vertrag aufgebürdeten Reparationen, weil diese einerseits den wirtschaftlichen Wiederaufbau des Reiches verhindern sollten und zum anderen Deutschland zur Aufnahme gezielt kurzfristig terminierter Kredite für langfristige Investitionen auf dem US-amerikanischen Finanzmarkt zwangen.

Wie schon oben ausgeführt, wurden in der Weltwirtschaftskrise 1929 – von der man bisher nicht weiß, in wieweit sie gemacht worden ist, um den *Insidern* die billige Übernahme großer Aktienpakete zu ermöglichen – die von Deutschland aufgenommenen Kredite kurzfristig gekündigt. Damit wurden die deutschen Wiederaufbauerfolge der ›*Golden Twenties*‹ (der ›Goldenen Zwanziger Jahre‹) abrupt zu Fall gebracht. Parallel dazu wurde – wie bereits mit US-amerikanischen Quellen belegt – gemeinsam mit den Briten, Franzosen, Polen und Tschechen die ›Machtergreifung‹ Adolf HITLERS in der Absicht finanziert, damit nicht etwa nur Deutschland, sondern ganz Europa zu destabilisieren und entweder bei HITLERS Scheitern die europäische Konkurrenzfähigkeit durch den Kommunismus im Herzen dieses Kontinents beseitigen zu lassen oder nach dem oben zitierten Lord

[298] Emil Schlee, »Selbstaufgabe durch ›Übereinkunft‹?, in *Unabhängige Nachrichten*,1/1996, S. 5.

VANSITTART bei HITLERS Erfolg »innerhalb von fünf Jahren einen europäischen Krieg« herbeizuführen. (s. S. 43, Q. 57) Ziel dieses Krieges sollte es sein, die geopolitisch-wirtschaftliche Vorherrschaft Europas zu beseitigen.

Diese *Insider*-Rechnung ist mit dem Zweiten Weltkrieg und dem 2 + 4-Vertrag voll aufgegangen. Dabei haben sich die *Insider* einmal des sowjetrussischen Kommunismus und zum anderen bei der Landung und dem Vordringen in Italien in Zusammenarbeit mit deren US-Ableger der süditalienischen Mafia bedient. Daß damit dem Kommunismus mit seinen kriegerischen und zivilen Folgen ein halbes Jahrhundert lang zur Weltmachtstellung verholfen und der Mafia sowohl in den Vereinigten Staaten als auch in Italien das Eindringen in den öffentlichen Sektor – in Italien sogar ein Durchdringen von Staat und Wirtschaft bis in die Poebene – und mittlerweile auch bereits ihr Vordringen bis nach Deutschland ermöglicht wurde, ist dabei wahrscheinlich in bezug auf Europa sogar in Kauf genommen worden. Dann wurde zur Schwächung des seitens der *Insider* im Zweiten Weltkrieg begünstigten sowjetischen Weltkommunismus dem islamistischen Fundamentalismus in Afghanistan vom CIA zum Durchbruch verholfen, der nicht nur dort viel Blut und Tränen gekostet hat und weiterhin kosten wird, sondern nunmehr auch unter anderem die Vereinigten Staaten im eigenen Land herausfordert.

Nach der letzten Meldung hierzu ist dort um die Jahreswende 1996/97 eine Serie von Briefbombenanschlägen verhindert worden, die unter anderem dem Bundesgefängnis in Fort Leavenworth (Kansas) galten, wo der islamistische Fundamentalist Mohammed SALAME eine lebenslange Strafe wegen des Terroranschlages auf das *World Trade Center* in New York verbüßt. Angst vor weiteren Anschlägen besteht.[299] Anfangs ist die ›Reislamisierung‹ in Nord- und Westafrika, der NMO-Region und großen Teilen Asiens vom Irak und dessen Rivalen, dem Iran, bis nach Mindanao/Philippinen zur Selbstbehauptung gegenüber der technologisch überlegenen christlich geprägten westlichen Welt entstanden. Als der Verfasser im Jahre 1952 die Türkei bereiste, teilte ihm ein in Deutschland ausgebildeter türkischer Rechtswissenschaftler mit, daß der islamistische Fundamentalismus nach dem Tod von Staatspräsident Kemal ATATÜRK (1938) in den Startlöchern läge, um aus der Türkei wieder einen ›Gottesstaat‹ zu machen.

[299] *Die Welt*, 4. 1. 1997, »Acht Briefbomben in den USA entschärft«.

Mit dem dem Deutschen Reich und seinen Bundesgenossen von den drei europäischen Großmächten Frankreich, Großbritannien und Rußland aufgezwungenen Ersten Weltkrieg wurde eine Lawine losgetreten, die durch das finanzielle Engagement und schließlich auch direkte militärische Eingreifen der Vereinigten Staaten Europa und die NMO-Region destabilisiert hat. Seitens der *Insider*-beherrschten Vereinigten Staaten wurde mit dem als jeweilige Folgemaßnahmen geförderten Nationalsozialismus, Weltkommunismus, Eindringen der Mafia in Staat und Gesellschaft (nicht nur Italiens) sowie islamistischen Fundamentalismus von der Neuen Welt aus in der Alten Welt Unordnung verursacht. Mit Necmettin ERBAKAN ist es 1996, also 44 Jahre nach der dem Verfasser gegenüber in Ankara geäußerten Besorgnis, einem Islamisten gelungen, dort Ministerpräsident zu werden.

Mit Unterstützung der als ›*Political Correctness*‹ bezeichneten *Insider*-Vorgaben ist der Islam mit seinen mittlerweile zunehmend fundamentalistischen Elementen bereits nach Westeuropa und – wie oben ausgeführt – sogar in die Vereinigten Staaten selbst vorgedrungen. Und wer in Deutschland deswegen Besorgnis zum Ausdruck bringt, wird von *Insider*-hörigen Kräften sofort als ›ausländerfeinlich‹ abqualifiziert und in die rechtsradikale Ecke ausgegrenzt.

Der Versuch der *Insider*, den jeweils vorher von ihnen instrumentalisierten Teufel mit der Förderung eines Beelzebub auszutreiben, also den mit der Zerstörung des Zweiten Deutschen Reiches und seiner Bundesgenossen gelegten Brandherd mit jeweils neuen Brandbeschleunigern löschen zu wollen, hat mittlerweile einen immer wieder in offenes Feuer ausbrechenden weltweiten Schwelbrand hervorgerufen. Und das nur, damit eine kleine *Insider*-Oligarchie an ihrer ›Globalisierungs-Politik‹ verdienen kann.

Wie oben weiter zitiert, ließ sich das *Centraalblad voor Israeliten in Nederland* in seiner Ausgabe vom 13. September 1939 zur Verbreitung des Aufrufs mißbrauchen, »den Ausrottungskrieg nach Deutschland zu tragen bis zur totalen Vernichtung«. (s. S. 67, Q. 109) Die damit wohl beabsichtigte Reaktion des Dritten Reiches ist nicht ausgeblieben. Die mit der Instrumentalisierung Adolf HITLERS bezweckten Opfer wurden genauso bereitwillig für *Insider*-Interessen in Kauf genommen, wie die Opfer des mit Munition beladenen Passagierdampfers ›Lusitania‹ (7. 5. 1915) und der Matrosen der US-Marinebasis Pearl Harbor (7. 12. 1941), als es galt, die US-amerikanische Bevölkerung bereit zu machen, einerseits

Deutschland als ›Herz des konkurrierenden Europas‹ oder andererseits Japan als das ›Herz des konkurrierenden Ostasiens‹ mit seinen Völkern auszuschalten.

Außerdem verdankt die Welt den *Insidern* nicht nur die Entwicklung und Weiterentwicklung der ABC-Waffen, sondern auch ihren Einsatz im Zweiten Weltkrieg. Nur die Vereinigten Staaten haben bisher – wie hier belegt wurde ohne militärische Notwendigkeit – mit dem Abwurf ihrer Atombomben auf die Zivilbevölkerung japanischer Großstädte Atomwaffen zum Einsatz gebracht. Und das ohne auch nur den späteren Versuch, die dafür verantwortlichen Drahtzieher aus dem *Insider*-Lager vor ein Kriegsverbrechertribunal zu stellen. Was wäre wohl mit den Tätern nach einem von Deutschland verlorenen Krieg geschehen, wenn es Deutsche gewesen wären, die zwei solche Atombomben gebaut und auf die Zivilbevölkerung der Kriegsgegner abgeworfen hätten!

Political Correctness

Es ist nicht verwunderlich, wenn in den Vereinigten Staaten selbst eine Anti-PC-Bewegung (PC = *Political Correctness*) Boden gewinnt, weil immer größere Teile der US-Bevölkerung sich einfach nicht länger auf *Insider*-Kampfplätzen in aller Welt – sei es als Kanonenfutter, sei es als Steuerzahler – für *Insider*-Interessen einsetzen oder gar verschleißen lassen wollen. In welchem Ausmaß die deutsche Medienlandschaft *Insider*-gesteuert ist, geht unter anderem einerseits daraus hervor, wie intensiv dem deutschen Medienkonsumenten vor den US-Präsidentschaftswahlen suggeriert wurde, daß nur Bill CLINTON und nicht der wiederholt den *Insider*-Einfluß auf Politik und Gesellschaft der Vereinigten Staaten kritisierende Bob DOLE als Präsident der Vereinigten Staaten geeignet ist, obwohl keiner der beiden Kandidaten in Deutschland gewählt werden konnte, und es andererseits seitens der deutschen Medien so gut wie vollständig verschwiegen wurde, daß es vorerwähnte Anti-PC-Bewegung in den Vereinigten Staaten gibt. Herbert KREMP hat allerdings im Dezember 1995 im Feuilleton (›Geistige Welt‹) der *Welt* unter der wenig über den Inhalt aussagenden Überschrift »Wo Bach zum Macho wird« dankenswerterweise die ›*Political Correctness*‹ ›gegengelesen‹. Seine Ausführungen sind in bezug auf den politischen Standort Deutschland so aufschlußreich, daß dessen die Thematik dieser Analyse besonders berührende Teile hier auszugsweise wiedergegeben werden:

Die bisherigen Vorstellungen von »Korrektheit gegenüber mutet es fast erheiternd an, was als ›*political correctness*‹ seit Jahren durch die amerikanische Gesellschaft stolziert und sich wie HEGELS Ideale, nur in umgekehrter Himmelsrichtung fortschreitend, auch in Europa, vor allem jedoch in Deutschland, freibleibend niederschlägt. Vergleichbar ist der kulturelle Ansatz, neue, gesellschaftswirksame Tabus zu errichten, Historie durch Neubewertung oder gar Ausblendung von Fakten der eigenen Wunschwelt anzupassen,[300] Realitäts-Wahrnehmung zu steuern, um Einfluß auf politisches Urteilen und Handeln, auf geistes- und naturwissen-

[300] Das erklärt die Notwendigkeit, in dieser Darstellung des politischen Standorts Deutschland immer wieder auf zeitgeschichtliche Fakten hinzuweisen und diese sorgfältig zu belegen. Wie bereits wiederholt zitiert, bezeichnet Golo MANN die dem deutschen Volk heute vorgegebene Historie als das »volkspädagogisch gewünschte Geschichtsbild«.

schaftliches Forschen, Lehren und Publizieren, *last but not least* auf die besonders beachtete journalistische Multiplikation zu gewinnen. Dem Hegemonialstil der Großideologien ähneln auch die Durchsetzungsformen der Neu-Gebote: Eroberung der Institutionen, Marktplätze und Sprecherrollen durch Vertreter des ›Korrekten‹, das Ausgrenzen der Ungehorsamen bis zur Anwendung terroristischen Drucks. Mit der Usurpation von Denk-Programmen geht in jedem Fall die Machtfrage einher... (Und das) mit allen Folgen... des erbitterten feindseligen Disputs.

Die feministische Forderung etwa, *mankind* (›Menschheit‹, aber auch unter anderem ›Mannhaftigkeit‹) und *manslaughter* (›Totschlag‹) – Begriffe der ›euro- und phallozentrischen Kultur‹ – durch *humankind* und *humanslaughter* zu ersetzen, den *chairman* (›Vorsitzenden‹) zum *chair* (›Stuhl‹) zu kastrieren, *negro* (rassistisch) durch *Africa Americans* oder gar *persons of color* (›farbige Personen‹) zu ersetzen, will sich nicht so recht durchsetzen, wie Jörg von Uthmann bei einem Symposion des Deutschen Autorenrats über ›Politische Korrektheit‹ in Weimar ausführte. Von 3500 amerikanischen Universitäten haben heute 500 *Women's Studies* (›Frauenfragen‹) und 350 *Black Studies* (›Farbigenfragen‹) im Programm, wobei die sogenannte wissenschaftliche Erforschung der Frauen und Schwarzen ausnahmslos von Frauen und Schwarzen mit dem offen verkündeten Ziel der Teilhabe an der Macht (*empowerment*) vermittelt wird.

In der praktischen Folge geht es also nicht um Gemeinsamkeiten, also nicht um das Trennende zwischen Schwarz und Weiß, Frau und Mann, um die Entmachtung der PPPP (*pale patriarchal penis people* – ›bleichen, patriarchalischen Penis-Leute‹). Die als Minderheiten definierten Gruppen grenzen sich ab und wollen, obwohl untereinander verfeindet – wie Schwarze und Juden in New York, Hispanics und Schwarze in Washington – die Feldherrnhügel der (weißen) Mehrheit erobern. Die vorgefundene Wirklichkeit, zuerst die kulturelle, wird nach diesem Schema kritisch durchdekliniert: Johann Sebastian Bach mit seinem vertonten männlichen Gott gilt als ›unsensibler Macho‹...

Mit Bann belegt wird, wer behauptet, das schlechte Abschneiden der Schwarzen bei Intelligenztests habe neben sozialen auch genetische Ursachen...

Politische Korrektheit führt heute auch in Deutschland einen amerikanischen Namen, doch hat sie speziell in unserem Jahrhundert eine lange deutsche Tradition. Sie ist ernster als die überseeische, tiefer in ihrer Leere und daher womöglich bösartiger...

Ein eindeutiger PC-Fall ist das Schicksal, das dem Buch des Amerikaners John SACK widerfuhr, das 1993 in den USA erschienen und in seiner deutschen Übersetzung 1995 vom Piper-Verlag eingestampft wurde (6000 Exemplare). Warum? *Auge um Auge – Opfer des Holocaust als Täter* schildert, wie 1945 in Polen 200 000 Deutsche in 277 Gefängnissen und 1255 Lagern von ehemaligen KZ-Häftlingen in einer Weise festgehalten und behandelt wurden, daß 60–80 000 ihr Leben verloren. John SACK ist Jude, er reagierte entsetzt auf die Fakten-Ausblendung, die der Verlag aufgrund des Unkorrektheits-Verdachts in einer Vor-Rezension im Eil-Gehorsam bewerkstelligte... Tugendwacht verhängt die Wirklichkeit, wenn der Gedanke der Vergleichbarkeit von Kommunismus und Nationalsozialismus sich Bahn zu brechen versucht...

In den USA jedoch drängt eine wahre Titelflut auf den Markt und eine Anti-PC-Bewegung in die (elektronischen) Medien. Sie singt nicht mehr zu den Vöglein im Walde, sondern sieht Mädchen als ›chicks‹ (Küken), grillt Frösche... (etc.) Längst hat die Provokation gegen Schwarze, Hispanics, Frauen, Homosexuelle den Kongreß erreicht. Leitfigur Newt GINRICH und die *patriotic correctness* (›patriotische Korrektheit‹): ›Der *backlash* (Rückschlag) ist da.‹ (BEHRENS/VON RIMSCHA). In Deutschland ist er [allerdings nach Meinung des Verfassers nur noch] nicht zu erwarten. Hier pflegt man [noch] Harmonie und hört lieber auf zu denken, als daß man zum Streit rüstet.«[301]

Auf diesem Hintergrund ist das Wahlergebnis in den Vereinigten Staaten von Anfang November 1996 nicht uninteressant. Einmal hat sich die Hälfte der wahlberechtigten Bevölkerung nicht an diesem demokratischen Prozeß beteiligt. Diese Zurückhaltung dürfte weniger wirklicher Natur sein als Ausdruck der Verachtung für das, was die da oben tun. Die als Politik(er)verdrossenheit charakterisierte, auch in Deutschland zunehmende Entfremdung zwischen Macht und Gesellschaft wird mehr als Folge der *Insider*-Einflußnahme auf die Politik zugunsten deren und nicht des Volkes Interessen zu deuten sein, auch wenn das dem Normalbürger nur unterschwellig bewußt wird. Zum anderen ist bemerkenswert, daß die Republikaner trotz DOLES und GINGRICHS wiederholt demonstrierter PC-Unbeugsamkeit und der deswegen bis nach Deutschland betriebenen abschätzigen Medienbewertung von Prä-

---

301 Herbert Kremp, »Wo Bach zum Macho wird. Political Correctness, gegengelesen«, in *Die Welt*, 2.12.1995, S. G3.

sidentschaftskandidat und republikanischer Partei von den sich an den Wahlen beteiligenden Wahlberechtigten immerhin 41 Prozent der Stimmen für ihren Präsidentschaftskandidaten und eine Mehrheit in beiden Häusern (Repräsentantenhaus und Kongreß) er- oder behalten haben.

Hinsichtlich der möglichen Rückwirkungen auf Deutschland waren diese US-Wahlen PC-politisch bedeutsam, weil einer letztlich vom deutschen Volk selbst zu bewältigende Demokratiereform wohl erst zum Durchbruch verholfen werden kann, nachdem sich in den USA die Anti-PC-Welle durchgesetzt und über den Atlantik nach Europa sowie damit auch nach Deutschland geschwappt ist. Das sollte jedoch das deutsche Volk nicht davon abhalten, sich unverzüglich um die Durchsetzung einer PC-unabhängigen Politik und damit vordringlich gegen die EU-Auflösung ihres Staates und die Verwirklichung der Europäischen Währungsunion (EWU) einzusetzen. Ansonsten könnte eine Demokratierefom – wenn überhaupt noch – später vielleicht nur noch revolutionär durchsetzbar sein. Und dagegen müßte dann wieder mit einer Allianz der westeuropäischen Kriegsalliierten mit ihren osteuropäischen Bundesgenossen Polen, Tschechien und Serbien gerechnet werden. Dem steht zur Zeit nur eine deswegen abgerüstete Bundeswehr ohne Atomwaffen gegenüber. Deutschland könnte sich dabei somit in einer ähnlichen Lage befinden, wie 1956 Ungarn bei seinem Volksaufstand gegen allerdings keine NATO-, sondern UdSSR-Besatzer und deren Marionettenpolitiker im Land. Eine republikanische Anti-PC-Regierung in den Vereinigten Staaten wäre für Deutschland bündnispolitisch wahrscheinlich sehr viel zuverlässiger als die deswegen von den deutschen PC-Medien bevorzugte PC-Regierung Bill CLINTONS. Das erklärt auch den deutschen Medienjubel über den US-amerikanischen Wahlausgang.

Besonders die Kommentare der ÖRA können von dem weniger politikversierten Bürger fast immer als sicheres Indiz für das angesehen werden, was Deutschland schadet oder nützt. Wird dort etwas empfohlen oder – wie zum Beispiel die Unterzeichnung der »Schlußstrich-Erklärung« durch Bundeskanzler KOHL in Prag am 21. Januar 1997 – bejubelt, ist es in der Regel schlecht für Deutschland. Wird jedoch vor etwas gewarnt oder eine Entwicklung beklagt, kann mit einiger Sicherheit davon ausgegangen werden, daß es sich hier um einen Deutschland begünstigenden Vorgang handelt.

Die vom *Boston Herald* zutreffend mit »*Geist von Versailles*« charakterisierte US-amerikanische Deutschlandpolitik hat sich nach folgender dpa-Meldung bis zum Jahr 1996 nicht geändert: »In einer Erklärung der Botschaft der USA in Prag hieß es (zur Geltung der Potsdamer Erklärung vom 2. 8. 1945), die damals von den Vereinigten Staaten, Großbritannien und der ehemaligen Sowjetunion getroffenen Entscheidungen basierten auf internationalem Recht und seien zudem in unterschiedlichen multi- und bilateralen Zusammenhängen bestätigt worden.«[302] Hierzu sei in Erinnerung gerufen, wie das Mitglied des US-Kongresses Charles W. VURSELL die Potsdamer Erklärung laut Kongreß-Protokoll vom 1. Februar 1946 charakterisiert hat:

> »Unter der Potsdamer Erklärung sind die Vereinigten Staaten unwissend mitverantwortlich (Partner) für das Massensterben besonders in Deutschland unter Verstoß gegen die bestehenden und menschenrechtlichen Regeln des Völkerrechts geworden, die es dem Sieger immer zur Verantwortung gemacht haben, die unschuldigen Opfer der betroffenen Bevölkerung bestmöglichst zu schützen.«[303]

Auch die russische Botschaft in Prag und – wie nicht anders zu erwarten – die dortige Botschaft Großbritanniens haben etwa

---

[302] dpa-Meldung, in *Die Welt,* 15. 2. 1996. – Für das, was hier als internationales Recht bezeichnet wird, fehlen allerdings jegliche völkerrechtliche Normen. Die Unterzeichner der Potsdamer Erklärung waren Signatarstaaten der Haager Landkriegsordnung (HLKO) von 1907. Artikel 43 HLKO lautet: »Nachdem die gesetzmäßige Gewalt tatsächlich in die Hände des Besetzenden übergegangen ist, hat dieser alle von ihm abhängenden Vorkehrungen zu treffen, um nach Möglichkeit die öffentliche Ordnung und das öffentliche Leben wiederherzustellen und aufrechtzuerhalten, und zwar, soweit kein zwingendes Hindernis besteht, unter Beachtung der Landesgesetze.«

Auf der Grundlage der Potsdamer Erklärung sind 1945/1946 mehr als drei Millionen Deutsche unter dazu noch grausamsten Bedingungen mit großen menschlichen Verlusten aus der Tschechoslowakei vertrieben worden. Ihr Eigentum wurde vom Staat entschädigungslos konfisziert. In Anbetracht dieses völkerrechtlichen Sachverhalts schrieb US-Präsident TRUMAN im Januar 1946 – fünf Monate nach Abschluß der Potsdamer Erklärung – an seinen Außenminister BYRNES:

»In Potsdam wurden wir vor eine vollendete Tatsache gestellt und durch die Umstände gezwungen. . . zuzustimmen. Es war ein willkürlicher Gewaltakt.« (*Die Pommersche Zeitung,* 24. 2. 1996, »›Es war ein willkürlicher Gewaltakt‹ – Potsdamer Beschlüsse rechtfertigten nicht Vertreibung«)

Papst JOHANNES PAUL II. bezeichnete in 1980 bis 1984 vor Diplomaten gehaltenen Ansprachen jede Deportation und Vertreibung als Verbrechen. (Herbert Czaja, Stuttgart, Leserzuschrift, in *General-Anzeiger,* Bonn, 20. 2. 1969) Ob das seinerseits auch für die ethnische Säuberung von Ostpreußen, Schlesien und Hinterpommern gilt, darf allerdings bezweifelt werden. 1984 stellte er zwar fest, daß solche Verbrechen nicht mit der ›Umsiedlung‹ ein Ende haben.

[303] *Congressional Record* vom 1. 2. 1946, S. A-397, nach Alfred M. de Zayas, *Nemesis at Potsdam – The Expulsion of the Germans from the East,* University of Nebraska Press, Lincoln–London, ³1988, S. 131.

gleichzeitig die Rechtmäßigkeit der Potsdamer Erklärung der Tschechischen Republik gegenüber bestätigt.[304] Dem hat sich – ungeachtet der ›deutsch-französischen Freundschaft‹ – gleichfalls die französische Botschaft in Prag angeschlossen. Die britische Premierministerin Margaret THATCHER hat sich im September 1990 und Queen ELISABETH II. bei ihrem Staatsbesuch in Prag im März 1996 sogar bei den Tschechen für die Rolle Großbritanniens beim Münchner Abkommen von 1938 entschuldigt,[305/306] obwohl es sich bei diesem viel geschmähten Abkommen doch nur um die Verwirklichung des Selbstbestimmungsrechts der Sudetendeutschen mit ihrem wie ein Protektorat verwalteten Land und nicht um mehr gehandelt hat.

Was würden wohl die Briten sagen, wenn Bundespräsident HERZOG sich bei einem Staatsbesuch in Argentinien in ähnlicher Weise zu den Falklandinseln äußern würde, obwohl dort nicht mehr als etwa 2000 Briten leben, also ein Bruchteil der sudetendeutschen Bevölkerung, die allein als Mordopfer bei der Vertreibung zu beklagen ist! Buenos Aires beansprucht diesen Argentinien vorgelagerten und dort offiziell als Malvinen bezeichneten Archipel im Südatlantik ungeachtet seines verlorenen Falklandkrieges (1982) weiterhin für sich. Seit 162 Jahren (Stand 1996) ist es britisch besetzt und besiedelt,[307] aber fürwahr im Vergleich zum Anspruch der Sudetendeutschen auf ihre Heimat kein britisches Stammland wie das Sudetengebiet in bezug auf das Deutsche Reich.

Den deutschland-fixierten Angreifern und Siegern der beiden Weltkriege und den deutschen Verzichtspolitikern ist offensichtlich nicht bewußt, welche Auswirkungen die Sanktionierung der ›ethnischen Säuberung‹ der deutschen Ostgebiete geopolitisch bereits heute hat und zukünftig in zunehmendem Maße haben wird, und das besonders für die europäisch besiedelten Regionen der Erde. Als Folge der ›Bevölkerungsexplosion‹ und in Verbindung mit den dadurch bedingten Bürgerkriegen – nicht nur in Afrika – hat »die Zahl der Flüchtlinge, die in anderen Ländern Sicherheit und neue Lebensperspektiven suchen«, rasch ansteigen-

---

[304] *Die Welt,* 16. 2. 1996, »Siegermächte: Potsdamer Abkommen rechtmäßig.«.

[305] *Die Welt,* »Thatcher entschuldigt sich in Prag für Münchner Abkommen von 1938 – ›Wir schämen uns‹ Europäische Magna Charta vorgeschlagen / EG soll Osteuropa aufnehmen«, 19. 9. 1990.

[306] *Die Welt,* 29. 3. 1996, »Die Queen in Tschechien«.

[307] Emiliano Grossmann, »Argentinien will die Falklands zu Malvinen machen – Buenos Aires beharrt auch nach 162 Jahren britischer Besatzung auf dem Archipel im Südpazifik – Ölvorkommen vermutet«, in *Die Welt,* 5. 1. 1996.

de Tendenz. Sie wurde von den Vereinten Nationen im Frühjahr 1994 weltweit auf 100 Millionen Menschen geschätzt.[308] In Anbetracht deren Notlage stellt sich aus deutscher Sicht die Frage, ob unsere Asyleuphoriker diese etwa alle zeitgeistgemäß aufnehmen wollen! Hierbei ist darauf hinzuweisen, daß jenen offensichtlich weniger an der Gewährung von Asyl für anerkannte Asylbewerber als Gäste auf Zeit als vielmehr an der Durchsetzung Deutschlands mit nicht sozio-kulturell integrierbaren Angehörigen von Fremdvölkern und den damit programmierten ethnischen Konflikten gelegen ist. Wie erklärt sich sonst, daß nach Alfred Weber z. B. 1993/94 von etwa 150 000 abgelehnten Asylbewerbern lediglich 36 000 abgeschoben wurden?[309]

Da die meisten wirklich Verfolgten zu arm für Transport und teuere Schlepper sind, müßten unsere Befürworter multikultureller Masseneinwanderung dafür dann wohl humanitäre Aktionen wie bei der ›Cap Anamur‹ mobilisieren, sofern sie nicht nur den wohlhabenden Asylsuchenden Aufnahme und Versorgung in Deutschland gewähren wollen. Während früher einmal russische Landgüter nach der dort vorhandenen Zahl an ›Seelen‹ (Leibeigenen) bewertet wurden, ist es in Anbetracht der dramatischen demographischen Entwicklung in der sogenannten Dritten Welt nicht verwunderlich, daß zeitgenössische Raubritter nach Art der Polen, Tschechen und Serben bemüht sind, ganze Regionen mittels Mord, Totschlag und Vertreibung ›ethnisch zu säubern‹, um Siedlungsraum für sich und ihre Stämme, ethnischen Gruppen oder Völker freizumachen. Rechtliche Grundlage dafür ist mit dem von den Siegermächten im und nach dem Zweiten Weltkrieg mit dem gewissermaßen an die Stelle der Haager Landkriegsordnung getretenen ›Neuen Völkerrecht‹ geschaffen worden, eines – wie die britische Verfassung – ungeschriebenen internationalen Rechts des jeweils Stärkeren auf ›ethnische Säuberung‹ kriegerisch annektierter Gebiete.

Seine Folgen für die Gegenwart sind zum Beispiel ›*Boat people*‹, das serbische Vorgehen gegen nichtserbische Einwohner Bosniens oder das Morden im dicht besiedelten Ruanda. Mit dem ›Neuen Völkerrecht‹ können aber auch zukünftige Handlungen gerechtfertigt

---

308 Gerd Brüggemann, »Strategie gegen die Armut – Weltbank: Breite Produktpalette für Entwicklungsländer / Fluchtursache bekämpfen«, in *Die Welt*, 28. 4. 1994.

309 Alfred Weber, »Klarheit und Bürgernähe – was ein Einwanderungsgesetz leisten könnte«, in *FAZ*, 26. 8. 1996, nach Ernst Hildebert Kratzsch, »Programmierte ethnische Konflikte in Deutschland«, *FAZ*, 5. 9. 1996.

werden. Diese können hinsichtlich ihrer Wirkung zahlenmäßig noch über das Unrecht hinausgehen, das den zweimal deswegen bekriegten Deutschen und Österreichern angetan wurde, nachdem dieses ›Neue Völkerrecht‹ 1848 auf der Panslawistischen Konferenz in Prag gefordert (Annexion und Vertreibung der in den Gebieten östlich einer Linie von Stettin bis Triest ansässigen nichtslawischen Bevölkerung), 1919 – nach bisherigen völkerrechtlichen Grundsätzen und Vereinbarungen unzulässig – in Ansätzen vorbereitet, im Zweiten Weltkrieg auf brutalste Weise praktiziert sowie 1989 von den Signatarstaaten des 2 + 4-Vertrages für den und vom deutschen EU- und NATO-Partner sanktioniert wurde.

In der Neuzeit des europäischen Abendlandes hatte es neben der Verfolgung jüdischer Minderheiten in Rußland, Polen und Deutschland wohl die Vernichtung einer verhaßten Oberschicht gegeben – so die in Frankreich heute noch gefeierten Blutorgien der Französischen Revolution und die auch häufig nach ethnischen Gesichtspunkten vorgenommenen GULAG-, Mord-, Vertreibungs- und Umsiedlungsaktionen während und nach der russischen Oktoberrevolution –, aber keine vergleichbaren flächendeckenden ›ethnischen Säuberungen‹ ganzer Provinzen von ihrer seit Jahrhunderten dort ansässigen Bevölkerung zur Befriedigung des Expansionsdrangs anderer Völker und der Schaffung von dazu noch lediglich dünn besiedeltem Lebensraum für diese. Das ist wohl nach dem Motto: »Ein toter Indianer ist ein guter Indianer« in dem sich ›*God's own country*‹ nennenden Teil der ›Neuen Welt‹ geschehen, wo später auch die Atombombe erfunden und überseeisch zur Vernichtung der Zivilbevölkerung zweier japanischer Städte eingesetzt wurde, aber nicht im europäischen Abendland. Die Wirkung dieser Nuklearwaffe wurde – wie ein halbes Jahrhundert später bekannt geworden – mittels Verstrahlung ahnungsloser unschuldiger Bürger des eigenen Landes erprobt.[310]

In der Sowjetunion haben der bisher »quantitativ größte Mordapparat der Menschheitsgeschichte, das KGB«, und seine »Vorläufer-Organisationen von der Tscheka an«[311] nach Schätzung von 1988 allein etwa 50 Millionen[312] bzw. nach Schätzungen von 1990 zwischen 30 und 60 Millionen Menschen umgebracht.[313] Wie groß davon der Anteil der aus ethnischen Gründen zu Opfern gewor-

---

[310] ARD-Sendung, »Tödliche Strahlen«, I. Programm, 7. 4. 1994, 23:00 Uhr.

[311] Carl Gustav Ströhm, »Der alte Blutdurst«, in *Die Welt*, 24. 12. 1990.

[312] *Die Welt*, 18. 4. 1988.

[313] Carl Gustav Ströhm, aaO. (Q. 311).

denen Personen ist, wurde bisher nicht erforscht. Für den politischen Standort Deutschland ist kennzeichnend, daß *den* Russen diese Straftaten und die anschließenden Eroberungen in Osteuropa nicht zur Last gelegt werden. Das gilt auch für *die* Franzosen bezüglich ihrer jeweils am 14. Juli – erstmals 1994 mit deutscher Beteiligung –[314] gefeierten Ermordung ihres Adels und weiter Teile des Bürgertums (1798) mit anschließender Eroberung fast ganz Europas (ohne daß ein äußerer Anlaß dazu gegeben war). Auch *den* US-Amerikanern werden ihre aus Habsucht erfolgte, fast vollständige Ausrottung der Indianer, ihre Atombombenabwürfe auf japanische Zivilpersonen und ›Eisenhowers Todescamps‹ (s. S. 236, Q. 354 f.) nach dem Zweiten Weltkrieg nicht als Verbrechen der Nation und bis heute nicht einmal den verantwortlichen Tätern angelastet. Davon, daß *die* Briten mit ihrem Opiumkrieg (1840–1842) das damalige schwache China gezwungen haben, seine Grenzen für britische Rauschgiftimporte aus Indien zu öffnen, mit ihrer als Kolonialmacht gemachten Erfindung der Konzentrationslager (Burenkrieg) und ihren mit dem Ziel der Tötung von Frauen, Kindern und Greisen gemeinsam mit den US-Amerikanern durchgeführten Bombardierungen deutscher Großstadtkerne Verbrechen gegen die Menschlichkeit begangen haben, ist bisher noch

---

[314] a) von Bundeskanzler Kohl sowie

b) von in die deutsch-französische Brigade als Kontingent eingebundenen Soldaten und Panzern der Bundeswehr.

Zu a) sei bemerkt, »daß die führenden Geister der Französischen Revolution die Parole ›Freiheit, Gleichheit, Brüderlichkeit‹ als antichristliche, als sich vom christlichen Glauben emanzipierende unheilige Dreieinigkeit dem christlichen Glauben entgegensetzen«. Der Vorsitzende der CDU war damit bereit dazu, der seit 1789 bestehenden »Perversion des christlichen Menschenbildes« (Ernst Volk, »Der Christ im nachchristlichen Deutschland, Rubrik: Perversion des christlichen Menschenbildes seit 1789«, Vortragsreihe *Der Christ im vereinigten Deutschland*, S. 10, Studientagung der Evangelischen Notgemeinschaft e.V., Reichstag Berlin, 13.-14. 4. 1991) die Ehre zu erweisen und damit seine politisch-weltanschauliche Basis, die katholische Kirche, zugunsten seiner Vasallenrolle Frankreich gegenüber zumindest zeitweilig – wie ein Sommerurlauber seine Arbeitskleidung – abzulegen. Der Jubel der Medien über diese Erniedrigung des deutschen Kanzlers seiner Kolonialmacht gegenüber war entsprechend. Bei seinen Treffen mit dem französischen Staatspräsidenten trägt er dem Rechnung, indem er dabei in Abweichung zu seinen Canossagängen gen Warschau den deutschen Klerus außen vorläßt.

Zu b) muß hinzugefügt werden: Daß Bundeswehrsoldaten gerade am 14. Juli, der Wiederkehr des Vorabends für Napoleons Unterwerfung des Deutschen Reiches, in Paris als verspätete Siegestrophäe der ›Grande Nation‹ paradierten, verleugnet die Befreiungskriege und das deutsche Blut, das dafür vergossen werden mußte. Dem Historiker Kohl dürften diese Zusammenhänge voll bewußt sein. An das obige De-Gaulle-Zitat, den Zweck seiner Europapolitik betreffend, wird in diesem Zusammenhang erinnert. (s. S. 119, Q. 179)

nicht die Rede gewesen. Das gilt auch für *die* katholische Kirche, deren verfolgte Zwecke immer die dafür eingesetzten Mittel geheiligt haben. Dazu zählen ihr Dreißigjähriger Krieg (1618–1648), dessen religiöser Intoleranz drei Fünftel der deutschen Bevölkerung (10 Millionen) zum Opfer gefallen sind, und ihre Vernichtung der mittel- und südamerikanischen Hochkulturen. Nach heutigen Begriffen dürfte eine ›Einmaligkeit‹ all dieser Verbrechen wohl nicht zu bestreiten sein.

In Abweichung von der öffentlichen Gleichgültigkeit gegenüber diesen vielfach noch bis in die heutigen Tage von den Nachkommen der seinerzeitigen Täter gefeierten Grausamkeiten werden die nach dem Zweiten Weltkrieg bekanntgewordenen ›ethnischen Säuberungen‹ während des Dritten Reiches nicht etwa denen angelastet, die Adolf HITLERS ›Machtergreifung‹ vom Ausland aus seit 1923 finanziert haben, sondern als Sippenhaft sogar denjenigen Deutschen, die wegen der »Gnade ihrer späten Geburt« (Helmut KOHL) etwa wie die Nachkommen der Bomberpiloten der britischen und *US-Air Forces* nicht dafür als Täter verantwortlich sein können. Wenn man hier dem von den Juristen verwendeten *Cui bono* (›wem nützt es‹) nachgeht, kann das nur in der Absicht geschehen, einen neuen Antisemitismus bei insbesondere der sich im Abseits befindenden arbeitslosen (›*Hooligan*‹-)Jugend zu erzeugen, um damit dann einen Grund zu haben, *dem* ganzen deutschen Volk weiterhin feindlich gegenüberzustehen und es, an den Pranger gestellt, auch künftig bußfertig sowie tributwillig zu halten. Und das, obwohl nach dem Vorsitzenden des Zentralrats der Juden in Deutschland, Ignatz BUBIS, »die Fremdenfeindlichkeit in Deutschland (aus seiner Sicht der Antisemitismus)... eher schwächer als in den Nachbarstaaten« ist.[315]

---

[315] *Die Welt*, 24. 5. 1994, »Fremdenfeindliche Übergriffe am Pfingstwochenende«.

Folgen des ›Neuen Völkerrechts‹ für Drittländer

Auf die Bedeutung des ›Neuen Völkerrechts‹ wird hier besonders hingewiesen, weil es als Folge des Problems der Epoche, des autochthonen (an Ort und Stelle entstandenen) Bevölkerungsdrucks außerhalb der ›Ersten Welt‹ mit dem daraus bewirkten Drang zur Annexion und Besiedlung vorher ›ethnisch gesäuberter‹ Gebiete, zweifellos weiterhin weltweit Anwendung finden wird; und das in Anbetracht der noch immer ungebremsten demographischen Entwicklung in weiten Teilen der ›Dritten Welt‹ in ständig zunehmendem Maße. Vier Gegner des Deutschen Reiches in beiden Weltkriegen – Australien, Neuseeland, die USA und Kanada – könnten auf der Grundlage dieses ›Neuen Völkerrechts‹ Opfer chinesischen Landbedarfs werden, wie Deutschland und Österreich mit Hilfe dieser Siegerstaaten Opfer polnischen und tschechischen Großraumdenkens geworden sind. Schließlich ist bereits jeder fünfte Erdbewohner ein Chinese und in China trotz drastischer Maßnahmen der Geburtenkontrolle ein weiterhin zunehmender Bevölkerungsdruck in den derzeitigen Grenzen des jährlich um 22 Millionen Menschen[316] wachsenden Großreichs mit gegenwärtig 1,14 Milliarden Einwohnern vorhanden.[317] (s. auch S. 313, Q. 459) Es ist daher nicht verwunderlich, wenn in Australien eine leidenschaftliche ›Rassismus-Debatte‹ geführt wird und Einwanderer aus Asien unter Druck gesetzt werden.[318]

Der damalige sozialdemokratische Bundestagsabgeordnete Horst Niggemeier weist auf die schon bestehende »Furcht vor Tibetisierung« der Asien/Pazifik-Region und eine aus australischer Sicht dazu erstellte *Strategic review* 1993 hin. Er fordert deshalb eine »Neuorientierung der Außenpolitik auch im Bereich des Wehrtechnik-Exports in jene Länder der Asien/Pazifik-Region«, die wie Taiwan, Indonesien, die Philippinen, Thailand oder Singapur unmittelbar bedroht sind.[319]

---

316 Das entspricht etwa der Bevölkerung Australiens

317 *Die Welt*, 18. 8. 1994, »Zahl des Tages«.

318 Gottfried Weller, »Australien fürchtet um sein liberales Image – Rassismus-Debatte erschüttert die multikulturelle Gesellschaft – Einwanderer aus Asien unter Druck«, *Die Welt*, 3. 1. 1997.

319 Horst Niggemeier, »Furcht vor Tibetisierung – Von China bedrohte asiatische Pazifik-Staaten suchen Gleichgewicht der Macht«, in *Die Welt*, 26. 5. 1994 (›Die andere Meinung‹).

Der Verfasser vermag sich dieser Empfehlung nicht anzuschließen. Die von der Gefahr einer »Tibetisierung« bedrohten Länder haben bisher weder mit Worten (zum Beispiel in den Vereinten Nationen) noch mit Taten etwas gegen Deutschlands Zerstückelung, Verkleinerung und ›ethnische Säuberung‹ seiner Ostgebiete unternommen. Australien und Neuseeland haben sogar in zwei Weltkriegen dazu beigetragen, daß dieses ›Neue Völkerrecht‹ geschaffen wurde. Deutschland hat deshalb wirklich keine Veranlassung, sich deswegen Sorge zu machen, wenn auf der Grundlage dieser völkerrechtlichen Lage in absehbarer Zeit auch dort ›ethnisch gesäubert‹ werden sollte. Im Falle einer rotchinesischen Invasion Australiens, Neuseelands und Nordamerikas würde es eher Sache der übrigen Schöpfer des neuen Völkerrechtsverständnisses sein, die dann dort heimatvertriebenen ›Umsiedler‹ aufzunehmen, soweit die Chinesen nicht über einen Strategen vom Schlage des später dafür geadelten Luftmarschalls Arthur HARRIS verfügen, der das ›Umsiedlerproblem‹ zumindest der in den größeren Ballungszentren der invasionsbetroffenen Länder lebenden Bevölkerung und der sich möglicherweise wie seiner Zeit die in Dresden dort zusammendrängenden Flüchtlinge aus den Vertreibungsgebieten durch Bombenabwürfe ›ethnisch entspannt‹. Vielleicht würde dem dafür verantwortlichen chinesischen Militär nach britischem Vorbild auch zum ehernen Gedenken seines ritterlichen Einsatzes gegen wehrlose Frauen, Kinder und Greise ein Denkmal gesetzt und höchstrangig enthüllt werden. Für GENSCHER und KINKEL ergäbe sich dann die Möglichkeit, als ›Senior Experten‹ bei der Formulierung von »Schlußstrich-Erklärungen« Versöhnungshilfe zu leisten. Hierzu muß allerdings einschränkend auf einen im Januar 1997 in Londoner *Daily Telegraph* erschienenen Aufsatz hingewiesen werden:

»Klaus KINKELS unkluger Vorstoß in die britische Politik in Europa ist ein Zeichen dafür, wie sehr Politik in Europa die ganze EU als ihren eigenen Wahlkreis ansieht. Niemand hätte etwas dagegen, wenn der Schwabe KINKEL den Wählern in Hannover seine Meinung aufdrängen würde. Warum also sollte er es nicht bei seinen europäischen Mitbürgern im Vereinigten Königreich tun, mag er gedacht haben. Daß der deutsche Außenminister dabei aber den Eindruck erwecken könnte, sich in die Angelegenheiten einer unabhängigen Nation zu mischen, übersteigt wohl sein geistiges Fassungsvermögen.« (Zu KINKELS Appell an die Briten, bei der Wahl für Klarheit in der Europapolitik zu sorgen.)[320]

Afrika wurde bereits von britischen und französischen Siedlern weitestgehend ›gesäubert‹, wobei es allerdings nicht immer so grob zugegangen ist wie in den deutschen Ostgebieten, bombardierten deutschen Städten und alliierten Kriegsgefangenenlagern. In Kenia und Algerien wurde jedoch gelegentlich gezeigt, was man von seinen jeweiligen Kolonialherren aus deren Umgang mit den Deutschen gelernt hat, als diese ihre lästigen Konkurrenten in zwei Weltkriegen mit jeweils etwa fünffacher Übermacht niedergemacht haben und dabei für eine ausreichende Verringerung des »demographische(n) Potential(s) des Reiches«[321] gesorgt wurde. Dies gilt auch insoweit, als die Besiegten danach und bis in die heutigen Tage von den Siegern beschimpft, militärisch besetzt gehalten, ausgeplündert und nach deren Vorstellungen ›umerzogen‹ wurden und immer noch werden. Recht erbärmlich ist allerdings, daß die Sieger trotz ihres dafür benötigten Aufgebots, ihre Siege nach 80 oder 50 Jahren noch als große Taten mit Militärparaden würdigen und selbst feiern. Beim Fußball wäre das etwa so, als wenn eine alliierte Mannschaft mit jeweils 11 Mann gegen jeweils einen Torhüter und einen Mittelfeldspieler zwei Begegnungen gewinnen und das dann von den Enkeln bejubeln lassen oder selbst im hohen Alter noch stolz feiern würde. (**Abbildung 6,** S. 96)

---

[320] *The Daily Telegraph*, nach *Die Welt*, 2. 1. 1997.

[321] *The Daily Telegraph*, nach *Die Welt*, 13. 11. 1993.

Fehler bei der deutschen ›Wiedervereinigung‹

Wie aus dem Bundeskanzleramt zu erfahren war, ist die 10-Punkte-Erklärung zur Teilvereinigung von Bundeskanzler KOHL auf Veranlassung der US-Regierung abgegeben worden, die deswegen ihren ›Altaußenminister‹ KISSINGER zu ihm gesandt hatte, weil dort seitens GORBATSCHOW ein wirkliches Wiedervereinigungsangebot befürchtet worden war. Das hätte Hinterpommern, Schlesien, Posen, Westpreußen und zumindest den polnisch besetzten Teil Ostpreußens sowie das Sudetengebiet gegen eine enge Zusammenarbeit mit und Aufbauhilfe für Rußland beinhalten können. Soweit das von GORBATSCHOW innenpolitisch durchsetzbar gewesen wäre, hätte das zweifellos im Interesse von Rußland gelegen.

Das erklärt die Bereitschaft des ›Adenauerenkels‹ KOHL, sich unerwartet für die US-amerikanischen Vorstellungen lediglich einer Teilvereinigung eingesetzt zu haben.[322] Nach ihrer – genau so

---

[322] Rainer ZITELMANN bemerkt unter der Überschrift »Was ADENAUER von der Wiedervereinigung hielt« in seiner Buchbesprechung von Ludolf HERBSTS 1989 im Deutschen Taschenbuch-Verlag München veröffentlichten *Option für den Westen – Vom Marshallplan bis zum deutsch-französischen Vertrag:* »Der Vorwurf, ADENAUER habe die sowjetischen Vorschläge für ein neutrales Gesamtdeutschland (Stalin-Note vom März 1952) nicht ausgelotet und damit eine Chance zur Wiedervereinigung aus der Hand gegeben, zielt zu kurz. ›ADENAUER betrieb gar keine konstruktive Wiedervereinigungspolitik, sondern hatte einseitig für die Westintegration optiert, und zwar von Anfang an. Im Frühjahr 1952 entschied sich für ihn gar nichts. Alles, was er während der Phase der Westintegration in der Deutschlandpolitik unternahm, diente taktischen Zwecken.‹ Diesem Urteil des Autors ist sicherlich zuzustimmen.« (Rainer Zitelmann, Buchbesprechung, in *Die Welt,* 28. 12. 1989)

Noch deutlicher geht ADENAUERS deutschlandpolitische Haltung aus seiner folgenden Äußerung hervor: »Wir im Westen lehnen vieles, was gemeinhin ›preußischer Geist‹ genannt wird, ab. Ich glaube, daß die deutsche Hauptstadt eher im Südwesten liegen sollte als im weiter östlich gelegenen Berlin. . . Wer Berlin zur Hauptstadt macht, schafft geistig ein neues Preußen.« (Margarita Mathiopoulos, *Das Ende der Bonner Republik – Beobachtungen einer Europäerin,* Deutsche Verlags-Anstalt, Stuttgart, 1993, S. 25)

Aus dieser Perspektive ist nicht verwunderlich, daß der Ältestenrat des Deutschen Bundestages im November 1996 den Umzug des Parlaments nach Berlin in die Zeit nach der Jahrtausendwende verschoben hat. (*FAZ,* 29. 11. 1996, »Bundestag wird nicht vor 2000 Arbeit nach Berlin verlagern«) Wäre dem sich gern als ›Adenauer-Enkel‹ sehenden Bundeskanzler das Zusammenwachsen der beiden Teile Deutschlands genauso Herzenssache, wie er das Zusammenwachsen Europas erzwingen will, würde er schon längst dafür gesorgt haben, daß er von dort aus dafür arbeiten könnte; und wenn er deswegen – wie einst Kurt SCHUMACHER in Bonn – von einer Baracke aus seine Amtsgeschäfte führen müßte!

wie vom *Boston Herald* befürchteten – Verwirklichung hat Bundeskanzler KOHL sich mit dem bereits ans Krankenbett gebundenen SPD-Vorsitzenden BRANDT darauf verständigt, daß sich CDU/CSU und SPD im damals bevorstehenden Wahlkampf nicht ihre beiderseitig jahrelang praktizierte DDR-Anerkennungspolitik vorhalten werden. Deshalb wurde, wie später aus DDR-Akten bekannt wurde, kein Wahlkampf mit dem der SED am 13. September 1989 per Blitztelegramm aus der ›Baracke‹ übermittelten SPD-Vorstandsbeschluß gemacht, an der Zweistaatlichkeit festzuhalten.[323] Der Oxford-Historiker Timothy Garton ASH übt unter anderem anhand von entdeckten SED-Akten »die fundierteste und schärfste Kritik an der Ostpolitik der SPD- und CDU-Regierungen, die bisher zwischen Buchdeckeln erschienen (ist)... Die westdeutsche DDR-Politik ›erreichte das Ziel, weil sie sich irrte‹«.[324] Bezweifelt muß allerdings werden, daß die Teilvereinigung wirklich das Ziel dieser Regierungen gewesen ist. Wie erklärt sich sonst das vorerwähnte Blitztelegramm und das Stillschweigen über diesen unerhörten Vorgang seitens der christlichen Parteien im Wahlkampf sowie gewisse davorliegende Verlautbarungen zur Zweistaatlichkeit von BRANDT (zum Beispiel seine Bezeichnung der Hoffnung auf die Wiedervereinigung als »Erblüge des deutschen Volkes«) und BAHR (dazu, solche Gedanken seien »Quatsch«)? Die Deutschlandpolitik der den Kanzler stellenden CDU hat die *FAZ* im Februar 1988 unter der Überschrift »Deutschland aus dem Sinn« dahingehend gekennzeichnet, daß sie an der ›Ostpolitik‹ von Bundeskanzler BRANDT festhalte:

> »Eine Weile wurde von der CDU noch Deutschlandrhetorik gepflegt, danach noch geduldet. Jetzt ist sie ihrer überdrüssig.«[325]

Die deutschen Unterschriften unter die »Gemeinsamen Erklärung« vom November 1989 über die ostdeutschen Raubprovinzen Polens und die »Schlußstrich-Erklärung« vom Januar 1997 hinsichtlich der tschechischen Raub- und Vertreibungsverbrechen sind genauso Teil dieser Verzichtspolitik wie die Aufgabe der nationalen Souveränität (Deutschlands Auflösung in der Europäischen Union), der kulturellen Identität (Ausländerpolitik) und der Währung (Euro-Unsinn).

---

323 *Essen-Kurier*, »Ergebenheitsadresse an die SED-Spitze – SPD: Kampf der Einheit«, Ausgabe Nr. 6., Okt.1994.

324 Timothy Garton Ash, *Im Namen Europas – Deutschland und der geteilte Kontinent*, Hansa-Verlag, München 1993, nach *Die Welt*, 25. 9. 1993 (Rezension).

325 *FAZ*, »Deutschland aus dem Sinn«, 16. 2. 1988.

Die Begeisterung der mediengemachten Politiker für Deutschlands Einbindung in die EU erklärt sich aus dieser Grundhaltung. Als Modell hierfür dient ihnen der 1806 geschaffene Rheinbund. Dieser war bei der schon einmal von Deutschlands westlichem Nachbarn – allerdings noch nicht transatlantisch gesteuert – vorgenommenen Neuordnung Deutschlands gebildet worden. Dessen Protektor war noch keine frankreichgeführte komplexe Europäische Union, sondern schlicht der ganz Kontinentaleuropa beherrschende – und deswegen in Frankreich bis heute gefeierte – NAPOLEON I.

Ungeachtet ihres fragwürdig gewordenen Verteidigungswerts wird mit der Umsetzung des Maastricht-Vertrages eine deutsche NATO-Mitgliedschaft illusorisch. Wirkliches Mitglied in einem solchen Verteidigungsbündnis kann nur ein souveräner Staat und kein in EU-Protektorate aufgelöstes Deutschland sein. Solche deutschen EU-Regionen können lediglich angewiesen werden, wie zur Zeit des Heiligen Römischen Reiches Deutscher Nation bis zu seiner Liquidierung (1806) für die Päpste und danach bis 1812 während Deutschlands Beherrschung durch NAPOLEON I., Kontingente zu stellen, aber nicht, oder allenfalls formal, mitentscheiden, ob, wo und wie diese für welche Drittinteressen eingesetzt werden.

Abgesehen von der Bereitstellung solcher deutschen Kontingente ist es Aufgabe der NATO weiterhin, die Deutschen niederzuhalten (*»to keep... the Germans down«*).[326] Hierfür waren in Deutschland 1989 400 000 NATO-Soldaten stationiert. Das US-Kontingent soll bis Ende 1996 von ursprünglich 250 000 auf 76 000 Soldaten verringert worden sein. Großbritannien unterhält von seinen früher 70 000 Soldaten noch knapp 33 000 in Deutschland. Wie die Bundesregierung französischen Medien entnahm und später auf Anfrage regierungsseitig bestätigt bekam, beabsichtigt Frankreich, seine Truppenkontingente in zwei Etappen 1997 und 1999 von 18 000 Mann auf 3000 Mann (Deutsch-Französische Brigade) her-

---

[326] Der erste Generalsekretär der NATO, Lord Hastings L. ISMAY, formulierte den NATO-Auftrag wie folgt: »To keep the Russians out, the Americans in, and the Germans down.« (Die Russen draußen, die Amerikaner drinnen und die Deutschen unten zu halten)

Der frühere Kommandeur der US-Luftwaffe in Europa, General Robert OAKS, meinte: Er und seine Männer müßten bleiben, weil die Deutschen durch die Anwesenheit der Amerikaner bessere Menschen seien. Noch 1992 hat sich Lady THATCHER dem *Forbes Magazine* gegenüber dazu wie folgt geäußert: »Die US-Truppen müssen bleiben, um Deutschlands Macht zu beschneiden«, weil sonst bald ein neuer HITLER käme. (*Forbes Magazine*, nach Reiner Gattermann, »Majors Hürdenlauf«, in *Die Welt*, 12. 10. 1992

abzusetzen. Dafür will es neun von 13 Garnisonen in Deutschland aufgeben. Das belgische NATO-Kontingent auf deutschem Boden ist bereits von ursprünglich 27 000 Mann auf 2100 Mann verringert worden und die niederländischen Streitkräfte von einst 8000 Mann auf 2500 Mann (Teil des Deutsch-Niederländischen Korps). Kanada hat seine NATO-Truppen sogar wegen fehlender Niederhaltungsinteressen gegenüber Deutschland ganz abgezogen.[327] Wenn US-amerikanischen Stützpunkten wegen der großen Entfernung zu den Heimatstandorten der Truppen und der zentralen Bedeutung ihres Landes innerhalb der NATO in Deutschland während des Kalten Krieges strategische Bedeutung eingeräumt werden konnte, sind die Streitkräfte der übrigen Nationen auf deutschem Boden bisher immer nur Besatzung gewesen. Nach Beendigung des Kalten Krieges liegen Ihre Heimatstandorte näher bei Deutschland als die der 1994 ganz aus Deutschland abgezogenen sowjetischen Truppen.

Für die verbliebenen ausländischen Streitkräfte, auf deutschem Boden gelten Truppenstatute, die einseitig die deutsche Souveränität verletzten, »weil die fremden Truppen ähnliche Sonderrechte besitzen wie in der Besatzungszeit, bis hin zum Recht ohne jede parlamentarische oder richterliche Kontrolle den Fernmeldeverkehr in Deutschland abzuhören. Eine besondere Hypothek für eine eigenständige deutsche Außenpolitik sind die wichtigen US-amerikanischen Kommandobehörden in Stuttgart, Heidelberg und Ramstein, die völlig unabhängig von der NATO agieren und deren Zuständigkeit vom Nordkap bis nach Afrika reicht«.[328] Wofür diese US-Kommandobehörden seitens der Vereinigten Staaten auch benötigt werden, wurde von Präsident CLINTON dadurch zum Ausdruck gebracht, daß er offiziell die existentielle Bedeutung der Industriespionage betont hat.[329]

Da die exportabhängige deutsche Wirtschaft in Anbetracht ihrer hohen Lohn- und Lohnnebenkosten nur überlebensfähig ist, soweit sie ihren Konkurrenten bei der technologischen Innovation voraus ist, handelt es sich bei dieser ›offiziellen‹ Industriespionage um mehr als lediglich ›*peanuts*‹. Die Vereinigten Staaten und

---

[327] Rüdiger Moniac, »NATO-Partner kehren Deutschland den Rücken, Franzosen ziehen Großteil ihrer Truppen bis 1999 ab – Andere Länder haben ihre Streitkräfte bereits drastisch reduziert«, in *Die Welt*, 18. 7. 1996.

[328] Alfred Mechtersheimer, aaO. (s. S. 143, Q.219), S.10.

[329] Alfred Stümper (ehemaliger Landespolizeipräsident von Baden-Württemberg), »Wie stehen wir zur Industriespionage?«, in *Die Welt*, 19. 11. 1996.

damit transatlantische *Insider* besitzen somit mehr Rechte »in diesem unserem (?) Lande«, als über Jahre der eigenen Regierung in Sachen des von Kriminologen zur Bekämpfung des organisierten Verbrechens für erforderlich gehaltenen ›Großen Lauschangriffs‹ zugestanden wurden; und das aus ›rechtsstaatlichen Erwägungen‹ von demselben liberalen Koalitionspartner, der Deutschlands Außenvertretung seit Jahrzehnten gegenüber diesen ›Bündnispartnern‹ wie einen Erbhof in Anspruch nimmt. Hierbei befindet er sich allerdings in guter Gesellschaft mit Deutschlands politischer Linken.

Deutschland ist somit nicht nur ein Land der ›unbegrenzten Möglichkeiten‹ für internationales kriminelles wie Asylantenunwesen mit Kurdenkrawallen im Frühjahr 1996, sondern auch für politische, wirtschaftliche und sozio-kulturelle Ausforschungsmöglichkeiten und Spionageaktivitäten, die von den ›Befreiern‹ und ›Demokratiebringern‹ im Rahmen ihrer Besatzungshoheit eingerichtet wurden. Sofern es sich bei der Duldung dieser skandalösen Sonderrechte nicht um unterwürfige Leisetreterei handelt, kann die Bundesregierung wohl nur von mittlerweile erworbenem Gewohnheitsrecht ausgehen.[330]

Nach der *Brockhaus Enzyklopädie* (1969) ist dieses zwar »im modernen Gesetzesstaat. . . in den Hintergrund getreten, bleibt aber auch heute noch von Bedeutung, insbes. im Völkerrecht«. Auch die sonst immer ›wachsamen‹, also seit Kriegsende nicht mehr im Geist mitmarschierenden, dafür aber – wenn es sich um Deutschland handelt – wie Mephisto als »Geist, der stets verneint« arbeitenden ÖRA und gewisse andere Lizenzmedien haben diesen Skandal natürlich zeitgeistkonform nicht zum Gegenstand entsprechender Berichterstattung und Kritik gemacht.

Dafür bejubeln die ÖRA deutsche Spitzenpolitiker, wenn diese im Ausland keine deutschen Interessen, sondern indirekt diejenigen der deutschen Konkurrenz vertreten. Diesbezüglich sei auf Außenminister Klaus KINKELS und Bundespräsident Roman HERZOGS Eintreten für die Menschenrechte in China hingewiesen, während diese Persönlichkeiten bei der Wahrnehmung ihrer Amtspflichten gleichzeitig die Menschenrechte der deutschen Heimatvertriebenen den Polen und Tschechen gegenüber allzu bereitwillig auf dem Altar der ›*Political Correctness*‹ opfern. Wie sie das mit

[330] Ein solches Gewohnheitsrecht würde allerdings unter anderem den Straftatsbestand der Industrie-Spionage beinhalten.

ihrem unter Bezugnahme auf den Allmächtigen geleisteten Amtseid »*Ich schwöre, daß ich meine Kraft dem Wohle des deutschen Volkes widmen, seinen Nutzen mehren... werde*«, vereinbaren, müssen sie vor ihrem Gewissen und sicherlich auch einmal höheren Ortes verantworten. Da ist es schon konsequenter, wenn der spätere Spitzenfunktionär der evangelischen Kirche, Jürgen SCHMUDE, von Hause aus Rechtsanwalt und Notar, seinen Amtseid als Justizminister im letzten Kabinett Helmut SCHMIDT vorsorglich ohne Bezug auf den Herrgott leistete.

Das deutsche Eintreten für die Menschenrechte in China und dessen Protektorat Tibet (1996) wird von den Vereinigten Staaten seinem Vasallenstaat Deutschland vorgegeben worden sein, um für die Wahrnehmung eigener Interessen Raum zu schaffen. Als Bundespräsident HERZOG im November 1996 in China in Menschenrechten missionierte, leiteten die USA nämlich eine ›historische Wende‹ in ihren Beziehungen zum Land der Mitte ein, indem US-Außenminister Warren CHRISTOPHER Peking eine »Führungspartnerschaft bei der Sicherung von Frieden und Wohlstand« anbot.

Hierbei ging der amerikanische Außenminister sogar so weit, parallel zum Staatsbesuchs von HERZOG vor Studenten und Funktionären in der Fudan-Universität von Schanghai »die chinesische Führung für ihre Maßnahmen zur Einhaltung der Menschenrechte« zu loben.[331] Das (und wohl auch die Mission in Menschenrechten des deutschen Bundespräsidenten) diente der Vorbereitung eines für wenige Tage später anberaumten Zusammentreffens von US-Präsident Bill CLINTON mit dem chinesischen Präsidenten JIANG ZEMIN in Manila, bei dem die neue Chinapolitik der Vereinigten Staaten bestätigt wurde; und das noch, ehe vom Präsidenten die Nachfolgerin für den aus seinem Amt scheidenden Warren CHRISTOPHER nominiert worden war. Präsident CLINTON hat sich jedenfalls mit Rücksicht auf innen- und wirtschaftspolitische Interessen und Sorgen bei diesem Zusammentreffen mit Präsident JIANG ZEMIN mit diesem verständigt, wie das bereits bezüglich des Balkans mit JELZIN praktiziert wurde.

Zu den französischen Streitkräften auf deutschem Boden ist anzumerken, daß diese wie die US-Kommandobehörden bislang nicht der NATO unterstellt wurden und demgemäß – nicht nur wegen ihrer Nähe zur Heimat – gleichfalls ohne jeden Zweifel le-

---

[331] rtr/dpa/AP-Meldung, »USA leiten Wende in den Beziehungen zu China ein – Christopher bietet Peking Führungspartnerschaft an«, in *General-Anzeiger,* Bonn, 22. 11. 1996.

diglich die angebliche deutsche Souveränität[332] verletzen, ohne unter NATO- oder eurostrategischem Erfordernis in Deutschland stationiert sein zu müssen.

> »Weil sie die (Teil-)Wiedervereinigung Deutschlands nicht aufhalten konnten, haben die Westmächte diese unter erheblichem Druck nach ihren Bedingungen realisiert. Dem liegt das – durchaus nachvollziehbare – Interesse zugrunde, Deutschlands Zugewinn an Macht (nicht nur durch einen der veränderten Lage neu angepaßten Besatzungsstatus, sondern auch) durch Europäisierung weitestgehend zu paralysieren. Ohne diese westalliierte Politik der deutschen Souveränitätsbegrenzung ist Maastricht überhaupt nicht zu erklären.«

Friedensforscher MECHTERSHEIMER bemerkt weiter hierzu (aaO. – S. 143, Q. 219 –, S. 8):

> »Ja, es ist schon korrekt, wenn der Vertrag, den die Außenminister der beiden deutschen Staaten und der vier Siegermächte des Zweiten Weltkrieges am 12. September 1990 in Moskau unterzeichnet haben, nicht ›Friedensvertrag‹ heißt, sowohl ›Vertrag über die abschließende Regelung in bezug auf Deutschland‹ als auch ›Zwei-plus-Vier-Vertrag‹.«

Mit einem Protektorat schließt man keinen Frieden. Das hält man besetzt und regelt den Besatzungsstatus. Hierzu sei an die am 13. Juni 1950 im Bundestag und Bundesrat verlesene Erklärung zur Anerkennung der Oder-Neiße-Linie seitens der DDR-Regierung erinnert, bei der der damalige Alterspräsident Paul LÖBE (SPD) unter anderem ausführte:

> »Die Regelung dieser wie aller Grenzfragen Deutschlands. . . kann nur durch einen Friedensvertrag erfolgen. . . als ein Vertrag der Freundschaft. . . mit allen Nationen. Die Mitwirkung an der Markierung der Oder-Neiße-Linie als angeblich unantastbarer Ostgrenze Deutschlands, zu der sich die DDR bereitgefunden hat, ist ein Beweis für die beschämende Hörigkeit. . . gegenüber einer fremden Macht.«

---

[332] Die Pariser *Libération* bemerkt hierzu: »Seit ihrer Gründung im Jahr 1949 hat sich die Bundesrepublik mit einem Status der begrenzten Souveränität abfinden müssen.« (*Die Welt*, 25. 5. 1987)

Löbes Ausführungen wurden damals von allen Parteien mit Ausnahme der KPD »stürmisch begrüßt«.[333] Die völkerrechtliche Lage hat sich seither nicht geändert.

Über die oben zitierte Bedeutung der NATO hinausgehend, hat diese nunmehr eine zusätzliche Funktion erhalten. Deutschland hat als westeuropäisches Sprachrohr der US-Amerikaner auf dem Kontinent deren Osterweiterung zu betreiben. Damit wird

1. die ›polnische Westgrenze‹ stabilisiert,[334]
2. Deutschland wie nach 1919 militärisch in die Zange genommen und

---

[333] Dieter Gaede, Leserzuschrift, in *Die Welt,* 29. 11. 1990 (zu »Der Vertrag ist da. Die gute Nachbarschaft muß folgen«, ebenda, 15. 11. 1990).

[334] Der vom polnischen Staatspräsidenten Lech Walesa als Außenminister eingesetzte Historiker Wladyslaw Bartoszewski führte 1995 bei seinem Hollandbesuch aus, daß die NATO-Erweiterung für Polen nicht nur zur Sicherung seiner Ost-, sondern auch seiner Westgrenze angestrebt würde. Polen sei nun einmal »von landhungrigen Ländern umgeben«. (Deutschlandfunk, ›Mittagsecho‹, 15. 4. 1995 zur NATO-Osterweiterung) Auch der mittlerweile parteilose, vom Walesa-Nachfolger Aleksander Kwasniewski zum Außenminister ernannte Wirtschaftsprofessor im Kabinett des weiterhin Polens Aufnahme in EU und NATO anstrebenden Ministerpräsidenten Wlodzimierz Cimoszewiecz, Dariusz Rosati – Sohn einer Polin und eines Italieners und wie sein Staatspräsident und sein Ministerpräsident früheres Mitglied der kommunistischen Partei –, äußerte sich zu der von seiner Regierung vertretenen Außenpolitik (*Die Welt,* 15. 2. 1996, »NATO und EU bleibt Ziel – Polens neuer Premier Cimoszewicz gibt Regierungserklärung ab«):

»Wir wollen ein Sicherheitssystem, in dem Polen von allen Seiten her sicher ist. . . Es geht *nicht nur um Rußland,* sondern *auch um Deutschland.* Die derzeitigen Beziehungen zu Deutschland sind zwar modellhaft, aber man muß auch die tausendjährige Geschichte Polens in Betracht ziehen.« (Dieter Krause, »Polens Außenminister im Zwielicht – Dariusz warnt vor Deutschland«, in *Die Pommersche Zeitung,* 24. 2. 1996)

Um was für Freunde es sich bei den Polen handelt, die sich Deutschland im Rahmen der NATO-Osterweiterung hilfswillig in den Pelz setzen läßt, geht ferner aus dem 1987 bei der Beobachtung eines Seemanövers (Übungsschießens) der Warschauer-Pakt-Staaten in Höhe der Danziger Bucht, neun Seemeilen außerhalb der Hoheitsgewässer erfolgten Angriffs auf den Tender ›Neckar‹ der deutschen Bundesmarine durch polnische Seestreitkräfte hervor. Hierbei wurden die ›Neckar‹ von fünf Artilleriegeschossen getroffen und beschädigt (s. **Abbildung 16**) sowie drei ihrer Besatzungsmitglieder verwundet. Während die Polen sich im Bunde mit der Sowjetunion sicher genug fühlten, diesen Angriff auf ein deutsches Kriegsschiff vorzunehmen, ergriff die lediglich auf ihre NATO-Verbündeten angewiesene ›Neckar‹ daraufhin die Flucht. Wir erinnern, daß der vergleichbare Beschuß der Westerplatte durch ein deutsches Kriegsschiff für diese Bundesgenossen 1939 ein Anlaß gewesen war, gegen das Reich einen Zweiten Weltkrieg zu entfesseln. Wegen des Beschusses der ›Neckar‹ protestierte die von ihren NATO-Bündnispartnern im Stich gelassene Bundesregierung lediglich der polnischen Regierung gegenüber und verkündete mutig, »die bisher geübte Beobachtung der Seestreitkräfte des Warschauer Pakts auf hoher See durch die deutsche Marine fortsetzen« zu wollen, während die deutschen Lizenzmedien den Vorfall lau kommentierten. (Jochen Franke, »Die Schüsse vor Brüsterort. . . und ihr Widerhall in der Presse«, in *Marineforum,* Nr. 9, 1987, S. 287 f.)

3. Rußland erneut gegen Deutschland aufgebracht werden,[335] um so einerseits Vorkehrungen gegen eine Neuauflage des Rapallo-Vertrages zu treffen und zum anderen das von MITTERRAND aufgezeigte Erfordernis einer Allianz Großbritanniens, Frankreichs und Rußlands als Option für einen Krieg gegen Deutschland im 21. Jahrhundert offenzuhalten, falls es nicht gelingt, vorher den teilvereinigten Konkurrenten mit Hilfe des deshalb zwischenzeitlich von den ÖRA und anderen Zeitgeist-Medien mit positiven Werturteilen bedachten Bundeskanzlers KOHL aufzulösen. (s. S. 115, Q. 169)

Die zwischenzeitliche franko-britannische Neuauflage einer ›*Entente Cordiale*‹ und deren Interesse an einer Zusammenarbeit mit der russischen Kriegsmarine bei der Entsorgung von Atommüll ist beziehungsweise war bereits ein Schritt in die nach MITTERRAND offenzuhaltende Richtung. Eine grundsätzliche Wende in der russischen Großbritannienpolitik läßt allerdings die spektakuläre Meldung vom 6. Mai 1996 über die Verhaftung eines russischen

Abbildung 16 · Ergebnis einer Begegnung am 15. Juni 1987 des Tenders ›Nekkar‹ mit Einheiten der polnischen Flotte. Aus *Marine Forum*, Nr. 9, 1987, S. 288

[335] Damit wurde bereits 1995 erreicht, daß Deutschland in Rußland nach den Vereinigten Staaten wieder als Hauptfeind angesehen wurde. (Karl Ludwig Günsche, »Deutschland gilt nach den USA als Hauptfeind – Kreml-Falken prangern Osterweiterung an – Warnung Kosyrews«, in *Die Welt*, 27. 10. 1995)

Staatsbürgers erkennen, der für den britischen Nachrichtendienst spioniert habe, durch den Geheimdienst SK und die gleichzeitige Ankündigung, britische Agenten auszuweisen, die als Diplomaten getarnt an der britischen Botschaft in Moskau tätig seien. Wenn auch eine Schwalbe noch keinen Sommer macht, kann dieser Schritt der russischen Führung für Deutschland sehr bedeutungsvoll sein. »Bisher war es Großbritannien gelungen, die Wut Moskaus über die demütigende Politik des Westens (IWF-Diktatur und gleichzeitige NATO-Ausweitung) immer gegen die USA und in zweiter Linie gegen Deutschland zu lenken; nun 1995 wurde erstmals Großbritannien als Feind der russischen Interessen an den Pranger gestellt.« Der Verhaftete habe direkten Zugang zu Geheiminformationen strategisch-verteidigungspolitischen Charakters gehabt und diese an seine britischen Auftraggeber weitergegeben. Dabei sei er *in flagranti* gestellt worden. Dieser Zwischenfall dürfte eine diplomatische Niederlage Großbritanniens bedeuten. Die *Times*, das ›Hausorgan‹ des britischen Außenamts, reagierte hierauf in ihrer Ausgabe vom 8. Mai 1996 entsprechend verärgert mit der Forderung nach einer drastischen Ausweitung der Spionageaktivitäten gegen Rußland. Außenpolitische Experten in russischen ›Denkfabriken‹ sollen bestätigt haben, daß die Spionageaffäre nur der oberflächliche Ausdruck eines tiefgreifenden Prozesses sei. Großbritannien verfolge das Ziel, Rußland in einen reinen Rohstoff- und Energielieferanten zu verwandeln und praktisch zu einer Bananenrepublik zu degradieren. Das hätten einflußreiche Kreise in Rußland erkannt.[336]

Als Bundeskanzler KOHL vor diesem diplomatischen Zwischenfall Mitte Februar 1996 von *Insidern* oder deren US-Weisungsempfängern in den Kreml beordert wurde, sollte er den von Deutschlands westlichen Bündnispartnern begünstigten Boris JELZIN bei seinem Wahlkampf um eine zweite Amtsperiode gegen den starken KP-Konkurrenten SJUGANOW unterstützen. Von letzterem hatte die Londoner *Times* in ihrem angezogenen Beitrag berichtet: »In seinen weitschweifigen veröffentlichten Schriften wirft er den USA, der UN und dem Internationalen Währungsfonds (IWF), der römisch-katholischen Kirche und sogar der Trilateralen Kommission eine ›weltumspannende‹ westliche Verschwörung zur Zerstörung der Größe Rußlands vor... Ihm schwebt ein Rußland vor, das von den Weltmärkten, die es von ›äußeren Faktoren‹ abhän-

---

336 Konstantin George, »Britische Gefahr erkannt«, in *Neue Solidarität*, 15. 5. 1996.

gig machen, abgetrennt ist, ein Rußland, in dem der Staat wieder an allen wichtigen Hebeln sitzt.«

Ein solcher Vertreter der ›Verschwörungshypothese‹ ist natürlich eine Herausforderung für die *Insider* und mußte sie deshalb auf den Plan rufen, ihr internationales Instrumentarium – etwa den IWF mit ›*Stand-by*-Krediten‹ für die JELZIN-Administration – gegen SJUGANOW einzusetzen. Außerdem war zu verhindern, daß der deswegen veranlaßte KOHL-Besuch weder bei dem um seine Wiederwahl kämpfenden Präsidenten noch im Falle der Wahl von SJUGANOW zu einer Annäherung Rußlands an Deutschland in Richtung eines erneuten ›Rapallo‹ führen könnte. Deshalb hatte der deutsche Vasall mit dem gleichzeitigen wiederholten Vorbringen der sowohl Rußland als auch Deutschland schwächenden Pläne für eine Osterweiterung der NATO den russischen Präsidentschaftskandidaten JELZIN sowie alle seine Konkurrenten empfindlich zu verärgern; und das, obwohl das Thema in Anbetracht der nicht nur in Rußland, sondern auch in den Vereinigten Staaten bevorstehenden Präsidentschaftswahlen zur Zeit seines Besuches gar nicht akut war. Nur wenn den Motiven für diese ansonsten als diplomatische Ungeschicklichkeit zu bewertende Handlungsweise des Bundeskanzlers nachgegangen wird, wird sie verständlich. Deutschland betreibt mit seinem Eintreten für die NATO-Osterweiterung geflissentlich seine eigene außenpolitische und militärische Einkreisung!

Das war auch 1994 der Fall, als Außenminister KINKEL den russischen Rechts-außen-Politiker Wladimir SCHIRINOWSKIJ zum zweiten Mal mit der Verweigerung eines Besuchervisums brüskierte, während Deutschlands Grenzen nach Osteuropa bereits damals für polnische Autodiebe und die Russen-Mafia recht durchlässig gehalten wurden. Hingegen leistete Washington gleichzeitig diplomatische Vorarbeit für den Fall, »daß SCHIRINOWSKIJ doch eines Tages der mächtigste Mann Rußlands werden könnte«. Das geschah, in dem der kurz danach verstorbene 81jährige ehemalige US-Präsident Richard NIXON zweifellos nicht ohne Auftrag seines Nachfolgers im Weißen Hause, Bill CLINTON, im März 1994 beauftragt wurde, vorsichtig mit diesem russischen Politiker Kontakt aufzunehmen. Wie es heißt, soll er dafür sogar eine »Botschaft von Präsident CLINTON. . . dabei gehabt haben. In jedem Falle hat er von SCHIRINOWSKIJ einen Brief für Bill CLINTON mitbekommen«.[337]

---

[337] H. Wunschel, »Nixons letzter großer Schachzug«, in *Wochenspiegel mit Marktberichten und Reportagen*, München, 28. 3. 1994.

Zu was für einem »Windei« – nach seinerzeitiger Meinung des *Westfalenblattes* [338] – der US-Präsident 1994 außenpolitisch geworden war, geht aus der Tatsache hervor, daß dieser Schrittmacher für seine westeuropäischen Bündnispartner den Pekinger Machthabern schon damals die Fortsetzung der Meistbegünstigung im Warenverkehr zugestanden hat. Chinas wiederaufgenommene Verfolgung von Oppositionellen, Christen und anderen Personen dem Regime nicht genehmer Gruppierungen sowie die Ausweisung mehrerer ausländischer Journalisten »wegen Verletzung der für die Berichterstattung geltenden Auflagen« anläßlich der fünf Jahre vorher auf dem ›Platz des Himmlischen Friedens‹ blutig niedergeschlagenen Demokratiebewegung störten die US-Regierung bei der Verfolgung amerikanischer Wirtschaftsinteressen damals genau so wenig wie 1996. CLINTONS seinerzeitige innenpolitische Erklärung dazu unterschied sich kaum von derjenigen im November 1996: Er wolle die Wirtschafts- und Menschenrechtsfragen voneinander »abkoppeln«,[339] etwa wie das die Schweiz und Schweden dem Dritten Reich gegenüber während des Krieges getan haben!

Die Aufregung der Schöpfer des ›Neuen Völkerrechts‹ über das außenpolitische Konzept SCHIRINOWSKIJS ist verständlich. Dieser (oder irgendein anderer Nationalpolitiker Rußlands) könnte – einmal im Besitz der immer noch beachtlichen russischen Militärmaschinerie[340] – das ›Neue Völkerrecht‹ nicht nur gegenüber Polen und der Tschechischen Republik zur Anwendung bringen, sondern will sich – wie bereits angekündigt – bei Eingreifen Deutschlands westlicher Freunde auf der anderen Seite von Rhein und Kanal auch mit weitreichenden Atomraketen verteidigen. Deutschland könnte dann nur hoffen, dabei nicht versehentlich mitverstrahlt zu werden. Rücksicht auf Deutschland braucht SCHIRINOWSKIJ nach seiner wiederholten Brüskierung durch die Bundesregierung nicht zu nehmen. Ein Volk, dessen Soldaten, Bergarbeiter, Atomreaktorbetreiber und andere in Rußland auf öffentliche Entlohnung angewiesene Berufsgruppen acht und mehr Monate auf ihre Gehälter warten müssen (Stand Bergarbeiterstreiks Dezember 1996), ist

---

338 *Westfalenblatt*, 27. 5. 1994, nach Deutschlandfunk, ›9 05-Uhr-Presseschau,‹ 27. 5. 1994.

339 Deutschlandfunk, ›9:00-Uhr-Nachrichten‹, 27. 5. 1994.

340 In den GUS-Ländern hatte 1994 die wehrtechnische Industrie immer noch einen Anteil am BSP von 20 Prozent. Im Vergleich dazu in den USA 3,2%, in Frankreich 1,5%, in Großbritannien 1,2% und im 2 + 4-Deutschland 0,6%. (*Die Welt*, 15. 4. 1994) Der russische Verteidigungsetat wurde gleichfalls mit 20 Prozent des Gesamthaushalts beziffert.

naturgemäß nicht nur innen-, sondern auch außenpolitisch labil und unberechenbar, wer auch immer dort nach JELZIN die Macht ergreifen sollte. Präsident JELZINS Wahlversprechungen, hier Abhilfe schaffen zu wollen, haben und werden sich in Anbetracht des russischen wirtschaftlichen Zusammenbruchs auf absehbare Zeit nicht verwirklichen lassen.

Präsident JELZIN gilt für die westlichen und zukünftigen osteuropäischen ›Bündnispartner‹ Deutschlands als Träger russischer Hoffnungen. Er wurde zum Garanten für die Festigung der protektoralen Westeinbindung Deutschlands instrumentalisiert. In welchem Ausmaß das bereits gelungen ist, geht nicht nur aus seiner Vertragsbrüchigkeit in bezug auf die Rückgabe der von der Roten Armee in Deutschland geraubten Kunstschätze hervor, sondern, wenig beachtet, auch aus seinen anläßlich seines Besuchs am 22. und 23. Juni 1996 in Königsberg abgegebenen Erklärungen zu seinen »Visionen für diesen engsten Berührungspunkt deutscher und russischer Wirklichkeit«. Die Bilanz seiner Reden ist für alle die ernüchternd, die bisher geglaubt haben, »daß mit JELZINS angeblichem Reformeifer auch Perspektiven für Königsberg verbunden wären und hier die Chance für einen beispielhaften russisch-deutschen Neuanfang genutzt würde... So tönte der Präsident unter dem Jubel der Massen: (Das) ›Kaliningrader Gebiet, das ist Rußland und nur Rußland!‹«

Tags darauf hat er bei der Grundsteinlegung für eine russisch-orthodoxe Basilika gegenüber dem Rathaus der Stadt zum Ausdruck gebracht:

> »Dieser Dom symbolisiert, daß dieses Land Rußland gehört!«

Der Gebietschef Juri MATOTSCHKIN griff daraufhin diese Formel mit den Worten auf: »Die Tatsache, daß der Präsident gekommen ist, macht deutlich, daß dieses Gebiet Rußlands Gebiet ist.«

Wenn man bedenkt, daß mit GORBATSCHOW eine russisch-deutsche Aussöhnung eingeleitet wurde, bliebe ohne die deutsche NATO- und EU-Osterweiterungspolitik unverständlich, warum der russische Präsident mit seinen Ausführungen in Königsberg die Gefühle gerade jener Deutschen verletzt, »die sich dem Osten ihrer Herkunft wegen besonders verbunden fühlen und das neue Rußland mit tatkräftiger Sympathie begleiten«.[341] Unterstützt wird

---

[341] Irina Iskandorowa und Hans Heckel, »Das alte Denken kehrt zurück – Jelzin Besuch am Pregel: ›Kaliningrader Gebiet, das ist nur Rußland‹«, in *Das Ostpreußenblatt*, 6. 7. 1996.

der russische Präsident hierbei durch die deutsche – sogar muttersprachliche – Selbstverleugnung, wie sie der deutsche Botschafter in Moskau, Ernst-Jörg von Studnitz, anläßlich der Einweihung von zwei deutschen Soldatenfriedhöfen im nördlichen Ostpreußen in Königsberg Henning von Löwis vom Deutschlandfunk Köln gegenüber während Interviews zum Ausdruck brachte. Als der Botschafter von letzterem gefragt wurde,

> »wie weit, wie nah ist Königsberg politisch von Moskau aus?« antwortete von Studnitz: »Kaliningrad ist heute ein Oblast von Rußland, ein Oblast, der in einer Exklavesituation sich befindet, und dadurch für das russische Bewußtsein eine besondere Rolle spielt. Für Deutschland ist es heute Teil Rußlands, der genauso wie jede andere Gebietseinheit Rußlands unsere Aufmerksamkeit verdient, aber auch nicht in irgendeiner Weise eine bevorzugte Aufmerksamkeit erhält.«

Das Interview wurde am 18. Juli 1996 im Deutschlandfunk-Magazin ausgestrahlt. Wie erfolgreich die so vom deutschen Botschafter in Moskau zu vertretene deutsche Außenpolitik ist, geht auch daraus hervor, daß sich nach Botschafter von Studnitz die russische Seite, »aus politischen Gründen derzeit nicht in der Lage« sieht, der Einrichtung eines deutschen Konsulats in Königsberg zuzustimmen, obwohl die Jelzin-Administration sowohl stark an deutschen Investitionen in ihrem ›Oblast Kaliningrad‹ interessiert ist, als auch Polen und Litauen bereits dort mit Konsulaten vertreten sind.[342] Wie hier zitiert, werden von einem während des ›Genscherismus‹ in dem unter seinem DDR-seitig als IM geführten Minister zu einem Instrument des Zeitgeistes deformierten Auswärtigen Amt aufgestiegenen Spitzenbeamten *in der Praxis* seiner Arbeit geflissentlich für im Deutschen Osten völkerrechtswidrig geraubten und ethnisch gesäuberten Städte und Landstriche die Ortsbezeichnungen verwandt, die ihnen die Landräuber und Vertreiber gegeben haben. Das diesen Botschafter entsendende Auswärtige Amt verhält sich hiermit nicht nur deutschland-, sondern auch kulturpolitisch so, als wenn es sein in Osteuropa eingesetztes Spitzenpersonal historisch-völkerrechtlich nach Lehrbüchern etwa des unter Lech Walesa Außenminister gewesenen polnischen Historikers Wladyslaw Bartoszewski unterweist. Und das, obwohl es *offiziell* hierzu mitteilt:

---

[342] *Deutscher Ostdienst (DOD)*, 2. 8. 1996, »Deutscher Botschafter in Rußland: Zukunft für Aussiedler in Deutschland unsicher«.

»Im internationalen Bereich werden allgemein in deutschen Texten deutsche Ortsbezeichnungen verwandt, soweit diese dem allgemeinen deutschen Sprachgebrauch entsprechen (z. B. Rom, Mailand, Lissabon, Prag, Warschau). Diese Praxis stieß in der Vergangenheit im Verhältnis zu Polen (von Rußland ist nicht die Rede) auf Schwierigkeiten, die aber zwischenzeitlich ausgeräumt sind. Der Bundesminister des Auswärtigen hat sich bei einem Treffen mit seinem polnischen Kollegen im Jahre 1989 darauf verständigt, in deutschen Texten gebräuchliche deutsche, in polnischen Fassungen polnische Ortsbezeichnungen zu verwenden. Um die Auffindung der Orte auf heutigen Karten zu erleichtern, sollte der gebräuchliche polnische Name in Klammern hinzugefügt werden.«[343]

Hinsichtlich der Bezeichnung von Orten der Vertreibungsgebiete in deutschen Texten bedurfte es demnach der Zustimmung der polnischen Regierung! Unterwürfiger kann sich ein angeblich souveräner Staat wohl kaum verhalten. Man stelle sich einmal vor, ein Spitzenbeamter des britischen Außenamts würde die Falklandinseln mit dem argentinischen Namen Malvinen oder *Islas Malvinas* bezeichnen oder seine Regierung würde gar Verhandlungen mit Argentinien führen, wie es seine dortigen Inseln in britischen Texten bezeichnen darf! Das Gleiche gilt natürlich für den umgekehrten Fall.

Zur heutigen russischen Haltung zum nördlichen Ostpreußen sei angemerkt, daß 1991 der seinerzeitige deutsche Außenminister Hans-Dietrich GENSCHER sowjetische Unterhändler, die zu Gesprächen über die Zukunft Nordostpreußens in Bonn erschienen waren, mit seiner Äußerung zur Umkehr veranlaßt hat, das alte preußische Gebiet sei kein Thema für ihn. Er wollte diese nach 1945 der Sowjetunion zur Verwaltung übertragene Region *»nicht einmal geschenkt haben«*.

Ein bayerischer Kreisrat sah in GENSCHERS Verhalten einen Bruch des Amtseides, »Schaden vom deutschen Volk abzuwenden«, und zeigte deswegen den Minister an. Ein Bonner Oberstaatsanwalt hat die Anzeige jedoch abgewiesen, weil der Ministereid »kein gerichtlicher Eid« sei![344] Damit hat der Oberstaatsanwalt zwar ver-

---

343 Auswärtiges Amt (Pressemitteilung), »Eindeutige Regelung«, in *Die Pommersche Zeitung*, 31. 8. 1996.

344 *Das Ostpreußenblatt*, 27. 7. 1991, nach Friedrich Birkholz, München, Leserzuschrift : »Was ist ein Amtseid wert?«, in *Die Pommersche Zeitung*, 7. 9. 1991.

mutlich bezüglich des Sachverhalts die Auffassung des Klägers geteilt, aber gleichzeitig für den Bürger die Frage offengelassen, welchen weltlichen Wert ein Ministereid auf die Verfassung überhaupt hat! Nunmehr kann man nur noch hoffen, daß sich das Jüngste Gericht eines Tages für zuständig erklären und des Falles annehmen wird

Der 1931 in Mährisch-Schönberg geborene Journalist und nach zwei Kabinettsposten Vizepräsident des Deutschen Bundestages Hans (Johnny) KLEIN (CSU) zählte zu den schärfsten GENSCHER-Kritikern.[345] GENSCHERS gestörtes Verhältnis zum Vaterland dürfte Ursache dafür gewesen sein. Ob KLEIN dessen Motive oder Zwänge gekannt hat, die ihn zu seiner deutschfeindlichen Politik veranlaßt haben, ist unbekannt.

Wohl kaum etwas kennzeichnet die deutsche ›Demokratie‹ besser als die Tatsache, daß es *Insider*-gesteuerte deutsche Medien fertigbringen konnten, diesen vom Ministerium für Staatssicherheit (STASI) als ›IM Tulpe‹ geführten ›Zonenflüchtling‹ zum beliebtesten deutschen Politiker und dienstältesten Außenminister der westlichen Welt zu machen. Er vermochte dadurch den nach ihm bezeichneten verzichtspolitischen ›Genscherismus‹ in den deutschlandpolitisch entscheidenden Jahren – erst im Rahmen der ›Ostpolitik‹ Willy BRANDTS und dann als Koalitionär des rheinischen Separatismus – so lange durchzusetzen, bis er enttarnt wurde. Durch letzteres ist die von ihm außenpolitisch vertretene Bundesrepublik Deutschland erpreßbar geworden. Das kam zum Tragen, als Deutschland US-seitig DM 18 Mrd. zur nachträglichen – dazu noch überreichlichen (hier ist von DM 4 Mrd. zu viel die Rede) – Übernahme der den Vereinigten Staaten entstandenen Kosten für die Durchsetzung ihrer (keiner deutschen) Interessen im Golfkrieg abgenötigt wurden (s. hierzu auch unten Karikatur **Abbildung 17**). Bevor GENSCHER deswegen gehen mußte, hatte er jedoch seine Schuldigkeit getan. Sie gipfelte in seiner in Warschau abgegebenen Erklärung:

> »Die Bestätigung der bestehenden [polnischen West-] Grenze ist die freie Entscheidung der Deutschen. Sie ist uns von niemandem aufgezwungen worden.«[346]

---

[345] Heinz Heck, »Die Fliege war sein Markenzeichen – Bundestagsvizepräsident Hans Klein gestorben«, in *Die Welt*, 27. 11. 1996.

[346] Bundes-Presse- und Informationsamt, *Politik aus Bonn*, Nr. 8., Dezember 1990, zitiert nach *Deutscher Ostdienst (DOD)*, 20. 8. 1991.

Als Dank und Anerkennung für die Entgegennahme dieser verzichtspolitischen Erklärung hat GENSCHER dem seinerzeitigen polnischen Außenminister SKUBISZEWSKI das auf seinen Vorschlag von Bundespräsident Richard VON WEIZSÄCKER verliehene ›Großkreuz des Verdienstordens der Bundesrepublik Deutschland‹ überreicht. SKUBISZEWSKI hatte zuvor mehrfach die Vertreibung der Deutschen gerechtfertigt sowie Vertreibung und Massenmord als »Bevölkerungstransfer« verharmlost und verspottet. *Die Pommersche Zeitung* bemerkt dazu bitter:

> »Beide Politiker, GENSCHER und SKUBISZEWSKI, haben sich große Verdienste erworben durch die konsequente Wahrnehmung der nationalpolnischen Interessen.«[347]

Daß GENSCHER die zitierte ›Bestätigung‹ ostgesteuert – als STASI-eingeschleuster Inoffizieller Mitarbeitet (IM) – abgegeben hat, ist nicht erwiesen. Die Welt berichtet hierzu unter dem 13. Juli 1992:

> »Ziel der (STASI-)Akte war es laut *Spiegel*, den FDP-Politiker bei Bedarf als einen Mitarbeiter der Staatssicherheit desavouieren zu können. Anfang der achtziger Jahre sei die Akte ›Tulpe‹ dann vernichtet worden. Die Staatssicherheit habe befunden, daß GENSCHERS Politik nicht den Interessen der DDR zuwiderlaufe.«

Welcher Politik GENSCHER damit Vorschub geleistet hat, ist dem obigen Pressebericht **Abbildung 12** (s. S. 151) zu entnehmen. Wenn man Willy BRANDT abnehmen mag, er sei als links von der SPD aufgewachsener Revolutionär so stark in seinem ›Demokratischen Sozialismus‹ verankert gewesen, daß er die im Kommunismus des Ostblocks lauernde Gefahr nicht erkannt haben mag, kann davon bei GENSCHER wohl kaum die Rede sein. Und ohne ihn wäre die als ›Ostpolitik‹ verkaufte Verharmlosung des Moskau-gesteuerten Weltkommunismus nicht möglich gewesen, dessen Perversität in dem Schlagwort ›Sicherheitspartnerschaft‹ gipfelte. Zeitgeschichtlich ist es nur von akademischem Interesse, ob dieser ›deutsche Außenminister‹ seine Ost- und Verzichtspolitik im Auftrag der UdSSR-gesteuerten STASI oder als Vasall des west-gemachten Zeitgeistes betrieben hat. In welchem Ausmaß GENSCHER fremdgesteuert wurde, versucht der *Spiegel* mit einer GENSCHER-Karikatur auf dem Cover seiner Ausgabe vom 5. August 1996 (**Abbildung 17**, s. S. 232) zum Ausdruck zu bringen.

---

[347] *Die Pommersche Zeitung*, 7. 9. 1991.

Abbildung 17 · *Der Spiegel*, Ausgabe vom 5. 8. 1991

»Unter den Gesichtspunkten der künftigen Befriedung Europas«, wie sich Winston CHURCHILL dazu in seinem Buch *Der Zweite Weltkrieg* ausdrückt, dürfte Genscher so oder so wohl kaum eine positive Bewertung in der europäischen Nachkriegsgeschichte erfahren. CHURCHILLS späte Erkenntnis zur »polnischen Westgrenze«, sei hierzu zitiert:

> »Hier ist ein Unrecht im Werden, gegen das unter dem Gesichtspunkt der künftigen Befriedung Europas Elsaß-Lothringen und der polnische Korridor nicht viel mehr als eine Kleinigkeit waren. Eines Tages würden die Deutschen dieses Gebiet zurückverlangen.«

Da GENSCHER hinsichtlich der von ihm vertretenen und durchgesetzten Verzichtspolitik wohl kaum zu den Opfern ›geistiger Manipulation‹ oder ›Gehirnwäsche‹ zählen dürfte, kann er für den Rest seines Lebens nur hoffen, daß die Motive für seine unwürdige Rolle als Exekutivpolitiker des auf der Krim-Konferenz (4.-11. 2. 1945) von den Kriegsalliierten geschlossenen ›Jalta-Abkommens‹ nicht weiter ausgeleuchtet werden oder werden können. Um dafür keinen Anlaß zu geben, hat er seinen Ehrgeiz gezügelt und auf die ihm wohl *pro forma* zu seiner Ehrenrettung angebotene VON-WEIZSÄCKER-Nachfolge verzichtet.

Die als Quelle für obige *Spiegel*-Recherche angezogene *Welt* hielt es nicht für erforderlich, selbst der ›IM-Tulpe-Frage‹ nachzugehen, und hat sich damit begnügt, ihren Lesern gegenüber den Komplex des ›Genscherismus‹ mit obigen, auszugsweise zitierten Ausführungen des sonst von ihr wenig geliebten Magazins abzuschließen. Ob sie dem *Spiegel* diesbezüglich vollinhaltlich Glauben schenkt, läßt sie allerdings offen. Davon, daß der ›Genscherismus‹ mit dem Rückzug dieses Verzichtspolitikers aus dem Auswärtigen Amt verschwunden ist und nur noch als ›Böser Geist‹ zu mitternächtlicher Stunde den dortigen Paternoster benutzt, kann jedoch dank GENSCHERS langjähriger, entsprechend selektiver Personalpolitik – wie an obigem ›Kaliningrad‹-Beispiel zu sehen ist – wahrscheinlich noch auf Jahre hinaus nicht die Rede sein.

Im Rahmen ihrer Deutschlandpolitik sorgen die deutschen ›Bündnispartner‹ dafür, daß die Feindstaatenklauseln der Vereinten Nationen Deutschland gegenüber (Art. 52 und 107 UN-Charta) aufrechterhalten bleiben. Mit dieser Aushebelung der UN-Satzung gegenüber den Verlierern des letzten Weltkrieges wird Deutschlands dortige Mitgliedschaft *ad absurdum* geführt, weil es durch seinen, die Artikel 52 und 107 beinhaltenden ›Vogelfrei-Status‹ nicht in den Genuß der völkerrechtlichen Schutzfunktionen dieser Weltorganisation gelangt. Es wird lediglich mit seiner UN-Mitgliedschaft als anspruchsloser Beitragszahler (von 1990 bis1994 ganze DM 5,4 Mrd.!)[348] und mit seiner nicht nur das Leben deutscher Soldaten riskierenden, sondern auch recht kostspieligen Heranziehung zu Blauhelmeinsätzen sogar auf dem Balkan mißbraucht.[349] Unverständlich bleibt, weshalb sich

---

[348] *Unabhängige Nachrichten*, 6/1996, S. 7.

[349] Vor Beginn des Militäreinsatzes deutscher Soldaten auf dem Balkan wurde abgewiegelt, alles sei zeitlich begrenzt und koste nicht mehr als DM 700 Millionen. Mittlerweile ist nicht absehbar, wann das militärische Abenteuer enden wird. Seit Kriegsbeginn hat die Bundesregierung dem ehemaligen Jugoslawien mit einem Einsatz von DM 15 Milliarden geholfen. Dabei sind die vielen Milliarden nicht mitgerechnet, die zur zeitweiligen Aufnahme dortiger Kriegsflüchtlinge verausgabt wurden, die nach großzügiger Versorgung in Deutschland nunmehr allenfalls mit entsprechenden Abfindungen freiwillig in ihre Heimat zurückkehren wollen, während deutsche Helfer, Soldaten und Polizisten das zerstörte Land wieder aufräumen. (*Unabhängige Nachrichten*, 6/1996, aaO., Q. 348) Wegen u.a. dieses großzügigen Mitteleinsatzes muß den einstigen ›Trümmerfrauen‹ in Deutschland die Rente gekürzt werden. Ein *Welt*-Leser schreibt dazu:

»... ›das Licht ausknipsen‹ in Bosnien sollten jene, deren Geheimdienstaktivitäten die blutigen Auseinandersetzungen zwischen Kroaten und Moslems heraufbeschworen, welche bis heute das Zusammenleben dieser beiden Gruppen durch gegenseitige Vertreibungen weiterhin erschweren.« (Theodor Finke, »Dayton stärken«, Leserzuschrift, in *Die Welt*, 18. 1. 1997)

deutscherseits so an diese, Deutschland nur Lasten aufbürdende UN-Mitgliedschaft geklammert wird. Die Mitgliedschaft in einer Rechtsschutzversicherung würde man ja auch nicht aufrechterhalten, wenn deren Satzung einen Leistungsanspruch ausdrücklich für diese Mitgliedschaft ausschließt.

Vorgenannte deutsche Militärkontingente werden von der Bundesregierung und den Regierungen der Bündnispartner sowie den Vereinten Nationen selbst im Hinblick auf die UN-Feindstaatenklauseln UN-völkerrechtslos zum Einsatz beordert. Auf dem Balkan geschieht das dazu noch zum Nachteil der eigenen äußeren Sicherheit, indem dadurch der serbische Antigermanismus als Element der westalliierten Einkreisungspolitik reaktiviert wird. Welche persönlichen Gefahren diese UN-Feindstaatenklauseln für dort eingesetzte deutsche Soldaten bedeuten, mag folgendem Befehl des serbischen Generals Ratko MLADIC entnommen werden, den er seinen Streitkräften gab, als er diese zum Sturm auf bosnische Städte führte:

»Knüppelt sie nieder, verbrennt sie, schlagt sie bewußtlos!«[350]

Deutsche Soldaten haben solche Greueltaten – auch besonders 1945 nach der Kapitulation – schon einmal auf dem Balkan über sich ergehen lassen müssen, nachdem sie dem dort nach seinem Einfall in Not geratenen, später zum Feind übergelaufenen Bündnispartner Italien zu Hilfe gekommen waren. Danach gab es lediglich Siegerjustiz und keine Verfolgung von auf alliierter Seite begangenen Kriegsverbrechen. Sonst wären solche Befehle wahrscheinlich heute zumindest in dieser Region nicht erneut erteilt worden.

Dem ehemaligen CDU-Vorstandsmitglied FRIEDMAN ist beizupflichten, wenn er anläßlich seines am 2. August 1996 im Fernsehen ausgestrahlten Interviews im Zusammenhang mit dem von einem Militärgericht in Rom erfolgten Freispruch des früheren SS-Hauptsturmführers Erich PRIEBKE feststellt, daß Mord an Frauen und Kindern auch im Krieg ein Verbrechen ist. Bedauerlich ist allerdings, daß solche Feststellungen vornehmlich nur getroffen werden, wenn es sich um Deutschen vorgeworfene Untaten handelt. Und das bis zur Perfektion gerade auch seitens deutscher Medien und Politiker. Hierzu wird auf die von der Bundesregierung mit der Tschechischen Republik ausgehandelte »Schlußstrich-Erklärung« Ziffer 4 hingewiesen. Dort ist zu lesen:

---

[350] *Unabhängige Nachrichten*, 8/1995, »Hilflose ›UN-Blauhelme‹ berichten von Greueltaten, wie Deutsche sie schon 1945 erdulden mußten«.

»Beide Seiten stimmen darin überein, daß das begangene Unrecht der Vergangenheit angehört.«[351]

Das gilt – wie nicht anders zu erwarten – jedoch nur einseitig für die tschechischen Vertreibungsverbrechen. Den Deutschen vorgeworfenes Unrecht wird aus einem dafür bereitgestellten Fonds entschädigt, in den die Bundesrepublik DM 140 Mio. einzahlt. Wieder einmal wird den wesentlich umfangreicheren und bereits lange vor Kriegsbeginn geplanten und nach dem Krieg fortgesetzten Vertreibungs- und anderen Verbrechen an der deutschen Zivilbevölkerung und deutschen Kriegsgefangenen solche Aufmerksamkeit nicht gewidmet. Für die Siegermächte und Tschechen, Polen[352] und auch Serben (hinsichtlich internierter Soldaten sogar den neutralen Schweden, s. S. 240 f., Q. 364–376) gilt offensichtlich ein anderes Völkerrecht. Da wird vielmehr – wie zum Beispiel neuerdings nicht nur in Dresden – die Opferzahl noch heruntergerechnet. Mit letzterem hat sich vor allem der Leiter des Zentrums für Antisemitismus-Forschung, Wolfgang Benz, hervorgetan, indem er behauptet, daß nicht – wie in der gesamten seriösen Literatur seit Jahrzehnten zu lesen ist – zwei bis drei Millionen, sondern nur 500 000 ostdeutsche Vertreibungsopfer zu beklagen sein sollen.[353]

Wenn jemand ähnlich in Deutschland mit der Zahl der jüdischen Opfer des Nationalsozialismus verführe, säße er schon bald darauf hinter Gittern.

Auch die bereits 1989 von dem kanadischen Historiker und Publizisten James Bacque nachgewiesenen »zweifellos etwa 800 000,

---

351 Andreas Gizewski, »Frohe Botschaft« (Leserzuschrift), in *General-Anzeiger*, Bonn, 4. 1. 1993.

352 Erst seit wenigen Jahren bahnt sich ein Wandel in der Aufarbeitung der von Polen nach dem deutschen Zusammenbruch (1945) an Deutschen begangenen Verbrechen gegen die Menschlichkeit an. Hierzu wird auf die oben erwähnte Veröffentlichung *Auge um Auge* des US-amerikanischen Journalisten John Sack aus dem Jahre 1994 hingewiesen. US-amerikanische, später auch britische und holländische TV- und Zeitungsjournalisten recherchierten darauf in Deutschland und vor Ort und brachten ihren Zuschauern und Lesern bislang *›political correct‹* unterdrückte Tatsachen in zumeist sachlicher und fairer Weise nahe. Auch in Deutschland mußte man daraufhin das langgehegte Tabu der polnischen Verbrechen an Deutschen in von Polen übernommenen Konzentrationslagern brechen, nachdem selbst in Polen ein Film über das Nachkriegslager Schwientochlowitz/Oberschlesien gedreht und gezeigt war. (Gerhard Gruschka (KK), »Verbrechen, begangen im Rausch des Sieges – Polnischer Film über das Nachkriegslager Schwientochlowitz / Oberschlesien«, in *Die Pommersche Zeitung*, 31. 8. 1996)

353 Hans-Joachim von Lessen, »Vertreibungsopfer: Wenn das rechte Gesetz fehlt. . . – Nun soll offenbar die Todeszahl der Heimatvertriebenen in Zweifel gezogen werden«, in *Das Ostpreußenblatt*, 18. 5. 1996.

aber mit Sicherheit 900 000 und wahrscheinlich über eine Million« deutschen Kriegsgefangenen, die von 1945 bis 1946 in amerikanischen und französischen Lagern als Folge mangelhafter Hygiene, an Seuchen und Unterernährung den Tod gefunden haben, verbannt man aus dem Gedenken und von jeglicher Anklage der Täter. Schuld an diesen Todesfällen war auf amerikanischer Seite eine von General EISENHOWER zu verantwortende gezielte Politik, derzufolge Lebensmittel zurückgehalten sowie Hilfen seitens des internationalen Roten Kreuzes und anderer Organisationen planvoll unterbunden wurden.[354]

In BACQUES 1991 erschienener zweiten Ausgabe von *Other Losses* (›Sonstige Verluste‹) – wie die Todesfälle in den Statistiken der US-Streitkräfte umschrieben wurden – und in seiner davon 1994 erschienenen dritten erweiterten deutschen Ausgabe *Der geplante Tod – Deutsche Kriegsgefangene in amerikanischen und französischen Lagern 1945–1946* wird die Zahl mit »etwa einer Million« angegeben. Zu dieser Zahl von Todesopfern in franko-amerikanischen Kriegsgefangenenlagern gelangt BACQUE, indem er von der zwischen 5 539 862 bis 7 200 000 liegenden Gesamtzahl der im Westen gefangengenommenen »Männer, Frauen und Kinder« die kleinere nimmt und davon die Zahl die Entlassenen und Überstellten abzieht. Danach verbleiben die in der Armeestatistik als ›*other losses*‹ erfaßten Todesfälle und eine für die Lager errechnete Fehlzahl von 472 366 Personen, der sogenannten ›Eisenhower-Lücke‹. Da diese Gefangenen sich nicht in Luft aufgelöst haben können, geht BACQUE davon aus, daß auch sie ihr Leben in den Lagern verloren haben.[355]

BACQUE belegt dort unter »Legenden, Lügen und Geschichte«, wie die *US-Army* und die dafür verantwortlichen französischen Militärs alles nur Erdenkliche unternommen haben, ihren Massenmord an deutschen Kriegsgefangenen zu verschleiern. Nach dem von BACQUE zitierten US-General George S. PATTON (Ardennenoffensive; in Luxemburg mit einem Denkmal als Befreier geehrt) gab dessen Oberbefehlshaber hierzu eindeutige Anweisungen: »Nach dem Mittagessen sprach General EISENHOWER zu uns vertraulich über die Notwendigkeit von Solidarität in dem Falle, daß ei-

[354] James Bacque, »Eisenhower's Death Camps – The Last Dirty Secret of World War Two«, in *Saturday Night*, Toronto, IX/1989, S. 31 ff.

[355] James Bacque, *Der Geplante Tod – Deutsche Kriegsgefangene in amerikanischen und französischen Lagern 1945–1946* (Erweiterte deutsche Ausgabe von *Other Losses*), Ullstein, Frankfurt/M.–Berlin ³1994, S. 219 f.

ner von uns vor einen Kongreßausschuß geladen würde... Er beschrieb... eine Art von Organisation. Obwohl keiner von uns wirklich mit ihm übereinstimmte, war sie nicht ausreichend konträr zu unserer Auffassung, uns davon abzuhalten, ihr allgemein zuzustimmen.« Die Angst vor einem solchen Untersuchungsausschuß ist – nach BACQUE – die logische Erklärung für die Verschleierung dessen, was innerhalb des Hauptquartiers ablief. Die gefälschten SHAFE-USFET-Papiere des Hauptquartiers wurden alle als ›geheim‹ eingestuft, um so selbst diejenigen zu täuschen, die Zugang zu den Dokumenten haben würden; das heißt, Amerikaner auch mit höchster Geheimeinstufung sollten daran gehindert werden herauszufinden, was wirklich vor sich gegangen ist.[356] PATTON hat 1945 in einem Schreiben die Untaten an deutschen Kriegsgefangenen seines Oberbefehlshaber EISENHOWER als »praktisch GESTAPO-Methoden« gekennzeichnet.[357] Hierzu wird angemerkt, daß er über letztere damals wohl kaum objektiv aus eigener Feststellung, sondern lediglich aus der Kriegspropaganda seines Landes, also entsprechend aufbereitet, in Kenntnis gesetzt worden sein dürfte.

Die vorgenannten »etwa eine Million« Toten verdanken ihr Schicksal der oben erwähnten planmäßigen Unterversorgung in den Lagern und der Tatsache, daß sie nicht entlassen wurden. General PATTON hatte in 27 Tagen eine halbe Million der von ihm gefangengenommenen Soldaten entlassen, bis ihm das von General EISENHOWER untersagt wurde. »Hätte die gesamte *US-Army* ihre Kriegsgefangenen mit der gleichen Geschwindigkeit entlassen, hätten alle Deutschen bis Ende Juni (1945) die Lager verlassen. Aber nur etwa 500 000 oder 10 Prozent sind bis zum 2. Juni entlassen worden. Etwa 2 200 000 wurden bis zum 8. September entlassen. Die restlichen 3 700 000 Kriegsgefangenen (der gesamten von den Amerikanern auf allen europäischen Kriegsschauplätzen gefangengenommenen deutschen Soldaten) befanden sich weiterhin in den Lagern, waren dort bereits verstorben oder in britische oder französische Obhut transferiert. (Der britische) Feldmarschall MONTGOMERY meinte, die Amerikaner hätten sich aus Ruhmredigkeit (*vainglory*) und nicht aus militärischer Notwendigkeit mit einer riesigen Zahl von Kriegsgefangenen überladen (*loaded themselves down*).«[358]

---

[356] James Bacque, *Other Losses, General Paperbacks,* Toronto, 1991, S. 148.

[357] James Bacque, ebenda, S. 143.

[358] James Bacque, ebenda, S. 58 f.

Um das Klima wiederzugeben, in dem sich diese westlichen Nachkriegsmorde an deutschen Kriegsgefangenen abspielten, sei auf folgende Episode hingewiesen: Bei einem Essen, das STALIN in der russischen Botschaft Teheran gab, hatte dieser vorgeschlagen, *nach dem Krieg* wahllos 50 000 deutsche Offiziere (wie in Katyn) zu erschießen.[359]

Während CHURCHILL sich diesem Vorschlag nicht anschloß, schlug ROOSEVELT daraufhin als Kompromiß 49 000 vor. Sein Sohn, Elliott ROOSEVELT, Brigadegeneral der *US-Army*, beteiligte sich an dem Gespräch mit einem Toast auf die Tötung »nicht nur dieser 50 000. . ., sondern vieler weiterer Hunderttausender von Nazis auch«.[360] Das geschah 1943, also lange vor der wegen der Ermordung von 31 Südtiroler Soldaten durch italienische Heckenschützen *während des Krieges* erfolgten Erschießung von 335 italienischen Geiseln, für die sich der bereits vorerwähnte 84jährige PRIEBKE nach seinem Freispruch seitens eines italienischen Militärgerichts im August 1996 und dem daraufhin erfolgten Auslieferungsersuchen der deutschen Bundesregierung gegen Ende des Jahres 1996 erneut vor einem anders besetzten Militärgericht in Italien verteidigen muß. Bezüglich des deutschen Auslieferungsersuchens ist kennzeichnend, daß dieselben deutschen Politiker, die PRIEBKES Aburteilung gegebenenfalls in Deutschland besonders leidenschaftlich fordern, die von Tschechen an den Sudetendeutschen begangenen Vertreibungsverbrechen trotz des bisherigen tschechischen Festhaltens (Stand Oktober 1996) an der Rechtmäßigkeit von Vertreibung und der

---

[359] Diesem Vorschlag waren bereits die verschiedenen Aufrufe des nach seinem Exil (Paris, 1908–18) nach Rußland zurückgekehrten Kommunisten und späteren Stalinpreisträgers Ilja EHRENBURG unter anderem in der sowjetischen Soldatenzeitung *Roter Stern* vorausgegangen. Einer davon sei hier zitiert:

»Tötet, tötet! Es gibt nichts, was an den Deutschen unschuldig ist, an den Lebenden nicht und nicht an den Ungeborenen! Folgt der Weisung des Genossen STALIN und zerstampft für immer das faschistische Tier in seiner Höhle. Brecht mit Gewalt den Rassenhochmut der germanischen Frau. Nehmt sie als rechtmäßige Beute. Tötet, ihr tapferen, vorwärtsstürmenden Rotarmisten!« (Karl Dönitz, *Zehn Jahre und zwanzig Tage – Erinnerungen 1935–1945,* Bernard & Graefe Verlag, Bonn [8]1981, S. 424)

Der US-amerikanische Politiker und Diplomat George F. KENNAN (Botschafter in Berlin und Moskau) kennzeichnete diese menschenverachtende Vorgehensweise der Roten Armee in seinen 1967 veröffentlichten Memoiren wie folgt:

»Die Russen. . . säuberten (die ostdeutschen Gebiete) in einer Weise von der einheimischen Bevölkerung, wofür es seit den Tagen der asiatischen Horden keine Parallele gibt.« (George F. Kennan, *Memoiren,* 1967, S. 265, nach Alfred M. de Zayas, aaO. – Q. 303 –, S. 66)

[360] Sir Winston Churchill, *Closing The Ring,* S. 265, nach James Bacque, aaO. (Q. 356), S. 5.

Benesch-Amnestie für dabei begangene Mordtaten – also aus der Sicht der Sudetendeutschen und ihrem Recht auf Heimat eine ›Null-Lösung‹ – auf eine totalverzichtspolitische »Schlußstrich-Erklärung« drängen.

Einige deutsche Politiker, wie die bündnisgrüne Vizepräsidentin des Deutschen Bundestages und der SPD-Vorsitzende, sind sogar bereit dazu gewesen, nach Prag zu pilgern, um sich dort diesbezüglich würdelos anzubiedern. Auch hat man vergeblich auf einen Protest dieser Politiker gewartet, als man den ehemaligen DDR-Staatsratsvorsitzenden Erich HONECKER ungeachtet seiner in der Zone begangenen Untaten sehr viel jüngeren Datums in einer Nacht- und Nebelaktion am deutschen Recht vorbei hat laufen lassen, damit er von der deutschen Justiz unbehelligt im Ausland ›in Frieden‹ sterben konnte. Ähnlich großzügig wird seitens solcher deutschen ›Zeitgeist-Politiker‹ mit dem Tatbestand umgegangen, daß sich möglicherweise noch französische Täter am Leben befinden, die nach dem Krieg Geiselerschießungen auf deutschem Boden zu verantworten haben. Der Verfasser erinnert sich noch gut, daß eine Reihe von deutschen Geiseln etwa in dem Verhältnis zu den Opfern, die in den Adreatinischen Höhlen den Tod gefunden haben, von der französischen Besatzungsmacht erschossen wurden, weil in der betreffenden Gegend ihrer Besatzungszone ein toter französischer Soldat aufgefunden worden war.

Zu dem, was in Frankreich in Kriegsgefangenschaft geratenen deutschen Soldaten in den vorerwähnten Lagern erwartete, kam noch hinzu, daß der Abtransport dorthin auf offenen Lastwagen so gefährlich war, weil die aufgehetzte Bevölkerung von Brücken Feldsteine auf die auf den Ladeflächen der Lastwagen zusammengedrängten Männer zu werfen pflegte.

Die Gesamtzahl der in Kriegsgefangenschaft umgekommenen deutschen Soldaten und weiblichen Wehrmachtsangehörigen (etwa Luftwaffenhelferinnen) wird von Paul CARELL und Günter BÖDDEKER mit 11 Millionen angegeben.[361] Davon die oben angeführte eine Million abgezogen, gehen die restlichen 10 Millionen auf das Konto der Sowjetunion und deren Satelliten. Die schon erwähnte Forderung STALINS, nach dem Kriege 50 000 deutsche Offiziere zu erschießen, wurde 1950 in der Sowjetunion vollzogen. Nachdem die UdSSR unter dem 5. Mai 1950 eine Mitteilung veröf-

[361] Paul Carell / Günter Böddeker, *Die Gefangenen – Leben und Überleben deutscher Soldaten hinter Stacheldraht,* Ullstein (Neuauflage), Berlin 1996, S. 458.

fentlicht hatte, daß die letzte Gruppe Kriegsgefangene nach Deutschland zurückgeführt worden und damit die »Entlassung der deutschen Kriegsgefangenen aus der Sowjetunion nach Deutschland abgeschlossen« sei, hielt sie »mindestens noch ein halbes Hunderttausend deutscher Soldaten zurück – nur daß sie diese Männer. . . nicht mehr als Kriegsgefangene bezeichnete, sondern als Kriegsverbrecher«. Hierbei handelte es sich vornehmlich um Offiziere, die nach teilweise von ihnen erpreßten Geständnissen oder auch ohne Geständnis von Militärgerichten in sogenannten ›Fünf-Minuten-Prozessen‹ zum Tode verurteilt und darauf hingerichtet wurden.[362] Abgesehen von dieser zwecks Ermordung zurückgehaltenen STALIN-Quote deutscher Offiziere sind die letzten Kriegsgefangenen in Abweichung zu obiger Mitteilung vom 5. Mai 1950 erst 11 Jahre nach Kriegsende aus der Sowjetunion heimgekehrt.[363]

Zu den Opfern sowjetischer Kriegsgefangenschaft gehören auch viele deutsche Soldaten, die völkerrechtswidrig aus schwedischer Internierung an die Sowjetunion ausgeliefert wurden. Die am 15. November 1945 bekanntgewordene Absicht der schwedischen Regierung, die Deutschen – wie auch die gleichfalls dort internierten Balten – einem unerbittlichen Sieger auszuliefern, »versetzte. . . das Land in Erregung und Empörung. Eine der größten Zeitungen des Königreichs schrieb: ›Schwedens Ruhm und Ehre steht auf dem Spiel.‹« Aber auch Vertreter der Kirche, der Stabschef der schwedischen Reichsverteidigung und weitere Prominenz des Landes vermochten diese Auslieferung nicht zu verhindern. Ein Geistlicher berichtete später über die Reaktion des sozialdemokratischen Außenministers ÖSTEN: »Exzellenz wiederholte seine Behauptung, die Sowjetunion sei ein Rechtsstaat.«[364] Dieser »Rechtsstaat« hatte zu dem Zeitpunkt bereits den größten Teil der bereits oben erwähnten 50 Millionen seiner dem Kommunismus zum Opfer gefallenen eigenen Staatsbürger, also das Fünf- bis Sechsfache der schwedischen Bevölkerung, umgebracht, ohne daß die in Moskau mit einer Botschaft vertretene schwedische Regierung – wenn auch nicht in absoluten Zahlen – wohl davon gewußt haben wollte. Vielleicht haben die Schweden regierenden Sozialdemokraten auch die von den Sowjets zu verantwortenden Mor-

---

362 Paul Carell / Günter Böddeker, ebenda, S. 443 ff.

363 Paul Carell / Günter Böddeker, ebenda, Anmerkung zu den letzten drei Abbildungen Lager Friedland.

364 Paul Carell / Günter Böddeker, ebenda, S. 240 f.

de nicht als Verbrechen gegen die Menschlichkeit angesehen, weil diese unter dem Vorzeichen von Hammer und Siechel vollzogen wurden und damit aus ihrer Sicht letztlich einer guten Sache dienten.

»Offensichtlich hat sich die schwedische Regierung 1945 Hoffnungen gemacht, große Teile (des sowjetisch besetzten) Mecklenburg-Vorpommerns zu erhalten.« Diese deutschen Gebiete waren in der Geschichte schon einmal von Schweden in Besitz genommen worden. »Durch die Auslieferung von 2522 internierten deutschen Soldaten an STALIN hoffte Schweden, daß der Diktator diesen territorialen Wunschgedanken schwedischer Regierungsmitglieder entgegenkommen würde. Die Deutschen dienten als makabres Tauschobjekt. STALIN aber hatte sich anders entschieden.«[365] Die Auslieferung erfolgte in drei Schiffstransporten, von denen der letzte am 25. Januar 1946 ablegte.[366] »Etwa 1000 der ausgelieferten Männer sind in der Gefangenschaft verstorben, einige bei Fluchtversuchen erschossen worden. . . Das gesamte (der zitierten Veröffentlichung zugrunde liegende) Forschungsmaterial war von den schwedischen Behörden 45 Jahre ›GEHEIM‹ gestempelt und fast unzugänglich gewesen.«[367] So schuldbewußt ist das offizielle Schweden über seine Verletzung des Völkerrechts gewesen. Ein Bedauern, eine Entschuldigung bei den Opfern oder gar eine Wiedergutmachung ist bisher nicht erfolgt.

Die Deportation in Schweden internierter deutscher Soldaten seitens dieses sich im Frieden befindlichen demokratischen Staates, sollten diejenigen einmal bewerten, die *den* Deutschen vorwerfen, sie hätten alles gewußt oder wissen müssen und gegebenenfalls mit ihrem Widerstand gegen die Deportation – in diesem Fall von Juden und Zigeunern – ihre eigene Verbringung in ein Konzentrationslager oder gar ihren Tod riskieren sollen, um sich nicht indirekt als Mittäter schuldig zu machen. Hinzu kommt, daß Widerstand in dem sich im Krieg befindlichen Dritten Reich mit Sicherheit noch wirkungsloser als im demokratisch regierten Schweden gewesen wäre. Und das in einem Land, dessen Diktatur mit Versailles und der Finanzierung Adolf HITLERS seit 1923 aus dem Ausland zur ›Machtergreifung‹ verholfen und zu dessen Zerstörung sowohl der Erste als auch der Zweite Weltkrieg von seinen jeweils später die Deutschen der ›Alleinschuld‹ bezichtigenden

---

[365] Enar Rundsteen, *Schutzlos in Schweden – Schicksale deutscher Soldaten 1945/46,* Ruth Gerig Verlag, Königstein/Taunus 1995, S. 4.

[366] Enar Rundsteen, ebenda, S. 228 u. 267.

[367] Enar Rundsteen, ebenda, S. 6.

Kriegstreibern inszeniert worden war! Zudem wäre in Schweden aktiver Widerstand gegen die Deportation deutscher Soldaten in russische Todeslager wohl kaum mit vergleichbaren Risiken wie bei Widerstand im Deutschland Adolf HITLERS verbunden gewesen. Schweden konnte mit seiner Moral vereinbaren, einerseits – unter anderem mit seinen umfangreichen Erzlieferungen nach Deutschland – recht gut am Kriege zu verdienen, andererseits aber nach dem Kriege nicht nur obiges Verbrechen gegen die Menschlichkeit zu vollbringen, sondern auch die Deutschen wiederholt wegen der in ihrem Land während des Dritten Reiches praktizierten Verfolgung von insbesondere Juden und deren ›Alleinschuld‹ am Krieg mit erhobenem Zeigefinger zu kritisieren.

Unter Ministerpräsident Olaf PALME hat sich die Doppelzüngigkeit Schwedens erneut offenbart, als dieser einerseits besonders lautstark den Frieden predigte, andererseits jedoch bekannt wurde, daß schwedische Firmen mit seinem Wissen heimlich in größerem Umfang Waffen- und Sprengstoffschmuggel betrieben. Als PALME das schließlich einschränken wollte, mußte er sterben – wie später wohl aus dem gleichen Grund auch Ministerpräsident Uwe BARSCHEL mit einer Reihe von plötzlich Herzinfarkten erliegenden Zeugen.

Vorher hatte bereits ein Anschlag auf ein von BARSCHEL benutztes Flugzeug zum Tod seiner Mitinsassen, aber nicht auch von ihm selbst geführt. In beiden Fällen wird nach der hier zitierten Quelle bisher erfolgreich versucht, die Aufklärung der Morde zu verhindern. Über PALME war schon »kurz nach dem Mord. . . in Stockholm ein Bericht des britischen Geheimdienstes MI6 eingegangen. Darin hieß es, Mitglieder der Koevoet-Einheit und der schwedischen Polizei seien für den Mord verantwortlich: Die Operation sei von einem gewissen Williamson geleitet worden«. Dieser Hinweis sei 1986 in informierten Kreisen bekannt gewesen. »Trotzdem wurden der über diesen Mordanschlag schockierten Weltöffentlichkeit allerlei blödsinnige Geschichten aufgetischt.« Die mehr als zehn Jahre alte Vertuschung im Mordfall PALME führe »auf die Fährte der geheimen Nebenregierung, die hinter der Politik der 80er Jahre die Fäden zog, mitsamt ihren zahlreichen ›inoffiziellen Mitarbeitern‹.«[368]

Die Bundesregierung hat eine ›Wissenschaftliche Kommission für Dokumentation des Schicksals der deutschen Gefangenen des

---

368 Rainer Apel, »Palme-Mord: Wer versucht die Spuren zu verwischen?«, in *Neue Solidarität*, 23.10.1996.

Zweiten Weltkriegs‹ berufen, die von 1957 bis 1974 arbeitete und ihre Untersuchungsergebnisse in 22 Dokumentenbänden mit zusammen mehr als 10 000 Druckseiten niedergelegt hat. Hierbei standen ihr unter anderem rund 400 000 Heimkehreraussagen und nahezu 50 000 weitere Berichte zur Verfügung. »Noch 1969 antwortete der damalige Außenminister Willy BRANDT im Bundestag auf eine Anfrage, daß nach der Veröffentlichung der ersten beiden Bände des Kommissionsberichtes die zuständigen Stellen zu dem Entschluß gekommen seien, die übrigen Bände nicht freizugeben,. . . weil. . . (das) Mißverständnis ausgeschlossen werden sollte, daß mit einer massierten Publizierung des Materials eine politische Absicht verfolgt werde und eine Diskussion in der Öffentlichkeit des Inlands oder gar Auslands provoziert würde. Dies wäre der auf Versöhnung gerichteten Außenpolitik der Bundesregierung nicht dienlich gewesen.«[369]

Im Umkehrschluß hat eigentlich BRANDT mit dieser Erklärung allen denjenigen, die *den* Deutschen bis in die seinerzeitigen und zwischenzeitlich heutigen Tag ständig die ihnen vorgeworfenen Untaten aus dem Dritten Reich vorhalten, unterstellt, daß diese eine Aussöhnung mit dem deutschen Volk nicht wünschen. Hierbei sei dahingestellt, ob das aus grundsätzlichen Erwägungen geschieht oder als Begründung für immer neue einseitige Reparations- oder Wiedergutmachungsforderungen sowohl von Ländern für deren Haushalte als auch von und für Personengruppen oder Einzelpersonen. Erst lange nach BRANDTS Ableben sind die Forschungsergebnisse der wissenschaftlichen Kommission zur Veröffentlichung freigegeben worden, so daß sie nunmehr von den zitierten Autoren ausgewertet und zusammengefaßt einer breiteren Öffentlichkeit vorgestellt werden konnten.

Der Verfasser hatte das Glück, nach dem Zusammenbruch in britische Kriegsgefangenschaft zu geraten, wo er korrekt behandelt und zügig entlassen wurde. Ein britischer Mannschaftsdienstgrad vertrat ihm gegenüber – ungeachtet der diesem zuteil gewordenen Kriegspropaganda und in Unkenntnis der wirklichen Kriegsgründe – die Auffassung, der Krieg hätte vermieden werden können, wenn sich Adolf HITLER für die Verwirklichung seiner Ziele mehr Zeit gelassen hätte. Großbritannien habe sein Weltreich schließlich auch nicht in sechs Jahren geschaffen. Dessen Sergeant teilte sogar sein Brot mit dem Verfasser, während dem

[369] Paul Carell / Günter Böddeker, *Die Gefangenen. . .*, aa.O. (s. S. 239, Q. 361), S. 457 f.

als Sohn einer US-amerikanischen Mutter zweisprachig in Berlin aufgewachsenen Vater des Verfassers im US-Gefangenenlager Munster von plündernden Wachsoldaten seine Taschenuhr und der Ehering abgenommen wurde, obwohl er dort als Chefdolmetscher eingesetzt war. Unter den Augen seiner Offiziere lief ein Wachsoldat mit einem Drahtring herum, auf dem er an die 40 Eheringe von Kriegsgefangenen aufgezogen hatte. Ermordet oder geschlagen wurden die dortigen Kriegsgefangenen allerdings nicht. Auf was für eine traditionsreich-disziplinierte Vergangenheit die US-Amerikaner zurückblickten, die Deutschland als ›Befreier‹ heimsuchten, mag folgender Feststellung entnommen werden, die General EISENHOWERS großer Vorgänger, General George WASHINGTON, im Jahre 1775 in Boston getroffen hat:

> »Der Oberbefehlshaber der Streitkräfte dieses Landes erklärt heute hier, wenn er die Tiefe der moralischen Verkommenheit Amerikas gekannt hätte, hätte er sein Kommando niemals übernommen. Solch einen Mangel an vaterländischem Geist – erklärte er – und solch Mangel an Tugend, und Gerissenheit in all den niedrigen Künsten, sich Vorteile von der einen oder anderen Art zu verschaffen, habe ich niemals vorher gesehen, und ich hoffe, das niemals wieder mit ansehen zu müssen.«[370]

In seiner neuerlichen Veröffentlichung aus dem Jahre 1995 legt BACQUE Beweise dafür vor, daß nach dem Krieg bis zur Volkszählung von 1950 über fünf Millionen deutsche Zivilisten unter der alliierten Militärregierung schlicht verhungerten. Die Direktive JCS 1067 zur US-Besatzungspolitik (s. S. 248, Q. 380) war nach BACQUE nichts anderes als die »Weiterführung des angeblich aufgegebenen Morgenthau-Plans«. (s. S. 246 ff., Q. 374–380) US-Berechnungen aus dem Jahre 1947 ergaben, »daß in den kommenden zwei bis drei Jahren ›infolge der gegenwärtigen hohen Sterberate in Deutschland‹ die Bevölkerung um zwei Millionen schrumpfen würde. Dieser Bevölkerungsschwund zeigt sich deutlich beim Ver-

---

370 George Washington, nach *Readers Digest*, US-Ausgabe, September 1952. – Originaltext unter der Überschrift »Moral rot endangers land, warns general!« (›General warnt, moralische Fäulnis gefährdet das Land‹):

»The head of the countries armed forces declared here today that if he had known the depth of America's moral decay he would never have accepted his command. Such a dearth of public spirit« he asserted, »and want of virtue, and fertility in all the low arts to obtain advantages of one kind or another, I never saw before and hope I may never be witness to again.«

gleich der Volkszählungsergebnisse von 1946 und 1950«.[371] Nach einer Reuter-Meldung vom 3. September 1945 hat der an der Spitze des Großbritannien, Frankreich, Deutschland und die Sowjetunion bereisenden Auswärtigen Ausschusses des US-Senats stehende Senator PEPPER in Paris die Auffassung vertreten, Deutschland müsse in der Bevölkerungszahl auf die Größe von Frankreich, also von damals 80 Millionen auf rund 40 bis 50 Millionen Einwohner herabgesetzt werden. So würde Deutschland in Zukunft nicht gefährlich sein können.[372] Im schwedischen Rundfunk wurde am selben Tag berichtet, EISENHOWER habe auf eine Anfrage, »ob man beabsichtige, Lebensmittel nach Deutschland zu schaffen (geantwortet), es bestehe keine Veranlassung, die Deutschen zu mästen«.[373]

---

[371] Alfred M. de Zayas, Vorwort zu James Bacque, *Verschwiegene Schuld – Die alliierte Besatzungspolitik in Deutschland nach 1945*, in *Deutscher Ost-Dienst (DOD)*, 3. 11. 1995.

[372] Enar Rundsteen, *Schutzlos in Schweden*, aaO. (s. S. 241, Q. 365), S. 4.

[373] Enar Rundsteen, ebenda, S. 212.

Die Besatzungspolitik und ihre Fortsetzung

Der *Morgenthau-Plan* entstammte dem Gehirn des nach ihm benannten US-Finanzministers Henry C. MORGENTHAU Jr. Während eines Europabesuchs im Sommer 1944 hatte er festgestellt, daß die unter dem Oberbefehl von General EISENHOWER stehenden westlichen Alliierten wohl Pläne hatten, wie sie Deutschland besiegen wollten, aber keinerlei Vorstellungen, was mit Deutschland nach seiner Niederwerfung geschehen solle. Der britische Außenminister Anthony EDEN las ihm zwar ein Protokoll der Teheran-Konferenz (28. 11.-1. 12. 1943) vor, auf der beschlossen worden war, Deutschland zu zerstückeln, konnte ihm jedoch nicht sagen, wie das im einzelnen zu handhaben sei.[374]

Auch EISENHOWER wußte lediglich, daß er die Deutschen »hart behandeln« wolle.[375] Danach berichtete MORGENTHAU Präsident ROOSEVELT im Weißen Haus, in der Europäischen Beratungskommission (*European Advisory Commission*) gäbe es niemanden, der untersuchen würde, wie Deutschland nach den Vorstellungen des Präsidenten hart (*roughly*) behandelt werden solle. ROOSEVELT antwortete darauf:

> »Wir müssen hart *(tough)* mit Deutschland umgehen, und ich meine mit dem deutschen Volk, nicht nur mit den Nazis. Wir müssen die Deutschen entweder [nach dem Kaufman-Plan] kastrieren, oder man muß sie so behandeln, daß sie nicht weiterhin Menschen reproduzieren können, die so fortfahren wollen wie in der Vergangenheit.«[376]

Hierzu wird vom Verfasser auf die Vorgaben des unten auszugsweise wiedergegebenen Hooton-Planes (s. S. 252, Q. 386) und den dort erwähnten Kaufman-Plan hingewiesen.

Auf der Konferenz von Quebec (11.-16. 9. 1944), an der Präsident ROOSEVELT, Premierminister CHURCHILL und der kanadische

---

[374] Presidential Diary, *Morgenthau Papers*, Vol.6, 19. 8. 1944, nach James Bacque, *Other Losses*, aaO. (s. S. 237, Q. 356), S. 6.

[375] John Morton Blum, *Roosevelt and Morgenthau*, Houghton Mifflin, Boston 1970, S. 591, nach James Bacque, ebenda.

[376] Presidential Diary, *Morgenthau Papers*, Vol.6, 6. 8. 1944, Hyde Park, nach James Bacque, ebenda, S.7 f.

Premierminister MacKenzie King teilnahmen, gelang es dann Morgenthau, Churchill, der anfänglich den Plan für »unnatürlich, unchristlich und unnötig« hielt,[377] unter anderem mit dem Argument von seinem Plan zu überzeugen, »wenn die deutsche Industrie zerstört würde, würden neue Märkte für britische Hersteller geöffnet«.[378]

Churchill hatte dann noch Schwierigkeiten, seinen Außenminister Anthony Eden zu überreden, der sich mit den Worten dagegen gewandt hatte:

> »Sie können das nicht tun. Sie und ich haben schließlich genau das Gegenteil öffentlich verkündet.«

Das von Roosevelt mit FDR und von Churchill mit WSC in Quebec gezeichnete, zunächst geheime Konferenzmemorandum hat folgenden Wortlaut:

> »In einer Konferenz des Präsidenten und Premierministers über die besten Maßnahmen, wie eine erneute Wiederaufrüstung Deutschlands verhindert werden kann, wird die zukünftige Verfügungsgewalt über das Ruhrgebiet und das Saarland angesehen.
>
> Die Leichtigkeit mit der die metallurgische, chemische und Elektroindustrie in Deutschland von ziviler zu militärischer Erzeugung umgewandelt werden kann, hat uns bereits mit bitteren Erfahrungen beeindruckt. Es muß ferner in Erinnerung gerufen werden, daß die Deutschen große Teile der russischen Industrien und derjenigen von anderen benachbarten Alliierten zerstört haben; und es ist demgemäß rechtens, daß diese geschädigten Länder berechtigt sein sollen, die Maschinen zu demontieren, um damit die erlittenen Verluste zu ersetzen. Deshalb ist es erforderlich, die erwähnten Industrien an der Ruhr und der Saar stillzulegen *(put out of action)* und zu schließen *(close down)*. Es wird für notwendig gehalten, daß die beiden Regionen unter Aufsicht einer Weltorganisation gestellt werden, deren Aufgabe es ist, die Demontage dieser Industrien zu überwachen und sicherzustellen, daß sie nicht unter irgendeinem Vorwand wiederaufgebaut werden.

---

[377] *Memorandum for the Secretary's files by Harry D. White*, Presidential Diary, Quebec Box, 13. 9. 1944, Hyde Park, nach James Bacque, ebenda, S. 9.

[378] John Morton Blum, *Roosevelt. . .*, aaO. (s. S. 246, Q. 375), S. 596, nach James Bacque, *Other Losses*, aaO. (s. S. 237, Q. 356), S. 9.

Dieses Programm zur Beseitigung der Rüstungsindustrie an Ruhr und Saar zielt darauf ab, Deutschland in ein Land mit vornehmlich agrarischem Charakter umzuwandeln. Der Präsident und der Premierminister stimmen diesem Programm zu.

OK FDR (ROOSEVELT)
WSC (Churchill) 16. September 1944«[379]

Auch der US-amerikanische Völkerrechtler Alfred M. DE ZAYAS kommt in seiner *Nemesis at Potsdam – The Expulsion of the Germans from the East* (›Vergeltung in Potsdam – Die Vertreibung der Deutschen aus dem Osten‹) zu der Erkenntnis, daß, »obwohl sich die westlichen Alliierten den Morgenthau-Plan nicht offiziell zu eigen gemacht hatten, vieles von ihm in der (auszugsweise nachstehend wiedergegebenen Direktive) JCS/1067 wiederzufinden ist und eine bedeutende Rolle in der amerikanischen und britischen Besatzungspolitik in den ersten Monaten und Jahren nach der Kapitulation gespielt hat, während denen eine gründliche Deindustrialisierung Deutschlands durchgeführt wurde«. Hierbei handelte es sich »um eine Direktive vom April 1945 des US-Oberkommandos (*Joint Chiefs of Staff*) an den Oberkommandierenden der US-Streitkräfte (in Europa), General Dwight D. EISENHOWER. Diese wies General EISENHOWER unter anderem an:

›Sie werden keine Maßnahmen ergreifen, die der Befriedigung der Grundbedürfnisse *(basic living standards)* in Deutschland auf einer höheren Basis als in irgendeinem anderen benachbarten Mitgliedsland der Vereinten Nationen dienen. Und Sie werden sicherstellen, daß die Lebensbedingungen *(basic living standards)* des deutschen Volkes nicht besser sind als diejenigen in irgendeinem der benachbarten Mitgliedsländer der Vereinten Nationen, falls solche Maßnahmen dazu beitragen, den Lebensstandard in irgend einer dieser Nationen anzuheben.‹«

Hierzu bemerkt DE ZAYAS, daß diese Anweisungen eine Rückwärtsentwicklung Deutschlands bewirken und die Verhinderung des Wiederaufbaus zu einem *status quo ante* (vorherigen Zustand) verhindern sollten.[380] Mit der geflissentlichen Umsetzung dieser

---

[379] Henry L. Stimson und McGeorge Bundy, *On Active Service in Peace and War* (Nachdruck), Harper and Brothers, New York 1945, S. 576, nach James Bacque, aaO. (s. S. 237, Q. 356), S. 10 f.

[380] Alfred M. de Zayas, *Nemesis at Potsdam*, aaO. (s. S. 206, Q. 303), S. 131 f.

Direktive hat sich der eher einfältige als zu staatsmännischem Denken befähigte General[381] für sein späteres Amt als Präsident der Vereinigten Staaten *Insider*-qualifiziert.

Es wird von deutschen Regierenden natürlich niemals gefordert, daß die für den Tod der deutschen Opfer verantwortlichen Täter auch entsprechend bestraft werden. So gelangt man zu dem Eindruck, daß es – wie immer noch in den UN-Feindstaatenklauseln festgeschrieben – grundsätzlich keine Verbrechen an Deutschen gibt, sondern nur Deutsche, selbst wenn sie unschuldig sind, zu Recht bestraft werden und worden sind. Und das nicht etwa lediglich in den Gehirnen der Siegermächte, sondern auch der eigenen Regierung und Opposition sowie den dafür Sorge tragenden öffentlichen Rundfunkanstalten (ÖRA) und gewissen anderen, sich *›political correct‹* verhaltenden Medien.

Nach 51 Jahren wurde der von den Sowjets 1945 zum Tode verurteilte General PANNWITZ russischerseits rehabilitiert und zugegeben, daß die zu seiner Verurteilung herangezogenen Beweise gefälscht waren. Das von ihm geführte, auf deutscher Seite gegen die Partisanen Titos kämpfende XIV. Kosaken-Korps mit einer Stärke von etwa 25 000 Mann wurde nach der Kapitulation von den Briten entgegen der getroffenen Vereinbarung am 9. Mai 1945 an die Rote Armee ausgeliefert und dort – wie vorher nicht anders zu

---

381 Über diesen *›West-Pointer‹* (Absolventen der US-Militärakademie West Point) wurde während seiner Amtszeit als Präsident der Vereinigten Staaten von New Yorker Intellektuellen folgende Anekdote kolportiert:

EISENHOWER begeht ein militärisches Jubiläum. Die Offiziere seines Stabes erwägen, ihm dazu ein Buch zu schenken. Einer von ihnen wird zu *›Mammy Eisenhower‹* geschickt, um deren Zustimmung hierfür zu erbitten. Diese reagiert darauf: »Er hat bereits ein Buch.« Es gelingt dem Besucher jedoch, sie davon zu überzeugen, daß es dekorativ sein könne, wenn das eine Buch links und das andere Buch rechts auf dem Kaminsims plaziert würde, so daß dem General das Buch – eine Biographie Napoleons I. –, wie von seinen Stabsoffizieren beabsichtigt, auf der Jubiläumsparty überreicht werden kann. Am Morgen nach der Party erscheint EISENHOWER stark mitgenommen in seinem Hauptquartier. Die Offiziere seines Stabes erkundigen sich darauf besorgt bei ihm, ob die von ihnen veranstaltete Party wohl zu anstrengend für ihn gewesen sei. Das verneint der General jedoch entschieden. Es sei vielmehr das Buch gewesen. Er habe die ganze Nacht dazu gebraucht, es durchzulesen, um schließlich zu erfahren, was mit dem Kerl *(guy)* geschehen sei. EISENHOWER gerade ein Buch über NAPOLEON zu schenken, wäre – wenn es sich hier nicht um eine Anekdote handeln würde – schon ein passendes Geschenk gewesen. Schließlich hat letzterer mit seinen Feldzügen der Alten Welt vornehmlich Schaden zugefügt, wie das der General aus der Neuen Welt später *Insider*-gesteuert mit seinem *›Crusade in Europe‹* (Kreuzzug in Europa) auch fertiggebracht hat. Hätte EISENHOWER mehr Bildungshorizont besessen, wäre sein Buch über sein militärisches Wirken in Europa sicherlich nicht unter diesem Titel veröffentlicht worden. Im krassen Gegensatz zu der heute erfolgreich von der Basis her betriebenen Islamisierung Europas waren die Kreuzzüge ein Fehlschlag.

erwarten – umgebracht. PANNWITZ fand den Tod, weil er sich freiwillig in sowjetische Gefangenschaft begeben hatte, da er sich von seinen Soldaten nicht trennen wollte. Dieses Schicksal widerfuhr auch denjenigen Menschen, die sonst auf deutscher Seite gegen die Stalin-Diktatur gekämpft oder als Fremdarbeiter nach Deutschland deportiert worden waren. »Die von den Westalliierten mit brutaler Grausamkeit vollzogene ›Repatriierung‹ von Sowjetbürgern in das Reich STALINS gehört zu den unbegreiflichsten Verbrechen« der Nachkriegszeit. In der Regel wurde diese Liquidierung in der Lagerwelt des GUPVI vollzogen, eines Bruders des GULAG. Nach den Recherchen des Leiters des Instituts für Kriegsopferforschung Wien/Graz, Stefan KARNER, in ehemaligen sowjetischen Geheimarchiven haben dort etwa vier Millionen Menschen den Tod gefunden.[382/383] Ein auf seiten der Briten, Franzosen und US-Amerikaner, also der heutigen Bündnispartner Deutschlands, erfolgtes Bedauern ist dem Verfasser nicht bekannt. Da soll vielmehr noch 1987 laut oben zitierter US-amerikanischer Quelle – der nach britischer Quelle lediglich angebliche – Rudolf HESS nach 46 Jahren Einzelhaft (!) im Alter von 93 Jahren aus britischer Staatsräson in Berlin, also auf deutschem Boden, ermordet worden sein, ohne daß bisher deutsche Stellen die Aufklärung des vermutlichen Mordfalls und gegebenenfalls die Verurteilung der Täter gefordert haben. Außerdem stellt sich die Frage, wie die Briten dazu kamen, das deutsche historische Gebäude in Berlin-Spandau zur offensichtlichen Beseitigung der Mordspuren sofort nach der Tat zu schleifen, in dem der Gefangene unter alliierter Bewachung ein halbes Jahrhundert eingekerkert war.

Wenn sich die Bundesregierung nunmehr um die Auslieferung vorerwähnten PRIEBKES bemüht hat, bleibt sie die Antwort auf die Frage schuldig, warum sie das nicht auch etwa bei dem wegen seines Bombenterrors in Großbritannien geadelten und später nach seinem Tod sogar mit einem von der Queen-Mutter enthüllten Bronzedenkmal heldengeehrten Luftmarschall HARRIS und seinen mitverantwortlichen Untergebenen gefordert hat. PRIEBKE vorgeworfene 335 Todesopfer sind zahlenmäßig mit den vielen Tausenden von Zivilpersonen, die bei den Bombenangriffen der britischen

---

[382] *FAZ*, 8. 6. 1996, »Moskau rehabilitiert deutsche Generale – Beweise waren gefälscht / Signal an die Kosakenbewegung«.

[383] Stefan Karner, *Im Archipel GUPVI. Kriegsgefangenschaft und Internierung in der Sowjetunion 1941–1956*, Kriegsforschung 1, R. Oldenburg, Wien–München 1995, nach Peter Maser, in *Die Pommersche Zeitung*, 27. 7. 1996.

und US-amerikanischen Luftflotten umgekommen sind, kaum vergleichbar. Und beide haben auf Befehl gehandelt. Der eine auf Führerbefehl zur Abwehr weiterer, nach der Haager Landkriegsordnung unzulässiger Mordtaten von Heckenschützen und der andere auf CHURCHILL-Befehl mit dem Ziel, möglichst viele Deutsche – ungeachtet welchen Geschlechts und Lebensalters – völkerrechtswidrig zu vernichten. Das sowohl straf- als auch menschenrechtliche Übergewicht dessen, was jeweils geschehen ist, dürfte nach damals geltendem nationalen und internationalen Recht eindeutig auf alliierter Seite liegen. Selbst wenn die jeweiligen Geschehnisse rechtlich gleich bewertet werden sollten, ist nach Artikel 3 GG für die Bundesregierung und deutsche Gerichte Gleichbehandlung zwingend vorgeschrieben. Darauf kann sich PRIEBKE nebenbei auch in bezug auf HONECKER berufen, sofern er nach deutschem Recht im Krieg straffällig geworden sein sollte (?).

Ferner vermißt der Verfasser eine vergleichbare Reaktion der italienischen und der Weltöffentlichkeit auf die noch ungesühnten Bombenangriffe der Alliierten am 19. Juli 1943 auf die Ewige Stadt und am 15. Februar 1944 auf das Kloster Monte Cassino. Beim ersten dreistündigen Bombardement sind nicht nur 166 Zivilisten getötet und 1659 verletzt, sondern auch zahlreiche kirchliche Gebäude und kulturelle Einrichtungen zerstört worden. Das geschah nicht spontan, sondern nachdem der US-Sonderbotschafter beim Heiligen Stuhl, Myron C. TAYLOR, den Papst über die Möglichkeit einer Bombardierung Roms unterrichtet und letzterer kein Verständnis für diese Art Kriegführung gezeigt hatte. Bei Luftangriffen auf die Ewige Stadt drohte der Papst mit einer öffentlichen Stellungnahme, in welcher die Bombardierung gegen Zivilpersonen und Wohnviertel verurteilt würde. Bevor der Angriff zur Durchführung kam, versuchten Amerikaner und Briten den Papst von dieser Erklärung abzuhalten.[384]

Bei der anglo-amerikanischen Bombardierung des Klosters Monte Cassino wurde dieses Stammkloster des Benediktinerordens und ›Erbe der Menschheit‹ total zerstört, nachdem Stunden zuvor die Abtei bereits Ziel alliierten Artilleriefeuers gewesen und dabei beschädigt worden war. Das deutsche Oberkommando hatte das Kloster auf Ersuchen von Papst PIUS XII. nicht in seine Verteidigungslinie gegen die alliierten Angreifer einbezogen und das dem

[384] Alfred Schickel, »Anglo-Amerikaner fordern den Papst heraus. Die ersten Bomben auf Rom«, in *Junge Freiheit*, 12. 7. 1996.

päpstlichen Kardinalstaatssekretariat mit der Bitte zur Kenntnis gegeben, das alliierte Oberkommando entsprechend zu unterrichten. Ungeachtet dessen warfen die Alliierten Flugblätter über dem Kloster ab, in denen »alle Zivilpersonen zur Räumung von Monte Cassino« aufgefordert wurden. Wie der Abt des Klosters, Bischof Gregorio DIAMARE, Botschafter Ernst Frhr. VON WEIZSÄCKER (Vater des späteren Bundespräsidenten) gegenüber versicherte, befanden sich »keine deutschen Soldaten im Kloster von Monte Cassino«. Die dort wegen seiner Ausklammerung aus den Kampfhandlungen Schutz suchende Zivilbevölkerung habe sich nicht »aus dem unter (vorerwähntem Artillerie-)Beschuß liegenden Kloster bergen können«. So waren die Mönche des Konvents sowie über 100 Zivilpersonen dem Angriff der in mehreren Wellen anfliegenden viermotorigen Bomber ausgesetzt und hatten viele Todesopfer zu beklagen. Präsident ROOSEVELT hat die Bombardierung von Monte Cassino – wie seitens der Vereinigten Staaten bis heute die Atombomben auf Hiroshima (6. 8. 1945 über 200 000 Tote) und Nagasaki (9. 8. 1945 über 39 000 Tote) – damit zu rechtfertigen versucht, daß es sich hierbei um einen »Beitrag zur Verkürzung des Krieges« und damit zur Verhinderung »des Sterbens vieler amerikanischer Soldaten« gehandelt habe. Zu diesem Rechtfertigungsversuch des Präsidenten sei bemerkt, daß nach der Zerstörung des Klosters deutsche Fallschirmjäger den Berg in ihre Verteidigungslinie einbezogen haben und von dort aus die Angriffe der Alliierten wochenlang abwehren konnten. Neben den zivilen Opfern sind Kriegsgräber von

20 000	deutschen,
4265	britischen,
3700	französischen,
800	italienischen und
1111	polnischen Soldaten

die stummen Zeugen dieser rücksichtslosen militärischen Entscheidung,[385] für die noch kein Verantwortlicher zur Rechenschaft gezogen wurde, weil es sich um kein deutsches, sondern um ein alliiertes Kriegsverbrechen handelt.

Bereits 1943 wurden von dem Harvard-Professor für Anthropologie Ernest HOOTON *Insider*-Vorstellungen für eine ethnische Zer-

385 Alfred Schickel, »Mit blinder Vernichtungswut – Die sinnlose Zerstörung des Klosters Monte Cassino vor 50 Jahren«, in *Das Ostpreußenblatt*, 19. Februar 1994, S. 24.

störung des deutschen Volkes als Nachkriegszielsetzung entwickelt. Hierbei formuliert er unter anderem folgende Forderungen:

> »Um den Circulus vitiosus der Wechselwirkung eines militaristischen Staates und den räuberischen Neigungen seiner Bürger zu brechen, müssen der erstere zerstört und die letzteren neutralisiert oder hinausgezüchtet werden. Da der Staat der Mechanismus für das Wirksamwerden von Gruppenaggressionen ist, muß seine Zerstörung solche Aggressionen am wirkungsvollsten vereiteln und es gleichzeitig leichter machen, mit der Kultur und biologischen Qualität der Bevölkerung individuell umzugehen.«

Allgemeines Operationsziel des *Hooton-Planes* ist es,

> »den deutschen Nationalismus und die deutsche aggressive Ideologie zu zerstören unter Bewahrung und Forterhaltung wünschenswerter deutscher biologischer und soziologischer Leistungsfähigkeiten«.

Maßnahmen zur Erreichung dieser Zielsetzung sind:

1. Hinrichtung oder lebenslängliche Verurteilung aller Führer der Nazipartei; dauerhafte Verbannung aller Berufsoffiziere.
2. Verwendung der gegenwärtigen Masse der deutschen Armee für eine Dauer von 20 oder mehr Jahren als Arbeitskräfte zum Wiederaufbau in zerstörten Gebieten der Kriegsalliierten in Europa und anderswo. Diese Arbeitskräfte sollten nicht als Kriegsgefangene oder Sträflinge behandelt werden, sondern als bezahlte Angestellte (überwacht und mit eingeschränkter Bewegungsfreiheit von ihrem Beschäftigungsort). Sie können bei guter Führung in den Genuß der Einbürgerung kommen. Ledige Männer sollten Frauen des Landes ihres Aufenthalts oder Einbürgerung heiraten dürfen. Die Familien von bereits verheirateten Männern sollten für eine Reihe von Jahren in Deutschland verbleiben, aber eventuell die Erlaubnis erhalten, sich mit den Vätern zu vereinigen. Die letzteren dürfen nicht die Erlaubnis erhalten, nach Deutschland zurückzukehren. *Das Ziel dieser Maßnahme ist unter anderem eine Reduzierung der Geburtenrate von ›reinrassigen‹ Deutschen, die Neutralisierung der deutschen Aggressivität durch deren Herauszüchtung, und die Destabilisierung von indoktrinierten Personen.*

3. *Fragmentierung des Deutschen Reichs in mehrere Staaten* (wahrscheinlich in seine ursprünglichen Einzelstaaten), wobei jeder einzelne im Rahmen von in angemessenen Abständen seitens der Alliierten durchgeführten Inspektionen seine eigene Form einer nicht-faschistischen Regierungsweise wählen sollte. Das Ziel dieser Maßnahme ist es, den nationalen Rahmen für eine vereinte deutsche Aggression zu zerstören.

4. Während der Phase der Überwachung und Besetzung der Einzelstaaten durch militärisches und ziviles Personal der Alliierten Förderung von Ehen zwischen Besatzungspersonal und deutschen Frauen sowie deren dauernde Niederlassung in Deutschland. Während dieser Phase sollte auch die *Immigration und Niederlassung von insbesondere männlichen Ausländern in den deutschen Einzelstaaten gefördert werden.* (Originaltext s. Anhang IV).[386]

Neben dem oben erwähnten Morgenthau-Plan, den – lediglich hinsichtlich seiner Ziele genannten, aber hier nicht näher behandelten – Vernichtungsempfehlungen mittels Massen-Kastration des Kaufman-Plans[387] und den sich 1993 vom ›Club of Rome‹ zu eigen gemachten Vorstellungen von Yehezkel Dror prägt dieser Hooton-Plan nach der Teilvereinigung wieder verstärkt den politischen Standort Deutschland. Die in Deutschland umgesetzte Verzichts-, NATO-Besatzungs-, EU-, Ausländer-, Eigentums-, Steuer-, Drogen- und Familien- (einschl. Abtreibungs-)Politik sowie die vom linken Umweltspektrum der deutschen gesellschaftlichen Gruppen- und Parteienlandschaft geforderte industriefeindliche Ökodiktatur fußen vornehmlich auf diesen beiden ›Rahmenplänen‹ (Morgenthau-Plan und Hooton-Plan). Ihre Einhaltung wird zuverlässig von den *Insider*-gesteuerten öffentlichen Rundfunkanstalten (ÖRA) und anderen Zeitgeist-Medien jeweils situationskonform vorgegeben und überwacht. Jeder Versuch demokratischer Kräfte, aus dieser diktatorischen Zwangsjacke auszubrechen, also mit rechtsstaatlichen Mitteln Widerstand gegen diese Fremdbeherrschung über die eigenen Medien und Marionetten-Politiker zu leisten, wird durch gesellschaftliche Ausgrenzung

---

386 Earnest Hooton, »Breed War Strain Out of Germans, und Should We Kill the Germans – Application to Post-War-Germany (Basic Postulats, General Objective, Measures), in *PM's Daily*, New York, 4. 1. 1943.

387 Werner Symanek, *Deutschland muß vernichtet werden!*, Verlag Werner Symanek, 1996.

mittels entsprechender Indoktrinierung des Wählerpotentials und Kriminalisierung der in die rechtsradikale oder gar rechtsextreme Ecke gestellten ›Täter‹ und deren schnell als ›verfassungsfeindlich‹ eingestufte Gruppierungen entgegengewirkt. Die wesentlichen Parolen (wie zu DDR-Zeiten z. B. ›Republikflucht‹) sind dafür:

Revanchismus: für Recht auf Heimat und Ächtung der Vertreibung, wenn Deutsche betroffen sind,

Nationalismus: für den Erhalt (nur) der deutschen staatlichen Einheit,

Rechtsradikalismus: für den Erhalt (nur) Deutschlands und seiner ethnischen Substanz,

Ausländerfeindlichkeit: für den Erhalt (nur) der deutschen sozio-kulturellen Identität,

Rassismus: für die Abwehr (nur) deutscher sozio-ökonomischer Überforderung als zum Beispiel Voraussetzung für den Erhalt des deutschen Sozialstaats,

Anti-Fa: Codewort für den internationalen Kommunismus/Sozialismus, aber auch für den Ausbau des seit dem Dritten Reich existierenden Autobahnnetzes, die Beseitigung des Primats der Familie, soweit es sich nicht um homosexuelle oder multikulturelle Paare handelt, sowie die Verurteilung der Vernichtung des ungeborenen insbesondere deutschen menschlichen Lebens, aber nicht desjenigen von Froschlaich. Würden im Dritten Reich bereits Atomkraftwerke gebaut worden sein, würde der Kampf dagegen auch unter ›Anti-Fa‹ eingeordnet und verherrlicht werden.

Diesbezüglich haben sich seit den NS-Zeiten nur die Methoden geändert. Sie sind weniger plump, also raffinierter geworden. Andererseits werden sich verfassungsfeindlich verhaltende linke in- und ausländische Kräfte und deren Zusammenschlüsse selbst im Falle von gewalttätigen Übergriffen – auch bei Ausländerkriminalität – verharmlost sowie dazu noch umfangreich mit dem Steuerzahler abgepreßten öffentlichen Mitteln gefördert. Die Versorgung der deutschen Kinder (etwa mit Kindergartenplätzen), Auszubildenden, Schwachen und Alten bleibt dabei – wie in obigen ›Rahmenplänen‹ vorgegeben – auf der Strecke. National-wertkonservative politische Parteien und Programme, wie sie in den Vereinigten Staaten von Richard (Bob) DOLE und dem texanischen

Milliardär Ross Perot oder in Frankreich sowie neuerdings auch in Großbritannien von dem ›milliardenschweren Europagegner‹ Sir James Goldsmith vertreten werden, würden in Deutschland, wenn nicht sogar wegen ihrer Rechtslastigkeit verboten, so doch vom Verfassungsschutz beobachtet und der dauernden Diffamierung als Feinde der Demokratie durch die Fernsehanstalten sowie diesen geistig nahestehenden elektronischen und Printmedien ausgesetzt.

Maastricht statt Morgenthauplan

Der zuletzt genannte, für die Europapolitik nicht uninteressante Europäer GOLDSMITH ließ seine politischen Anhänger wissen: »Mein Vater war Jude deutscher Abstammung und später Abgeordneter im Londoner Unterhaus. Meine Mutter stammt von französischen Bauern ab. Ich bin also Franzose als auch Engländer, zugleich Jude und Katholik, gleichzeitig Bauer und Aristokrat; ideale Voraussetzungen, um in der Europapolitik mitzumachen... Ich bin für ein Europa der Nationen, aber gegen ein Europa, das von Brüsseler Technokraten regiert wird.«[388]

GOLDSMITH veröffentlichte zum Maastricht-Abkommen zwei bei Mac Millan in London erschienene Bücher, *The Trap* (›Die Falle‹) und *The Response* (›Die Antwort‹), woraus *Das Ostpreußenblatt* zitiert:

> »Die EU wurde im Geheimen aufgebaut: Nicht aus Nachlässigkeit oder Zufall, sondern mit bewußter Planung und geschickter Durchführung. In einem Interview mit *Le Figaro* (Paris) vom 7. Mai 1994 beschrieb Claude CHEYSSON, früherer französischer Außenminister und Mitglied der EU-Kommission von 1985 bis 1989, diesen Mechanismus. Er erklärte voller Stolz, daß die Europäische Union nur dank des Fehlens von Demokratie gebaut werden konnte, und er meinte dann auch noch, daß die gegenwärtigen Probleme daher rührten, daß man den Fehler gemacht habe, eine öffentliche Debatte über die Meriten des Maastrichter Vertrages (in Frankreich) zuzulassen.«[389]

In Deutschland, wo eine solche Debatte nicht erlaubt ist, wissen wir endlich aus der bereits oben genannten Umfrage eines seriösen Instituts, wie hoch der Prozentsatz der Maastricht-Europa ablehnenden Wahlberechtigten ist. Gäbe es außer der von den Massenmedien zugelassenen Parteienlandschaft demokratische Verhältnisse im Land, könnte diesem Wählerwillen Ausdruck verliehen werden. Diesbezüglich hat sich jedoch seit dem Dritten Reich, der ›Befreiung‹ durch die siegreichen Alliierten und der

---

[388] Sebastian Bassewitz, »Jetzt pokert der Milliardär um die politische Macht«, in *Die Welt*, 19. 8. 1996.

[389] Sir James Goldsmith, nach *Das Ostpreußenblatt* vom 19. 6. 1996, »›Maastricht würde die Säulen zerstören‹ – Der Bankier J. Goldsmith über verhängnisvolle Tendenzen unseres Kontinents«.

Wiedererlangung der ›Souveränität‹ recht wenig geändert. Die *Political Correctness* sorgt heute schärfer als jede Zensur in Deutschland dafür, daß sich keine abweichende Meinung politisch erfolgreich durchsetzen kann, und die scharfe Diffamierung aller rechten Parteien als ›rechtsextrem‹ ergänzt das sehr wirkungsvoll.

Allerdings nicht deckungsgleich, aber etwa so funktioniert auch Deutschlands ›Demokratie‹. Da wird dem Volk als Souverän des Staates wohl zugestanden zu entscheiden, ob der einzelne Bürger lieber Wurst oder Käse ißt, weil es keine Lebensmittelkarten mehr gibt, die das staatlich regeln. Der Bürger darf auch selbst bestimmen, ob er Sport treibt oder sich lediglich als Zuschauer für ›seine‹ Fußballmannschaft begeistert. Er hat sogar freie Berufswahl, sofern er noch entsprechend auf dem Arbeitsmarkt unterkommt. Aber bereits bezüglich der Altersabsicherung und der Gesundheitsvorsorge ist die Masse des angeblich souveränen Volkes gebührenpflichtig der staatlichen Fürsorge ausgeliefert und muß nun erleben, daß der Sozialstaat dafür wohl jahrelang Abgaben kassiert hat, zwischenzeitlich mit seiner Ausländerpolitik und internationalen Spendierfreudigkeit (s. hierzu Aufstellung **Abbildung 18**) aber andere Prioritäten setzt und deshalb seinen sozialen Pflichten dem eigenen Volk gegenüber nicht mehr im versprochenen Umfang nachzukommen vermag. Da keine höhere Gewalt dafür verantwortlich gemacht werden kann, würde das bei einer privaten Versicherung rechtlich unter den Begriff Versicherungsbetrug fallen.

Wie der Bundeskanzler und Kabinettsmitglieder seiner Regierung verkünden, muß der Bürger sich eben zusatzversichern, sofern er einen ohne EU und Massenzuzug von Wirtschaftsflüchtlingen möglich gewesenen Standard halten will. Im selben Atemzug wird dann verkündet, daß die Versicherungen besteuert werden sollen. Laut dem Bundesminister der Finanzen Theo WAIGEL müssen 1997 von der Bundesrepublik Deutschland rund DM 37 Mrd. allein an die Europäische Union abgeführt werden. Das entspreche 65 Prozent der Neuverschuldung.[390]

Das Alte Rom pflegte in seinen unterjochten Gebieten Steuerpächter einzusetzen. Deren Aufgabe war es, gewisse Beträge nach Rom abzuführen. Was sie sonst aus dem Volk herauspressen konnten, blieb ihnen selbst. In vergleichbarer Weise sind heute die deutschen Vassallenregierungen medien-gemacht für die Siegermächte tätig.

[390] *Die Welt*, 20. 8. 1996, »EU-Haushalt soll erstmals gekürzt werden«.

Kennzeichnend dafür ist die fortwährende Spardebatte. Die Summen, welche abzuliefern sind oder für die Umsetzung des Hooton-Planes im Rahmen der Ausländerpolitik eingesetzt werden müssen, sowie der Aufwand für die zu stellenden Militärkontingente liegen fest und stehen nicht zur Debatte. Lediglich die Aufteilung dessen, was darüber hinausgehend vom Bürger eingetrieben werden kann, bildet das für die Politik verfügbare Haushaltsvolumen.

Daraus versorgen sich dann erst einmal die als ›Zehntknechte‹ fremder Interessen arbeitenden – aber sich natürlich schon lange nicht mehr mit dem Zehnten begnügenden – Politiker. Das geschieht einmal durch den Unterhalt einer für Demokratien ungewöhnlich großen Zahl von sich auch in Notzeiten reichlich mit Diätenerhöhungen und steuerfreien Aufwandspauschalen selbstversorgenden Parlamentariern[391] und zum anderen durch Unterhalt eines zur Unterbringung von Parlamentarischen Staatssekretären, politischen Beamten und sonstigen Parteigängern aufgeblähten Verwaltungsapparates (mit allein 200 Ministerien in Bund und 16 Ländern)[392]. Kennzeichnend für diese Form der ›Demokratie‹ ist, daß so große Parlamente und ein so voluminöser öffentlicher Sektor sonst lediglich in den sogenannten Volksdemokratien zu finden sind.

Auch der Fernsehkonsum ist gebührenpflichtig für den angeblich mündigen Bürger öffentlich-rechtlich geregelt. Damit sich das daneben zugelassene private Fernsehen nicht pressefreiheitlich entfalten kann, wurden diese Sender einmal unter öffentliche Kontrolle genommen und zum anderen nicht an den Zwangsgebühreneinnahmen der ÖRA beteiligt, letzteren jedoch zugestanden, ihren ›öffentlichen Versorgungsauftrag‹ in ständig steigendem Maße in Konkurrenz mit den Privatsendern aus Werbeeinnahmen zu finanzieren. Der Bürger kann sich damit der für ihn gut befundenen, politisch korrekten Indoktrinierung in zunehmendem Maße nur durch TV- und Hörfunk-Verzicht entziehen. Und wenn es um die elementarsten Fragen seines Staates geht, hat er überhaupt nichts zu melden. Da kann er nicht einmal wie beim TV abschalten oder seinen Empfänger abmelden. Er muß zahlen, ob er will

---

[391] Die unter den großen Parteien unstrittige Verkleinerung des Bundestages von in der derzeitigen 13. Legislaturperiode 672 auf ab dem Jahre 2002 nur noch(!) 598 Abgeordnete (Stand Oktober 1996) verdeutlicht den mangelnden Willen zu einer wirklichen Parlamentsreform. Außerdem handelt es sich hierbei nur um den Bundestag, und nicht auch um die nicht weniger aufgeblähten Länderparlamente mit ihren gut versorgten sogenannten ›Volksvertretern‹. Von denen gibt es in Bund und Ländern mittlerweile 2700. (Horst Zander, Leserzuschrift, in *Die Welt,* 31.12.1996)

[392] Horst Zander, ebenda.

oder nicht, ohne auf die Höhe der Abgaben durch Stimmenthaltung oder durch Ausübung seines Wahlrechts Einfluß nehmen zu können. Er kann nur Politiker und deren Parteien aus dem nicht ausgegrenzten Spektrum der ›*Political Correctness*‹, also den Fremdinteressen huldigenden ›Einheits- bzw. West-Block-Parteien‹ wählen, die nicht nur aus ihm die Steuern für bereitwillig übernommene Tributpflichten herauspressen, sondern auch die staatliche Auflösung seines Vaterlandes betreiben, Ausländerzuzug und die damit verbundene nationale Arbeitslosigkeit und Kriminalität herbeiführen, seine Bundeswehr für Drittinteressen (so zu Deutschlands außenpolitisch-militärischer Einkreisung) einsetzen und seine hart erarbeitete Deutsche Mark eurosozialisieren.

Und wehe, er wagt, sich öffentlich dagegen auch nur verbal aufzulehnen. Wer das tut, ist ein Nationalist, ein Antidemokrat, ein Rechtsradikaler, ein Volksverhetzer, der seinen Adolf HITLER wiederhaben will! Dann muß den Anfängen gewehrt werden! Dann muß für Ordnung, also für die richtige Gesinnung gesorgt werden! Wofür hat der Staat sonst seinen Verfassungsschutz! Schließlich ist Deutschland eine wehrhafte Demokratie, die zuschlägt, wenn da einer aus der zeitgeist-vorgegebenen Reihe tanzt.

Versucht der steuerpflichtige Bürger sich wie viele Prominente, voran die sogenannten ›Volksvertreter‹ mit ihren selbstbewilligten steuerfreien Pauschal-Aufwandsentschädigungen, gefolgt von einigen Spitzensportlern, TV-Moderatoren und Topmanagern der deutschen Wirtschaft oder sich sonst auf der Sonnenseite des Lebens eingenistet habenden Personen, um seine Auspressung zu drücken, dann handelt es sich nicht um eine ›friedliche Demonstration‹. Dann wird unerbittlich durchgegriffen, an Händen und Füßen gefesselt im Gerichtssaal vorgeführt und strafverfolgt, damit zum Beispiel ein weiterhin frei herumlaufender überführter und verurteilter ausländischer Rauschgifthändler, der Leben und Gesundheit vieler Jugendlicher und das Leid vieler Eltern auf dem Gewissen hat, in Deutschland Bleiberecht mit einer Erwerbsunfähigkeitsrente in Höhe von DM 1982.- und medizinische Versorgung für mindestens DM 5000.- monatlich erhält, weil er dialysepflichtig geworden ist und in Konkurrenz mit vielen deutschen Nierenpatienten auf eine Spenderniere wartet.[393] Dieses wertvolle

[393] Christian Althoff, »Krank: Verurteilter Dealer (26) darf in Deutschland bleiben – Kurde Mehmet E. wartet in Freiheit auf eine Spenderniere«, in *Westfalenblatt*, 7. 5. 1996, nach *Unabhängige Nachrichten*, »Dokumente zur Zeitgeschichte (1)«, 6/1996, S. 9.

Leben darf offensichtlich nicht repatriiert werden, während im ›Rechtsstaat Deutschland‹ das unschuldige ungeborene menschliche Leben, den Hooton-Plan erfüllend, schutzlos der gewaltsamen Vernichtung ausgesetzt ist.

Wenn der ehrlich Steuern und Abgaben entrichtende Untertan diesen Obrigkeitsstaat aber einmal braucht, weil er nicht ›abgetrieben‹ und deswegen ein behindertes Kind zu versorgen hat, schlägt ihm zunehmend die ganze Kälte des zeitgeistpolitik-bedingt zusammenbrechenden Systems entgegen. Hierzu bemerkt der renomierte Sozialwissenschaftler Lord Ralf DAHRENDORF, früher FDP, dann Präsident der London School of Economics und heute Mitglied des britischen Oberhauses:

> »Die Zukunftsprobleme in Deutschland sind groß. Der deutsche Sozialstaat mit seinen gegenwärtigen Kosten wird das nächste Jahrzehnt nicht überleben.«[394]

Der als die ›Fünf Weisen‹ bezeichnete Sachverständigenrat zur Begutachtung der gesamtwirtschaftlichen Entwicklung stellt in seinem am 15. November 1996 vorgelegten Gutachten hierzu fest:

> »Die sozialen Sicherungssysteme lassen sich so, wie sie heute funktionieren, nicht fortführen.«

Er fordert deshalb eine grundlegende Reform der sozialen Sicherung mit zukünftig mehr Eigenvorsorge und Wettbewerb.[395]

---

[394] Lord Ralf Dahrendorf, zitiert nach *Unabhängige Nachrichten*, 7/1996, S. 9.

[395] *Die Welt*, 16. 11. 1996, »›Sozialsystem ist am Ende‹ – ›Fünf Weise‹ plädieren für mehr Eigenverantwortung und Wettbewerb«.

LEISTUNGEN DER BUNDESREPUBLIK DEUTSCHLAND AN ÜBER- UND ZWISCHENSTAATLICHE EINRICHTUNGEN IM JAHRE 1995
(Auszug Abflüsse hauptsächliche Ressorts)

Auswärtiges Amt (AA):

	DM
Vereinte Nationen (UN), New York	488.059.000.-
NATO-Zivilhaushalt	53.822.000.
UN-Organisation für Erziehung, Wissenschaft und Forschung (UNESCO), Paris	49.314.000.-
Europarat , Straßburg	44.080.000.-
Gemeinsame EU-Sicherheitspolitik	16.180.000.-
Internationale Schulen	12.868.000.-
UN-Hilfswerk für Palästina-Flüchtlinge, inkl. bilaterale Hilfe (UNRWA)	10.300.000.-
Weltkinderhilfswerk (UNICEF) New York	9.000.000.-
Hoher UN-Flüchtlingskommissar	9.000.000.-
UN-Friedensoperation in Bosnien-Herzegovina (UNPROFOR II) (1994)	8.809.000.-
OSZE-Institutionen Folgekonferenzen der OSZE	6.900.000.-
Vorbereitungskommission der Organisation für Verbot chem. Waffen	4.896.000.-
Int. Komitee des Roten Kreuzes, Genf	1.100.000.-
Leistungen an externe Experten im Auftrag internationaler Organisationen	1.000.000.-
Multilaterale Beobachtertruppe auf der Sinai-Halbinsel	700.000.-
Europäisches Jugendwerk	689.000.-
UN-Übereinkommen gegen Folter u.a.	500.000.-
Int. Studienzentrale für die Erhaltung und Restaurierung von Kulturgut	493.000.-

Bundesministerium des Inneren (BMI):

Schengener Informationssystem	3.056.000.-
Erstattungen im Zusammenhang mit der Errichtung von EUROPOL	2.700.000.-
Int. Kriminalpolizei. Organisationen	2.071.000.-
Generalsekretariat der Benelux-Wirtschaftsunion, Brüssel	1.218.000.-
Europäische Institut für Öffentl. Verwaltung	300.000.-

Bundesministerium der Justiz (BMJ):

Dienststelle Berlin des Europäischen Patentamts	9.669.000.-
Weltorganisation für Geistiges Eigentum	1.695.000.-

Bundesministerium für Wirtschaft (BMWi):

Allg. Zoll- und Handelsabk. (GATT)	16.112.000.-
Meterkonvention, Paris	1.344.000.-
Register Weltausstellung Hannover	930.000.-
Int. Kaffeeorganisation, London	870.000.-
Europäische Energie-Charta	591.000.-
Internationales Kälteinstitut, Paris	90.000.-
Int. Baumwollberatungsausschuß Washington	67.000.-

Bundesministerium für Ernährung, Landwirtschaft, und Forsten (BML):

Ernährungs- und Landwirtschaftsorganisation der Vereinten Nationen (FAO)	55.037.000.
Internationaler Kakaorat, London	335.000.-
Int. Amt für Reben und Wein, Paris	61.000.-
Int. Jagdrat zur Erhaltung des Wildes, Paris	50.000.-
Int. Erfassung und Überwachung von Waldschäden	48.000.-

Bundesministerium für Verkehr (BMV)

Westeuropäische Union (WEU)	9.182.000.-
Europäische Organisation zur Sicherung der Luftfahrt	117.000.000.-
Europäische Organisation zur Nutzung meteorologischer Satelliten	60.000.000.-
Europäisches Zentrum für mittelfristige und sonstige Wettervorhersage	10.590.000.-
Zentralkommission für die Rheinschiffahrt Straßburg	493.000.-
US-Auswärtiges Amt, Washington, für Kosten des Betriebes eines int. Eiswachtdienstes im Nordatlantik	166.000.-
Flugnavigationsdienst in Island	109.000.-
Internat. Ständiger Verband der Straßenkongresse, Paris	70.000.-
Oslo-Sekretariat zum Bonnabkommen, London	39.000.-

Bundesministerium der Verteidigung (BMVg):

NATO-Infrastruktur	345.000.000.-
Militärische Anlagen im Ausland	190.000.000.-
NATO-Frühwarnsystem AWACS	162.200.000.-
NATO-Militärhaushalte	152.000.000.-
NATO-Militärhaushalte	152.000.000.-
Deutsch-Franz. Forschungsinstitut	38.370.000.-
Jäger 90 - Agentur -	14.000.000.-

Bundesministerium für Bildung, Wissenschaft, Forschung und Technologie (BMBF):

Europäische Weltraumorg. Paris	1.137.248.000.-
Europäische Org. für Kernforschung	250.505.000.-
Europäische Hochschulinstitut, Florenz	5.500.000.-

Bundesministerium für wirtschaftliche Zusammenarbeit und Entwicklung (BMZ):

Int. Entwicklungsorganisation (IDA)	1.137.248.000.-
Europäischer Entwicklungsfonds	829.943.000.-
Asiatischer Entwicklungsfonds	90.775.000.-
UN-Entwicklungsprogramm (UNDP)	133.000.000.-
Internationaler Währungsfonds (IWF)	40.000.000.-
UN-Org. für industrielle Entw. (UNIDO)	16.573.000.-
UN-Hilfswerk für Palästinensische Flüchtlinge (UNRWA)	4.209.000.-
Int. Reisforschungsinstitut, Philippinen	2.694.000.-
Int. Pflanzen-Gen-Zentrum, Rom	1.694.000.-
Welternährungslage-Forschungsinstitut, Washington	1.383.000.-
Asiatisches Gemüseforschungsinstitut Taiwan	474.000

Abbildung 18 · Datenquelle *Focus*, 8/1996, nach *Unabhängige Nachrichten*, 6/1996, S. 7.

Anmerkung zu Abbildung 18:

Da so gut wie jeder Einzelplan des Bundeshaushalts für die jeweiligen Ressorts Beiträge für in ihre Zuständigkeit fallende zwischenstaatliche oder überstaatliche Organisationen ausweist, vermag die hier getroffene Auswahl lediglich einen Einblick in Art und Umfang dessen zu vermitteln, wozu der Bürger mit den ihm abgenommenen Zwangsabgaben herangezogen wird. Ein Teil dieser Beiträge wird zweifellos im Interesse Deutschlands und seiner Bevölkerung geleistet. Art und Gesamtumfang dessen, was hier an Steuergeldern jährlich oder gelegentlich auch in mehrjährigen Abständen abfließt, läßt sich jedoch weder aus nationaler Sicht noch im Vergleich zu den Leistungen anderer Industrieländer rechtfertigen und kann nur als freiwillig übernommene Tributpflicht charakterisiert werden. Und letzteres um so mehr, als Deutschland seitens fast aller Beitragsempfänger personalpolitisch durch die Anzahl und Einstufung (= Einflußnahmemöglichkeit) seiner dort tätigen Staatsangehörigen diskriminiert wird. So gehört die Bundesrepublik Deutschland nach der oben angegebenen Quelle zu den wenigen Staaten, die pünktlich ihre 8,94 Prozent des regulären UN-Haushalts ausmachenden Pflichtbeiträge an die Vereinten Nationen überweist. Sie ist aber dort nur mit 4,14 Prozent des Personals (= Personalhaushalts) vertreten. Außerdem sollte die teilvereinigte Bundesrepublik zumindest so lange nicht beitragspflichtiges UN-Mitglied sein, wie ihr dort mit den immer noch für Deutschland gültigen ›Feindstaatenklauseln‹ der völkerrechtliche Schutz, also das Hauptanliegen dieser internationalen Organisation, verweigert wird.

Zu diesem völkerrechtlichen Schutz gehört zumindest die Verurteilung der im Rahmen des gegen Deutschland geführten »Dreißigjährigen Krieges 1914 bis 1945« praktizierten Annexion und ethnischen Säuberung großer Teilen seines Staatsgebiets und angestammten Siedlungsraums. Hinsichtlich der personalpolitischen Diskriminierung ist das Mißverhältnis von Beitrag zu Personalstärke (= Anteils am Personalhaushalt) Deutschlands bei der Welthandelsorganisation (WTO) mit 12,5 zu 2,5 Prozent besonders groß.

Die FAO betreffend wurde Deutschland bereits in den sechziger Jahren in der deutschen Presse als ›anspruchsloser Zahler‹ gekennzeichnet, als bekannt geworden war, daß dort die ihm zustehende Personalquote immer nur um die 60 Prozent ausgeschöpft wurde und die damals rund 50 deutschen FAO-Bediensteten im Durchschnitt mit P 3 (etwa A 14/ORR)) eine Rangstufe unterhalb des Gesamtdurchschnitts des professionellen (= international rekrutierten) Personals (P 4, etwa A15/RD) eingestuft worden waren, während die dortigen – wie in allen internationalen Organisationen wohl als Kriterium ihrer Qualifikation besonders deutschfeindlichen –12 Holländer grundsätzlich in administrativen Schlüsselstellungen untergebracht waren und mit ihrem dadurch erreichten Durchschnitt von P 5 (etwa A16/MR) eine Rangstufe über dem Gesamtdurchschnitt der Organisation lagen.

Als der Bundesminister für wirtschaftliche Zusammenarbeit und Entwicklung (BMZ), Carl-Dieter SPRANGER, im Herbst 1996 seinen Haushalt durch Kündigung von Deutschlands Mitgliedschaft in der von ihm – wie nebenbei auch seitens der Briten und Australier – als ineffektiv arbeitend bewerteten UN-Organisation für industrielle Entwicklung (UNIDO) ab 1998 entlasten wollte, scheiterte das am Widerspruch von Bundesaußenminister Klaus KINKEL (FDP).[396/397] Letzterer sieht sich in bezug auf sein eigenes Ressort in Anbetracht der angespannten Haushaltslage nicht nur zur personellen Ausdünnung seiner Auslandsvertretungen, sondern auch zur Schließung ganzer Missionen gezwungen, vermochte sich jedoch im Kabinett gegen seinen CSU-Kollegen durchzusetzen. KINKEL befürchtete, daß sich ein deutscher Austritt aus dieser UN-Sonderorganisation nachteilig auf die Verwirklichung des von ihm verfolgten Zieles auswirken könne, für Deutschland einen ständigen Sitz im UN-Sicherheitsrat zu erringen. Das war der Sachstand noch im Dezember 1996. Nur zwei Wochen nach Ablauf der Kündigungsfrist (31. 12. 1996), in denen sich das Für und Wider einer Mitgliedschaft Deutschlands in der UNIDO wohl kaum verändert haben dürfte, hat KINKEL dann unerwartet weder ein eigenständiges Interesse an der UNIDO noch an ihrer Arbeit bekundet, so daß der deutsche Austritt aus dieser UN-Sonderorganisation nunmehr – allerdings erst ein ganzes Jahr später – möglich ist. Dieser späte Sinneswandel des Außenministers KINKEL kostet den Steuerzahler einen Jahresmitgliedsbeitrag in Höhe von DM 17 Mio.[398]

Das ist ein Beispiel, wie seitens derselben Bundesregierung mit Steuergeldern umgegangen wird, die ihren Bürgern ständig neue steuerpolitische Grausamkeiten zumutet. Wenn etwa gleichzeitig der Vater und Manager einer deutschen Tenniskönigin zu einer mehrjährigen Gefängnisstrafe (drei Jahre und neun Monate) verurteilt wird, weil er dem Staat für seine Tochter rund die Hälfte der vorerwähnten UNIDO-Beitragssumme an Einkommensteuer schuldig geblieben ist, müßte eigentlich nunmehr auch staatsanwaltlich gegen den Bundesaußenminister – und zwar entsprechend

---

396 Martin S. Lambeck, »Streit um Mitgliedschaft in der UNIDO – Spranger fordert Austritt aus UN-Organisation – Kinkel, widerspricht – Junge CDU-Abgeordnete unterstützen Außenminister«, in *Die Welt*, 28. 11. 1996.

397 Rüdiger Moniac, »Spranger will UNO-Haushalt umschichten – Minister: UNIDO-Mitgliedschaft noch 1996 kündigen, Hilfe für Dritte Welt aufstocken – Steigen auch London und Canberra aus?«, in *Die Welt*, 2. 12. 1996.

398 *Die Welt*, 15. 1. 1997, »Deutschland plant nun doch Austritt aus UNIDO – Minister: Entwicklungs-Organisation bedeutungslos«.

der von ihm verursachten Schadenshöhe – vorgegangen werden. Da kann sich der Steuerzahler jedoch sicher sein, daß solche Gedanken genau so abwegig sind wie Konsequenzen im Falle der recht eigenartigen ›Dienstreisen‹ mit der Flugbereitschaft der Bundeswehr einer hochgestellten Persönlichkeit des Deutschen Bundestages in eine benachbarte Alpenrepublik (wo ihre Tochter lebt) und in ein anderes Nachbarland (wo ihre Familie ein Ferienhaus besitzt).

Von Kinkel wird ein ständiger Sitz im Sicherheitsrat nicht etwa angestrebt, um wirkungsvoller als bisher unvertreten gebliebene deutsche Interessen in den Vereinten Nationen durchzusetzen, man denke etwa an das Recht auf Heimat der Vertriebenen oder die Aufhebung der Deutschland (wie auch Japan) diskriminierenden UN-Feindstaatenklauseln. Vielmehr sollen doch wohl lediglich die Interessen der Deutschland seit 1945 besetzt haltenden westlichen Siegermächte des Ersten und Zweiten Weltkriegs vertreten werden. Deshalb sollte deutscherseits besser auf einen solchen Sitz mit oder ohne Vetorecht verzichtet werden.

Als Beispiele für Deutschlands außenpolitische Vasallenrolle wird auf die von der Bundesregierung betriebene NATO-Osterweiterung und die Entsendung eines deutschen Militärkontingents in das strategische Interessengebiet Frankreichs und Großbritanniens auf dem Balkan hingewiesen. Beide Maßnahmen dienen keinen deutschen Interessen, sondern – wie bereits oben ausgeführt – vornehmlich Deutschlands außenpolitisch-militärischer Einkreisung. Kennzeichnend ist zudem die Tatsache, daß Frankreich vor allem Fremdenlegionäre zur Durchsetzung des der Befriedung des Balkans dienenden Dayton-Abkommens einsetzt,[399] während sein deutscher Vasallenstaat dort – wie 1812 bei Napoleons Winterfeldzug nach Rußland – ein aus deutschen Staatsangehörigen bestehendes Kontingent französischem Oberbefehl unterstellt. An diesem Beispiel mag gesehen werden, wie einerseits unterwürfig und andererseits spendierfreudig sich die Bundesregierung verhält, wenn es gilt, geflissentlich Drittinteressen – selbst zum eigenen Nachteil – zu vertreten, während in zunehmendem Maße die Mittel fehlen, die soziale Komponente der einst Sozialen Marktwirtschaft im eigenen Lande aufrechtzuerhalten.

Nach der politischen Lage, die der Bonner *General-Anzeiger* seinen Lesern zur Jahreswende 1996/97 vermittelt, »steht der Kanz-

---

[399] Stefanie Rosenkranz, »Die Legion der Namenlosen«, *Der Stern*, 31. 1. 1997, S. 54.

ler auf der Spitze des Schulden- und Arbeitslosenberges... zukunftssicher da«.[400] Nach Meinung dieses unabhängigen rheinischen Blattes werden Deutschland und seine Bürger sich bereits 1997 bisher regierungsseitig ungenannt gebliebenen Herausforderungen stellen müssen.

In den fünfziger Jahren bemerkte ein US-amerikanischer Finanzwissenschaftler dem Verfasser gegenüber, von einem US Dollar, den der US-Staat vereinnahme, erhielte der Bürger immer nur die Hälfte zurück. Die andere Hälfte sei Verwaltungsschwund. Bundeskanzler KOHL hat das mit anderen Worten zum Ausdruck gebracht, als er seine Bürger wissen ließ, bei einer Staatsquote von 50 Prozent beginne der Sozialismus. Mittlerweile hat er nicht nur den gegenwärtigen, von ihm entmündigten Generationen mit einer diese 50 Prozent übersteigenden Staatsquote den Sozialismus gebracht, sondern mittels gnadenloser Verschuldung auch – und damit über seinen Tod hinaus regierend – der zukünftigen Generation, wenn nicht sogar zukünftigen Generationen. Und sein Europa hat den Deutschen bisher vornehmlich Lasten, Arbeitslosigkeit sowie Kriminalität beschert und wird das insbesondere mit KOHLS Finanzpolitik, seiner Ausländerpolitik, seinen offenen Grenzen nicht nur für britisches Tiermehl, seinem Euro und seiner EU-Osterweiterung in noch stärkerem Maße wiederum sowohl zum Nachteil weniger einiger Generationen als vielmehr für die Zukunft der Nation überhaupt tun.

Einerseits scheint sich die Kanzlerpartei noch fest im Griff ihres lediglich immer böser dreinschauenden Patriarchen ohne Alternative zu ihm selbst zu befinden, wenn auch einige dort noch halbstarke CDU-›Wilde‹ aus Hessen, Niedersachsen, Hamburg und dem Saarland gegen das Monument vom Rhein anzustürmen beginnen. Mit deren Eintreten für Schwarz-Grün, Ökosteuer und multikulturelle Gesellschaft nach Rita SÜSSMUTH, Heiner GEISSLER, Friedbert PFLÜGER und so weiter passen sie sich jedoch wie diese eher opportunistisch dem Zeitgeist an, als daß sie eine standortpolitische Alternative zu KOHLS ›150-prozentiger‹ *Political Correctness* anbieten.

Andererseits verpassen die Sozialdemokraten ihre Gelegenheit, indem sie weiter zwischen Sozialismus und Realität sowie ohne inhaltliche und personelle Alternative zur ›sozialdemokratisier-

---

[400] Ekkehard Kohrs, »Sicher auf der Spitze des Schuldenberges – Der Dauer-Kanzler und ungenannte Herausforderungen«, in *General-Anzeiger*, Bonn, 31. 12. 1996.

ten‹ Kanzlerpartei und ihrer Führung auch nur ›*political correct*‹, also deutschland-auflösungs-politisch, an die Macht gelangen wollen. Fast schon wie die Bündnisgrünen und im Bunde mit ihnen politisieren sie vornehmlich im Nebel von Schlagworten ohne dahinterstehende oder von der Parteiführung ferngehaltene Sachkompetenz. Über die reine Verwaltung von Haushaltsmitteln (Buchhaltung) hinausgehender wirtschaftspolitischer Sachverstand schließt überzeugten Sozialismus naturgegeben aus und kann deshalb in sozialistischen Parteien – wie sie sich auch immer nennen mögen – nur vorhanden sein, sofern er dort gelegentlich nicht aus Überzeugung, sondern aus karrieretaktischen Gründen angesiedelt ist. Der Wandel dürfte deshalb, frei nach Egon BAHR, erst durch weiterer leidvolle Annäherung an die nationale Katastrophe zu erwarten sein.

Nicht einbezogen in diese Prognose bleiben die Freidemokraten, weil man dort erfahrungsgemäß nur danach trachtet, nicht mit einer Konzeption zu koalieren, sondern nur irgendwie an der Macht teilzuhaben. Sie stellen deshalb keine wirkliche Alternative in der deutschen Parteienlandschaft dar; sondern lediglich gelegentlich erforderliche Hilfswillige; und das schon gar nicht, wenn für die deutsche Nation »*To be or not to be, that is the question*« (»Sein oder nicht sein, das ist die Frage«, Shakespeare, *Hamlet*, Akt 2, Szene 3) auf der Tagesordnung steht. Bereits Otto VON BISMARCK hatte mit den Liberalen seine Schwierigkeiten. Wenn es seiner Zeit nach denen gegangen wäre, wäre 1871 die deutsche Einigung nicht einmal als ›kleindeutsche Lösung‹, also ohne die südöstlichen Teile des einstigen Heiligen Römischen Reiches Deutscher Nation (1356–1806) zustandegekommen. Als Bundeskanzler KOHL angewiesen wurde, die ihm US-seitig vorgegebene Teilvereinigung und keinesfalls eine darüber hinausgehende zu vollziehen, mußte er selbst bei der Herbeiführung dieser ›Null-Lösung‹ seinen FDP-Außenminister als potentiellen Störfaktor weitgehend außenvor lassen. Leser von GENSCHERS Memoiren – dem Versuch der Selbstausfertigung eines ›Persilscheins‹ für das, was er Deutschland angetan hat – sollten sich dadurch nicht irritieren lassen und wissen, daß er ohne die Nominierung seiner Partei damals nicht ihr Dauervorsitzender und ›dienstältester Außenminister der westlichen Welt‹ geworden wäre und immer noch FPD-Ehrenvorsitzender ist.

Welche innenpolitischen Folgen der ›Schulden- und Arbeitslosenberg‹ bei dem sich mit daraus ergebenden Zusammenbruch des deutschen Sozialstaats bereits heute hat und bald haben wird, läßt sich am Beispiel des deutschen Kohlebergbaus demonstrieren. Der Erhalt des Arbeitsplatz eines Bergmanns, für den es politikbedingt am Standort Deutschland keine Alternative gibt, ist im Land wegen dessen schwieriger Geologie der Kohlevorräte in mehr als 1000 Meter Tiefe von einer Subvention in Höhe von etwa DM 100 000.- je Jahr abhängig. Das kostet den Steuerzahler DM 10 Mrd. im Jahr. Notgedrungen soll diese Subvention in einer von der Bundesregierung auf Mitte Februar 1997 verschobenen Entscheidung erheblich zurückgefahren werden – und zwar »auf weniger, als die von den Gewerkschaften als Kompromiß vorgeschlagenen 6,5 Milliarden DM. Wenn es dabei bleibt, lasse sich ein ›großes Chaos‹ vorhersehen. ›Es würden dann nicht nur in Frankfurt Blockaden geben, sondern auch im Ruhrgebiet‹, sagte der Gewerkschaftschef«.[401] Die beabsichtigte drastische Kürzung der Kohlesubventionen habe die »Schließung von sechs Schachtanlagen bis zum Jahr 2005 und entsprechende Massenentlassungen im Bergbau« zur Folge. 1957 hatte der deutsche Steinkohlenbergbau noch 607 300 Beschäftigte (davon 384 300 unter Tage)[402].

»Kritiker der Neuregelung fürchten, daß der Bonner Sparkurs binnen weniger Jahre zu einer Halbierung der jetzt (Stand Herbst 1996) noch 90 000 Arbeitsplätze (davon etwa die Hälfte unter Tage) führen wird.«[403] Hiervon werden nach einem Journalistengespräch im *Forum West* des WDR am 3. Januar 1997 besonders jüngere deutsche Bergleute ohne Familien mit mehreren Kindern betroffen sein, während die gerade im Bergbau stark vertretenen kinderreichen türkischen Beschäftigten eher ihren Arbeitsplatz behalten werden. Die Gewerkschaften gelten als besonders ausländerfreundlich, weil ausländische Arbeitnehmer ihre zuverlässigsten Mitglieder sind. Dem Dilemma, daß auf seiten der deutschen Bergleute – wie natürlich auch der Mehrheit der Steuerzahler – wenig Verständnis für diese selektive Arbeitsplatzerhaltung erwartet werden dürfte, wurde seitens der Industriegewerkschaft Bergbau und Energie (IGBE) bisher noch aus dem Wege gegangen. Der Erhalt des Arbeitsplatzes eines, dazu noch in Deutschland nicht sozio-kulturell

---

401 *FAZ*, 2. 12. 1996, »Zügig über Kohlehilfe entscheiden«.

402 *Die Welt*, 10. 10. 1996, »Steinkohle beharrt auf Subventionen – Schließung von sechs Schachtanlagen bis zum Jahr 2005 – Hohe deutsche Kosten«.

403 *Die Welt*, 23. 9. 1996, »Bundesregierung will Kohle – Beihilfen vorzeitig kürzen«.

404 Diesem Umstand wird mit der Forderung nach Doppelstaatsangehörigkeit entsprochen. Wären die türkischen ›Mitbürger‹ sozio-kulturell integrationsfähig, würde diese Forderung nicht erhoben.

integrierbaren Türken[404] soll dem bundesdeutschen Steuerzahler DM 100 000.- im Jahr wert sein, während zum Beispiel die lediglich ein Viertel dessen kostende Bezuschussung der Arbeitsplätze in den Werkstätten für Behinderte nach der Novellierung des Bundessozialhilfegesetzes (BSHG) seit Ende 1994 von der Sozialhilfebedürftigkeit abhängig gemacht wird.

Die Bundesregierung mag sich diesbezüglich der Umsetzung des Hooton-Plans verpflichtet fühlen. Bei weiter wachsender Ausgrenzung deutscher Arbeitsuchender aus dem Wirtschaftsleben dürften die seitens der Zeitgeist-Medien betriebenen massiven Indoktrinierungs-Bemühungen zugunsten ausländischer ›Mitbürger‹ und deren Gleichstellung oder gar Bevorzugung, je schwieriger diese in Deutschland ethnisch integrierbar sind, auf zunehmende Ablehnung stoßen.

Das Heer der Nicht(mehr)wähler und der PDS-Zulauf in Mitteldeutschland mögen vorerst noch ohne Wahrnehmung der vornehmlich mit sich selbst und ihrer Versorgung beschäftigten Legislative und Regierenden[405] anwachsen, um nach dem durch Maastricht und die EWU herbeigeführten sozio-ökonomischen Zusammenbruch dann um so stärker (auch für die bisher noch sorglos-satte Politikerkaste) in die Katastrophe zu führen.

Offensichtlich vermag sich Deutschlands politische Klasse medieneingelullt nicht vorzustellen, welche Dracheneier derzeit von ihr *›political correct‹* sowohl Hooton-plangerecht als auch euroeuphorisch ausgebrütet werden, von den ÖRA-propagierten grünalternativen Umsetzungsbemühungen des Morgenthau-Plans ganz zu schweigen. Altbundeskanzler Helmut SCHMIDT charakterisiert die Deutschen bereits als »Weltmeister der Innovationsfeindlichkeit«, während seine Partei – wo immer für die Machtentfaltung erforderlich – mit den Bündnisgrünen koaliert und dazu noch im Bedarfsfall selbst PDS-toleriert regiert. Wie nachhaltig die dies-

---

[405] Wie stark die Selbstbedienung im Vordergrund der parlamentarischen Arbeit der ›Volksvertreter‹ selbst während der die Nation bewegenden Steuer- und Rentenreformdebatte stand, läßt sich beispielsweise einer dpa-Meldung vom Januar 1997 entnehmen. Dort wird berichtet, daß die für März 1997 vorgesehene Besoldungserhöhung um 1,3 Prozent für Beamte in den höheren Besoldungsgruppen (ab B 3) – allerdings auf rund DM 140.- im Monat limitiert – nicht etwa aus Ersparnisgründen um vier Monate auf den 1. Juli 1997 verschoben werden soll, sondern weil die Parlamentarier »ihre ebenfalls zum 1. Juli geplante Diätenerhöhung um DM 525.- auf DM 11 825.- durch die zeitgleiche Verbesserung für hohe Beamte politisch absichern« wollen. Damit soll eine von den Parlamentarischen Geschäftsführern aller Bundestagsfraktionen befürchtete neue »Neiddiskussion« in der Öffentlichkeit entgegengewirkt werden. (dpa-Meldung, »Wahrscheinlich erst später mehr Geld für hohe Beamte«, in *Die Welt*, 22. 1. 1997)

bezügliche deutsche Medieneinwirkung auf den Bürger ist, geht aus einer Befragung des Allensbacher Instituts und ›*Market Facts*‹ von Deutschen und US-Amerikanern nach den sich eher positiv als negativ bei der Lösung von Umweltproblemen auswirkenden Technologien hervor. Danach wird in Deutschland (trotz zunehmender Arbeitslosigkeit) Atomtechnologie mit minus 44 und Gentechnologie mit minus 17 Punkten bewertet, während in den Vereinigten Staaten (bei abnehmender Arbeitslosigkeit) die Ergebnisse bei plus 12 und plus 31 Punkten liegen. Nach einer Studie des Medienforschers Hans Mathias KEPPLINGER fand in den deutschen Medien der siebziger Jahre eine negative Umwertung der Technik statt. Dem folgte ein entsprechendes »Umdenken« der Bevölkerung. »1967 meinten noch 56 Prozent der Bundesbürger, das Leben werde durch die Technik leichter, 20 Jahre später sahen das nur noch 37 Prozent so. Eine Analyse des ›Medien-Terrors‹ ergab jetzt (Herbst 1996), daß 42 Prozent aller Aussagen in den führenden deutschen Medien zur Kernenergie negativ sind – nur 15 Prozent sind positiv. Auch bei der Gentechnologie überwiegt die Kritik. . . Wen wundert es bei einem solchen Meinungsklima, daß den 1300 US-Unternehmen, die sich auf Gentechnik spezialisiert haben, gerade einmal 50 deutsche Unternehmen gegenüberstehen?«[406]

Nach den Vorstellungen der Bundesregierung wird es wohl den deutschen Sozialstaat bald nicht mehr geben, sondern nur noch eine alle EU-Bürger gleichermaßen umsorgende Europäische Union, also ein Paradies, wie es Bundeskanzler KOHL erst den Mitteldeutschen als »blühende Landschaften« unter Beibehaltung der dortigen »sozialistischen Errungenschaften des Arbeiter- und Bauernstaates«, wie der Sanktionierung der SBZ/DDR-Enteignungen, versprochen und dann dem ganzen deutschen Volk mit der Umsetzung des Maastricht-Vertrages und der Aufgabe der Deutschen Mark als Schritt zur Halbierung der Arbeitslosigkeit innerhalb von vier Jahren vorausgesagt hat. Letztere Voraussage hat der Bundeskanzler auf dem CDU-Parteitag in Hannover im Oktober 1996 zurücknehmen müssen. »Schon lange hatte man das Gefühl, daß die EURO-Visionen für KOHL wichtiger waren als die Arbeitslosigkeit. Was aber, wenn auch diese falsch sind, wie es jeder unabhängige Finanzfachmann inzwischen weiß? Nur, wenn die D-Mark verschwunden ist, nützt es niemand, wenn KOHL dann erklärt, er habe sich (erneut) geirrt. . . Hier zeigt sich wieder, daß

---

406 Rainer Zitelmann, »Deutsche Technik-Phobien«, in *Die Welt*, 10. 10. 1996.

unsere Demokratie reformbedürftig ist... Wir brauchen keinen Personenkult (an dem bereits der Ostblock zugrunde gegangen ist), sondern Fachleute und Eliten in der Regierung, damit nicht Carl von OSSIETZKY[407] recht behält, daß ›Deutschland das einzige Land ist, in dem Mangel an Befähigung den Weg zu höchsten Ämtern sichert‹.«[408]

Als Reichskanzler BRÜNING die 1. Notverordnung verkündete, verzichteten gleichzeitig der Reichspräsident (Generalfeldmarschall VON HINDENBURG), der Reichskanzler selbst und seine Reichsminister auf 18 Prozent ihrer Bezüge.[409] Mit einem vergleichbaren Verzicht seitens des Bundespräsidenten, des Bundeskanzlers und seiner Kabinettsmitglieder, die alle an dem Zustandekommen der erwähnten Novellierung des BSHG und anderer Einschnitte ins soziale Netz mitgewirkt haben, ist bei diesen Regierenden bedauerlicherweise nicht zu rechnen, während sich die nicht nur für die Streichung der ›Eingliederungshilfe‹ verantwortlichen ›Volksvertreter‹ etwa gleichzeitig eine – nachher allerdings wegen Bürgerprotests schamvoll um ein Jahr verschobene – spektakuläre Diätenerhöhung bewilligten. Bundeskanzler KOHL selbst unterscheidet sich von seinem politischen Großvater, Konrad ADENAUER, dadurch, daß er sich bevorzugt mit ihm nicht gefährlich werden könnenden Sozialpolitikern umgibt und aus Sorge, daß diese machtpolitisch mit ihm konkurrieren könnte, kaum unabhängige wirtschaftspolitische Kompetenz an sich heranläßt. Dazu fehlt ihm leider die Größe. Deswegen wird er wahrscheinlich in die Geschichte nicht als der große Europäer eingehen, der er gern sein möchte, sondern – wie zu befürchten ist – als derjenige Spitzenpolitiker im Europa des ausklingenden 20. Jahrhunderts, an dessen Eurovisionen Europa scheitern mußte. In CHURCHILL, STALIN und mit einiger Sicherheit eines Tages auch ROOSEVELT verfügt die jüngste Geschichte diesbezüglich über gute Beispiele.

In diesem Zusammenhang sei auch darauf hingewiesen, daß die in Deutschland Regierenden bei ihren Bemühungen, den ihnen insbesondere von den Massenmedien diktierten Hooton-Plan *›political correct‹* umzusetzen, es trotz des dem gebeutelten Bürger im-

---

[407] Publizist, Pazifist, Herausgeber der linksradikalen *Die Weltbühne,* Friedensnobelpreisträger 1936 (als er im deutschen Konzentrationslager war).

[408] Ferdinand Neitzert, ›Arbeitskreis Widerstand gemäß Artikel 20, Abs. 4 Grundgesetz‹, Pressemeldung: »So nicht, Herr Bundeskanzler«, 22. 10. 1996 – /264.

[409] Franz von Papen, *Vom Scheitern einer Demokratie,* S. 63, nach Hans-Joachim Maurer, Bodolz-Enzisweiler, »Sparmaßnahmen« (Leserzuschrift), in *Die Welt,* 15. 10. 1996.

mer rücksichtsloser abgepreßt gestiegenen Steueraufkommens unterlassen haben und immer noch unterlassen, abgelehnte Asylbewerber und andere Wirtschaftsflüchtlinge unverzüglich abzuschieben oder erst gar nicht ins Land kommen zu lassen. Eine Änderung des Grundgesetzes zugunsten einer Diätenerhöhung war im Bundestag mehrheitsfähig. Für eine Anpassung des Grundgesetzes hinsichtlich der Asylgewährung an die verfassungsrechtlichen Normen anderer europäischer Länder ist jedoch trotz Euroeuphorie des deutschen Bundestages keine Entscheidung in Sicht. Ein Maastricht-Europa ist für die politische Kaste Deutschlands offensichtlich nur erstrebenswert, soweit es Deutschland schadet, und das nicht nur wegen der mit unverminderter Leidenschaft dorthin abgeführten, im Vergleich zu den anderen Mitgliedsländern überhöhten Beitragsleistungen. Die Frage sei deshalb erlaubt, ob es sich bei Deutschlands Politikern um eine entsprechend von den Medien getroffene Negativauslese handelt, bei der in Richtung Deutschlands Gleichberechtigung in einem Europa der Vaterländer denkende und handlungsbereite Personen unberücksichtigt bleiben oder – wenn auch nicht in Konzentrationslager verbracht, so jedoch – ausgegrenzt und ungeachtet einer angeblichen Meinungsfreiheit, kriminalisiert und sogar strafrechtlich verfolgt werden.

Der ›Große Lauschangriff‹ wird wahrscheinlich nur sekundär zur Beobachtung des organisierten Verbrechens möglich gemacht werden, während seine vorrangige Aufgabe die Bespitzelung und Ausgrenzung nach Art des Ministeriums für Staatssicherheit von sich nicht *›political correct‹* einordnenden, national-wertkonservativen Gruppierungen und Einzelpersonen sein dürfte. Der bayerische Innenminister BECKMANN wünschte den Einsatz des Überwachungsapparates auch für die »Bekämpfung des strafrechtlich relevanten politischen (ohne den Zusatz gewalttätigen) Extremismus«, soweit sich dieser in ›Volksverhetzung‹ äußere.[410]

Leider spricht bereits eine Reihe von Maßnahmen für eine solche Absicht. Hierzu gehört das Verbot von nicht als *›political correct‹* befundenen zeitgeschichtlichen Veröffentlichungen, wobei sich die Frage stellt, was für ein Unterschied da zu den Bücherverbrennungen während der NS-Zeit besteht. Letztere hat die Erlebensgeneration noch in düsterer Erinnerung. Die Stärke des Geschreis, welches damals gegen das dem Scheiterhaufen zum

[410] *Unabhängige Nachrichten*, 7/1996, »Die BR Deutschland eine ›DDR-light‹?«, S. 5.

Opfer gefallene Schriftgut angestimmt wurde, unterscheidet sich jedenfalls nicht von der der heutigen Unterdrückung von Fakten und Gedankengut derzeit auf den Index gesetzter Veröffentlichungen. Und wieder sind es – wie die von 1933 bis 1945 vom Reichsminister für Volksaufklärung und Propaganda, Josef GOEBBELS, gesteuerten Sender – öffentlich-rechtliche Rundfunkanstalten, die hier den Ton angeben und den Zeitgeist vermitteln. Der Unterschied zwischen einst und heute ist allerdings, daß GOEBBELS ein in den Kinderschuhen steckender Hörfunk zur Verfügung stand, während die heutigen Propagandisten den Bürger mit einer hochentwickelten Fernsehtechnik und entsprechenden Programmen in einem noch nie dagewesenen Ausmaß über die Massenmedien zu indoktrinieren vermögen.

»Die Illusion der umfassenden Information in einer immer komplizierter werdenden Wirklichkeit wird (z. B.) durch die Talkshow neu bestärkt, denn hier darf jeder zu jedem beliebigen Thema apodiktische Urteile verkünden. Im Zweifelsfall findet sich immer ein Experte, der die eigene Meinung bestärkt... Die jederzeit abrufbare Alarmstimmung der Betroffenheit wurde nach der Brandkatastrophe in einem Asylbewerberheim in Lübeck deutlich. Noch bevor irgend etwas über die Täter oder über die Ursachen des Brandes feststand, wurde von einem rechtsextremistischen Anschlag gesprochen... Es ist doch charakteristisch, daß auch dann, wenn eine ›Entwarnung‹ oder Relativierung von Schreckensmeldungen (wie etwa die Mobilisierung immer neuer Ängste, durch die Ausstrahlung des hinsichtlich der ›Giftzahlen mindestens 50fach übertriebenen‹ Greenpeace-Protests vor der Ölplattform *›Brent Spar‹*) fällig wäre, diese nur so leise erfolgt, daß sie für den durchschnittlichen Medienkonsumenten kaum wahrnehmbar wird. Wer nimmt Aussagen von Wissenschaftlern wahr, die (z. B.) die Realität des ›Waldsterbens‹ in Deutschland und Europa in Frage stellen oder Zweifel an der These von der ›Klimakatastrophe‹ artikulieren?«[411] »Ein deutscher Bürger, der 70 Jahre alt wird, verbringt neun Jahre davon vor der ›Glotze‹.«[412] GOEBBELS hätte von so intensiven Einflußnahmemöglichkeiten auf das Volk nur träumen können.

Der seinerzeitige DGB-Vorsitzende BREIT (SPD) verkündete anläßlich der Gründungsveranstaltung der IG Medien zu den ÖRA noch stolz: »Die gehören uns«. Das bürgerliche Lager könne sich der

---

[411] Rainer Zitelmann, »Grenzen der Aufklärung«, in *Die Welt*, 5. 6. 1996.

[412] Fritz Wirth, »Jahre vor der ›Glotze‹«, in *Die Welt*, 25. 7. 1996.

Printmedien bedienen. Dann wurde nicht nur im ersten Quartal 1996 ein als Berliner Ministerpräsidentenkompromiß zur Medienpolitik bezeichneter Versuch gemacht, die mittlerweile zugelassenen privaten Fernsehanstalten gleichfalls unter öffentlich-rechtliche Kontrolle zu bringen,[413] sondern nunmehr auch vom Vorsitzenden der SPD-Medienkommission, Reinhard KLIMMT, während einer Podiumsdiskussion in der Saarbrücker Universität eine öffentlich-rechtliche Kontrolle auch der ›Monopolzeitungen‹ gefordert. Hierzu führte er unter anderem aus:

> »Ich finde mich nicht damit ab, daß wir zwar einen öffentlich-rechtlichen Rundfunk, aber keine öffentlich-rechtliche Aufsicht über Zeitungen haben.«[414]

Zu diesem Angriff auf die Presse- und Meinungsfreiheit kommt noch hinzu, daß intolerante ›Demonstranten‹ bei politischen Auftritten ›Andersgläubiger‹ in zunehmendem Umfang Störaktionen vornehmen können, die es – wie bereits in der Weimarer Republik von der Linken praktiziert – einem Redner unmöglich machen, seine Botschaft an die interessierten Zuhörer zu übermitteln. Über das Recht auf freie Meinungsäußerung triumphiert in Deutschland die Demonstrationsfreiheit. Der Bürger ist somit nicht nur dem Medienterror insbesondere der öffentlichen Rundfunkanstalten (ÖRA) ausgesetzt, sondern auch dem Terror der Straße. Als ihm das und die Arbeitslosigkeit, der fast jede Familie irgendwie ausgesetzt war, in der späten Weimarer Republik zu unerträglich wurde, hat er den Nationalsozialisten seine Stimme gegeben. Deren Wählerwerbung konnte er zur Kenntnis nehmen, weil diese Partei ihre Veranstaltungen mit eigenem Saalschutz vor dem linken Pöbel zu schützen wußte.

Wer das nicht wiederhaben will, der muß jetzt die Ursachen für die erneut – noch durch die Überfremdung mit anderen ethnischen Gruppen und deren politischem Terror und Bandenkriminalität verstärkt – um sich greifende ›Verweimarung‹ bekämpfen. Seitens Deutschlands Politikerkaste und Verfassungsschutzorganen ist kaum etwas in dieser, sondern eher weiterhin nach Zeitgeistvorgaben in die entgegengesetzte Richtung zu verspüren. Den be-

---

[413] Gernot Facius, »Unmut über Medienkompromiß – Experten lehnen Berliner Ministerpräsidenten-Vorschläge ab – ›Elektronische Wegelagerei‹«, in *Die Welt*, 9. 3. 1996.

[414] edp-Meldung, »Klimmt verlangt staatliche Kontrolle für Zeitungen«, in *Die Welt*, 13. 6. 1996.

treffenden Personen gilt offensichtlich die Verfassung und gegebenenfalls ihr Eid darauf weniger als ihr bei mangelnder Zeitgeistkonformität gefährdeter ›Job‹ oder die sich gewährte Versorgung daraus. Ob deren Rechnung allerdings auf Dauer aufgehen wird, muß bezweifelt werden. Man kann auch die besonders gut medien-geölte deutsche Geduldsschraube überdrehen, insbesondere, wenn zu der Politikerverdrossenheit bei zunehmender Aushebelung demokratischer Grundsätze und Rechtsstaatlichkeit noch politikbedingt Arbeitslosigkeit, der Zusammenbruch des Sozialsystems und schwindende innere Sicherheit hinzukommen.

Wenn unsere politischen Parteien sich darin einig sind, daß tabuisierte Themen, wie die Ausländerkriminalität, deren Schaden und deren Kosten, zum Beispiel mit dem Argument aus der öffentlichen Erörterung verbannt werden: »Das gehört nicht in den Wahlkampf«, dann wird damit die Demokratie schlicht ausgehebelt, um deren Erhalt wahrscheinlich so manche politisch ausgegrenzte Gruppe wesentlich stärker besorgt ist als diejenigen, die sie ständig nach der Art der Deutschen *Demokratischen* Republik auf einem Tablett vor sich hertragen. Hierzu sei an den politischen Witz erinnert, den der während des Dritten Reiches beliebte NS-kritische Münchner Kabarettist WEISS FERDL (eigentlich Ferdinand Weisheitinger) nach der Demokratisierung (Umerziehung) Westdeutschlands noch vor seinem Tod (1949) zum Besten gegeben hat:[415]

> WEISS FERDL trifft auf der Bühne seinen Kumpel mit einer Schubkarre, auf der sich eine große Kiste befindet. Er frag diesen, was denn darin sei. Antwort: *»Die Demokratie«*. Darauf langt er mit dem Knauf seines Spazierstocks in die Kiste, bringt eine zerrissene Unterhose zum Vorschein und stellt fest: *»Das sind ja Lumpen.«*

Wegen seines bissigen Humors wurde WEISS FERDL häufig von seinen begeisterten Zuschauern getrennt im KZ ›verwahrt‹. Der Verfasser rätselt, was ihm wohl heute passieren würde, wenn er sich so der nunmehr international vorgegebenen *›Political Correctness‹* annehmen würde, wie er das zu NS-Zeiten mit der damals national vorgegebenen, allerdings noch nicht so bezeichneten ›Political Correctness‹ getan hat. Auch davon eine Kostprobe:

---

[415] Der Verfasser hat diese mutige Kleinkünstler-Persönlichkeit leider nie selbst auf der Bühne erleben dürfen und kann sie deshalb nur so zitieren, wie dessen viele politische Witze bis in seine pommersche Heimat vorgedrungen sind.

Weiss Ferdl berichtet auf der Bühne, er sei in dem Berliner Prominentenvorort Dahlem gewesen. Dort sei ihm ein groooßer Mercedes begegnet. Zu seiner Verwunderung habe dort keine NS-Größe dringesessen. Darauf mußte er wieder einmal im KZ logieren. Als er wieder, von diesem Zwangsaufenthalt befreit, auf seiner Bühne auftreten konnte, korrigiert er sich: »Habe mich wohl geirrt. Muß doch eine NS-Größe dringesessen haben.«

Wegen der großen Beliebtheit dieses Kabarettisten sah man sich NS-seitig gezwungen, immer wieder insofern gute Miene zu bösem Spiel zu machen, als man Weiss Ferdl nach kurzen KZ-Aufenthalten weiter auftreten ließ. Ob das heute noch möglich wäre, darf bezweifelt werden. Da wird aufgepaßt, daß keine Abweichler frei und dazu noch auf einer Bühne Meinungen von sich geben, die unerwünscht sind. Und wenn der Staat nicht selbst handeln will, läßt er linke Chaoten das schmutzige Geschäft betreiben. Das kann sogar noch wirksamer sein und wurde deshalb gern im Ostblock angewandt. Dort handelte es sich jedoch nicht um frei herumlaufende, sondern fest an der staatlichen Leine gehaltene ›Hunde‹, die gezielt auf Abweichler gehetzt wurden. Wo einst Friedrich der (u.a. deshalb) Grosse die Weisung erteilt hätte: »Höher hängen!«, da wird heute die bei der Verbrechensbekämpfung fehlende Wehrhaftigkeit des Staates anders Denkenden gegenüber von Leuten angewandt, die in die Geschichte nicht als Große eingehen werden, sondern als jammervolle Zeitgeist-Kriecher. Außerdem dürfte mit dieser, einen friedlichen Wandel verhindernden Repression – wie vor jeder Revolution – letztlich nur die Politik(er)verdrossenheit gesteigert werden. Das kann zu nichts Gutem führen.

Aus diesem Blickwinkel ist die Sorge der Zeitgeist-Garanten verständlich, ihnen könnten die deutschen Gehirne hinsichtlich ihrer ›*Political Correctness*‹ medial außer Kontrolle geraten. Es wird deshalb einmal angestrebt, über den Medien-Zar Rupert Murdoch in den deutschen Pay-TV-Bereich einzudringen,[416] und zum anderen seitens des Bundestages ein verzweifelter Versuch unternommen, das ›Multimedia-Surfen‹ der Deutschen in einen gesetzlichen Kontrollrahmen zu bringen. Hierfür hat sich eine Enquete-Kommission ›Zukunft der Medien in Wirtschaft und Verwaltung – Deutschlands Weg in die Informationsgesellschaft‹ gebildet. In einer Anhörung haben Unternehmen vor dem Horrorbild gewarnt,

[416] AFP-Meldung, »Murdoch steigt bei Premiere ein«, in *Die Welt*, 27. 7. 1996.

daß Deutschland bei Multimedia »Weltmarktführer im Gesetzemachen« werden könne.[417] Die Technik bestimmt jedoch das Tempo, und die Berufspolitiker sind hinsichtlich der ihnen vorgegebenen Zensurbemühungen – hoffnungslos, nicht nur wie auch die Ministerialbürokratie, mit dieser Materie überfordert – vergleichbar mit Anhaltern »am Rande der Datenautobahn«.

Bei der 1996/97 über Monate in Lübeck verhandelten vorerwähnten Mord- oder Totschlagsache Brandstiftung Wohnheim wußten die öffentlichen Rundfunkanstalten und andere Zeitgeist-Medien sofort nach der Tat, wer die Täter waren, und sind jetzt – das zuständige Strafgericht unter Druck setzend – verärgert, wenn sich ihre Feststellungen nicht bewahrheiten sollen. Dabei hätte es die Strafsache gar nicht gegeben, wenn die dort logierenden Wirtschaftsflüchtlinge ohne Bleiberecht in Deutschland zügig abgeschoben und nicht auf Kosten des Steuerzahlers zu ausländischen ›Mitbürgern‹ gemacht worden wären, während sich gleichzeitig das Heer der mittlerweile 150 000 rechtens in Deutschland lebenden Obdachlosen – darunter auch 20 000 weibliche Personen – und 800 000 Menschen in Notunterkünften[418] ständig vergrößert. Warum regierungsseitig nicht erst einmal für die Unterbringung dieser doch letztlich politikbedingt sozial ausgegrenzten deutschen Staatsangehörigen Sorge getragen wird, ehe abgelehnte Asylbewerber aus den auch deswegen zusammenbrechenden öffentlichen Haushalten in Wohnheimen verhalten werden, bleibt für den mit dem für die Deutschen entworfenen Hooton-Plan unvertrauten Bürger unverständlich.

Die Vernachlässigung der deutschen Obdachlosen ist besonders kritikwürdig, weil Personen ohne festen Wohnsitz keine Lohnsteuerkarte erhalten, und der Besitz einer Lohnsteuerkarte Voraussetzung für legale Beschäftigung ist. Wer somit erst einmal obdachlos geworden ist, kann keine legale Arbeit mehr bekommen und ohne Arbeit kein ausreichendes Einkommen, um die Anmietung einer Wohnung zu finanzieren, die wiederum Voraussetzung für Lohnsteuerkarte und Arbeit ist. Soweit ist die sich immer noch dreist Sozialstaat nennende Bundesrepublik Deutschland nach der Direktive JCS 1067 (s. S. 248, Q. 380) ›globalisiert‹ worden. Die einst General EISENHOWER erteilte Weisung, »Sie werden sicherstellen, daß die Lebensbedingungen des deutschen Volkes nicht besser

---

[417] Gernot Facius, »Am Rande des Highway«, in *Die Welt*, 21. 5. 1996.

[418] *Süddeutsche Zeitung*, nach *FAZ*, 2. 12. 1996.

sind als diejenigen in irgendeinem der benachbarten Mitgliedsländer der Vereinten Nationen«, ist anscheinend mit dem 2 + 4-Vertrag wieder aktiviert und zur Vorgabe für die deutsche Regierung geworden. ›*Political correct*‹ ist sie dabei, die letzten Reste der zur Zeit des ›Kalten Krieges‹ erlangten deutschen Teilsouveränität an die Europäische Union abzutreten. Wie das im einzelnen am Wählerwillen vorbei durchgesetzt wird, kennzeichnet die deutsche ›Demokratie‹ besser als jedes Grundgesetz und unterscheidet sich nur unwesentlich von der Respektierung des Volkswillens in den sogenannten ›Volksdemokratien‹ oder den ›Bananenrepubliken‹. In beiden befinden sich in der Regel Verfassungen, die dem Willen des Volkes Rechnung tragen sollen. Sie werden nur – wie mittlerweile im Rahmen der ›Globalisierung‹ auch in Deutschland – nicht beachtet.

Verstoß gegen das Eigentumsrecht und seine Folgen

Das einzig Erfreuliche an obiger DAHRENDORF-Prognose (s. S. 261, Q. 394) ist, daß mit dem bedauerlichen Zusammenbruch des Sozialstaats neben vielem Erhaltenswerten auch die reichliche Selbstversorgung der dafür verantwortlichen Politikerkaste damit zu einer Frage der Vergangenheitsbewältigung werden dürfte. Außerdem könnte das durch deren ›politisch korrektes‹ Verhalten in Not geratene Staatswesen ja eines Tages zum Beispiel die Enteignung deren Privatvermögens genau so sanktionieren wollen, wie diese das bei den sogenannten SBZ/DDR-enteigneten ›Alteigentümern‹ vorgemacht haben. Es brauchte dann nur festgestellt zu werden, wer im Bundestag dafür votiert hat. Die Abwicklung könnte nach eben dem Entschädigungs-Lasten-Ausgleichs-Gesetz (ELAG) *non re sed nomine* (nicht der Sache, sondern nur des Namens nach) erfolgen, mit dem heute deutsches – sogar in der Verfassung verankertes – Recht unter Mitwirkung des politisch besetzten Bundesverfassungsgerichts vornehmlich zugunsten des Fiskus und einiger DDR-Funktionäre sowie Informeller Mitarbeiter der STASI gebeugt wird.

Wenn Bundeskanzler KOHL in seinem Buch (S. 376) ausführt: »Mit dem Verkauf der einstigen Betriebe durch die Treuhand haben wir geglaubt, die Schulden der DDR finanzieren zu können«, vergreift er sich damit am Vermögen der rechtmäßigen ›Alteigentümer‹. Das hiermit geschaffene ›Neue Vermögensrecht‹ gestattet dem Staat somit, öffentliche Verschuldung durch Enteignung einer spezifischen Gruppe von Bürgern tilgen zu können. In Anbetracht der horrenden Verschuldung, die unter KOHLS Bundesregierung in Deutschland – nicht erst teilvereinigungsbedingt – verursacht worden ist (s. Graphik, **Abbildung 19**), könnten folglich zu deren Abbau und zur Reduzierung der Lasten des Schuldendienstes (s. Graphik, **Abbildung 20**) wiederum die Vermögen einer spezifischen Gruppe von Bürgern ganz oder teilweise herangezogen werden. Dabei läge es dann nahe, das Eigentum der Gruppe von Bürgern heranzuziehen, die politisch für diese – allein von 1991 bis 1997 um rund eine Billion verdoppelte – Verschuldung verantwortlich ist, also nicht der einstigen, sondern der heutigen (Polit-) ›Junker‹. Dazu würde dann nicht nur KOHL selbst, sondern auch so mancher andere öffentliche Schuldenmacher und prominente Enteignungs-Sanktionierungs-Politiker gehören. Mit einer solchen Möglichkeit dürften die verschiedenen, eher statisch als zukunftsorientiert denkenden WAIGELS, SCHÄUBLES, GERSTERS und so weiter wahrscheinlich genauso wenig rechnen, wie das einstmals diejenigen Täter taten, die jüdisches Vermögen ›arisiert‹ haben.

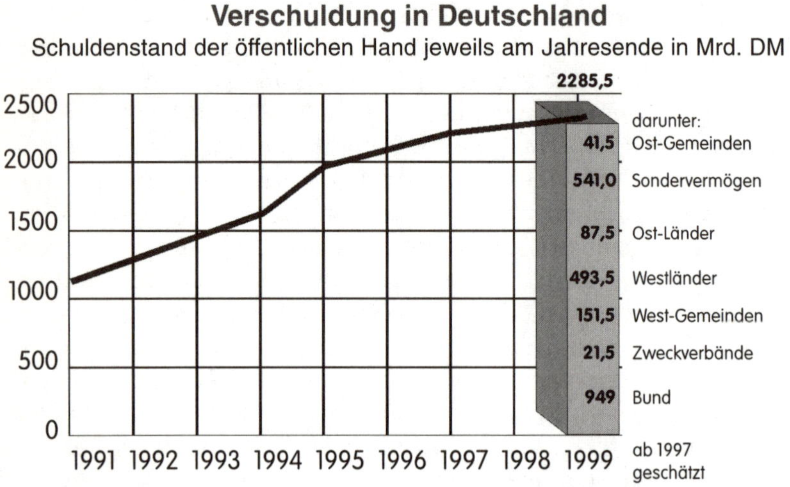

Abbildung 19 · Schuldenlast steigt auf 2 199 888 782 000 DM
Die Bundesrepublik Deutschland macht nach Angaben des Bundes der Steuerzahler in diesem Jahr (1995) pro Sekunde 3171 DM zusätzliche Schulden. Der Schuldenstand stieg bis Ende des vergangenen Jahres auf 2 199 888 782 000 DM nach 2 005 900 000 000 DM 1995

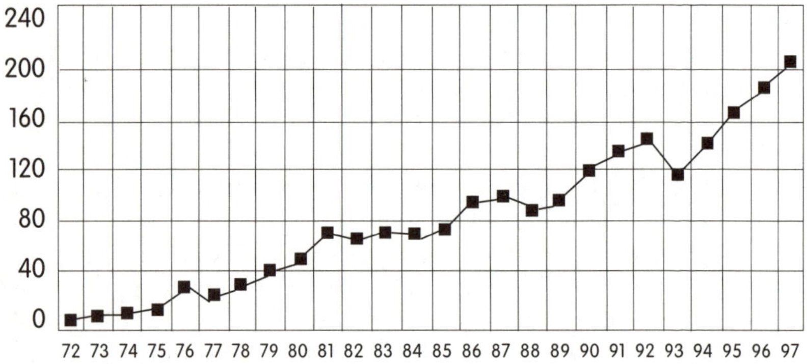

Abbildung 20 · Schuldendienst des Bundes in Mrd. DM (Quelle *Die Welt*, 13. 9. 1996 und 11. 1. 1997, nach *Neue Solidarität*, 6. 9. 1995).

Da die heutigen Haupttäter sogar meist juristisch vorgebildet sind, werden sie oder ihre Erben zu gegebener Zeit kaum geltend machen können, nicht gewußt zu haben, daß hier gegen im Grundgesetz verankerte rechtsstaatliche Normen verstoßen wurde oder heute wird. Die Argumentation der dann um ihr – nach dem Vorsitzenden des für die derzeitige Rechtsbeugung federführend gewesenen Bundestagsausschusses, MdB GERSTER, zynisch als »Sch...« bezeichneten – Vermögen bangenden ›Volksvertreter‹ wird dann mit einiger Sicherheit dahin gehen, daß sie auf Weisung des Bundeskanzlers oder ihrer Partei- oder Fraktionsvorsitzenden gehandelt haben. Solche Ausflüchte dürften jedoch ins Leere gehen, da diese Abgeordneten nach der Verfassung zur Tatzeit nur ihrem Gewissen unterworfen waren.

Die Bundesregierung beabsichtigt neuerdings, sogar nach DDR-Recht unwirksame Enteignungen nachträglich wirksam zu machen.[419] Auch beharrt sie weiterhin darauf, enteignete Industriebetriebe und im Rahmen der sogenannten ›Bodenreform‹ in den Jahren 1945–1949 enteigneten landwirtschaftlichen Besitz überhaupt nicht zurückzugeben oder zu entschädigen.

Hierzu hat es eine Initiative norddeutscher CDU-Verbände gegeben, diesbezüglich zu der vor der Teilvereinigung in Westdeutschland selbstverständlich gewesenen Rechtsstaatlichkeit zurückzukehren (s. Pressebericht in der *FAZ* vom 1. November 1996, Anhang III). Bundesjustizminister (BMJ) SCHMIDT-JORTZIG (FDP), damit sogar ein Mitglied der Regierung, konnte es mit seinem Rechtsverständnis als Rechtsgelehrter nicht vereinbaren, wie hier der deutsche Rechtsstaat auf dem Altar der DDR-Vergangenheit und dessen Günstlingen geopfert wird. Er brachte das zum Ausdruck in seinem in der *Frankfurter Allgemeinen Zeitung (FAZ)* vom 2. Dezember 1996 erschienenen Beitrag »Alles ist äußerst irrational – Für die Enteigneten der Jahre 1945 bis 1949 darf eigentlich kein Sonderrecht gelten«. Die SBZ-Geschädigten bekamen dadurch Hoffnung, das im öffentlichen Besitz befindliche enteignete Vermögen doch noch zurückzubekommen oder angemessen entschädigt zu werden. Die Gegenreaktion erfolgte parteiübergreifend von der CDU bis zur PDS sofort. Der sächsische Justizminister Steffen HEITMANN (CDU) warnte in einem Aufsatz in der *FAZ* vom 6. Dezember 1996, »Keine alten Wunden aufreißen«, davor, die Sanktio-

---

[419] *FAZ*, 4. 11. 1996, »Privateigentum soll jetzt ›Volkseigentum‹ werden – Die Bundesregierung will unwirksame Enteignungen in der DDR nachträglich wirksam machen«.

nierung der unter sowjetischer Regie vorgenommenen Enteignungen in Frage zu stellen. Hierzu wird in einer Reihe von Leserzuschriften entsprechende Verwunderung geäußert:

»... Ich höre aus den krampfhaften Bemühungen, die Sanktionierung der ›Bodenreform‹ durch Bundestag und Regierung in alle Ewigkeit fortschreibend zu rechtfertigen, ›die Stimme seines Herrn‹, des Kanzlers KOHL. KOHL trägt Arm in Arm mit Theodor WAIGEL und Wolfgang SCHÄUBLE die Verantwortung für die Bestätigung des SBZ/DDR-Unrechts, die Ungleichbehandlung der Enteignungsopfer vor und nach DDR-Gründung im Oktober 1949, das Versilbern des ›Volkseigentums‹ der untergegangenen DDR zugunsten der Bundeskasse und die milliardenaufwendige Aufrechterhaltung kommunistischer Errungenschaften sowie Verhinderung von Aufbaubereitschaft der ›Alteigentümer‹ von Häusern, Landwirtschafts-, Industrie- und Gewerbebetrieben. Vergleichbar der SED/ PDS spielt Steffen HEITMANN damalige Enteignungen (übrigens nicht durch die sowjetische Besatzungsmacht), Ausweisungen, Konzentrationslager-Einlieferungen und andere menschenrechtsverletzende Grausamkeiten herunter und spricht wirklichkeitsfremd von Störungen des Einigungsprozesses, wenn die Enteignungsfrage vom Gesetzgeber wieder aufgegriffen wird – um damit, wie ich meine, im Sinne von Recht und Gerechtigkeit neu geregelt zu werden.«[420]

Die Abgeordneten Hans-Joachim HACKER (u.a. 1973/90 Justitiar bzw. Leiter der Rechtsabteilung im VEB Kombinat Obst, Gemüse und Speisekartoffeln Bezirk Schwerin als Wortführer), Herta DÄUBLER-GMELIN (seit 1988 stellv. Mitgl. SPD-Bundesvorstand und seit 1994 Vors. Arbeitsgruppe Rechtspolitik der SPD-Fraktion), Rolf SCHWANITZ (zu DDR-Zeiten wirtschaftswissenschaftlicher Assistent an der TH Zwickau – Hochschule Plauen) und weitere Abgeordnete der Fraktion der SPD haben im Bundestag folgenden Antrag eingebracht: *Der Bundesminister der Justiz und die Enteignungen von 1945 bis 1949 in der damaligen SBZ* – Drucksache 13/6410.

Im Schulterschluß dazu brachte die Bundestagsgruppe der PDS, die Abgeordneten Uwe-Jens HEUER (u. a. 1982/90 Bereichsleiter am Institut für Rechtswissenschaft der AdW der DDR mit Spezialgebiet Politische Wissenschaft und Wirtschaftsrecht), Günther MALEUDA (u. a. 1957/67 Stellv. des Vors. des Rats für landwirtschaft-

[420] Hans Georg Hess, »Mit der Stimme seines Herrn« (Leserzuschrift), *FAZ*, 16. 12. 1996.

liche Produktion und Nahrungsgüterwirtschaft Königs Wusterhausen und 1967/76 in Potsdam), Klaus- Jürgen WARNICK (1975/92 Rundfunkmechaniker, 1990/92 Länderbeauftragter des Deutschen Mieterbundes – DMB – Land Brandenburg / Wortführer), Gregor GYSI, Vors. der PDS-Gruppe im Deutschen Bundestag, sowie die Gruppe selbst folgenden Antrag ein: *Nichtrückgängigmachung der Enteignung auf besatzungsrechtlicher und besatzungshoheitlicher Grundlage (1945 bis 1949)* – Drucksache 13/6528.

Die Beratung dieser Anträge erfolgte in den späten Abendstunden des 16. Januars 1997 mit einer Stellungnahme von Bundesminister für besondere Aufgaben (Bundeskanzleramtsminister) Friedlich BOHL (CDU), weil der Bundeskanzler den Komplex zur Chefsache gemacht hatte. Bereits am Vortag hatte KOHL seine Haltung dazu in der Öffentlichkeit kund getan, um damit wohl seine Fraktion in die Pflicht zu nehmen. Alle Redner von CDU (einschließlich Bundesminister BOHL) und SPD bedauerten das Unrecht, welches den SBZ-Enteigneten angetan worden ist, um dann – bis auf den nur drei Minuten Redezeit habenden Vorsitzenden des Rechtsausschusses Horst EYLMANN (CDU) – festzustellen, daß man nach 50 Jahren die Geschichte nicht mehr zurückdrehen könne. Daß dies nicht für von 1933 bis 1945 vorgenommene, also viel ältere Enteignungen des Dritten Reichs gilt, wurde in der Debatte unerwähnt gelassen. Die FDP-Fraktion bemühte sich, SCHMIDT-JORTZIGS Äußerungen in der Presse inhaltlich zu verteidigen und als von ihm in seiner Eigenschaft als Bundestagsabgeordneter abgegeben hinzustellen, obwohl er sie als BMJ gezeichnet hatte. Letzterer war vorher vom sozialdemokratischen Wortführer zum Rücktritt aufgefordert worden. Bemerkenswert waren die Ausführungen des ehemaligen CDU-Volkskammerabgeordneten Michael LUTHER (vorher ab 1986 wissenschaftlicher Assistent – Angewandte Mechanik – und später Mitarbeiter TH Zwickau), und zwar nicht wegen ihres fraktionskonformen Inhalts, sondern weil er nach Beendigung dafür aus der PDS-Gruppe starken Solidar-Beifall erhielt.[421] Dem Verfasser, der die Debatte auf der Bundestagstribüne verfolgt hat, wurde hiermit vor Augen geführt, welche ›roten Läuse‹ sich die CDU mit der aus der Blockpartei CDU Ost übernommenen Prominenz (aus dem Lager der sogenannten ›Blockflöten‹) in ihren schwarzen Pelz gesetzt hat. Das ist wohl auch der Grund dafür,

[421] Stenographisches Protokoll, Deutscher Bundestag – 13. Wahlperiode – 151 Sitzung, Bonn, 16. 1. 1997, S. 3680–3697.

weshalb die Nachwende-CDU in den neuen Bundesländern die ›Rote-Socken-Kampagne‹ des CDU-Generalsekretärs HINTZE ablehnt. Sie fühlt sich damit vermutlich zu stark selbst getroffen. Hierzu sei in Erinnerung gerufen, daß die CDU Ost auf Weisung der SED-Spitze gegründet wurde, damit es nach dem Staatsratsvorsitzenden ULBRICHT so aussah, als wenn in der DDR demokratische Verhältnisse herrschen würden. Teilweise wurden SED-Mitglieder regelrecht dafür abgeordnet, CDU-Orts- und Landesverbände zu gründen. Die Applausverbundenheit der PDS-Gruppe mit ihren CDU Ost-Kollegen wird dadurch verständlich. Aus dieser Perspektive ist folgende Leserzuschrift zur obigen HEITMANN-Stellungnahme aufschlußreich:

> ». . . Man kann die Position der Politiker in Ost und West, die sich gegen die Rückgabe des von den Kommunisten gestohlenen landwirtschaftlichen Eigentums wenden, auf eine gemeinsame Formel bringen: Angst vor eben diesen Kommunisten. Die neuen Barone der landwirtschaftlichen Produktionsgenossenschaften (s. **Abbildung 21**) haben heute mehr Macht als die adligen Gutsherren zur Zeit FRIEDRICHS DES GROSSEN. Nicht die arbeitslose Dorfbevölkerung redet von ›alten Wunden‹, sondern die neuen Herren sind es, die den ›starken Widerstand‹ in den neuen Bundesländern herbeireden und organisieren. Den Mut dazu hat ihnen Bonn gemacht; im Umgang mit Eigentum und Wahrheit.«[422]

Das letzte Wort ist allerdings in dieser Sache noch nicht gesprochen worden, weil sich das Bundesverfassungsgericht (BVerfG) bei seinen beiden, in nachstehender Leserzuschrift erwähnten Bodenreformurteilen auf offenbar unwahre Aussagen der Bundesregierung gestützt hat. Bei der Auseinandersetzung um in den Jahren 1945 bis 1949 enteignete 1,9 Millionen Hektar land- und forstwirtschaftliche Flächen hat sie sich auf sowjetische Bedingungen für die Freigabe der DDR berufen, die auch nach den Genscher-Memoiren nicht den Tatsachen entsprechen. Den unter anderem nach Bundesaußenminister Klaus KINKEL »dreifachen Druck der Sowjetunion« hat es offenbar nicht gegeben. Bei der noch im Januar 1997 vor dem BVerfG anhängigen Klage von Bodenreformopfern befindet sich die Bundesregierung diesbezüglich in Beweis-

[422] Burchard Schliephake, »Die neuen Herren im Osten« (Leserzuschrift), *FAZ*, 12. 12. 1996.

not. Jochen KUMMER stellte bereits im September 1995 dazu in der *Welt am Sonntag* die Frage: »Warum sagten Bonns Vertreter KINKEL und (Staatssekretär) KASTRUP in Karlsruhe die Unwahrheit?«[423]

In welchem Ausmaß gerade diese Fragestellung den Rechtsstaat Bundesrepublik Deutschland und seine Glaubwürdigkeit weit über den rechtlichen Tatbestand hinausgehend erschüttert, geht aus folgender Leserzuschrift Hans Joachim WITTES zu KOHLS in seiner Ansprache anläßlich des Jahreswechsels 1996/97 zum Ausdruck gebrachten Forderung an die Deutschen zum Umdenken und der Tatsache hervor, daß sie eine Woche später in der *Welt* abgedruckt wurde:

> »Das, was der Bundeskanzler betreffs Wertordnung und Moral anmahnt, ist zuerst von ihm selbst einzufordern; denn unter seiner Regierung ist nicht die versprochene geistig-moralische Wende erfolgt, sondern der Staat diesbezüglich weiter verkommen: weitgehende Verabschiedung vom Rechtsstaat. Kanzler und Bundesverfassungsgericht an vorderster Front bei der Bereicherung des Staats am Eigentum der Opfer der unter schwersten Verbrechen durchgeführten kommunistischen Bodenreform. Paralysierung der Gewaltenteilung durch Parteibuchwirtschaft selbst in den höchsten Gerichten. Dabei oft größere Einigkeit der Parteien untereinander als mit dem heuchlerisch ›souverän‹ genannten Volk. Unverantwortliche Asylantenpolitik. Ausufernlassen der organisierten und allgemeinen Kriminalität. Unsere Kinder sind nicht einmal auf kurzen Schulwegen mehr sicher. Außenpolitisch mangelndes Vertreten deutscher Belange. Unzureichende geistig-moralische Reaktion auf den weltweiten Zusammenbruch der Menschheitsgeißel Sozialismus: die verbrecherische SED sitzt als PDS wieder in den Parlamenten.[424] Erfolg des Gegenangriffs der Linksintellektuellen nicht zuletzt durch opportunistische Anpassung der Regierung KOHL, die anläßlich der damit zusammenhängenden Diffamierungskampagne gegen die Wehrmachtsoldaten sich mit Beflissenheit beeilte, Traditi-

[423] Jochen Kummer, »Warum sagten Bonns Vertreter Kinkel und Kastrup in Karlsruhe die Unwahrheit?«, in *Welt am Sonntag*, 24. 9. 1995.

[424] Und bildet bei der Beratung ihres Antrags auf ›Nichtrückgängigmachung der Enteignung auf besatzungsrechtlicher und besatzungshoheitlicher Grundlage (1945 bis 1949)‹ im Bundestag eine Volksfront mit den Fraktionen der CDU/CSU, SPD, Bündnisgrünen und mehrheitlich auch der FDP gegen den im Kabinett KOHL als Einzelkämpfer für die Rechtsstaatlichkeit der Bundesrepublik Deutschland kämpfenden Bundesminister der Justiz (FDP).

onsablehnungen zu betonen und Kasernen nach 40 Jahren umzubenennen. Die Beispiele lassen sich mühelos fortsetzen.«[425]

Die mit der Sanktionierung der SBZ/DDR-Enteignungen eingeleitete Abschaffung des deutschen Rechtsstaats ist neben deren kontraproduktiven Auswirkungen auf den, wenn nicht sogar damit gezielt behinderten, separatistischerseits zynisch ›Aufbau Ost‹ genannten Komplex[426] so bedeutsam, daß auf die neuere Entwicklung insbesondere der von 1945 bis 1949 vorgenommenen Enteignungen näher eingegangen wird.

Abgesehen von der ordnungspolitischen Widersprüchlichkeit wird der ›Aufbau Ost‹ um Jahre verzögert, indem besonders dem als Folge der Sanktionierung der SBZ/DDR-Enteignungen unter chronischem Kapitalmangel leidenden gewerblichen Mittelstand das für seine Entfaltung in einer marktwirtschaftlichen Gesellschaft benötigte Kapital entzogen bleibt. Mit der Aufrechterhaltung dieser ›sozialistischen Errungenschaften des Arbeiter- und Bauernstaats‹ wird wirtschaftspolitisch das stabilisiert, woran Mitteldeutschland zu DDR-Zeiten volkswirtschaftlich zugrunde gerichet wurde. Ein dortiges ›Wirtschaftswunder‹ wie seinerzeit in der Bundesrepublik West läßt sich so nicht erreichen, sofern es nicht überhaupt gezielt damit verhindert werden sollte. Eine Folge davon ist die Stabilisierung der dortigen Massenarbeitslosigkeit. Wenn man die SBZ/DDR-enteigneten Vermögen weiterhin sozialisiert hält, beeinträchtigt das auch die beschäftigungspolitisch so dringend benötigte Zufuhr neuen Investitionskapitals. Hierzu berichtet die *Frankfurter Allgemeine Zeitung* im September 1996:

> »Die überwiegende Mehrheit (82 Prozent) der Enteignungsopfer der ehemaligen Sowjetischen Besatzungszone würde in ihr damals konfisziertes Eigentum investieren, wenn man sie ließe – das heißt, wenn sie es zurückerhielten«, wie aus einer Befragung dieser Geschädigten hervorgeht.[427]

Die Argumente, die für eine Revision der Haltung der Bundesregierung in Sachen SBZ-Enteignungen sprechen, für die es nicht einmal die jammervolle Entschädigung geben soll, die nach dem

---

[425] Hans Joachim Witte, »Nur Versprechungen« (Leserzuschrift), in *Die Welt*, 9. 1. 1997.

[426] Nicht einmal die DDR hat sich als Ostdeutschland bezeichnet, sondern wußte, daß ihr ›Arbeiter- und Bauernstaat‹ in Mitteldeutschland lag!

[427] *FAZ*, 23. 9. 1996, »Viele Enteignungsopfer würden investieren – Durch andere ›redlich Erworbenes‹ und ›Siedlungsland‹ als verloren anerkannt«.

Entschädigungs-Ausgleichs-Lasten-Gesetz (EALG) und Vermögensgesetz den DDR-Enteignungsopfern widerwillig zugestanden wird, wurden der Öffentlichkeit in vielen Pressekommentaren zur Kenntnis gegeben (s. hierzu Cover einer *Spiegel*-Ausgabe, **Abbildung 21,** und Kommentar unter der Originalwiedergabe des einstigen SBZ-Posters zur ›Bodenreform‹ in der *Pommerschen Zeitung*, **Abbildung 22**, die sich beide in ausführlichen Beiträgen dazu kritisch geäußert haben). Ferner wird hierzu auf eine Anzeigenserie in überregionalen Zeitschriften hingewiesen, in der sich eine Initiative aus dem CDU-Landesverband Hamburg mit dieser rechtsstaatlichen Problematik auseinandersetzt. Der Schaden der dem Rechtsstaat Deutschland und dem ›Aufbau Ost‹ durch die Sanktionierung der SBZ/DDR-Enteignungen entsteht, wird aus der Sicht und dem Anspruch der betroffenen zwei Millionen Geschädigten u.a. in einer gemeinsamen Initiative der Notgemeinschaft der SBZ/DDR-Geschädigten e.V. und des Heimatverdrängten Landvolks e.V. (HvL) als Mitglieder der Aktionsgemeinschaft Recht und Eigentum offengelegt.

Abb. 21 · *Der Spiegel*, 12. 6. 1996

Abb. 22 · *Die Pommersche Zeitung*, 18. 1. 1997

Zwei die Problematik der SBZ/DDR-Enteignungssanktionierungen aufzeigende Leserzuschriften Betroffener werden nachstehend auszugsweise zitiert:

»... Ich habe auf dem von deutschen Kommunisten enteigneten ›Großgrundbesitz‹ – was ist das eigentlich genau? – meines Vaters eine Landwirtschaft wiedereingerichtet und überweise jedes Jahr an den Staat 150 000 DM Pacht für etwa 600 Hektar gestohlenes Ackerland... Statt mit der längst überfälligen Herausgabe des gestohlenen Restvermögens zum Beispiel für die Schaffung neuer Arbeitsplätze und Investitionen zu sorgen, wird in die Mottenkiste von Marx und Co. gegriffen und der ewige Junker (neudeutsch: Alteigentümer) – das neue Feindbild der Nation – bemüht. Natürlich sei der Friede im Dorf in Gefahr, falls die Alteigentümer die Restbeute zurückerhielten, meinen hiesige Landespolitiker mit Gefolge. Gleichwohl wählen die Einwohner meine Frau in das kommunale Parlament und machen sie zur Bürgermeisterin. Irgendwie bekomme ich da die Enden nicht zusammen. ›Alles ist äußerst irrational‹, beklagt Minister SCHMIDT-JORTZIG zu Recht...«[428]

»... Zu dem Beitrag des Bundesjustizministers... bringt beispielsweise Michael UECHTRITZ in einem Aufsatz zur zweiten Bodenreformentscheidung des Bundesverfassungsgerichtes (BVerfG) im renommierten *Deutschen Verwaltungsblatt* unverhohlen großes Verständnis für die getroffenen Entscheidungen der Bundesregierung auf. Nach Meinung des Verfassers (M. UECHTRITZ) hätte eine andere Entscheidung ja bedeutet, daß man 12 000 Bodenreformopfern (eigentlich nur deren Erben und Erbeserben) große Teile der landwirtschaftlichen Flächen der ehemaligen DDR zu Lasten von 500 000 Bodenreformeigentümern hätte zurückgeben müssen. Abgesehen davon, daß diese Argumentation schon im Zeitpunkt der ersten Bodenreformentscheidung des BVerfG sachlich falsch war (den Bodenreformeigentümern wollte und will niemand etwas wegnehmen), läßt sie auch das ganze Ausmaß einer Denkweise erkennen, die Eigentum an bestimmten Produktionsmitteln (in diesem Falle landwirtschaftlicher Nutzfläche) nicht mehr dem Schutz, sondern vielmehr dem Zugriff des Staates unterstellen will. Man erkennt hier, wie zufrieden solche Meinungsmacher insgeheim darüber sind, daß die

[428] Christian von Plessen, »Alteigentümer: das neue Feindbild der Nation« (Leserzuschrift), in *FAZ*, 11. 12. 1996.

sowjetische Besatzungsmacht mit ihren eilfertigen deutschen Vollstreckern 1945 so gründliche Arbeit geleistet hat. Für solche Leute ist die Forderung nach echter Wiedergutmachung in der Tat ein abwegiges Anliegen.

Das Dumme an der Sache ist freilich, daß durch die völlig verfehlten Entschädigungs- und Rückerwerbsregelungen des Bundes sich nunmehr landwirtschaftlicher Grundbesitz in noch viel weniger Händen zu kumulieren beginnt, als dies vor 1945 je der Fall war (so halten derzeit 2989 juristische Personen in den neuen Ländern rund 58 Prozent der landwirtschaftlichen Fläche, was zu einer durchschnittlichen Betriebsgröße von 1435 Hektar führt). Außerdem geht altes Kulturerbe, das ganze Landschaften nicht zu ihrem Nachteil geprägt hat, verloren, da Häuser und Parkanlagen regelmäßig lieber dem Verfall preisgegeben werden, als sie den Alteigentümern zu annehmbaren Konditionen anzubieten.«[429]

Wenn die Verzichtspolitiker aller Couleurs und gewisse Medien heute auch diejenigen in Mitteldeutschland Enteigneten und die Heimatvertriebenen, die völkerrechtliche Wiedergut- oder – soweit möglich – Rückgängigmachung des ihnen angetanen Unrechts fordern, als ›Ewiggestrige‹ bezeichnen und für alle Vertreiber mit der oben behandelten »Schlußstrich-Erklärung« die entschädigungslose Vertreibung und die an den Vertriebenen begangenen Verbrechen sanktionieren,[430] stellen sich zwei Fragen:

1. »Sind emigrierte deutsche Juden, die (in ihre einstige Heimat zurückkehren wollen und Entschädigungs- oder) Rückgabeforderungen erheben, auch Ewiggestrige?«[431]

---

[429] Wolf-Dieter von Bülow, »Mit der sowjetischen Besatzungsmacht hoch zufrieden«, in *FAZ*, 10. 12. 1996.

[430] Siehe hierzu die Stellungnahme des prominenten tschechischen Schachgroßmeisters und Publizisten Ludek Pachmann, **Abbildung 23,** und die Presseberichte in tschechischen Zeitschriften des Frühjahrs 1996, **Anhang II.**

[431] Helmut Schinkel, »Schlußstrich« (Leserzuschrift), in *Die Welt*, 16. 9. 1996. – Zwei weitere Leserzuschriften vom selben Tag aus derselben Zeitschrift seien hierzu auszugsweise zitiert: »Und wenn sich der deutsche und tschechische Präsident um den Hals fielen und verkündeten, es gäbe keine besseren Freunde als das deutsche und das tschechische Volk, was ändert das an der Tatsache? Ich werde jedenfalls keiner Partei meine Stimme geben, die diesmal wirklich aus völlig freien Stücken auf deutsches Recht verzichtet.« (Friedrich Kern, Bornhöved, ebenda)

»Noch nie haben unsere Politiker sich um die Betroffenen gekümmert, über deren Köpfe sie ihre Beschlüsse gefaßt haben. Hoffentlich kommt die Quittung schon bei den nächsten Wahlen.« (Henning G. von Zitzewitz, Hamburg, ebenda) Kommen wird sie jedoch mit Sicherheit.

2. Was würde wohl geschehen, wenn Deutschland nach seinen umfangreichen Wiedergutmachungsleistungen,[432] seiner Einräumung von selbstverständlichen Rückkehrrechten usw. den jüdischen Weltorganisationen und Israel in etwa dieselbe »Schlußstrich-Erklärung« hinsichtlich des den Juden in Europa zugefügten großen Unrechts vorschlagen würde, die den Tschechen für ihr vergleichbar großes, den Sudetendeutschen zugefügtes Unrecht ohne Wiedergutmachungsleistungen, Einräumung von selbstverständlichen Rückkehrrechten usw. von der deutschen Regierung und seiner ›Volksvertretung‹ zugestanden wurde? Das den Tschechen mit der »Schlußstrich-Erklärung« gemachte Zugeständnis wie in bezug auf Polen gegenüber dem Deutschen Osten ist und bleibt völkerrechtlich unwirksam. Dafür fehlt, wie zum Beispiel beim Saarland gehandhabt, eine entsprechende Volksabstimmung der betroffenen Bevölkerung.

„Wenn es die Hölle auf Erden gibt, dann gab es sie nach dem 5. Mai 1945 in Prag. An den Straßenkandelabern meiner geliebten Stadt hingen an den Füßen aufgeknüpfte SS-Männer als menschliche Fackeln. Vom Kopf hinauf brennend. . . Umgeben von lachenden, sich daran ergötzenden Pöbel, der sich jetzt für die begangenen Untaten der Deutschen rächen wollte. Bewaffnete Banditen, die sich ‚Partisanen' nannten, holten willkürlich deutsche Mitbürger aus ihren Häusern. An der Einmündung zur Wassergasse hingen drei nackte Leichen, bis zur Unkenntlichkeit verstümmelt, die Zähne restlos herausgeschlagen, der Mund nur noch ein blutiges Loch. Andere Deutsche mußten ihre toten Landsleute in die Stefansgasse schleifen. ‚To jsou prece vasi bratri, ted' je polibetje!' – ‚Das sind doch eure Brüder, küßt sie.' Und so mußten die noch lebenden Deutschen mit zusammengepreßten Lippen die Toten küssen. Greise, Frauen, Kinder wurden verstümmelt, totgeprügelt. Vergewaltigungen, barbarische Grausamkeiten. Schrekkensfurien der Hölle. Hier waren sie losgelassen.

Ich berichte über dieses schreckliche Geschehen nicht, um die Menschen meiner Heimat anzuschwärzen. Ich berichte, weil ich davon überzeugt bin, daß es zu einer wahren Völkerverständigung nur dann kommen kann, wenn sich beide Seiten vorbehaltlos zu dem bekennen, was war. Es gibt kein Land, in dem nur Teufel oder Engel leben.

Ludek Pachmann
Schachgroßmeister. Publizist

Abbildung 23 · Quelle: *Das Ostpreußenblatt*, 22. 6. 1996

---

[432] Diese beliefen sich bereits 1989 auf DM 82,7 Milliarden. (Alfred Schickel, »Eine Bilanz anstelle von Vermutung – Bundesdeutsche Wiedergutmachungsleistungen für NS-Opfer betragen 82,7 Milliarden DM«, in *Die Pommersche Zeitung,* 5. 8. 1989)

Ziele der Insider

Die Intention der von den Vereinigten Staaten aus nach der Weltherrschaft greifenden *Insider* bewirkt lediglich sekundär den Niedergang Europas. Gelänge es ihnen nicht, geschickt die Fixierung der Franzosen und Briten auf Deutschland zu nutzen und zu fördern, ohne daß dort erkannt wird, was aus ihren eigenen Ländern und deren Bedeutung in der Welt als Folge dieser Europapolitik der westlichen Kriegsalliierten bereits geworden ist und weiterhin werden wird, wären sie nicht so erfolgreich. Das Unglück Deutschlands scheint jedenfalls wieder einmal zu sein, die falschen Bundesgenossen – und dieses Mal sowohl diesseits als auch jenseits des Atlantiks – zu haben. Mit Unterwürfigkeit läßt sich das jedoch nicht ausgleichen. Nur mit angemessenem Selbstbewußtsein kann sich Deutschland die Unterstützung zumindest der europäischen Bündnispartner verdienen. Es darf jedoch nicht verwundern, daß seine lebenswichtigen Interessen seitens seiner Bündnispartner unberücksichtigt bleiben, wenn es

1. seine eigene Geschichte nach Vorgaben Dritter verfälscht,
2. ungeachtet historischer Tatsachen ständig so unterwürfig ein Büßerhemd trägt, daß der Deutschland wohlgesonnene Staatspräsident Estlands, Lennart Meri, 1995 anläßlich seines Staatsbesuchs sein Gastland als »Canossa-Republik« kennzeichnete,
3. sich in der Rolle eines transatlantischen Weisungsempfängers gefällt,[433]
4. seine Bundeswehr ›entspannungsbedingt‹ abrüstet, damit die Landesverteidigungsbereitschaft vernachlässigt, und die Restbestände seiner Soldaten bereithält, damit sie dazu noch recht kostenträchtig als Kontingente für Drittinteressen eingesetzt werden können,
5. gleichzeitig dankbar begrüßt, zur angeblichen Gewährleistung seiner äußeren Sicherheit (richtiger und erklärtermaßen zu sei-

---

[433] Hierzu gehört auch der fehlende Widerstand gegen die Dominierung US-amerikanischer Fernsehprodukte mit Gewalt verherrlichendem Inhalt und damit entsprechender Verrohung der diesen Dauereinflüssen ausgesetzten insbesondere jüngeren Bevölkerung. Die Beherrschung deutscher Fernsehkanäle durch US-Produkte mit schädlichem Einfluß auf die deutsche Jugend ist vergleichbar mit der von Großbritannien im Opiumkrieg (1840–1842) erzwungenen Offenhaltung Chinas für britische Exportgeschäfte mit dieser Droge (aus Indien).

ner Niederhaltung) fortwährend militärisch von sogenannten ›Bündnispartnern‹ besetzt zu bleiben, und um die Aufrechterhaltung deren – mit nationaler Souveränität unvereinbarem – Besatzungsstatus bemüht ist,

6. danach lechzt, seine – ohnehin nur bedingt vorhandene – Souveränität für einen Protektoratsstatus innerhalb einer Europäischen Union national oder sogar nationalistisch denkender und handelnder Staaten wieder aufzugeben,
7. nationale Verzichtspolitik betreibt, indem es
   a) das Recht auf Heimat seiner völkerrechtswidrig aus dem Deutschen Osten vertriebenen Bürger der bereits 1848 verkündeten und ein Jahrhundert später mit einem erneuten »Dreißigjährigen Krieg, 1914 bis 1945« von den Siegermächten umgesetzten Expansionspolitik seiner östlichen Nachbarländer opfert, und
   b) von seinen zeitgeistergebenen Politikern unter würdeloser Anbiederung an die Vertreiber geflissentlich akzeptiert wird, daß es als Vorstufe für seine völlige Auflösung so klein wie noch nie in seiner Geschichte gehalten wird,
8. bereitwillig immer drückender werdende Tributpflichten übernimmt,
9. darum bittet, daß ihm seine harte Währung in einen inflationären Euro gewechselt wird sowie
10. seinen ihm belassenen territorialen Torso mit dessen nach dem Krieg zumindest im Westen – hart erarbeitet – wiederaufgebauter Volkswirtschaft als Auffangbecken für Dauer-Wirtschaftsflüchtlinge aus aller Welt zur Verfügung stellt, während es den Zuzug von an ihren Standorten diskriminierten oder gar verfolgten deutschstämmigen Aussiedlern erschwert, obwohl das im Land
    a) zum Verlust der kulturellen Identität,
    b) zur gewaltigen Verschuldung nicht nur der Kommunen,
    c) zum Zusammenbruch seiner Sozialsysteme,
    d) zur Verminderung der inneren Sicherheit und
    e) zu Massenarbeitslosigkeit führt.

Wenn Deutschland sich selbst aufgibt, kann es auch von wohlmeinenden Bündnispartnern wie etwa Spanien keine Bündnistreue erwarten. Ein Staat, der nicht mehr existiert, ist kein Völkerrechtssubjekt, dem gegenüber man Verträge einhalten kann. Wenn sich Deutschland in seiner bedingungslosen Kapitulation vor dem Zeitgeist gefällt und seine eigene Auflösung in der Europäischen Union betreibt, kann es nicht erwarten, daß andere EU-Mitglieder ihm helfen, seine Souveränität, kulturelle Identität und Sozialstaatlichkeit aufrechtzuerhalten. Und die Währungsunion, die EU- und NATO-Osterweiterung, die Asyl- und Ausländerpolitik sowie die horrenden Tributzahlungen sind letztlich nichts anderes als eine bedingungslose Kapitulation vor auswärtigen Europainteressen. Um etwas anderes – nur mittlerweile von deutschen mediengemachten Politikern *›political correct‹* selbst gewollt – als eine bedingungslose Kapitulation handelt es sich nämlich bei vorgenanntem Katalog nationaler Selbstaufgabe nicht.

Wenn die *Insider*-beherrschten USA ihre beiden Weltkriege nicht umsonst geführt haben wollen, kann ihnen nicht an einem starken Europa gelegen sein. Die Tatsache, daß sie – wie im oben erwähnten Kommentar des *Boston Herald* (s. S. 195, Q. 296) dargestellt – die Teilvereinigung Deutschlands davon abhängig gemacht haben, daß der damit zusammengelegte, amputiert bleibende Deutschlandtorso, dazu noch ohne eigene Währung und militärisch besetzt, Maastricht-eingebunden sein muß, beweist, daß aus ihrer Sicht nicht nur Deutschland wegen seiner angeblichen Alleinverantwortlichkeit für alles Leid des Jahrhunderts weiterhin büßen, sondern vor allem Europa so geschwächt werden soll, daß es als ernst zu nehmender Konkurrent ein für allemal ausfällt. Die auf die Rahmenvorgaben des Morgenthau- und Hooton-Plans gestützte Europastrategie der *Insider* läßt sich dementsprechend grob in zehn Leitsätzen zusammenfassen:

1. Auslöschung der deutschen Nation mittels einer entsprechenden Ausländerpolitik sowie eines Bündels familienfeindlicher Maßnahmen.

2. Stabilisierung der DDR-Misere in Mitteldeutschland unter anderem durch Sanktionierung der Ergebnisse der vermögensfeindlichen SBZ/DDR-Enteignungspolitik bei gleichzeitiger, eine rechtmäßige Kapitalbildung verhindernder Steuerpolitik.

3. Abwürgung der wirtschaftlichen Überlebensfähigkeit zumindest auf seinem bisherigen Weststandard des teilvereinigten Deutschlands durch ständig steigende Reparationsleistungen (Tributpflichten) zugunsten zwischenstaatlicher, überstaatlicher

und bilateraler Empfänger sowie EU-Sozialisierung seiner stabilen Währung.

4. Auflösung der staatlichen Existenz Deutschlands als wirtschaftliches ›Herz Europas‹ mittels seiner semikolonialen Europa-Einbindung.

5. Zerstörung des deutschen Sozialstaats als Folge der Zielsetzung von Thesen 1–4.

6. Verhinderung einer Annäherung Rußlands und Chinas an Deutschland mittels der von Deutschland zu vertretenden NATO-Osterweiterungspolitik und des ihm vorgegebenen stärkeren Eintretens für die Menschenrechte der Bevölkerung des Reiches der Mitte einschließlich Tibets als
   a) für die Menschenrechte seines eigenen Volkes zum Beispiel in Oberschlesien und
   b) das Menschenrecht auf Heimat seiner völkerrechtswidrig aus dem deutschen Osten vertriebenen, dort seit Jahrhunderten angestammten Volksgruppen.

7. Sicherstellung, daß es zu keiner ernstgemeinten; nicht lediglich der Ausbeute und Unterdrückung dienenden Zusammenarbeit Großbritanniens und Frankreichs mit Deutschland und damit zu keiner Europa-Triade als Rückgrat und Voraussetzung für ein wirtschafts- sowie außenpolitisch handlungs- und konkurrenzfähiges kooperatives Europa kommt.

8. Förderung des franko-britannischen Chauvinismus über dortige *Insider*-kontrollierte Medien als Beitrag zur Umsetzung der Zielsetzung von These 7.

9. Balkanisierung vor allem Deutschlands, des ›Herzens von Europa‹, aber auch der übrigen Länder der Alten Welt mittels Meinungsterror zugunsten
   a) des Zuzugs nicht integrierbarer ethnisch fremder Wirtschaftsflüchtlinge und Dauerasylanten sowie
   b) einer EU-Osterweiterung, die ein über das mit 16 Mitgliedsländern bereits erreichte Maß hinausgehendes europäisches Durcheinander rivalisierender oder rivalisierend gehaltener, kulturell und sozio-ökonomisch unterschiedlich veranlagter Völker mit verschiedener, teilweise gegensätzlicher Interessenlage bewirken soll und wird.

10. Übernahme der Europa nach zwei deswegen erst geschürten und dann jeweils unter Einsatz von US-Streitkräften und Kriegsmaterial zur *Insider*-gewünschten Entscheidung gebrachten Weltkriegen noch verbliebenen wirtschaftlichen und militärischen Weltgeltung.

Neben diesen Generalanliegen sei auch auf die dadurch geförderte Spannungen zwischen den EU-Staaten und der Welt des Islams hingewiesen, indem planmäßig eine kulturelle Überfremdung Westeuropas herbeigeführt wird, die mittelfristig auch dazu führen dürfte, daß das traditionell gute Verhältnis von Deutschland besonders zur Türkei, aber auch zu anderen vom Islam geprägten Staaten zerbricht.

Als Beispiele für das gute deutsche Verhältnis mit den Ländern des Islams sowohl Kleinasiens als auch Nordafrikas werden das Bündnis mit der Türkei im Ersten Weltkrieg und die während des Zweiten Weltkrieges in Nordafrika geführten Panzerschlachten genannt. Der Grund für den dortigen ›Einmarsch‹ (nach Auffassung des Verfassers wie zur Zeit NAPOLEONS eine strategische Fehlentscheidung, die unnötig für die Auseinandersetzung mit Großbritannien in Europa benötigte Kräfte verschlissen hat) war weniger überzeugend als der für die Besetzung des europäischen Aufmarschgebiets der Briten. Und trotzdem wurden die deutschen Panzertruppen von der nordafrikanischen Bevölkerung und deren Führungskadern als Freunde und nicht etwa wie im bis zum Westfälischen Frieden zu Münster (1648) im Heiligen Römischen Reich Deutscher Nation mit Deutschland vereinten Holland als feindliche Besatzer empfangen und behandelt. Die niederländische Nationalhymne, die ursprünglich in deutscher Sprache verfaßte »Wilhelmus« (»Wilhelmus von Nassawe bin ich von teutschem Blut. . .«), erinnert noch an diese einstige Zugehörigkeit des Landes zum Heiligen Römischen Reich Deutscher Nation und wird daher heute wohl gespielt, aber kaum noch gesungen, »es sei denn, Königin Beatrix ist beim Abspielen anwesend«.[434] Die britischen und US-Streitkräfte wurden hingegen in Holland und den anderen Aufmarschgebieten der Alliierten so freundlich empfangen, wie das der Armee ROMMELS in Nordafrika ergangen ist. Letzteres darf natürlich aus *Insider*-Sicht im übertragenen Sinne nicht noch einmal vorkommen.

---

[434] Helmut Hetzel, »›Wilhelmus‹ und die Deutschen – Dissertation über die holländische Nationalhymne schockt die Nation«, in *Die Welt*, 17. 4. 1996.

Das gilt für den ganzen moslimischen nordafrikanischen und vorderasiatischen Bereich und da besonders sowohl für den Irak als auch den Iran. Letzterer mußte deswegen im August 1996 von Außenminister KINKEL mit dem Auslieferungsgesuch eines dortigen Kabinettsmitglieds wohl auf US-amerikanische Anweisung gereizt werden. Wenn man bedenkt, was Deutschland zum Beispiel durch Luftmarschall HARRIS angetan worden ist, ohne daß deutscherseits ein Auslieferungsgesuch für diesen Kriegsverbrecher nach London gesandt wurde, weil das außenpolitisch dem Besiegten nicht zusteht, so hätte Deutschland seine Auseinandersetzung mit dem Iran ohne großes Aufsehen vertraulich und nicht vor der Weltöffentlichkeit austragen können, um sich neben den ›Bündnispartnern‹ nicht unnötig einen weiteren ›Feindstaat‹ zu schaffen, auf dessen freundschaftliche Zusammenarbeit – wie im Falle der kurz vorher erfolgten Rückführung des israelischen Kriegsgefangenen – es noch einmal angewiesen sein könnte. Genau so wenig, wie Deutschland seinen westlichen ›Bündnispartnern‹ zuliebe Rußland wegen Tschetscheniens und mit seiner Propagierung der NATO-Osterweiterung brüskieren sollte oder China wegen Tibets und Argentinien wegen der Falklandinseln öffentlich verurteilen darf, kann es sich leisten, den Iran vor der Weltöffentlichkeit bloßzustellen, wenn es sich damit nicht des eigenen außenpolitischen Spielraums berauben will.

Aus der ›Krüger-Depesche‹[435] sollte Deutschland gelernt haben und jegliche Einmischung in die Angelegenheiten von Drittstaaten nur für handfeste Gegenleistungen für sein amputiertes eigenes Land und dessen offene Fragen, wie das Recht auf die Heimat großer Teile seiner eigenen Bevölkerung, betreiben, wenn es sich dadurch nicht weitere Feinde machen will. An seinen Partnern, die es in einem »Dreißigjährigen Krieg 1914 bis 1945« unterworfen haben, trägt es bereits schwer genug. Diese sind nur miteinander und mit Deutschland zu Deutschlands Einbindung (Fesselung) verbündet.

Der Verfasser wurde im Krieg auf einem Marinefahrzeug an der Ostfront eingesetzt, das nach seiner Versetzung auf ein anderes Kommando im Dezember 1944 unter schlechten navigatorischen Umständen wegen fehlerhaft bestimmten Standorts in ein eigenes

---

[435] Die sogenannte ›Krüger-Depesche‹ war ein am 3. 1. 1896 von Kaiser WILHELM II. an den Präsidenten von Transvaal, Paulus (Ohm) KRÜGER, gesandtes Glückwunschtelegramm, das als allgemeine Sympathie für den (erfolglosen) Freiheitskampf der Buren zu werten war und in London große Entrüstung hervorrief.

Minenfeld geriet und sank. Dabei wurde fast die gesamte Besatzung Opfer des nassen Todes. Sinnbildlich befindet er sich derzeit wieder an Bord eines Schiffes, das gleichfalls wegen fehlerhaft bestimmten Standorts bei stehender Peilung auf das Minenfeld Maastricht zusteuert, um dort mit seiner Besatzung zu sinken, wenn nicht noch rechtzeitig von ›*Political Correctness*‹ auf ›*Patriotic Correctness*‹ umgesteuert wird. Hierbei beruft sich der Verfasser auf keinen geringeren als Reichskanzler Otto von Bismarck, der viel zitiert zum Ausdruck brachte:

> »Ich habe das Wort ›Europa‹ immer nur im Munde derjenigen Politiker gefunden, die von anderen Mächten etwas verlangen, was sie im eigenen Namen nicht zu fordern wagen. Der viel mißbrauchte Begriff ›Europäisches Interesse‹ wird uns nicht verleiten dürfen, der deutschen Nation zuzumuten, daß sie ihre Politik nach anderen als deutschen Interessen regelt.«

Gelingt das nicht, wird nicht nur die Germania mit ihrer Besatzung sinken, sondern sich ganz Europa – von Massenarbeitslosigkeit geplagt, bürgerkriegserschüttert[436] und Mangel leidend – nach den Jahren zurücksehnen, in denen es noch nicht von fremdgesteuerten Visionären seiner kulturellen Identität beraubt, wirtschaftlich globalisiert, ausländer-kriminalisiert und mit ›Hanswurst-Geld‹[437] ausgestattet wurde bzw. werden soll. Ehe es für eine Kursänderung zu spät ist, bemüht sich diese Analyse, eine realistische Standortbestimmung zu vermitteln.

---

[436] Einem TV-Bericht der öffentlichen Rundfunkanstalten (ÖRA) vom 27. November 1996 zum Streik der französischen Fernfahrer mit Solidaritätsaktionen anderer Verkehrszweige war zu entnehmen, daß ein ungenanntes französisches Kabinettsmitglied die Befürchtung geäußert habe, diese Auseinandersetzungen auf der Straße könnten der Auftakt für einen Bürgerkrieg sein. Es muß damit gerechnet werden, daß ein solcher Bürgerkrieg von Frankreich und wohl auch bald aus Italien auf das restliche Europa – und damit auch auf Deutschland – überschwappen wird. Wenn das bereits 1848 gegen den späten Feudalismus gerichtet grenzüberschreitend eingetreten ist, dürften die offenen EU-Grenzen und die gemeinsame Euro-Ursache für den Niedergang der europäischen Einzelwirtschaften europaweite Aufstände eher begünstigen als eindämmen. Die derzeitigen Auseinandersetzungen der Tarifpartner in Deutschland wegen des EU- und globalisierungsbedingten Sozialabbaus ähneln bereits immer mehr denjenigen der späten zwanziger Jahre. Letztere waren Vorboten einer grundlegenden politischen Umwälzung, die vom Ausland gesteuert wurde.

[437] Diese Bezeichnung hat der Verfasser einer Übersetzung der *Welt* vom 26. 11. 1996 aus dem dort wie folgt zitierten Pariser *Figaro* entnommen: ». . . nach den jüngsten Umfragen beginnt sich die öffentliche Meinung in Deutschland von der gemeinsamen Währung abzuwenden, aus Angst, die Mark – ein Objekt des berechtigten Stolzes – gegen ein Hanswurst-Geld einzutauschen.«

Zweiter Teil

Geopolitische Perspektiven

Islamische Republik Deutschland

Nachdem im vorigen Kapitel der politische Standort Deutschland auf der Grundlage zeitgeschichtlicher und gegenwartsbezogener bis Ende Januar 1997 berücksichtigter Daten vornehmlich europabezogen dargestellt wurde, wird in diesem Kapitel eine geopolitische Betrachtung aus deutscher Sicht unter Berücksichtigung von Ereignissen und Daten bis Ende April 1997 vorgenommen:

Der Antisemitismus war bis 1933 in Deutschland viel weniger verbreitet als etwa in Rußland, Polen und Frankreich. Erst mit Adolf HITLERS ›Machtergreifung‹ wurde er von oben angeordnet. Seine »Drohung vom 30. Januar 1939 – anläßlich der Konferenz von Evian –, im Kriegsfalle die Juden als Geiseln zu vernichten, verfing bei den präsumptiven Aufnahmeländern nicht. . . Niemand (von den späteren Kritikern des NS-Antisemitismus) hielt (nämlich) die Juden für schützenswert«.[438] Ihre Opfer waren für die an einem Vernichtungskrieg mit Deutschland interessierten Alliierten lediglich Mittel zum Zweck.

Wenn heute aus jüdischen Kreisen immer wieder die Frage aufgeworfen wird, ob den Juden in Deutschland eine erneute Verfolgung drohen könne, muß das aus der Sicht des deutschen Volkes, aber nicht Deutschlands verneint werden. Solange Deutschland weiterhin seinen ihm verbliebenen territorialen Torso für die schrittweise Etablierung einer islamischen Republik hergibt, kann sogar damit gerechnet werden, daß nicht wie im Dritten Reich Zweidritteln der in Deutschland lebenden Juden die legale Ausreise in aufnahmebereite Asylländer ermöglicht, sondern ein totaler Holocaust vollzogen wird. Einerseits verschärft die jüdische Siedlungspolitik im Nahen Osten den antisemitischen Fundamentalismus, wie er sich derzeit in der Welt des Islams bereits mehrheitlich besonders im Iran, in Libyen und in Algerien offenbart. Zum anderen führt die von Führungskräften des Zentralrats der Juden in Deutschland propagierte deutsche Ausländerpolitik dazu, daß Deutschland in absehbarer Zeit nicht nur generell vom Islam, sondern islamisch-fundamentalistisch beherrscht werden wird. Es bedarf keiner Hellseher, das vorherzusagen. Bereits für das Jahr

---

[438] Knut Teske, »Auschwitz – auf ewig Synonym für das Unbegreifliche«, in *Die Welt*, 23. 1. 1995.

2030 wird der in Deutschland lebende Ausländeranteil mit etwa der Hälfte der Gesamtbevölkerung vorausgesagt. Und das werden schon derzeit mit 15 fundamentalistischen Organisationen von den rechtsradikalen Grauen Wölfen bis zu linksextremistischen Gruppierungen in Deutschland vertretene Muslime vornehmlich türkischer Herkunft sein. Diese ›ausländischen Mitbürger‹ wurden im April 1997 nicht etwa von einem deutschen national-konservativen Blatt, sondern von der in Ankara erscheinenden Tageszeitung *Radikal* generell wie folgt charakterisiert:

> »Ist es denn kein Rassismus, sich als Türken gegen alle Sitten und Bräuche des Landes zu versperren, in dem man sich aufhält, die Landessprache nicht zu lernen und die *Integration abzulehnen*? Ist es kein Rassismus, im eigenen Lande [der Türkei] aus Kirchen Tierställe zu machen, aber in dem Lande, in das man zum Arbeiten gegangen ist, Moscheen zu bauen? Welche Gefühle werden in den Menschen des christlichen Landes erweckt, wenn für die Religion, für die Ehre Morde begangen werden, wenn PKK, Linke und Rechte sich auf den Straßen prügeln? Haben wir überhaupt keine Schuld daran, daß Deutsche und Franzosen sich heute unserer nicht annehmen? Haben wir uns der Armenier und der Griechen angenommen, die in der Türkei leben?«[439]

Dieser immer militanter werdende Rassismus wird zudem durch eine tiefe Kluft im Bildungsbereich gefördert. Mehr als 80 Prozent der arbeitslosen ausländischen Jugendlichen in Deutschland haben keine abgeschlossene Berufsausbildung. Das gilt besonders für türkische Jugendliche. Bei den jungen Türkinnen hat sogar jede zweite keine abgeschlossene Berufsausbildung.[440]

Eine Islamische Republik Deutschland (IRD) wird mit einiger Sicherheit auch die deutsche Einheit mit dem deutschen Vor-Versailles-Siedlungsraum wiederherstellen, indem sie Polen zumindest seine ostdeutschen Raublande wieder abnimmt und als Nachfolgerin des dann allerdings nicht mehr christlich, sondern moslimisch geprägten einstigen Heiligen Römischen Reiches Deutscher Nation (1356–1806) Tschechien wieder eingliedern. Die zurückgewonnenen Territorien dürften dann als eigenes Siedlungs-

---

[439] *Radika*, Ankara, nach Deutschlandfunk, ›Internationale Presseschau‹, 5. 4. 1997, 12 50 Uhr.

[440] Dieter Schütz, »Tiefe Kluft im Bildungsbereich – Ausländerbeauftragte: Jede zweite junge Türkin ohne Berufsausbildung«, in *Die Welt*, 23. 4. 1997.

gebiet in Anspruch genommen werden. Die dortige christliche Bevölkerung wird dann wahrscheinlich unter Berufung auf das von den Polen und Tschechen bei der Vertreibung der Deutschen angewandte und von diesen Ländern mitgestaltete ›Neue Völkerrecht‹ ›umgesiedelt‹, soweit sich dafür Aufnahmeländer finden, oder nach den mit der ostdeutschen sowie im Sudetengebiet und Böhmen beheimateten deutschen Bevölkerung praktizierten Methoden liquidiert. Schließlich ist das bis in die heutigen Tage seit BENESCH amnestiert sowie mit der »Schlußstrich-Erklärung« sanktioniert worden. Es ist damit zumindest in den Vertreiberländern auch in Zukunft rechtens. Der kompromißlos-militante Islam des auslaufenden 20. Jahrhunderts vermag sich diesbezüglich sehr wohl mit den slawischen Nachbarn Deutschlands zu messen. Zu gegebener Zeit könnte eine IRD im Geist der deutsch-französischen Freundschaft von einer auch bereits erkennbare Formen annehmenden Islamischen Republik Frankreich (IRF) außenpolitische und im Bedarfsfall auch militärische Unterstützung bei der Rückgewinnung und Säuberung von Eindringlingen seiner ihm mit zwei Weltkriegen völkerrechtswidrig geraubten Provinzen erhalten. Außerdem muß damit gerechnet werden, daß parallel zu den Vorgängen in Deutschland auch dort die ethnische Säuberung von Juden wie zur Zeit der Vichy-Regierung (1940–1944) – allerdings dann unter islamistischem Vorzeichen – betrieben wird.

Wenn multikulturelle Zeitgeistopportunisten den Kopf vor der Wahrscheinlichkeit einer solchen Entwicklung in den Sand stekken, sollten sie wissen, daß das heutige Istanbul erst 1453 den Türken in die Hand gefallen ist. Das alte Byzanz war 330 n.Chr. von KONSTANTIN I. zur Hauptstadt des Römischen Reiches gemacht worden und trug seit 395 n.Chr. nach ihm den Namen Konstantinopel. Es blieb bis zum 18. Jahrhundert Mittelpunkt der Weltpolitik. Die Türken sind ein großes demographisch expandierendes Volk und haben im Ersten Weltkrieg tapfer an der Seite des Deutschen Reiches ihr Land verteidigt. Die Türkei unterhält heute die zweitgrößte Armee in der NATO und will diese in den kommenden Jahren mit umgerechnet etwa 50 Milliarden Mark modernisieren. Hierbei sollen mehr als 100 Hubschrauber und 600 gepanzerte Fahrzeuge angeschafft sowie nach Mitteilung des türkischen Verteidigungsministers Turhan TAYAN der Auftrag zum Bau von fünf Fregatten erteilt werden.[441] Aus der Sicht Deutschlands mit

[441] rtr-Meldung, »Milliarden für Ankaras Aufrüstung«, in *Die Welt*, 12. 4. 1997.

seinen schwach gehaltenen, eher Hilfswilligen-Streitkräften sind die Türken ein ernst zu nehmender NATO-Partner. So lange sich das dortige, in der Tradition von Kemal PASCHA[442] stehende Militär den ständig an Einfluß gewinnenden Islamisten gegenüber durchzusetzen vermag, werden sie das wohl auch bleiben. Hinsichtlich dessen, was danach kommen wird, läßt sich in Anbetracht der türkischen demographischen Entwicklung[443] und der militanten türkischen Migration gen Westen – hier insbesondere nach Deutschland – nichts Gutes erwarten. In Algerien vermag das Militär dem Druck der Islamisten bereits kaum noch standzuhalten. Bei der Niederschrift dieser Passagen entnimmt der Verfasser der Tagespresse einen fast schon alltäglichen Algerienbericht mit folgender Überschrift:

> »93 Tote bei Massaker in algerischem Dorf – 43 Frauen und Kinder unter den Opfern.«[444]

Auf dem Kontinent ist Frankreich mit seiner expandierenden nordafrikanischen Bevölkerung bereits in zunehmendem Maße von dieser Entwicklung betroffen. Diese Prognose gilt je nach wirtschaftlicher und territorialer Attraktivität für die moslemische Expansion sowie die sozio-kulturelle und strategische Widerstandskraft der Einzelländer über den Zentralbereich Europas hinausgehend auch für das restliche Abendland, so für Großbritannien, wo bereits heute viele Kirchen in islamischen Besitz übergegangen und entsprechend umgewidmet worden sind.

---

[442] Sultan ABD ÜL-HAMIT hatte das Deutsche Reich um die Entsendung von Militärberatern gebeten. Daraufhin formte Colmar VON DER GOLTZ von 1885 bis 1896 das osmanische Heer zu einer schlagkräftigen, mit Krupp-Kanonen und Mauser-Gewehren ausgestatteten Truppe. 1896 forcierten griechische Freischärler auf dem türkisch besetzten Kreta und in dem gleichfalls türkisch regierten Mazedonien den Freiheitskampf. Der Sultan erklärte daraufhin 1897 Hellas den Krieg. Mitte Mai mußte Hellas um Frieden nachsuchen. Wenn der Sieg einerseits auch das Regime ABD ÜL-HAMITS gefestigt hatte, so wurde andererseits aber auch dadurch das Prestige der modernen türkischen Armee gesteigert. Ihre Balkantruppen wurden zur Kernzelle der ›Jungtürken‹, die 1908 die Macht an sich rissen. Aus denen ging Kemal PASCHA, genannt ›Atatürk‹ – der Schöpfer der modernen Türkei – hervor. Diese deutsch-türkische Zusammenarbeit war bis zum Regierungsantritt des Islamisten Necmettin ERBAKAN Grundlage einer 100jährigen deutsch-türkischen Freundschaft.

[443] Bei Abschluß des europäischen Assoziierungsabkommens (1963) hatte die Türkei 29 Millionen Einwohner. Inzwischen (1997) sind es 62 Millionen, und jedes Jahr wächst die Bevölkerung um 1,2 Millionen. Daraus erklärt sich der enorme Wanderungsdruck, dem besonders Deutschland ausgesetzt ist. (Werner Steinjan, »Wanderungsdruck«, Leserzuschrift, in *Die Welt*, 15. 4. 1997) Sollte die Türkei in die Europäische Union aufgenommen werden, wäre damit der ungehinderte Zuzug der türkischen Überschußbevölkerung vor allem nach Deutschland nicht aufzuhalten.

[444] *Die Welt*, 23. 4. 1997.

Wer Deutschland hat, beherrscht Europa

Als Europa noch der Nabel der Welt war, hat der oben bereits so zitierte LENIN erklärt: »*Wer Deutschland hat, beherrscht Europa.*« Auf dieser Feststellung gründete und gründet immer noch das US-amerikanische Interesse, Deutschland klein und nach dem Hooton-Plan (s. S. 252, Q. 386) multikulturell sowie mit ihm Europa schwach zu halten, um im Rahmen einer Politik der ›Unterwerfung oder Übereinkunft‹ zu einer Weltregierung mit ›*US World Leadership*‹ (US-Welt-Führung) zu gelangen, also die Alte Welt in ihrer geopolitisch-wirtschaftlichen Bedeutung abzulösen (s. S. 198, Q. 298). Das bisher letzte Kapitel dieser Politik hat sich in Schwarz-Afrika abgespielt, als die Vereinigten Staaten in der ersten Hälfte des Jahres 1997 den Franzosen ihren Einfluß in Zaire abnahmen, unter den der vormals belgische Kongo nach seiner 1960 erlangten Unabhängigkeit geraten war. Mit seiner nicht unbedeutenden, in den letzten Jahren allerdings stark heruntergewirtschafteten Diamanten-, Erdöl-, Kupfer- und Kobaltausbeute sollte das Land, und dort die unter anderem für die Kupfer abbauende Anglo America Corporation interessante rohstoffreiche Provinz Shaba, mit seiner Hauptstadt Lubumbashi unter US-Kontrolle gebracht werden. Das gelang den Vereinigten Staaten im Rahmen eines US-unterstützten Bürgerkrieges von Laurent KALIBAS Rebellen der Allianz Demokratischer Kräfte (AFDL) gegen das seit 32 Jahren absolutistisch regierende Regime MOBUTU SÉSÉ-SÉKOS und seiner Helfer. Die ›Kapitulation‹ der Franzosen vor den US-Amerikanern datiert vom 14. April 1997. Das ist der Tag, an dem Frankreich seinen Protégé MOBUTU fallen ließ.[445] Um das leichter zu erreichen, haben die unter Einfluß der Vereinigten Staaten stehenden Rebellen internationale Hilfe für die bürgerkriegsbedingt unter Hunger und Krankheit leidenden ruandischen Hutu-Flüchtlinge – auch für deren typhuserkrankte Kinder – unterbunden. Als sich die Truppen von Laurent KALIBAS Rebellen-Armee nach der widerstandslosen Einnahme Lubumbashis auf die Hauptstadt Zaires, Kinshasa, zubewegten, mußte die französische Regierung einsehen, daß das rohstoffreichste Land Schwarzafrikas nicht mehr als Einflußgebiet Frankreichs zu halten war.

---

[445] ARD, ›Tagesthemen‹, 14. April 1997, 22:30 Uhr.

Ob den Franzosen allerdings bewußt geworden ist, daß es sich hierbei um eine Spätfolge der Deutschland von der *Grande Nation* erklärten beiden Weltkriege und seiner anschließenden Behandlung bis heute handelt, darf bezweifelt werden. Sofort nach der französischen ›Kapitulation‹ und noch bevor das Regime MOBUTU abgelöst worden war, unterzeichneten Mitte April 1997 der Mehrheitseigner der America Mineral Fields (AMF), Jean-Raymond BOULLE, und der für Finanzfragen zuständige Kommissar der Rebellen, Mwana Nanga MAWAMPANGA, ein Rohstoffabkommen mit einem Volumen von einer Milliarde Dollar (1,7 Milliarden Mark).[446] Aber nicht nur Zaire, sondern immer mehr schwarzafrikanische Staaten werden aus dem französischen Einflußbereich ins US-amerikanische Lager hinübergezogen.[447] Einer einigen und nicht lediglich auf Deutschlands Niederhaltung bedachten Europäischen Union hätten die Vereinigten Staaten wohl kaum die Kontrolle der afrikanischen Rohstoffvorkommen Zaires streitig machen können.

Das gilt auch für die Vertretung von Argentiniens Anspruch auf die Falklandinseln, wofür die Briten ihre *Grand Fleet* (Hochseeflotte) in einen für sie verlustreichen Kampf um dieses britisch besiedelte Archipel in Marsch gesetzt haben. Das war eine Seekriegshandlung, wie sie das Deutsche Reich 1939 gegen Polen mit der Beschießung der Westerplatte des deutsch besiedelten Danzigs durch die ›Schleswig-Holstein‹ zum Schutz seiner Bürger vor Vertreibung vorgenommen hat. Bei dem Zweck der Aktionen bestand jedoch insofern ein Unterschied, als es sich bei den Falklandinseln um den Schutz von 2000 Briten handelt, während es bei der (außenpolitisch nicht ausreichend vorbereiteten) Befreiung des seit 1919 polnisch besetzten deutschen Siedlungsgebietes um den Schutz von ursprünglich zwei Millionen, bereits bis 1939 durch Vertreibung auf etwa die Hälfte verminderten, Deutschen ging. Ein weiterer Unterschied in den Kriegshandlungen bestand darin, daß Deutschlands Eintreten für seine Landsleute im bis auf Oberschlesien ohne Volksabstimmung völkerrechtswidrig abgetrennten Oberschlesien, Posen, Westpreußen und Danzig als Anlaß für das Entfesseln eines Zweiten Weltkrieges gesehen wurde und immer noch gesehen wird, während die Briten bei ihrer Befreiungsaktion der ohne Volksabstimmung völker-

[446] *Die Welt*, 17. 4. 1997, »Zaires Rebellen schließen Abkommen mit US-Firma – Kabila zu Gesprächen mit Mandela in Südafrika«.

[447] Achim Remde, »›Coca-Cola und Bier statt Champagner und Beaujolais‹ – Immer mehr afrikanische Staaten wenden sich von Frankreich ab und den USA zu«, in *Die Welt*, 15. 4. 1997.

rechtswidrig annektierten Falklandinseln allenfalls spöttisch beobachtet wurden.

Ferner handelte es sich bei der ›Schleswig-Holstein‹ um keine Einheit der deutschen Hochseeflotte, sondern um ein noch mit Dampfkolben angetriebenes Linienschiff aus dem Ersten Weltkrieg, also eher um ein Museumsschiff, das – technisch veraltet – der Weimarer Republik im Versailler Vertrag überlassen blieb und nur noch als Ausbildungsschiff unter anderem zum Übungsschießen und zu einem Einsatz wie zum Beispiel dem gegen die polnischen Besatzer der Westerplatte einsatzfähig war. Auch war der argentinischen zum Unterschied von der NS-Regierung nicht vom Ausland – wie im vorherigen Kapitel belegt unter anderem von Polen – mit unguten Absichten finanziell zur ›Machtergreifung‹ verholfen worden. Bei dem sogenannten ›Polnischen Korridor‹ handelte es sich schließlich um einen seit etwa 1000 Jahren vornehmlich deutschen Siedlungsraum, während sich die Falklandinseln nach spanischer und französischer Besetzung erst seit 1833 in britischem Besitz befinden und – für die Euro-Euphoriker (›Europhoriker‹) bemerkenswert – mit ihrem Falkland-Pfund nicht einmal dieselbe Währung wie ihr Mutterland haben.

China als neue Großmacht und seine potentiellen Verbündeten

Bei der Durchsetzung ihrer Politik der ›Globalisierung‹, also der Unterdrückung der europäischen wie auch der japanischen geopolitischen Bedeutung, handeln die Vereinigten Staaten oder die sie beherrschenden *Insider* recht kurzsichtig:

1. Zu den US-amerikanischen Bestrebungen, eine NATO-Osterweiterung durchzusetzen, kommentiert Mathias BRÜGGMANN im April 1997 in der *Welt*: »Wenn Moskau jemals wieder einen Konflikt in Osteuropa bewaffnet lösen wollte, dann in Estland, Lettland und Litauen, nicht aber in Polen und Ungarn«,[448] sofern ein solcher nicht mit der NATO-Osterweiterung provoziert wird. Das bedeutet, daß die vordringlich für Polen und Tschechien (sowie Ungarn), aber nicht für die baltischen Staaten vorgesehene NATO-Aufnahme einem anderen Zweck dient. Und da bleibt – abgesehen von dem Nebeneffekt der sich daraus ergebenden US-Waffenexporte auf Kosten der anderen NATO-Mitglieder (vor allem natürlich der bislang stets zahlungswilligen Deutschen) – nur die Einkreisung Deutschlands sowie die Verhinderung einer ›Rapallo-Option‹. Die bei dem Deutschlandbesuch des russischen Präsidenten im April 1997 wegen der NATO-Osterweiterung eingetretene Entfremdung zwischen Helmut KOHL und seinem Freund Boris JELZIN[449] ist deshalb Hauptziel dieser von Deutschland als Vasallenstaat der Westmächte mitgetragenen, eher Rußland provozierenden als der Verteidigung dienenden Politik. Zu dem Treffen der beiden Staatsmänner in Baden-Baden hat JELZIN vielsagend als Gastgeschenk in Deutschland geraubtes, den Vertrag von Rapallo betreffendes diplomatisches Archivmaterial mitgebracht. Weder bei der Beutekunst noch im Streit um die NATO-Osterweiterung wurden jedoch Fortschritte erzielt. Deshalb wachsen nach JELZINS Besuch im Westen die Sorgen über Moskaus Absichten.[450] Möglicherweise wird den Vereinigten Staaten be-

---

[448] Mathias Brüggmann, »Kein zweites Jalta«, in *Die Welt*, 12. 4. 1997.

[449] *Handelsblatt*, 18. 4.1997, »Die Nato entzweit Jelzin und Kohl«.

[450] Herbert Kremp, »Nach Jelzins Besuch wachsen im Westen die Sorgen über Moskaus Absichten«, in *Welt am Sonntag*, 20. 4. 1997.

wußt, daß der Preis für Deutschlands NATO-Osteinkreisung vielleicht doch zu hoch ist. Auch Polen begibt sich mit seinen NATO-Beitrittsabsichten in die vorher nicht vorhanden gewesene Gefahr, wieder von Rußland besetzt zu werden, bevor die NATO-Osterweiterung vollzogen worden ist. Mit Rußlands Quasi-Wiedereingliederung Weißrußlands ist zumindest geographisch der Weg dafür frei geworden.

Der Militärwissenschaftler und NATO-Experte Moskaus, Generalleutnant a.D. Vadim MAKAREWSKI, äußert sich zu den Plänen der NATO-Osterweiterung:

»Vom Standpunkt der NATO aus gesehen, ist dies der günstigste Augenblick der Expansion. Die Lage hat sich radikal zu Ungunsten Rußlands gewandelt. Rußlands Verteidigungskapazitäten sind in erheblichem Umfang geschrumpft. Angesichts unseres parallelen wirtschaftlichen Niedergangs haben gewisse Kreise im Westen den Schluß gezogen, jetzt sei die Zeit gekommen, um uns in die Knie zu zwingen und uns die Regeln des Spiels zu diktieren. Was sie vergessen, ist, daß Rußland sich in der Vergangenheit schon in viel schlimmeren Situationen befunden hat. Trotzdem haben wir uns nie ergeben.«[451]

2. Das durch die NATO-Osterweiterungspläne vom Westen – und da besonders von den Vereinigten Staaten und seinem Satelliten Deutschland – trotz aller Beschwichtigungen und angebotenen NATO-Nebenverträge in die Isolation gedrängte Rußland bemüht sich nach Boris JELZIN folgerichtig um eine »strategische Partnerschaft« mit China. Hinzukommen gemeinsame wirtschaftliche Interessen. Die Volksrepublik hofft auf eine Steigerung des Handels von acht bis zehn Milliarden Dollar im Jahr. Rußland möchte China Atomkraftwerke und militärische oder zivile Flugzeuge liefern.[452] Hierzu ergänzend berichtet die *Nesawissimaja Gaseta* aus Moskau:

   »Als Gegenleistung für die strategische Sympathie zu Moskau hat Igor RODIONOW den offiziellen Kreisen Chinas offen vorgeschlagen, sie in ihrer Konfrontation mit dem Westen hinsichtlich der Menschenrechte zu unterstützen.«[453]

---

[451] *Privat-Depesche*, 16/28, 16. 4. 1997 .

[452] *Die Welt*, 22. 4. 1997, »China und Rußland wollen gute Nachbarn sein – Jiang und Jelzin streben strategische Partnerschaft an «.

[453] *Nesawissimaja Gaseta,* Moskau, nach Handelsblatt, 18. 4. 1997.

Darüber hinaus vermag Rußland seinem neuen chinesischen Bundesgenossen allerdings nur wenig zu bieten.[454]

Ungeachtet der Belastungen der russisch-chinesischen Beziehungen wegen des bislang nicht beigelegten Grenzkonflikts wurden anläßlich des Moskaubesuchs von Chinas Präsident JIANG ZEMIN im April 1997 eine neue »multipolare Welt« gegen das »Diktat der USA« beschworen und eine Erklärung unterzeichnet. Beide Seiten kamen darin überein, »sich im Geist der Partnerschaft für eine multipolare Welt und die Errichtung einer neuen internationalen Ordnung« einzusetzen. Boris JELZIN äußerte nach der Unterzeichnung mit Blick auf die Vereinigten Staaten: *»Jemand will eine einpolare Welt. Wir wollen eine multipolare Welt. Diese Pole sind die Grundlage der neuen Weltordnung.«*[455] Das ist allerdings vorerst lediglich eine gemeinsame Erklärung eines in Not geratenen russischen und eines zunehmend an geopolitischem Gewicht gewinnenden chinesischen Partners. Rußland hat eine 4290 Kilometer lange gemeinsame Grenze mit China. Der Kreml ist im Zuge von Demarkationsarbeiten zur Übergabe von einigen 1500 Hektar geostrategisch wichtigen Bodens im Länderdreieck Rußland-China-Korea am Tumannaja-Fluß bereit. Diese Absicht stößt auf den größten Widerstand in Rußlands Primorje-(Meeres-)Bezirk. Eine Abtretung der in Frage stehender 1200 Hektar in den Ussuri- und Chankaisski-Rayons an die Volksrepublik ist für die Fernost-Russen noch tragbar, nicht aber der verbleibenden 300 Hektar am Tumannaja-Fluß. Durch letztere Gebietsabtretung bekäme China erstmals Zugang zum Japanischen Meer. Nach der russischen *WEK* handelt es sich hierbei um einen »Eckstein in Chinas Geopolitik«, weil dort nach den Plänen der Volksrepublik binnen drei Jahren der Hafen Tumangan mit 100 Millionen Tonnen jährlicher Umschlagkapazität entstehen soll. China bekäme dadurch einen Zugang mit kurzem Seeweg nach Japan. Das würde für die russischen Häfen Wladiwostok, Wostotschni und Nachodka erhebliche Umschlageinbußen bedeuten. Bereits 1927 hatten chinesische Offiziere erklärt: »Wenn wir Land am Tumannaja kriegen, zwingen wir Rußland leicht in die Knie.«

---

454 *Handelsblatt*, 22. 4. 1997, »Rußland / Jiang Zemin besucht Kreml – Jelzin kann China nur wenig bieten«.

455 »*Handelsblatt*, 24. 4. 1997, »China-Rußland / Kritik an der NATO – Jiang und Jelzin für neue Weltordnung«.

70 Jahre später stellt die russische Zeitschrift *Ogonjok* hierzu fest: »Der Ferne Osten wird unter unseren Augen gelb.«[456]

Daß sich Rußland trotzdem zu einer außenpolitisch-strategischen Annäherung an China gezwungen sieht, zeigt, wie stark der Westen es mit seinen doch gar nicht Rußland geltenden, sondern zur Einkreisung Deutschlands sowie der Stabilisierung Polens und Tschechiens ›Westgrenzen‹ betriebenen NATO-Osterweiterungsplänen unter Druck gesetzt hat. Hierbei handelt es sich um eine ähnliche Entwicklung, wie sie Großbritannien unter CHURCHILL hinnehmen mußte, als ihm die verbündeten Vereinigten Staaten im Zweiten Weltkrieg sein Weltreich abnahmen. Aus der britischen Interessenlage wäre eine Auseinandersetzung mit den USA eher angebracht gewesen als ein Krieg mit dem sich um ein Bündnis mit dem Vereinigten Königreich bemühenden Deutschland. Dies hätte eine gemeinsame Vertretung beiderseitiger Interessen statt eines für den US-Imperialismus auf Kosten Europas geführten Bruderkrieges beinhalten können. Die Russen werden vom Westen zu ihrer derzeitigen Chinapolitik gezwungen. Die NATO-Osterweiterung treibt Rußland, den größten Flächenstaat der Erde, in die Arme Chinas, des einwohnerreichsten Landes der Welt, und macht aus ihm einen Satelliten, wie das mit Großbritannien im Verhältnis zu seiner ehemaligen Kolonie, den Vereinigten Staaten, selbstverschuldet geschehen ist. Und beides nur, um Deutschland klein und unterjocht zu halten. Fürwahr ein hoher Preis, wenn man die sich daraus ergebenden möglichen Folgen bedenkt. Diese Deutschlandpolitik der Vereinigten Staaten, Großbritanniens und Frankreichs mit seinen Satelliten, den – wie oben vorausgesagt – mit großer Wahrscheinlichkeit mittelfristig wieder ganz von der Landkarte verschwindenden Ländern Polen und Tschechien, führt zwangsläufig für alle Gegner Deutschlands in den beiden Weltkriegen zu einer Katastrophe, wenn Deutschland eine Islamische Republik werden sollte (siehe oben, S. 301 ff.).

3. Die mit den NATO-Osterweiterungsplänen provozierten außenpolitischen Besorgnisse Rußlands haben ferner dazu geführt, daß es im April 1997 sofort nach dem Mykonos-Urteil eine Ver-

---

456 Mathias Brüggmann, »Heftiger Streit schon vor der Hochzeit. Grenzkonflikt belastet die Beziehungen zwischen China und Rußland«, in *Die Welt*, 8. 4. 1997.

bundenheitserklärung dem Iran gegenüber abgegeben hat, dessen größter Waffenlieferant es bereits ist. Hingegen haben die Vereinigten Staaten das Mykonos-Urteil begrüßt,[457] mit dem sie sich Deutschland gegenüber in Wahrnehmung ihrer Interessen durchgesetzt haben. Wenn man bedenkt, daß die Vereinigten Staaten nach dem Kriege rund eine Million deutsche Kriegsgefangene schlicht umgebracht haben (s. S. 236, Q. 355), während die ›Canossa-Republik‹ Deutschland nicht wagt, dieses Kriegsverbrechen historisch aufzuarbeiten, wirkt der deutsche Eifer dem Iran gegenüber lächerlich. Nachdem die Vereinigten Staaten Deutschland wiederholt aufgefordert hatten, seine Beziehungen zum Iran einzufrieren, wurde mit dem Mykonos-Prozeß die in der Tat unerfreuliche Tatsache, daß die iranische Regierung einige ihrer abtrünnigen Staatsangehörigen auf deutschem Boden völkerrechtswidrig ermordet hat, statt in Geheimverhandlungen zu regeln, öffentlich vor aller Welt breitgetreten, während etwa gleichzeitig den Tschechen – wie vorher den Polen – Wiedergutmachungsleistungen und eine »Schlußstrich-Erklärung« zugestanden wurden, obwohl diese Länder nicht einmal ihre seit 1919 an Deutschland und den Deutschen begangenen Verbrechen aufrichtig bedauern oder gar – soweit noch möglich – rückgängig zu machen bereit sind. Von der Londoner *Times* wird das Mykonos-Urteil mit erhobenem Zeigefinger schadenfroh kommentiert:

»Deutschland hat erfahren müssen, daß eine Befriedung des Extremismus sich nicht auszahlt. Vielleicht wird jetzt ganz Europa verstehen, daß Bomben und Mörder (wenn es sich um keine anglo-amerikanischen handelt) nicht zum Dialog geeignet sind, egal wie kritisch dieser ist.«[458]

4. Bereits in seinen 1965 in 5. Auflage erschienenen *Formeln zur Macht* veröffentlicht Wilhelm Fucks eine Prognose, nach der China bis zum Jahre 2040 als Wirtschaftsmacht »zwölfmal stärker als USA« sein wird. Damals wurde die Volksrepublik noch von Mao Tse-tung regiert und hatte noch nicht seine mit den Reformen Deng Xiaopings eingeleiteten wirtschaftlichen Impulse erhalten.

---

[457] dpa/mdl-Meldung, »Washington lobt das Mykonos-Urteil – Konsequenzen von Europa angefordert – EU sieht keine Basis mehr für kritischen Dialog – Position der Griechen bleibt unklar«, in *Die Welt*, 12. 4. 1997.

[458] *The Times*, London, nach *Handelsblatt*, 14. 4. 1997.

Nach einer neueren ›Studie aus Amerikas führender Denkfabrik‹, der Rand Corporation, wird »die Wirtschaft der Volksrepublik China... weiter so stark wachsen, daß das Land im Jahre 2015 ein höheres Bruttosozialprodukt haben wird als die USA«.[459]

Das dürfte um 2015 auch für den militärischen Bereich Chinas gelten. Wenn dann die große Auseinandersetzung dieses derzeit noch 1,14- bis 1,2-Milliardenvolkes (s. S. 212, Q. 318)[460] mit den Vereinigten Staaten und seiner Bevölkerung von 260,5 Millionen[461] ansteht, werden die USA auf europäische Bündnispartner angewiesen sein. Die Notwendigkeit solcher Unterstützung könnte sich ergeben, wenn die Chinesen – möglicherweise mit ihren Satelliten Rußland, dem Iran und anderen Bündnispartnern oder Vasallenländern – den Vereinigten Staaten ihre *World leadership* (globale Führungsrolle) mit einer Militäraktion streitig machen und diese sich als Kolonie einverleiben wollen. Große Hoffnungen, dabei die nach israelischen Feststellungen in beiden großen Kriegen beste Armee der Welt (**Abbildung 5**) erneut mit dem Kommando aus dem Boxeraufstand (1900): »*The Germans to the front!*« wirkungsvoll gegen die Chinesen einsetzen zu können, sollten sich die Vereinigten Staaten jedoch nicht machen. Es dürfte ihnen dann vielmehr mit Deutschland so ergehen wie dem jungen Mädchen, das mit ihrem Kater einer guten Fee begegnet, die ihr die Erfüllung eines Wunsches gewährt. Das junge Mädchen wünscht sich, daß ihr Kater ein schöner Prinz werde. Nachdem das daraufhin mit einem Hokuspokus geschehen ist, sagt der in einen schönen Prinz verwandelte Kater zu dem Mädchen:

»*Das hast Du nun davon, daß Du mich hast kastrieren lassen.*«

Der US-amerikanische General Lucius D. Clay hat im Jahre 1945 die Deutschlandpolitik der Sieger mit seinen folgenden Ausführungen unmißverständlich gekennzeichnet: »*Unser erstes Ziel ist es, jede Deutschland etwa verbleibende Kraft, aus der es ein zukünftiges Kriegspotential entwickeln könnte, zu zerschlagen.*«[462]

Diese Deutschlandpolitik der Westalliierten wurde lediglich durch den Intervall des Kalten Krieges von 1948 bis zum Zusammenbruch des Ostblocks zeitweilig – und das auch nur halbherzig – zurückgestellt, aber bislang nicht grundlegend geändert.

---

[459] »Studie: China holt die USA bis 2015 ein«, in *Die Welt*, 12. 4. 1997.

[460] *Der Fischer Weltalmanach* '97, Kolumne 112.

[461] *Der Fischer Weltalmanach* '97, Kolumne 670.

[462] Bernd Conrad, »Lucius D. Clay – der Mann, der Berlin rettete«, in *Die Welt*, 23. 4. 1997.

Auf der im April 1997 in Richmond, Virginia/USA, abgehaltenen 19. Konferenz des *American Council on Germany* und der ›Atlantik-Brücke‹[463] zogen sich durch die sicherheitspolitische Diskussion wie ein roter Faden Zweifel am politischen Willen und zunehmend auch an der technologischen Fähigkeit der Deutschen und Europäer, mit den US-Amerikanern gemeinsame strategische Interessen wie die Sicherung der Energiequellen im Nahen Osten, die Eindämmung des islamistischen Extremismus und die Abwehr einer Aufrüstung US-feindlicher Regime zu verfolgen.[464]

Zum islamistischen Extremismus muß angemerkt werden, daß politische Richtungen, die den Anfängen einer solchen Entwicklung auf deutschem Boden entgegentreten, bisher nach den Vorgaben des Hooton-Planes (s. S. 248, Q. 380) als ›ausländerfeindlich‹, ›rassistisch‹ und/oder ›rechtsradikal‹ verleumdet und ausgegrenzt werden. Mittlerweile wird das in zunehmendem Maße auch in anderen europäischen Ländern *›political correct‹* praktiziert. Da müssen sich die US-Amerikaner also erst einmal an die eigene Nase fassen. Denn von wo sonst wird den Europäern die *›Political Correctness‹* penetrant über *Insider*-beherrschte europäische Medien aufgezwungen? Was den Willen der Deutschen anbetrifft, sei zudem auf die Prognose des oben angezogenen *Boston Herald* (s. S. 195, Q. 296) zu den logischen Folgen des 2 + 4-Vertrages hingewiesen. Die Vereinigten Staaten haben mit den *von ihnen* für dessen vom *Boston Herald* zutreffend als im Geiste von Versailles aufgestellten Bedingungen festgeschrieben, daß Deutschland lediglich als Torso seines historischen Siedlungsraumes, militärisch besetzt und tributpflichtig gehalten, wie ein Protektorat fortbestehen darf.

[463] Die ›Atlantik-Brücke‹ ist 1952 von den Hamburgern Eric M. WARBURG und Erik BLUMENFELD gegründet worden, um die Kollaboration mit der US-Siegermacht zu intensivieren.

[464] Manfred Rowold, »Atlantische Partner in der Krise – Konferenz über deutsch-amerikanische Beziehungen fürchtet Abkoppelung«, in *Die Welt*, 21. 4. 1997.

Samuel Huntingtons Voraussage des Kampfes der Kulturen

Laut Harvard-Professor Samuel HUNTINGTON befindet sich die Welt »in einer Identitätskrise«. Westliche Werte sind auf dem Rückzug. Die asiatischen, unter anderem von den ›Tiger-Staaten‹ bereitwillig angenommenen Tugenden, wie Disziplin, Gehorsamkeit und Pünktlichkeit, sind auf dem Vormarsch. Wir erinnern uns, daß diese einst preußischen Tugenden von Oskar LAFONTAINE zum Ärger von Bundeskanzler SCHMIDT zeitgeistkonform »Sekundärtugenden« genannt wurden. Samuel HUNTINGTON ist Leiter des Instituts für strategische Studien der Harvard Universität und hat 1993 seine später auch in Buchform veröffentlichten Prognosen Spenglerscher Dimensionen (s. S. 317, Q. 466) unter *The Clash of Civilizations* (›Der Kampf der Kulturen‹) in *Foreign Affairs* vorgestellt. Er unterscheidet zwischen ›*The West and the rest*‹ (Der Westen und der Rest) und vertritt die Auffassung, der Westen müsse mit seiner US-Zentralmacht eng zusammenrücken, um der von ihm für das erste bis zweite Jahrzehnt des dritten Jahrtausends prognostizierten Konfrontation der USA und Chinas standhalten zu können. Unter dem Westen versteht HUNTINGTON vor allem die Vereinigten Staaten und Europa entlang der Konfessionsgrenze, also der gemeinsamen Grenze der einstigen Ost- und Weströmischen Reiche. Die orthodoxen Christen – damit auch Griechenland – bleiben außen vor (siehe **Abbildung 23**).

Der Verfasser hält diese Prognose zeitlich für realistisch, sofern die Vereinigten Staaten einem Angriff der Volksrepublik nicht mit einem atomaren Präventivschlag (Inferno) zuvorkommen. Er vermag sich jedoch nicht HUNTINGTONS geographischer Abgrenzung anzuschließen. Während griechisches neben dem späteren römischen Kulturgut den Westen geprägt hat, damit Griechenland zweifellos ein wesentlicher Teil der westlichen Zivilisation ist, haben sich die mittelosteuropäischen slawischen Völker 1848 auf der Panslawistischen Konferenz von Prag (s. S. 42) unmißverständlich nicht nach religiösen, sondern nach rassistischen Vorstellungen mit der dort beschlossenen, bis in die heutigen Tage behaupteten Linie von Stettin bis Triest und der Vertreibung aller östlich dieser Linie beheimateten auch katholischen Nichtslawen (insbesondere Deutschen und Juden) vom zivilisatorisch westlichen

Abbildung 23 · Die europäische Ostgrenze der westlichen Zivilisation nach Samuel P. HUNTINGTON. Quelle: Samuel P. HUNTINGTON, *The Clash of Civilizations and the Remaking of World Order*, New York, 1996, S. 159

Kulturkreis abgegrenzt und kulturell zum Slawismus bekannt. Daran ändert auch nichts die Tatsache, daß Polen wie auch Tschechien heute quasi als Wirtschaftsasylanten in die Europäische Union und zur Sicherung ihrer ost- und sudetendeutschen Raubprovinzen in die NATO drängen (s. S. 222, Q. 334). Der tschechische Historiker Jan MLYNARSIK äußerte sich 1987 zu der mit der Vertreibung von 3,26 Millionen Sudetendeutschen und Karpatendeutschen aus der seiner Zeit noch CSSR erfolgten Umsetzung der Prager Beschlüsse von 1848: »Wir haben uns damit selbst aus Europa vertrieben und sind Asien nähergerückt.«[465] Ungeachtet dessen, ob HUNTINGTON Polen und Tschechien aus eigener Überzeugung oder mit Rücksicht auf US-amerikanisches Interesse an einer entsprechend osterweiterten NATO und Europäischen Union in ›*The West*‹ einbezieht, hätte er ohne seine Festlegung auf diese »östliche Grenze der westlichen Zivilisation« wohl kaum den deutsch-amerikanischen Ex-US-Außenminister Henry A. KISSINGER (s. S. 102) und den polnisch-amerikanischen Ex-US-Sicherheitsberater Zbigniew BRZEZINSKI (s. S. 188, Q. 290) als Rezensenten (Rückseite Schutzumschlag Buchveröffentlichung) gewinnen können.

465 *Die Welt*, 27. 1. 1987, »Wir haben uns aus Europa vertrieben«.

KISSINGER reiht HUNTINGTONS Veröffentlichung ein in die »bedeutendsten Bücher, die seit dem Ende des Kalten Krieges erschienen sind«. Und BRZEZINSKI kommentiert die HUNTINGTON-Prognose als »schöpferische Arbeit, die unser Verständnis internationaler Politik revolutionieren wird«.

Genauso wie die Finanzkreise der Westmächte und ihre Satelliten Adolf HITLERS ›Machtergreifung‹ finanziert haben, um damit eine Ausgangsbasis für die Fortsetzung eines zweiten »Dreißigjährigen Kriegs 1914 bis 1945« gegen das Deutsche Reich (Premier MAJORS Redemanuskript Berlin, 8. Mai 1995, s. S. 114, Q. 166) zu schaffen, wird berichtet, daß der Wahlkampf für die zweite Amtsperiode von Bill CLINTON unter anderem mit rotchinesischem Geld finanziert worden sein soll. Zeitlich erwartet HUNTINGTON eine chinesische Konfrontation mit den Vereinigten Staaten im ersten oder zweiten Jahrzehnt des dritten Jahrtausends. Ob es sich hierbei um einen »Kampf der Kulturen«, dem HUNTINGTON bei seinen Studien besondere Aufmerksamkeit widmet, oder um ganz archaische Hegemonialbestrebungen handeln wird, bleibt bei ihm offen. Die erste Alternative dürfte für den Islam und die zweite für China gelten, und beide werden dann sicherlich auf die westliche Welt zukommen.

HUNTINGTON spannt den Bogen von Fragen der Politik und der Kulturgeschichte bis zur Religion mit deutlich gemachten demographischen Entwicklungen, vor allem im islamischen Raum. Auch hierbei wird von dem US-Amerikaner HUNTINGTON offengelassen, ob und wie weit Europa – insbesondere Deutschland – in absehbarer Zeit in diesen islamischen Raum einzubeziehen ist. Soweit decken sich die Auffassung und Prognose des Verfassers mit derjenigen des zitierten US-Politikwissenschaftlers. Nicht zu folgen vermag er ihm jedoch hinsichtlich der Rolle, die die Vereinigten Staaten hierbei als Flaggschiff des Westens spielen werden oder nach den Vorstellungen politischer US-Kreise sollen.[466/467] Die Besorgnisse, die im oben angezogenen *Boston Herald* (s. S. 195, Q. 296) wegen der Behandlung Deutschlands seitens der Vereinigten Staaten mit dem ihm zugemuteten 2 + 4-Vertrag geäußert werden, dürften in absehbarer Zeit auch auf die keinesfalls bündnistreuer

---

466 Samuel Huntington, *The Clash of Civilizations and the Remaking of World Order*, Simon & Schuster, New York, 1996.

467 Werner vom Busch, »Ein neues politisches Koordinatensystem für unruhige Zeiten – Der Amerikaner Samuel Huntington verteidigt seine Thesen zum ›Kampf der Kulturen‹ – Eine wichtige Rolle für die Vereinigten Staaten?«, in *Die Welt*, 18. 4. 1997.

behandelten Briten und Franzosen zutreffen. Das allerdings erst, wenn dort begriffen wird, daß nicht Deutschland, sondern die Vereinigten Staaten ihnen seit 1914 ihre Geltung in der Welt streitig machen, und das viel erfolgreicher als dies das in seiner jüngeren Geschichte lediglich auf Gleichberechtigung bedachte Deutschland beabsichtigt hat und/oder vermocht hätte. Der *Boston Herald* hat seine Leser darauf hingewiesen, daß sich die seinerzeitigen Bedingungen der US-Regierung für die Wiedervereinigung mittelfristig auf die deutsch-amerikanischen Beziehungen negativ auswirken werden. Deutschlands Auflösung (MITTERRAND) als Protektorat eines Maastricht-Europas unter Aufgabe seiner Währung (s. S. 115, Q. 169) sowie eine NATO- und EU-Osterweiterung zu seinem Nachteil wurden damals zumindest noch nicht laut geäußert. Sie werden aber letztlich die Franzosen und Briten genau so hart treffen wie die Deutschen. Es sei denn, Europa kommt vorher noch zur Besinnung auf seine eigenen Werte und hört auf, lediglich nach *Insider*-Vorgaben zu denken und zu handeln.

Nach einem chinesischen Sieg über die Vereinigten Staaten und deren Bevölkerung könnte mit deren Siedlungsraum nach dem ›Neuen Völkerrecht‹ verfahren werden, wie es die USA als außenpolitischer ›Zauberlehrling‹ dem besiegten Deutschland gegenüber bis heute für richtig befunden haben; das bedeutet unter anderem:

- Zwang zur Anerkennung der alleinigen Kriegsschuld,
- Betrachtung der Chinesen als Befreier vom Joch der Ausbeutung durch den verbrecherischen US-Kapitalismus,
- Zerstückelung des Landes (es könnten zum Beispiel die Südstaaten als Negerrepublik den US-Farbigen und die Westküste den Mexikanern jeweils mit der Maßgabe der ethnischen Säuberung und anschließenden Abgabe von ›Schlußstrich-Erklärungen‹ überlassen werden, sowie Alaska – gleichfalls ethnisch gesäubert – als Kriegsbeute an Rußland zurückfallen.),
- Anwendung des Hooton-Planes (s. S. 252, Q. 386),
- Vergewaltigungen und Totschlag nach Belieben zumindest in einem Teil des heutigen Territoriums der Vereinigten Staaten,
- Verurteilung der US-Führungskräfte und *Insider* in einem einseitigen Kriegsverbrecherprozeß,
- Demontage aller für die Sieger brauchbar erscheinenden Industrieanlagen und Patente,

- entschädigungslose Enteignung des US-Auslandsvermögens,
- dauernde militärische Besetzung des verbleibenden, tributpflichtig gehaltenen US-Torsos mit chinesischen – eventuell auch russischen und persischen – Streitkräften und
- Befolgung der wie nachstehend auf die USA abgeänderten Direktive JCS/1067, die 1945 vom US-Oberkommando an den Oberkommandierenden der US-Streitkräfte, General Dwight D. EISENHOWER, erteilt worden ist (s. S. 248, Q. 380):

  »Sie werden keine Maßnahmen ergreifen, die der Befriedigung der Grundbedürfnisse in den Vereinigten Staaten auf einer höheren Basis als in irgendeinem anderen benachbarten Mitgliedsland der Vereinten Nationen (wenn nicht gar Haiti, so zum Beispiel Mexiko) dienen. Und Sie werden sicherstellen, daß die Lebensbedingungen des US-amerikanischen Volkes nicht besser sind, als diejenigen in irgendeinem der benachbarten Mitgliedsländer der Vereinten Nationen, falls solche Maßnahmen dazu beitragen, den Lebensstandard in irgendeiner dieser Nationen anzuheben.«

Wie bei Deutschland gehandhabt, erübrigt sich ein Friedensvertrag mit dem nur noch als Kolonie weiterexistierenden Rest der Vereinigten Staaten. Im übrigen wird dort jeder verfolgt, der sich nicht an die von China vorgegebene ›*Political Correctness*‹ hält, nach der unter anderem die Vereinigten Staaten und ihre Bürger allein am Krieg schuld sind und dafür auf Dauer – tributpflichtig gehalten – büßen müssen sowie eine Ökogesellschaft nach dem Morgenthau-Plan der Reindustrialisierung des demontierten und zerbombten Landes vorzuziehen haben. US-amerikanische Lizenzmedien und Lizenzpolitiker werden nur zugelassen, wenn sie von ihrer charakterlichen Beschaffenheit her geeignet dazu sind, die vorgegebene ›*Political Correctness*‹ penetrant zu propagieren. Wer sich in der US-Bevölkerung dieser Propaganda nicht unterwirft, wird als Rechtsextremist, und wer die chinesische Besatzung nicht liebt, als Rassist ausgegrenzt.

Entspricht die prognostizierte Bedrohung der Vereinigten Staaten der zukünftigen geopolitischen Entwicklung, werden davon auch Kanada und die Asien/Pazifik-Region betroffen sein (s. S. 212, Q. 319). Indien dürfte mit seiner schon bisher praktizierten Zusammenarbeit mit der nachbarlichen Volksrepublik weiterhin große technologisch-wirtschaftliche Fortschritte machen, während für

Lateinamerika wohl die Monroe-Doktrin (s. S. 29, Q. 24) unter chinesischem Vorzeichen aufrechterhalten bleibt und lediglich der US-Dollar als Leitwährung vom chinesischen Renminbi Yuan (RMB.¥) abgelöst werden wird. Damit wird jedoch offensichtlich in *Insider*-Kreisen vorerst noch nicht gerechnet, sonst würden ihrerseits derzeit wohl kaum Anstalten gemacht, mittels großer Investitionen in Argentinien eine Ausweichbasis einzurichten für den Fall, daß die ›Gelbe Gefahr‹ ihre nordamerikanische Operationsplattform in absehbarer Zeit bedrohen oder gar ganz in Frage stellen sollte. In kleinem Maßstab versuchen das schon länger die Taiwan-Chinesen in der Dominikanischen Republik, in der man sich mit Investitionen in entsprechender Höhe einen Paß besorgen kann. Dabei handelt es sich aber mehr um die Öffnung eines Fluchtweges für den Fall, daß ihre Insel von der Volksrepublik ›heim ins Reich‹ geholt wird.

Ob Japan bereit sein wird, sich China zu unterwerfen oder von der Volksrepublik aufgerieben wird, ist aus europäischer Sicht schwer abzusehen. Natürlich wird die von den US-amerikanischen *Insidern* durch ›Unterwerfung oder Übereinkunft‹ angestrebte (s. S. 198, Q. 298), aber wahrscheinlich nicht von ihnen, sondern von China ausgeübte Weltregierung auch wieder – möglicherweise in Diadochenkämpfe verwickelt – ihr Ende finden. Bei Fortsetzung der Niederhaltung Deutschlands im Gerangel um die Vorherrschaft innerhalb der westlichen Welt wird man jedoch zwischenzeitlich mit einer solchen Entwicklung rechnen müssen.

Diesem – nach HUNTINGTON – Kampf der Kulturen (*»Clash of Civilizations«*) wird auch das von den *Insidern* als geostrategischer, gegebenenfalls verlorener Vorposten ihrer monopolaren Welt-Rohstoff-Politik in der NMO-Region eingerichtete Israel nicht standzuhalten vermögen. Den jüdischen Bürgern dieses Staates dürfte allerdings wohl kaum bewußt sein, daß sie lediglich Bauern im transatlantischen Schachspiel sind, wie bereits vorher das dem Antisemitismus der *Insider*-finanzierten NS-›Machtergreifung‹ und dem über Jahre *Insider*-begünstigten Überleben des antisemitischen Sowjetsystems zum Opfer gefallene jüdische Leben in Europa.

Wenn die US-Amerikaner und die sie beherrschenden *Insider* einer solchen Perspektive entgegenwirken wollen, müssen sie und ihre westlichen Bündnispartner des Ersten und Zweiten Weltkriegs ihre Deutschlandpolitik um hundertachtzig Grad wenden. Ob sie die Einsicht und Kraft für eine solche Reform gegen den Zeitgeist aufbringen, wird über ihre eigene und die Zukunft ihrer Nachkommen entscheiden sowie auch gegebenenfalls einem Deutschland, das dadurch sein historisches Siedlungsgebiet wiedererlangt und seine kulturelle Identität bewahren kann, eine faire Chance geben.

Deutsche Politik für die Zukunft

Deutsche Politiker, die den ›Bündnispartnern‹ diese geopolitischen Perspektiven zu vermitteln und damit eine entsprechende Wende herbeizuführen vermögen, werden in die Geschichte eingehen. Ohne Duldung der zumindest großen westeuropäischen Nationen läßt sich der derzeitige politische Standort Deutschland zum Beispiel mit der von wertkonservativen Kreisen vorgeschlagenen Demokratiereform genausowenig mehr als verbal ändern, wie das besetzte Norwegen sich mit einer Ablösung Vidkun QUISLINGS von einem Nachfolger eine Änderung seiner Lage hätte versprechen können. Ein militärisch besetzt gehaltenes Deutschland kann nur von einem »Kanzler der Alliierten« (Kurt SCHUMACHER) und zugelassenen West-Blockparteien auf der Grundlage eines wie auch immer bezeichneten Besatzungsstatuts nach erhaltenen Weisungen mit begrenztem Ermessensspielraum ›verwaltet‹ werden. Bei der derzeitigen Machtkonstellation dürfte die Propagierung einer Demokratiereform nur so lange scheindemokratisch zugelassen werden, wie sie für wirkungslos und deshalb das System nicht gefährdend gehalten wird. Der im Schatten von Besatzern US-*Insider*-gesteuert mediengeprägte politische Standort Deutschland läßt sich nur ändern, wenn entweder die westeuropäischen ›Bündnispartner‹ dazu bewegt werden können, gemeinsam mit einem auch verteidigungspolitisch gleichberechtigten Deutschland die US-Bevormundung zu beseitigen, oder die Vereinigten Staaten zu der Erkenntnis gelangen, daß ihr – schwerpunktartig Deutschland und Europa einbeziehender – globaler Herrschaftsanspruch letztlich zu ihrem Untergang führen wird.

NAPOLEON I. hätte möglicherweise politisch überleben können, wenn er – wie später Preußen Deutschland – Europa vereinigt hätte. Als lediglich Besatzer und Unterdrücker mußte er jedoch scheitern. Niedergehaltene Vasallenstaaten oder Protektorate sind keine zuverlässigen Bundesgenossen, sondern warten nur auf eine Gelegenheit, sich bei einem Schwächezeichen ihres Kolonialherren von ihm und seinen Steigbügelhaltern im Land zu befreien. Das haben nach NAPOLEON auch die westeuropäischen Kolonialmächte erfahren müssen und erlebt derzeit das gewaltsam zusammengebrachte russische Imperium. Nach dem Verhalten der US-Amerikaner zu urteilen, steht ihnen das mittelfristig noch bevor. Ihre

Bedingungen für den 2 + 4-Vertrag (s. Kommentar des *Boston Herald* vom Januar 1990, s. S. 195, Q. 296) sowie die 1997 zweifellos deutschlandbezogen getroffene Wahl ihrer Außenministerin als auch ihre massiv betriebene NATO- und EU-Osterweiterung lassen für Deutschland und Europa auf der anderen Seite des Atlantiks kurzfristig keinen machtpolitischen Sinneswandel erwarten.

Deutscherseits kann daher nur versucht werden, ähnlich regierungsunabhängig wie 1812 das preußische Kontingent bei Tauroggen (s. S. 120) damit zu beginnen, die weniger gefühlsbetont als die Franzosen denkenden und handelnden Briten zu einer Änderung ihrer Deutschlandpolitik zu bewegen. Es wäre schließlich für sie richtiger gewesen, schon mit dem sie bewundernden Deutschen Reich zusammenzuarbeiten, als sich von den sie verachtenden US-Amerikanern (s. Joe-KENNEDY-Bericht vom 30. September 1939, s. S. 58, Q. 98) zu zwei Weltkriegen verleiten zu lassen, in denen die Amerikaner als ihre im Gegensatz zu Deutschland wirklichen Feinde ihnen ihr Weltreich abgenommen haben. Bei Erfolg müssen diese Gedanken dann auch den bereits US-kritischen Franzosen vermittelt werden. Ziel einer reformierten Europapolitik der in der Europäischen Union zusammengeschlossenen Länder muß es sein, ihr Schicksal als eine Gemeinschaft souveräner Staaten (›Vaterländer‹) selbst zu bestimmen, anstatt schrittweise immer tiefer in US-Hörigkeit abzugleiten. Nagelprobe für ein solches – wenn es Erfolg haben soll – recht anspruchsvolles Unterfangen wäre, ob es vergleichbar mit einem parlamentarischen ›konstruktiven Mißtrauensvotum‹ gelingt, nicht nur – wie wiederholt von Frankreich erfolglos im Alleingang gefordert – auf mehr europäischer Eigenständigkeit zu bestehen, sondern sich auch seitens der EU-Mitgliedsländer auf eine gemeinsam um- und durchsetzbare Alternative zum *Status quo* zu einigen.

Voraussetzung dafür wäre, daß Frankreich, Großbritannien und Deutschland ein die übrigen Mitgliedsländer überzeugendes, frei vom Gerangel um Vormachtstellungen (etwa die französische Sprache betreffend) gehaltenes Konzept dafür anbieten können. Mit dem bisherigen, hauptsächlich die Niederhaltung und schließliche Auflösung Deutschlands und seiner Währung in der Union als kleinstem gemeinsamen Nenner beschränkten Einigungsvermögen muß Europa noch lange Spielball US-amerikanischer Interessen bleiben. Um gleichzeitig erfolgversprechend gegen das zwar teilvereinigte, aber die anderen EU-Mitgliedsländer weiterhin nicht bedrohende Deutschland *und* gegen die eine immer größere Machtentfaltung in Europa anstrebenden Vereinigten Staaten anzugehen, sind die übrigen EU-Mitglieder – oder gar die Ex-Großmächte der Gemeinschaft im Alleingang – zu schwach, so schwer es auch letzteren als Siegerstaaten zweier Weltkriege, Atommächten und ständigen Mitgliedern des UN-Sicherheitsrates fallen mag einzusehen, daß ihre einstige geopolitische Bedeutung nur noch Historie ist.

Wie komplex und damit schwierig realisierbar eine solche, erheblich von der klassischen Europapolitik des 19. Jahrhunderts der europäischen Ex-Großmächte abweichende Alternative zur transatlantischen US-Beherrschung Europas aussehen müßte, geht aus folgendem 10-Punkte-Katalog etwa dafür erforderlicher Maßnahmen hervor:

1. Austritt aus den Vereinten Nationen als Instrument zur Durchsetzung von geopolitischen Eigeninteressen der US-Amerikaner und Unterhalt lediglich einer europäischen UN-Beobachtermission,

2. Austritt aus der NATO und Bildung einer alternativen EU-Verteidigungsgemeinschaft mit US-unabhängigem eigenen Rüstungsprogramm, die den außereuropäischen NATO-Mitgliedern bilaterale Kooperationsverträge anbietet,

3. Verzicht auf die US-amerikanischen Interessen dienende verteidigungspolitische Osterweiterung. Alternativ dazu kann den derzeitigen osteuropäischen Kandidaten für eine NATO-Aufnahme eine wehrtechnische Zusammenarbeit angeboten werden, wenn sie sich verpflichten, diese ausschließlich mit der EU-Verteidigungsgemeinschaft, also nicht auch mit Drittländern, zu praktizieren oder gar zu vereinbaren.

4. Aufschub der europäischen Währungsunion auf jeden Fall bis zur auch politischen Einheit,

5. Beseitigung der deutschen EU-Tributpflichtigkeit, also gerechtere Neuverteilung der Lasten und daraus abzuleitender Rechte,

6. erhebliche Einschränkung der EU-Reglementierungs-Hypertrophie zugunsten nationaler Vorstellungen, zum Beispiel im Lebensmittelrecht mit dafür EU-festgelegter Kennzeichnungspflicht der auf den europäischen Markt gebrachten, auch EU-externen Erzeugnisse,

7. wohl Assoziierung interessierter EU-Anrainerstaaten, aber keine Aufnahme weiterer EU-Mitglieder, um die Aktionsfähigkeit der Union nicht vollends einem Durcheinander von Mitentscheidungsrechte beanspruchenden divergierenden oder sogar gegensätzlichen Interessen zu opfern,

8. Vereinbarung gemeinsamer Maßnahmen zur Abwehr des Einflusses der transatlantisch vorgegebenen ›*Political Correctness*‹ mit ihren destruktiven Auswirkungen unter anderem auf die kulturelle Identität der europäischen Regionen und dem Stimulans der Jugendkriminalität zugunsten des Geschäfts US-amerikanischer Filmproduzenten. In Deutschland gilt zum Beispiel Kulturhoheit der Bundesländer gegenüber dem Bund, aber nicht gegenüber der vorherrschenden politischen und kulturellen Einflußnahme aus den Vereinigten Staaten. Und das nicht einmal bei seinem sich im Zweifelsfall *political correct* verhaltenden Staatsfernsehen,

9. Nichteinmischung in die inneren Angelegenheiten der Einzelländer (›Vaterländer‹) der Gemeinschaft, wozu etwa die deutsche Selbstbestimmung in Sachen seiner überfälligen Demokratiereform gehört,

10. Vereinbarung gemeinsamer Maßnahmen zur Verhinderung grenzüberschreitender Kriminalität, also
    a) Annullierung des Schengener Abkommens als Schleuse in EU-Drittländer an Schwachstellen der EU-Außengrenzen eindringender Wirtschaftsflüchtlinge und Bandenkriminalität, womit jedes Mitgliedsland selbst fertig werden muß, wenn es seine Außengrenzen nicht entsprechend dicht hält,
    b) Unterbringung von EU-einvernehmlich anerkannten Asylanten in außerhalb der Europäischen Union liegende Vertragsländer (zum Beispiel entwicklungspolitischen Kooperationsländern) mit vergleichbaren klimatischen, ethnischen und wirtschaftlichen Strukturen. Hierfür müssen dort EU-Lager eingerichtet und als Gemeinschaftsaufgabe unterhalten werden, in denen Lebensbedingungen wie in den Herkunftsländern der Asylanten garantiert werden, um so besser als bisher
        i. dem Asylmißbrauch von Wirtschaftsflüchtlingen begegnen und die bei Asylgewährung in Europa entstehenden hohen Kosten den wirklichen Erfordernissen

entsprechend verringern zu können, als das mit noch so rigide gehandhabten, viel Zeit und Verfahrenskosten in Anspruch nehmenden Aufnahmeverfahren in den EU-Mitgliedsländern selbst möglich ist, sowie

ii. die demographisch bedingte Völkerwanderung aus Entwicklungsländern nach Europa abwehren zu können, ohne um Leib und Leben fürchtenden Asylbewerbern kurz oder lang aus fiskalischen Gründen den benötigten Schutz verwehren zu müssen,

c) Gewährung von Landerechten auf Flugplätzen von EU-Ländern nur an Fluggesellschaften, die nichtwillkommene Wirtschaftsflüchtlinge gegebenenfalls auf eigene Kosten in die Länder zurückbefördern, wo sie an Bord genommen wurden,

d) Konsens für die Einrichtung von Schutz- und Observationszonen hinter den EU-Außengrenzen, also in den Transit- oder Herkunftsländern der migranten Kriminalität. Diese Gebiete sind seitens der jeweils direkt von der migranten Kriminalität aus EU-Nachbarstaaten betroffenen EU-Mitgliedsländer (auf deren Kosten) zu kontrollieren und müssen groß genug sein, um eine wirksame Abwehr von Schmuggel, Rauschgiftimport, Diebstahl von Kraftfahrzeugen und illegalem Personenverkehr – wie Einschleusung von Wirtschaftsflüchtlingen und Menschenhandel – immer raffinierter arbeitender Verbrecherbanden sicherzustellen. Als völkerrechtliches Modell für die Gewährleistung der Arbeit der in den Schutz- und Observationszonen eingesetzten Grenzschutzeinheiten sollte auf Israels Erfahrungen mit seiner Schutzzone im südlichen Libanon zurückgegriffen werden,

e) bei Angriffen nationaler Streitkräfte auf oder Geplänkel mit in den Schutz- und Observationszonen operierende(n) Grenzschutzeinheiten muß EU-seitig eine nationale Entmilitarisierung der jeweiligen Gebiete einvernehmlich gebilligt und außenpolitisch vertreten oder durchgesetzt werden. Derzeit auf dem Balkan gemachte Erfahrungen rechtfertigen diese Vorkehrung. Die nationale Entmilitarisierung und Besetzung des Rheinlands nach dem Ersten Weltkrieg dienen als völkerrechtlich tolerierte Modelle für entsprechende Maßnahmen.

f) Sind die Maßnahmen d und e völkerrechtlich nicht durchsetzbar, bleibt den von migranter Kriminalität heimgesuchten Ländern nur die Möglichkeit der Sicherung ihrer terrestrischen Landesgrenzen durch mit Bewegungsmeldern ausgerüstete Doppelzäune.

g) Verfügen EU-Mitgliedsländer mit langen, von migranter Kriminalität heimgesuchten Küsten nicht in ausreichendem Umfang über für deren Sicherung erforderliche Seestreitkräfte oder entsprechende Küstenwachen müssen dafür im Interesse der Gemeinschaft EU-Beistandsleistungen erbracht werden.

Alternative zu einer solchen Konzeption ist

1. die weitere Duldung einer zunehmenden transatlantischen US-Kontrolle der Europäischen Union und deren nicht konsensfähiger Mitgliedsländer sowie
2. die Gefahr, daß der Traum von einem über eine erweiterte Zollunion hinausgehenden Europa durch die nach dem Hooton-Plan (s. S. 252, Q. 386) erfolgende Überfremdung Deutschlands und schließlich auch ganz Westeuropas sowie durch die jeweils im Interesse und auf Initiative der Vereinigten Staaten betriebene Einführung einer EU-Gemeinschaftswährung, NATO-Osterweiterung und zeitversetzt zu letzterer auch EU-Osterweiterung bald zum europäischen Alptraum werden wird.

Läßt sich jedoch ein solches Europakonzept umsetzen, braucht die Europäische Union nicht die vorausgesagte Auseinandersetzung Chinas mit den Vereinigten Staaten abzuwarten, bis sie sich – möglicherweise auch in Alleingängen einzelner ihrer Mitglieder – von ihrer direkten oder über die ›*Political Correctness*‹ indirekten US-Bevormundung freizumachen vermag. Für Deutschland wäre eine solche Wartezeit zudem mit dem Risiko verbunden, daß es zwischenzeitlich entweder ›unumkehrbar‹ national und soziokulturell in der Europäischen Union untergegangen oder eine islamische Republik geworden ist. Letzteres gilt auch für andere EU-Mitgliedsländer wie Frankreich.

Noch ist Deutschland nicht verloren, und damit letztlich auch noch nicht Europa, das sich ohne grundlegende Änderung seiner Europa- und hier besonders Deutschlandpolitik bereits auf dem

Weg befindet, die nationale und kulturelle Identität seiner Mitgliedsländer an die Vereinigten Staaten und/oder den Islam abzugeben. Wird das und die Bedeutung Deutschlands in einem solchen Europamodell insbesondere von Großbritannien und Frankreich erkannt, dürfte auch die in Deutschland überfällige Demokratiereform möglich und damit die Revolution vermieden werden können, auf die die beschäftigungs-, finanz- und ausländerpolitisch außer Kontrolle geratene Republik derzeit zusteuert, ohne daß die Opposition eine gangbare Alternative dazu anzubieten vermag.

Das Erfordernis einer Demokratiereform kann und sollte auf jeden Fall von allen den Glauben an ein demokratisches Deutschland nicht aufgebenden Kräften mittels entsprechender Aufklärungsarbeit weiterhin geistig vorbereitet werden; wenn auch von einer verhältnismäßig kleinen wertkonservativen Mannschaft nicht erwartet werden kann, daß es ihr gelingt, ein übermächtiges fremdes Joch gegen den Willen der gegenwärtigen euro-transatlantischen Machtkonstellation abzuschütteln. Dafür bedarf es der Herbeiführung eines Sinneswandels wenigstens der einflußreichen EU-Partner Deutschlands. Auch der von den Alliierten verratene deutsche Widerstand hätte ohne zumindest britische Billigung seine politischen Reformvorstellungen für Deutschland nicht umsetzen können. Und das unabhängig vom Gelingen des Attentats auf Adolf HITLER (20. 7. 1944).

Von den viel zu vielen, nicht vom Volk ausgewählten, sondern direkt oder indirekt über die Parteien mediengemachten deutschen Berufspolitikern, die vornehmlich um ihre jeweilige Wiederwahl kämpfen, ihre Diätenerhöhungen auf dem Rücken der gleichzeitig zum Sparen veranlaßten Bevölkerung durchsetzen und unterwürfig in ›*Political Correctness*‹ sowie einseitig in ›Unsere Schuld‹ machen, kann die Rettung des bereits zeitgeistkonform traditions- und geschichtslos gehaltenen Deutschlands vor seinem fremdprogrammierten Untergang nicht erwartet werden. Wer hilfswillig die EU-Auflösung Deutschlands, die Opferung der Deutschen Mark für einen ›Camembert-Euro‹, die NATO- und EU-Osterweiterung, eine multikulturelle Gesellschaft, die Beugung der Rechtsstaatlichkeit, Schlußstrich-Erklärungen und Transferleistungen an alle Welt zu Lasten der wirtschaftlichen Wettbewerbsfähigkeit Deutschlands, seiner Verteidigungsfähigkeit und des deutschen Sozialstaates sowie einer horrenden öffentlichen Verschuldung am Bürger vorbei betreibt, kann für sich nicht in Anspruch nehmen, damit seinem Volk demokratisch zu dienen. Wer sich lediglich über solche ›Volksvertreter‹ beklagt, sie aber letztlich aus Furcht vor Schlimmerem dann doch wählt, macht sich mitschuldig am Niedergang Deutschlands *und* Europas sowie darüber hinaus der westlichen Welt.

Als die Polen 1921 bei Annaberg/Schlesien in das Reich einfielen, waren es deutsche Freikorps, die der Reichswehr zur Seite standen, um eine polnische Besetzung und Annexion des Deutschland nach Versailles in seinem Osten verbliebenen Territoriums abzuwehren. Als die Franzosen und Belgier zwei Jahre später mit ähnlichen Absichten das Ruhrgebiet besetzten, hatten die passiven Widerstand leistenden Gewerkschaften ihre große nationale Stunde. Nach dem verlorenen Zweiten Weltkrieg gab es Persönlichkeiten des öffentlichen Lebens wie den Vorsitzenden der SPD-Fraktion im Deutschen Bundestag, Kurt SCHUMACHER, der trotz KZ-Haft seinem wiederum – und das bis in die Gegenwart mittlerweile ein halbes Jahrhundert lang – militärisch besetzt gehaltenen deutschen Vaterland treu geblieben war. Heute haben wir jedoch umerziehungsbedingt fast nur noch von den im Bundestag vertretenen Parteien – denen sich allerdings über 97 Prozent der Bevölkerung als Mitglieder und etwa ein Drittel als Wähler verweigern – bis zu den ›gesellschaftlichen Gruppen‹ reichende vaterlandslose ›Kollaboration‹.

Lediglich die auch diesbezüglich bislang unabhängig gebliebene, weltweit deswegen nicht weniger hoch angesehene nationale Institution der Deutschen Bundesbank, ein verhältnismäßig kleiner national gesonnener Teil der Medienlandschaft und der international für Deutschland antretende Sport mit seinen sich für ihn und seine Leistungen begeisternden Anhängern machen da neben wenigen, bisher ihrer Ausgrenzung entgangenen Persönlichkeiten aus Politik, verfaßter Wirtschaft, Kultur, Wissenschaft und Gesellschaft eine für die anderen EU-Mitglieder selbstverständliche Ausnahme.

Nachwort

Bei der vorgelegten standortpolitischen Analyse steht Deutschlands Einbindung in die NATO und nach Maastrichtvorgaben in die Europäische Union im Vordergrund. Sie stützt sich auf zeitgeschichtliche Fakten, die Historikern teilweise erst nach neuerlicher Öffnung von Archiven zugänglich geworden sind, sowie auf standortpolitisch bedeutsame gegenwartsbezogene Berichte und Buchveröffentlichungen. Ferner wird auf US-Prognosen hingewiesen (s. S. 313 ff, Q. 459 u 466 f.), nach denen geopolitische Entwicklungen zu erwarten sind, die Deutschland und Europa nicht unberührt lassen werden. Auf dieser Grundlage werden einer deutschen Initiative geltende Vorschläge für eine Alternative zur bisherigen europäischen Einigungs- und Bündnispolitik gemacht und begründet, um eine sich bereits abzeichnende deutsche und westeuropäische, aber mittelfristig auch transatlantische Katastrophe abzuwehren. Bei unveränderter Europapolitik ist diese zu erwarten.

In einem in Vorbereitung befindlichen zweiten Band wird diese Analyse mit teilweise schon im ersten Band berührten, den politischen Standort Deutschland beeinflussenden oder von ihm bestimmten rechtlichen, administrativen, demographischen, soziokulturellen, gesellschafts-, wirtschafts- und verteidigungspolitischen Standortfaktoren sowie mit einem erweiterten europa- und geopolitischen Ausblick vertieft.

Wie aktuell noch immer auf alliierter Seite die deutschlandpolitischen Kriegs- und Nachkriegsvorstellungen – nunmehr im ›Bündnis‹ – sind, geht aus dem oben angezogenen *Daily Telegraph* aus dem Jahre 1993 hervor (s. S. 23, Q. 19). Der Zweite Weltkrieg wurde mit der bedingungslosen Kapitulation der deutschen Wehrmacht abgeschlossen, deshalb aber keinesfalls beendet. Seine kalte Fortsetzung gipfelt in der angestrebten EU-Auflösung des nach Versailles und dem 2 + 4-Vertrag verbliebenen Deutschlandtorsos und der Abschaffung seiner Währung (s. S. 115, Q. 169) als »letzte(s) Machtmittel Deutschlands« (s. S. 135, Q. 208) sowie der Auslöschung der deutschen kulturellen Identität. Ohne letztere wird es keine deutsche Nation mehr geben, sondern lediglich eine multikulturell balkanisierte Gesellschaft, und diese auch nur als Etappe einer oben aufgezeigten Weiterentwicklung.

Zum Verlust dieser Identität kommt es nicht nur mittels gezielter ethnischer Überfremdung und kultureller US-Dominanz, sondern neuerdings auch durch die zur Analphabetisierung des deutschen Sprachraums und der Beeinträchtigung der deutschen auswärtigen Kulturpolitik beitragende *Rechtschreibreform.* Als weiterer Schritt in diese Richtung wird Deutschland die Abschaffung des ›*Großen Befähigungsnachweises*‹ *(Meisterprüfung),* also die Zerschlagung des dualen beruflichen Bildungswesens als deutscher Beitrag zur europäischen Harmonisierung abverlangt. Bislang wird Deutschland wegen seines beruflichen Bildungswesens vom Ausland – insbesondere von der CLINTON-Administration – beneidet. Das einst vorbildliche deutsche Schul- und Hochschulwesen, welches selbst in den reparationsgeplagten zwanziger Jahren noch viele naturwissenschaftliche Nobelpreisträger hervorgebracht hat, wurde unter Mitwirkung der um Nivellierung bemühten Gewerkschaft Erziehung, Bildung und Wissenschaft bereits recht erfolgreich in die Zweitklassigkeit reformiert.[468]

Einerseits wird die deutsche Wirtschaft globalisiert, also dem unerbittlichen internationalen Wettbewerb mit Billiglohnländern ausgesetzt. Andererseits werden an den deutschen allgemeinbildenden Schulen kaum noch die für eine anspruchsvolle berufliche Weiterbildung erforderlichen Standards vermittelt sowie an den deutschen Hochschulen immer mehr Studenten während immer längerer Studienzeiten immer schlechter auf diesen Wettbewerb vorbereitet. Darüber hinaus werden die wenigen trotz dieser Mängel heranwachsenden Eliten mit einer aus der Perspektive ›sozialer Gerechtigkeit‹ vorgenommenen Überbesteuerung zum Abwandern in auswärtige Standorte veranlaßt. Parallel dazu wandert das in Deutschland im Verhältnis zu ausländischen Standorten steuerlich benachteiligte und durch sowohl den Euro als auch die von den Linksparteien geforderte Wiedereinführung der Vermögenssteuer verunsicherte Kapital ins Ausland ab. In beiden Fällen handelt es sich um selektive Migration vom schlechteren zum besseren Standort, bei der dem mittlerweile politikbedingt schlechteren Standort Deutschland die Versorgung der als Folge dieser

---

[468] Der ›Kaiser-Wilhelm-Gesellschaft‹ angeschlossene naturwissenschaftliche Einrichtungen haben von 1911 bis 1945 in 34 Jahren trotz zweier Weltkriege im Schnitt *alle 2,2 Jahre* einen Nobelpreisträger hervorgebracht – davon in der Weimarer Republik etwa alle 2,5 Jahre und sogar während des Dritten Reiches, das seinen Wissenschaftlern die Annahme von Nobelpreisen untersagte, aber natürlich ihre Nominierung dafür nicht verhindern konnte, etwa alle 2,3 Jahre. Ihre Nachfolgerin, die ›Max-Planck-Gesellschaft‹, benötigte von 1948 bis 1997 in 49 Jahren trotz ›Wirtschaftswunder‹ nicht nur bedingt durch ihren bis zur Wiedervereinigung ihrer mitteldeutschen Forschungseinrichtungen kleineren Rahmen im Schnitt etwa *3,2 Jahre*.

Standortnachteile in zunehmendem Maße in die Erwerbslosigkeit freigesetzten Arbeitskräfte und eine hohe Jugendarbeitslosigkeit verbleiben.

Die nicht nur jeweils erst an sich selbst, sondern auch – wie alle Sozialisten – wirtschaftspolitisch statisch denkende politische Klasse und die sowohl von ihrer Vorbildung als auch Berufserfahrung her allgemein nur zu fiskalischem, und nicht zu wirtschaftlichem Handeln befähigte Verwaltung offenbaren ihre Überforderung mit diesem Problem. Recht hilflos wird auf die verursachten Einnahmeausfälle und steigenden Versorgungslasten (auch für den nicht abnehmenden Zuzug von Wirtschaftsflüchtlingen) statt nachhaltiger Ursachenbekämpfung mit die Wirtschaft direkt oder indirekt belastenden Maßnahmen reagiert. Es werden also keine Impulse für Wachstum und Beschäftigung gegeben, sondern die Wettbewerbsbedingungen insbesondere für arbeitsintensive Betriebe *im Land* und damit der *volks*wirtschaftliche Standort Deutschland weiter verschlechtert. Ergebnis dieser mehr fiskalischen Wegelagerei als zielkonformen Finanzpolitik ist, daß immer häufiger Pleite macht, wer keine Arbeitsplätze wegrationalisieren kann – und das in jedem Fall zunehmend zu Lasten öffentlicher Kassen.

Die derzeitige christlich-liberale Regierung verspricht, das deutsche Volk mit ihrer zunehmend an Überzeugungskraft verlierenden Politik des ›Weiter-So‹ aus der hausgemachten Krise zu führen, wohingegen sich die Kreativität der rot-grünen Opposition in Umverteilungsplänen sowohl für die Arbeit als auch für die Einkommen erschöpft. Während die Sozialdemokraten dabei ihren ›demokratischen Sozialismus‹ marktwirtschaftlich tarnen, haben sich Vorstandsmitglieder ihres bevorzugten bündnisgrünen Koalitionspartners mehr oder weniger offen zum marxistisch-leninistischen Öko-Totalitarismus bekannt, in dem Morgenthau- und Hooton-Plan (s. S. 246 f., Q. 374–380, u. S. 252, Q. 386) wiederzufinden sind. Das erklärt die Propaganda, welche seitens gewisser Medien für diese (eher volksdemokratische als) ›demokratische‹ Partei gemacht wird.

Es bedarf keines Hellsehers, um zu erkennen, in welche Richtung der eingeschlagene Weg das mittlerweile sozio-ökonomisch am Abgrund angelangte Deutschland führt. Wenn das letzte ›Tafelsilber‹ verkauft sein wird, ist von der politischen Klasse – egal, wer aus diesem Kreis an der Macht sein wird – neben verstärktem Sozialabbau als letztem Ausweg aus der bereits Auswirkungen bis nach Ostasien zeigenden Misere die *Enteignung der Käuferschicht* des vorher mit großem Werbeaufwand veräußerten öffentlichen

Vermögens zum Stopfen der Haushaltslöcher zu erwarten. Eine solche Enteignungspolitik wird von der Bundesregierung bereits mit der Sanktionierung der SBZ/DDR-Verstaatlichungen praktiziert. Bundeskanzler KOHL hoffte, »mit dem Verkauf der einstigen Betriebe durch die Treuhand... die Schulden der DDR finanzieren zu können« (s. S. 279). Der enteignungspolitisch erfahrene Hauptakteur dieser volkswirtschaftlich kontraproduktiven Vergewaltigung des Rechtsstaats wurde von ihm für seine Nachfolge vorgeschlagen. Bei einer Machtübernahme von Rot-Grün dürfte wohl kaum mit einer weniger sozialistischen Vermögenspolitik zu rechnen sein, wenn es gilt, dringend benötigtes Geld für die Umsetzung kostspieliger Wahlversprechen aufzubringen und »die Schulden der... (rechtsstaatlich zum DDR/BR-Deutschland-Zwitter gemachten Republik) finanzieren zu können«.

Bei diesem Szenario handelt es sich um die konsequente Fortsetzung der Deutschland geltenden Vernichtungspolitik. Hierzu wird wiederholt, daß sie im Fall ihres Erfolges das ganze, von Samuel HUNTINGTON als *»the West«* bezeichnete Abendland (s. S. 315 f., Q. 465 ff.) mit in den Abgrund reißen wird. Von politischen ›Zauberlehrlingen‹ wurde in zwei Weltkriegen nicht nur das Deutsche Reich zerschlagen, sondern auch der von Oswald SPENGLER vorausgesagte »Untergang des Abendlandes« vorangetrieben, dem die westlichen Siegermächte selbst mit zum Opfer fallen. Die angewandten deutschlandpolitischen Vernichtungsmethoden – man denke etwa nur an den Hooton-Plan (s. S. 254, Q. 386) – sind seit 1914 und den zwanziger Jahren noch raffinierter geworden. Auch die dafür als Werkzeuge instrumentalisierten Helfer beziehungsweise – mit den Worten des in der Bundesrepublik mediengefeierten Daniel GOLDHAGEN (s. S. 37 f., Q. 107 ff.) – »willige(n) Vollstrecker« von Zeitgeistvorgaben sind andere. Es handelt sich bei ihnen auch kaum um »ganz gewöhnliche (und nicht nur) Deutsche«, sondern um einen nach *Insider*-Vorgaben mediengemachten Personenkreis. Dazu gehören heute neben zeitgeistkonformen deutschen Politikern und Medienmachern sowohl mit Deutschland verbündete ›*Grand-Nation*‹alisten, wie die oben zitierten ›großen Europäer‹ jenseits des Rheins (s. S. 115, 119, 123, 135 – Q. 169, 179, 184 u. 208) als auch – ungeachtet der ihnen geltenden transatlantischen Verachtung (s. S. 58, Q. 98) – eher anglo-amerikanisch als anglo-kontinental denkende Insulaner jenseits des Kanals. Und viele der übrigen EU-Mitglieder werden möglicherweise noch die bittere Erfahrung machen, wie stark ihre eigenen Volkswirtschaften darunter leiden werden, wenn es gelingt, Deutschland mit seiner Währung als europäischen Stabilitätsfaktor EU-aufzulösen.

Der deutsche Auflösungsprozeß ist noch nicht abgeschossen. *Die Lage Deutschlands entspricht im historischen Vergleich* ansonsten *der Entwicklung im neuzeitlichen Amerika,* so abwegig das nach der Deutschland beherrschenden Lehre (*Political Correctness*) auch sein mag. Beide Gebiete wurden gewaltsam in Besitz genommen. Im deutschen Osten und Sudetengebiet mußte die angestammte Bevölkerung gemäß der 1848 auf der Panslawistischen Konferenz von Prag aufgestellten und seither aufrechterhaltenen Forderung nach nordamerikanischem Muster ›unumkehrbar‹ den eindringenden Siedlern weichen – soweit sie die Eroberung ihres Landes überlebt hat. Im restlichen Deutschland wurde und wird weiterhin nach dem Modell Südamerika verfahren, wo die von den Konquistadoren (Eroberern) vorgefundenen indianischen Reiche ›unumkehrbar‹ aufgelöst, die bestehenden Hochkulturen ›unumkehrbar‹ vernichtet, die vorhandene ethnische Substanz ›unumkehrbar‹ latinisiert und die so ihrer nationalen und ethnisch-kulturellen Identität beraubte Bevölkerung – soweit sie die *Conquista* überlebt hat – mit den natürlichen Ressourcen ihres Landes ›unumkehrbar‹ der kolonialen Ausbeutung preisgegeben wurde. Leicht variiert wird heute der den Deutschen verbliebene kleinste Siedlungsraum ihrer Geschichte als Protektorat *non nomine sed re* (nicht des Namens, sondern der Sache nach) unter militärischer Besatzung *ceteris paribus* (alle übrigen Maßnahmen gleich) tributpflichtig gehalten.

Was in Amerika mit der Bibel in der Hand unter Mißbrauch des Namens JESU CHRISTI bewerkstelligt wurde, ist in Deutschland als »Kreuzzug« (EISENHOWER) von nicht weniger blutrünstig-räuberisch vorgehenden ›Befreiern‹ eingeleitet worden. Abgesehen von den gegenreformatorischen Polen (s. S. 107, Q. 154) haben diese statt des Kreuzes als Tarnung für ihre wirklichen Absichten scheinheilig verkündet, den deutschen Barbaren in Mitteldeutschland das Heil eines sozialistischen Arbeiter- und Bauernstaates und in Westdeutschland die ethischen Werte *ihrer* Demokratie vermitteln zu müssen. Erleichtert wurde das schmutzige Geschäft der Konquistadoren und wird die Umsetzung der nicht weniger verwerflichen Ziele der Besatzer Deutschlands dadurch, daß sich immer wieder Kollaborateure dafür hergaben, beziehungsweise hergeben, die Eindringlinge als Glücksbringer zu feiern, ihnen für eigene Vorteile die Steigbügel zu halten, ihre Vorgaben *›political correct‹* umzusetzen sowie lieber als ›Zehntknechte‹ Tributleistungen (heute Unsummen für sogenannte Transferzahlungen) einzutreiben, als nach der deutschen Eidesformel ihre »Kraft dem Wohle des deutschen Volkes (zu) widmen (und) seinen Nutzen (zu) mehren«.

Bis in die heutigen Tage wird sich der den besiegten Deutschen als Umerziehung vermittelten alliierten Kriegspropaganda (s. S. 107, Q. 154) so sklavisch unterworfen, daß selbst wenn sich mittlerweile zum Beispiel die russische Regierung die ›Unumkehrbarkeit‹ der SBZ-Verstaatlichungen oder die britische Regierung das nach Golo MANN »volkspädagogisch gewünschte Geschichtsbild« betreffend korrigieren, die deutsche Politik hartnäckig an den einstigen Vorgaben der Siegermächte festhält (s. unter anderen Q. 145, 166, 169, 347 u. 427–430). Das trifft gleichermaßen auf deutsche Medien, Politiker, Pädagogen sowie Politik- und Geschichtswissenschaftler zu, wenn diese Veröffentlichungen von Historikern selbst der Siegerstaaten negieren oder versucht wird, diese aus der Ferne zu widerlegen, sofern darin etwa nach Auswertung zwischenzeitlich geöffneter Archive über die Kriegsabsichten und -ziele der Alliierten zwischen den beiden Weltkriegen und da sogar Jahre vor HITLERS ›Machtergreifung‹ berichtet wird.

Gelingt es zeitgeistunabhängigen deutschen Persönlichkeiten nicht, die westeuropäischen Ex-Großmächte davon zu überzeugen, daß sie ihre Länder nur mit einem gleichberechtigten Deutschland von der *auch sie* benachteiligenden US-Bevormundung befreien können, wird Deutschland und das deutsche Volk bestenfalls im derzeitigen Untergangs-Szenarium zu verharren vermögen, bis den Vereinigten Staaten – möglicherweise für sie zu spät – bewußt wird, welche existentiellen Rückwirkungen es für sie mittelfristig haben wird, wenn sie ihre bisherige Europapolitik fortsetzen.

Auf diese Konstellation wird abschließend noch einmal hingewiesen, weil die nach den zitierten Prognosen zu erwartende transatlantische Lage gegebenenfalls nur positive Auswirkungen auf Deutschland und die deutsche Nation haben kann, wenn diese dann noch existieren, es also gelingt, die vielschichtige deutsche Identität bis zum Eintreten dieser Überlebenschance zu bewahren. Wohl aus dem Bemühen heraus, das zu verhindern, dürfte sich die Eile erklären, mit der die Auflösung Deutschlands und seiner Währung in der zudem noch bald osterweiterten Europäischen Union sowie seine multikulturelle Überfremdung gemäß dem Hooton-Plan von zeitgeistkonformen Politikern und Medien im Inland sowie seitens des ›verbündeten‹ Auslands betrieben wird und ›unumkehrbar‹ gemacht werden soll.

Anhang I

Dokument aus dem Archiv der Zeitgeschichtlichen Forschungsstelle Ingolstadt zur Bedeutung von William C. Bullitt als Präsident Roosevelts deutschlandpolitische ›Graue Eminenz‹ (übersetzt)

William C. Bullitt an F. D. Roosevelt (Memorandum)

Washington, D. C.,
August 10. 1943

Mein lieber Herr Präsident

Der bevorstehende Besuch von Mr. Churchill bietet eine Gelegenheit – vielleicht die letzte Möglichkeit –, in Hinsicht auf die Probleme von Europa eine Politik anzubahnen in Übereinstimmung mit den vitalen Interessen der Vereinigten Staaten und Großbritanniens.
Das Ziel dieser Interessen ist dauernder Frieden. Und der Gegenstand unserer Politik gegenüber Europa muß die Erschaffung von Bedingungen sein, die eine Möglichkeit bieten, einen dauerhaften Frieden festzusetzen.
Die Beherrschung von Europa durch Hitlers Nazi-Diktatur ist richtig beurteilt worden als eine untragbare Drohung für Großbritannien und die Vereinigten Staaten und ihre freien Einrichtungen. Herrschaft über Europa durch Stalins kommunistische Diktatur wäre eine ebenso große Gefahr für Großbritannien und die Vereinigten Staaten.

Wenn Deutschland ohne solchen Schaden an amerikanischem und britischem Leben besiegt werden soll, würde sich dieser Sieg möglicherweise als eine verborgene Niederlage herausstellen (wie der französische Sieg im Krieg von 1914), die fortgesetzte Teilnahme der Roten Armee im Krieg gegen Deutschland ist wesentlich.

Das Problem, vor dem heute amerikanische und britische Staatskunst stehen, ist deshalb das Problem, die Herrschaft über Europa durch die Moskauer Diktatur zu vermeiden, ohne die Teilnahme der Roten Armee im Krieg gegen die Nazi-Diktatur zu verlieren.
Offen gesagt, müssen wir zugeben, daß wir diesem dringenden politischen Problem die Aufmerksamkeit versagt haben, die es verdient und keinen gemeinsamen Plan mit den Briten und den Russen zu seiner

Lösung erarbeitet haben. Es weiter aufzuschieben, bedeutet das Risiko einer politischen Katastrophe in Europa.
Wir können vernunftgemäß nicht länger hoffen, zu einer zustimmenden und ehrenhaften Lösung mit der Sowjetunion zu kommen. Stalin hat wieder ein Treffen mit Ihnen vermieden, und es ist schwierig zu glauben, daß bei seiner Ausflucht nicht der Wunsch mitspielt zu vermeiden, genötigt zu sein, auf direkte Fragen über seine Absichten in Europa zu antworten. Sechs Wochen lang weigerte er sich, sowohl den amerikanischen Botschafter als auch den britischen Botschafter in Moskau zu empfangen. Und er hat seine Botschafter in Washington und London veranlaßt, sich von ihren Posten fernzuhalten, so daß ernsthafte Diskussionen über ernsthafte Fragen zwischen Washington und Moskau und London und Moskau zur Zeit unmöglich sind. Stalin, wie auch immer, ohne sich selbst festzulegen, hat verschiedentlich seine Absichten hinsichtlich verschiedener europäischer Länder angedeutet.

Bei Erwägung seiner Absichten ist es ratsam, sich zu erinnern, daß er drei unterschiedliche Methoden hat, Leute unter seine Autorität zu bringen:

1. Einmarsch durch die Rote Armee,
2. Drohung eines Einmarsches durch die Rote Armee,
3. kommunistische Revolution.

Es ist auch angebracht, sich zu erinnern, daß er seine 5. Kolonne in jedem europäischen Land hat und daß er in Moskau organisierte Gruppen oder seine Ausschüsse bereit hat, in jedem Land in Europa einzugreifen.

Stalins Absichten in bezug auf Europa scheinen in folgendes Muster zu gehören:

1. Er hat erklärt, die baltischen Staaten, Ostpolen, die Bukowina und Bessarabien seien ein wesentlicher Teil der Sowjetunion.
2. Die Friedensbedingungen mit Finnland, die er uns gab, besonders die unmögliche Forderung, daß Finnland die Hälfte der Kriegskosten zahlen müsse, scheint anzuzeigen, daß er keinen Frieden mit einem unabhängigen Finnland anstrebt, sondern die vollständige Unterwerfung Finnlands und dessen Eingliederung.
3. Stalins Absichten in bezug auf Polen scheinen völlig klar. Die Aufstellung der ›freien polnischen Armee‹ in der Sowjetunion und die geheimen Tätigkeiten von Sowjet-Agenten in Polen (darüber sind wir völlig unterrichtet) bedeuten die Absicht, einen polnischen Staat zu errichten, beaufsichtigt von Moskau entweder durch die Einrichtung eines Kollaborateur-Government in Polen oder durch Einverleibung Polens als ein Staat in der Sowjetunion.

4. Wir haben weniger Kenntnisse hinsichtlich Stalins Absichten Rumänien betreffend, aber es gibt zahlreiche kleine Hinweise, die anzeigen, daß er beabsichtigt, Rumänien unter seinen Einfluß zu bringen durch eine kommunistische Revolution, verbunden mit Vorrücken der Roten Armee.
5. Stalins Interesse für die jugoslawischen Partisanen, seine starke Stellung in Bulgarien, seine Verbindungen mit Benesch und dem tschechischen Untergrund und sein Interesse, darauf zu sehen, daß jede beliebige Regierung, errichtet in Frankreich, teilweise auf kommunistischen Elementen gegründet sein solle, sind zu gut bekannt, um eine Diskussion zu benötigen. Weniger gut bekannt sind Berichte von Ungarn und Österreich, die intensive kommunistische Aktivitäten zeigen.
6. Das Manifest des ›Freien Deutschen Komitees‹ in Moskau hat Stalins Politik klar gemacht bezüglich Deutschlands. Die Bedingungen in Moskau sind derart, daß dieses Manifest nicht vorbereitet hätte werden können oder herausgegeben, außer auf Stalins Anordnung. Es verpflichtet Stalin nicht, aber es zeigt die Entwicklung der Ereignisse in Deutschland, auf die er hofft: den Sturz Hitlers und der Nationalsozialisten, die Einrichtung einer »streng demokratischen Macht, die unerbittlich sein wird, die rücksichtslos unterdrücken wird jeden Versuch zu neuen Plänen gegen die Rechte freier Menschen oder gegen den europäischen Frieden«; sofortige Beendigung militärischer Tätigkeiten, Rückruf der Truppen zu den Grenzen Deutschlands, ohne sie zu entwaffnen; ein Gesuch um Friedensunterhandlungen. Das Manifest enthält auch die Feststellung: »Auf diese Weise wird (d. h. die neue deutsche Regierung) Frieden erzielt und Deutschland auf gleiche Ebene mit anderen Nationen gestellt.«

Der Haken an dem Vorschlag ist natürlich die Benutzung des Wortes »demokratisch«. Für die Kommunisten bedeutet das Wort demokratisch das genaue Gegenteil seiner Bedeutung für uns. Für uns beinhaltet es Freiheit, ›the Bill of Rights‹, Regierung des Volkes durch das Volk und für das Volk.
Für die Kommunisten heißt es totale Diktatur des Sowjet-Typs. Eine Regierung des Volkes durch den Diktator für das Volk. Für die Kommunisten ist unsere Demokratie eine Regierung des Volkes durch die Kapitalisten für die Kapitalisten.
Es ist eine außergewöhnliche Tatsache, daß wir den Kommunisten erlaubt haben, unser bestes Wort zu stehlen und ihm eine neue Bedeutung in der Meinung der europäischen Massen zu geben.
Dies bedeutet nicht, Stalin wünsche, in Deutschland sofort nach der Niederlage Deutschlands eine kommunistische Regierung einzurichten. Im Gegenteil, es scheint sein Wunsch zu sein, im Anfang eine Art

von Kerensky-Regierung einzuführen, die die Last der Besiegten tragen soll – eine Regierung genügend kontrolliert durch Kommunisten, um ihr Versagen zu garantieren und schließlich Einrichtung einer offen kommunistischen Regierung unter Aufsicht von Moskau.
Es sollte selbst dem am meisten Wunsch-Denkenden klar sein, daß, wenn eine durch Moskau kontrollierte Regierung in Deutschland eingeführt würde, wie auch in Mittel- und Osteuropa, jeder ernsthafte Versuch von Großbritannien, die Sowjetunion davon abzuhalten, den Rest von Europa zu kontrollieren, entweder dazu führen würde, daß die übrigen kapitalistischen Länder Europas in den Kommunismus verfallen oder es zu einem Krieg zwischen der Sowjetunion und Großbritannien komme.
Ein Europa, geteilt in eine sowjetische Einflußsphäre, die kommunistisch wäre, und eine britische Einflußsphäre, die kapitalistisch wäre, würde im besten Fall einen unsicheren Waffenstillstand, aber keinen Frieden bringen. Europa wäre noch ein ›in sich selbst geteiltes Haus‹.

Nichtsdestoweniger haben uns verschiedene britische Beamte angedeutet, daß sie es vorziehen würden, so viele Völker von Ost- und Zentraleuropa an Stalin abzugeben, wie er verlangt zu schlucken – in einer neuen Politik der Beschwichtigung. Chamberlain versuchte, so Hitler zu beschwichtigen, und erkannte, daß man Unersättliche nicht befriedigen kann. Verschiedene britische Beamte möchten nun Stalin beschwichtigen. Hitlers Ziel war es, die Macht der Nationalsozialisten über die ganze Erde auszubreiten. Stalins Absicht ist, die Macht der Kommunisten über die ganze Erde zu verbreiten. Stalin – ebenso wie Hitler – wird nicht aufhören. Man kann ihn nur stoppen.
Wie kann Stalin daran gehindert werden, Europa zu beherrschen, ohne einen separaten Frieden zwischen der Sowjetunion und Deutschland herauszufordern und möglicherweise einen bewaffneten Konflikt zwischen amerikanischen und britischen Armeen und der Roten Armee?

Dieser Frage kann man sich nicht realistisch nähern, ohne an die Tatsache zu denken, daß – gegenwärtig – ebenso wie Amerikaner und Briten vor dem Gedanken eines bewaffneten Konfliktes mit der Sowjetunion zurückschrecken, auch die Sowjetunion vor der Vorstellung zurückschreckt von einem bewaffneten Konflikt mit Großbritannien und den Vereinigten Staaten. Stalin wird sich lange überlegen, bevor er seinen Soldaten befiehlt, auf amerikanische oder britische Soldaten zu schießen.
Wenn deshalb die britischen und amerikanischen Armeen in das östliche und mittlere Europa gehen und sich dort festsetzen, bevor die Rote Armee hineingeht und die Lage fest und klug behandelt, dann besteht eine kleine Chance, daß die Rote Armee versuchen wird hineinzukommen.

Krieg ist ein Versuch, politische Objekte durch Kämpfen zu bekommen: und politische Ziele müssen im Auge behalten werden beim Planen von Operationen. Unsere politischen Objektive erfordern die Einsetzung britischer und amerikanischer Streitkräfte im Balkan und Ost- und Zentraleuropa. Ihr erstes Ziel muß die Niederlage Deutschlands sein, ihr zweites, der Roten Armee den Weg nach Europa zu verstellen. Auf keine andere Weise kann die Rote Armee davon abgehalten werden, Europa zu überfluten. Und jeder andere militärische Plan muß mit vollem Bewußtsein beachten, daß es die Preisgabe von Ost- und Zentraleuropa unter die Herrschaft von Moskau bedeutet – mit möglicherweise verheerenden Folgen für Großbritannien und die Vereinigten Staaten.

Unser allerneuester Bericht zeigt an, daß die ungarische Regierung bereit ist, nicht nur die amerikanische und britische Armee willkommen zu heißen, sondern auch mit ihnen aktiv zusammenzuarbeiten beim Vertreiben der Deutschen aus Ungarn.
Beide – Bulgarien und Ungarn – suchen einen Weg, aus dem Verhängnis, das sie näherkommen sehen, zu entfliehen. Die Serben und Griechen beten um unser Kommen.
Der Einmarsch unserer Armee in Süditalien wird den Weg über und aufwärts der Adria zum Balkan öffnen.

Ein Vorrücken nördlich des Balkens würde die Gelegenheit bieten, demokratische Regierungen in beiden – Polen und Deutschland – einzusetzen.

So sehr auch immer das Moskauer ›Free German Manifest‹ einige Deutsche ansprechen mag, seine Wirkung wird geschwächt durch die einfache Tatsache, daß es von Moskau kommt, weil in Deutschland eine schreckliche Angst herrscht vor einem Einmarsch der Roten Armee und eine ebenso schreckliche Angst vor der Einsetzung einer kommunistischen Regierung in Deutschland. Jedermann in Deutschland weiß, daß, wenn die Sowjetregierung ihre Macht über ein Land ergreift, es ihre Gewohnheit ist, die energischen, intelligenten Leiter in allen Lebenszweigen – 1/10 bis zu 1/20 der Bevölkerung – auszumerzen, so wie es auch in Ostpolen und den baltischen Staaten der Fall war. Die führenden Deutschen jeder Lebensstellung wissen, daß entweder der Einmarsch der Roten Armee oder die Einrichtung einer kommunistischen Regierung in Deutschland die Ausrottung von ihnen und ihrer Familien bedeutet. Trotz der ansprechenden Formen in Moskaus ›Free German Manifest‹ sind sie deshalb geneigt, es vorzuziehen, sich dem guten Willen der Briten und Amerikaner zu überstellen, als eine Abmachung mit Moskau zu riskieren.

Es ist nicht undenkbar, daß wir, wenn wir Ungarn und Rumänien besetzt hätten und nach Südpolen, der Slowakei und Österreich vorrück-

ten und wenn Hitler abgesetzt würde, die deutschen Heerführer es vorziehen würden, die Ostfront zu halten, nördlich der Pripjet-Sümpfe, wie es 1918 und 1919 geschah, und sich vor uns rasch zurückziehen würden, wenn wir eine Linie die ganze Strecke zum Baltikum besetzt hätten.
Die Briten haben eine moralische Verpflichtung der ernstesten Natur, ein weiteres Hinmetzeln der Polen durch die Russen, wenn möglich, zu verhindern. Auch wir können nicht gleichgültig dem Schicksal dieser mutigen und unter schlechten Sternen stehenden Menschen zusehen. Wir können wirklich nicht dabeistehen und unsere Hände waschen vor der Verantwortlichkeit für das Schicksal jedes einzelnen Europäers. Pontius Pilatus wusch seine Hände, und die Welt hat es ihm niemals vergeben. Uns und den Briten wird nicht vergeben werden, wenn wir die Polen und die anderen Europäer kreuzigen lassen.

Der erste Schritt, um die sowjetische Herrschaft über Europa zu verhindern, ist die Errichtung einer britisch-amerikanischen Grenze in Osteuropa. Der zweite, eine demokratische Regierung hinter unseren Linien einzusetzen und die Verhütung kommunistischer Aufstände. Wir sollten so rasch wie möglich entscheiden, auf welche Leute wir zählen können, um eine solche Regierung einzusetzen, und wir müssen im Auge behalten, daß alle Regierungen, die wir einsetzen, fortschrittliche Regierungen mit dem weitest fortschrittlichen Programm für soziale Gerechtigkeit sind. Wir werden unsere stärksten Stützen unter den Gläubigen aller christlichen Kirchen finden.

Wir müssen ebenso unseren Standpunkt zu dem ganzen europäischen Problem klären. Niemand im heutigen Europa hat die geringste Ahnung, was unser Programm ist. Das ist selbstverständlich, weil wir kein Programm haben. Stalin hat ein klares Programm und eine umfassende Organisation, die Tag und Nacht an seiner Durchführung arbeitet.

Wir können nichts schlagen ohne etwas. Wir sollten unseren Fall darlegen. Und wir müssen ihn in Worte kleiden, die in den Herzen widerhallen werden, die uns unterstüzen wollen. Die Lage in Italien erfordert eine frühe Klärung unserer Absichten. Wir sollten unsere Vorstellung Italien klarlegen, eine Darlegung für alle Menschen in Europa.
Diese Feststellung sollte den Menschen in Europa von Ihnen persönlich gemacht werden im Auftrag des Volkes der Vereinigten Staaten. Seine Wirkung würde gesteigert, wenn auf die eine oder andere Weise sie Mr. Churchill gutheißen würde. Sie könnte einige der folgenden Gedanken enthalten:
Die Streitkräfte der Vereinigten Staaten stehen nun in Europa. Und im Auftrag der Menschen in den Vereinigten Staaten wünsche ich, die europäische Bevölkerung wissen zu lassen, warum unsere Streitkräfte in Europa sind und was wir beabsichtigen. Jeder Europäer – wie

jeder Amerikaner – weiß, daß wir zu diesem Krieg gezwungen wurden durch Japans Angriff und durch die deutschen und italienischen Kriegserklärungen gegen uns. Jeder Europäer – wie jeder Amerikaner – weiß, daß wir nicht einen einzigen Zoll europäischer Erde oder einen einzigen Vorteil – wirtschaftlichen – suchen und daß wir keine Entschädigungen von irgendeiner Nation fordern. Jeder Europäer sollte wissen, wie jeder Amerikaner weiß, daß wir riesige Vorräte bereitstellen zum Beistand und zur Hilfe der leidenden Menschen in Europa, sobald diejenigen, die uns den Krieg erklärten, sich uns unterwerfen. Die Bevölkerung von Sizilien hat schon Beweise davon erhalten und hat zum ersten Mal seit vielen Jahren genug zu essen und angemessene medizinische Versorgung.

Wir kommen nach Europa, nicht um die Bevölkerung zu vernichten, sondern um sie zu befreien. Wir werden Hitler und seine Helfer vernichten. Und wir werden den Europäern die Gelegenheit bieten, jede Spur seiner schändlichen Lehre auszurotten, daß das Ende die Mittel rechtfertigt, und seiner noch widerwärtigeren Lehre, Menschen seien nur Instrumente, nur Mittel zum Endzweck. Denn wir glauben, daß menschliche Wesen – alle menschliche Wesen aller Rassen – Zweck in sich selbst sind, unsterbliche Seelen, Kinder des allmächtigen Gottes. Wir werden jede Eroberung in Europa als null und nichtig ansehen, seit Hitler begann, die Deutschen und die Welt ins Unglück zu stürzen durch seinen Einmarsch in Österreich. Beim Wiederaufbau werden wir versuchen, uns von dem großen Gebot leiten zu lassen: ›Tu den anderen, was Du willst, daß sie Dir tun.‹

Wir als Nation werden niemals die materialistische Lehre unterschreiben, daß Macht Recht ist oder daß große Leute besondere Rechte haben sollen, die den kleinen versagt werden. Auch können wir nicht irgendeinem Vorschlag einer Teilung Europa zustimmen – das seit den Tagen des Römischen Reiches den größten kulturellen Einfluß auf die westliche Welt hatte – ›in einflußreiche Zonen‹ oder ›Zonen von besonderer Bedeutung‹. Wir werden allen Versuchen widerstehen, irgendeine europäische Nation gegen ihren Willen zu zwingen, ihre Unabhängigkeit zu verlieren, und wir werden an keinem Vorhaben teilnehmen, das eine Unterwerfung irgendwelcher Europäer vorsieht, die früher bei Hitlers Angriffen sich als wertvolles Mitglied der Familienvölker erwiesen haben.

Wir wünschen Europa nur, was wir selbst besitzen: Freiheit und Demokratie in einer Gemeinschaft souveräner Staaten, in denen Auseinandersetzungen durch einen Gerichtshof entschieden werden und nicht durch bewaffnete Kräfte, in der jedermann vor dem Gesetz gleich ist, in der jedermann ohne Angst vor Geheimpolizei und feuernden Truppen lebt.

Bis die Nationen von Europa, die uns den Krieg erklärt haben, sich unterworfen haben, werden wir gegen sie Streitkräfte schicken, deren Schlagkraft täglich wächst. Die Nationalsozialisten- und die Faschistenführer, die das Schwert nahmen, werden umkommen durch das Schwert.
Aber wir haben nicht den Wunsch, Deutsche oder Deutschland zu vernichten. Und wir haben nicht den Wunsch, Italiener oder Italien zu zerstören. Wir fordern Unterwerfung, nicht Zerstörung. Bis zu der Unterwerfung werden wir jede Stelle von militärischem Wert vernichten, wie wir den Hafen von Hamburg vernichtet haben. Es hängt ab von den Menschen in Europa, speziell der Bevölkerung von Deutschland und Italien, zu wählen, wieviel oder wenig ihre Städte zerstört werden sollen und wieviele ihre eigenen Leben verlieren werden.
Es freut uns nicht, die Städte von Europa zu zerstören, und es freut uns nicht, Europäer zu töten. Wir Amerikaner sind die Abkömmlinge aller Rassen Europas, und wir denken an Europa nicht als an einen geographischen Ausdruck, sondern an ein geistiges Wesen, die Quelle unserer eigenen Lebensweise. Für uns ist jeder Krieg in Europa ein Krieg zwischen unseren eigenen Verwandten.

Wir hassen keine Menschen in Europa. Wir hassen jedoch Diktatoren. Und wir hoffen, daß am Ende dieses Krieges alle Europäer es gelernt haben, Diktatoren zu hassen, so wie wir es in Amerika gelernt haben, daß Menschen aller Rassen zusammenarbeiten als Brüder für das allgemeine Wohl.

Mit aufrichtigen Grüßen
gez. Bill
William C. Bullitt

Anhang 2

Beispiele beginnender Aufarbeitung der Vertreibungsverbrechen in tschechischen Zeitschriften (Auszüge) – mitgebracht aus Tschechien und übersetzt von B. Schilab

Artikel aus der Tageszeitung *Mladá Fronta Dnes* vom 27. Mai 1992, Seite 6, »Ansichten und Reportagen«.

242.000 oder ›nur‹ 40.000 erschlagene Sudetendeutsche?

Wieviele Tote in den Sudeten?
»Nach dem Krieg erschlugen die Tschechen 242.000 Sudetendeutsche und Kriegsgefangene«, stellte der Sekretär der Demokratischen Partei – Sudeten Lubomír Duda in der Ausgabe vom 24. April in der *Mladá Fronta* fest.
Eine Reihe unserer Leser fragte nach der Quelle dieser unerhört hohen Zahl.
Lubomír Duda: »Diese Information habe ich aus wissenschaftlichen Forschungsergebnissen, beispielsweise aus einer Diskussion unabhängiger Historiker, die die ›Akademia Praha‹ unter dem Titel ›Češi Nemci odsun‹ im Jahre 1990 veröffentlichte. Dort spricht der deutsche Historiker Ernst Frank (ein Sohn von K. H. Frank; Anmerkung der Redaktion) von 242.000 erschlagenen Sudetendeutschen.«
In Fachkreisen herrschte schon immer Unsicherheit (egtl. Zweifel) über die Anzahl der umgebrachten Sudetendeutschen, namentlich was die wilde Abschiebung aus der Tschechoslowakei betrifft. Die Deutschen selbst führten einen Zahlenvergleich der Bewohner der Sudeten vor dem Jahr 1939 und nach dem Jahr 1946 durch, aber die statistische Berechnung könne nicht als Beweis dienen, sagte gestern auf einer Pressekonferenz des/der FMZV ein Mitglied der gemischten tschechisch-deutschen Kommission, der Historiker Jaroslav Kucera. Er stellte nach einem detaillierten Studium der Zeitquellen fest, daß gerade bei den Abschiebungen höchstens 40.000 Personen umgebracht worden seien. Die neuen Schlußfolgerungen könnten allerdings für die tschechische Seite kein Grund zur Zufriedenheit sein, weil auch das schon eine hohe Zahl sei. Er erwähnte, daß die Idee der Abschiebung unter ganz konkreten historischen Bedingungen entstanden sei, die man nicht nach heutigen Maßstäben beurteilen könne.

Fingierter Aufruhr

Am Dienstag, den 5. Juni 1945, konnten die ahnungslosen Leser von *Nová svoboda* (›Neue Freiheit‹) erfahren, daß die Deutschen aus dem Lager Hanke am Vortag das Verbrechen eines Aufruhrs begangen hatten: ». . . Überfielen die Wache mit Eisenstangen und Ziegeln, die sie aus Fensterlaibungen herausgerissen hatten, durch die sie nach der Tat entfliehen wollten. Die Wachen riefen Hilfe herbei und forderten die Aufständischen auf, sich zu ergeben. Die Deutschen stürzten sich jedoch auf die Wachen und verletzten einige Mitglieder, so daß die Wache ihre Schußwaffen gebrauchte und dabei 72 Deutsche ums Leben kamen.« Der Zeitungsartikel schloß mit dem Ausruf: »Die grenzenlose Frechheit der Deutschen muß endlich gebändigt werden!«

Den Verlauf des Aufruhrs beschrieb vor der Untersuchungskommission in Übereinstimmung mit dem Vorbericht so allein nur der Lagerkommandant Martínek, der diesen offenbar selbst ausformuliert hatte. Er war es allerdings selbst, der den Vorfall auslöste und der mit der Maschinenpistole die Mehrzahl der Häftlinge erschoß. Nur die Mitarbeiter der Sicherheitspolizei allerdings durften erfahren, daß es damals nicht 72, sondern nur 21 Tote gab. Die für die Öffentlichkeit bestimmte Lüge sollte augenscheinlich die schon zuvor durchgeführten Dutzende von Exekutionen vertuschen. Es ist kennzeichnend, daß die Ostrauer Öffentlichkeit bis heute niemals die Wahrheit über diesen Vorfall erfahren hat und ihn bis heute nicht kennt. Auch der schon erwähnte Exilpolitiker Ota Hora glaubte der vorgetragenen Version über den Aufruhr.

Die Wirklichkeit war jedoch ganz anders. Der Häftling Glos sagte aus: »Eines Abends kam Martinek zu mir und sagte mir, daß wir morgen im Lager einen Aufstand arrangieren. Daß ich genau um 9 Uhr in die Zelle hineinzugehen und die anwesenden Häftlinge zu provozieren habe, damit sie sich empörten. Dann solle ich rufen, daß man mir die Tür öffnet und mir nichts passiert. Ich verfuhr genau nach Anweisung. Um 9 Uhr ging ich zur Zelle. Martínek blieb draußen, ich ging hinein und begann, die Häftlinge zu provozieren, damit sie sich nicht gefallen lassen sollten, daß sie nichts mehr zu essen und keinen Hofgang (egtl. ›Luft holen‹) bekämen.

Daraufhin brach ich mit einem Eisen, das ich mitgebracht hatte, zwei Ziegel am Fenster aus und begann, mit ihnen an die Tür zu pochen und um Hilfe zu rufen. Sogleich öffnete sich die Tür, darin stand Martínek mit einer Maschinenpistole und rief: ›Hände hoch‹ und begann, auf die Häftlinge zu schießen. Ich sprang hinter die Tür und lief in einem geeigneten Augenblick hinaus.«

Der Häftling Mušálek war einer der vier Häftlinge, die das Massaker in Zelle 6 überlebten. Beim Verhör gab er an, daß viele der Häftlinge nicht sofort tot waren, so daß sie die, die überlebten, mit den zwei Ziegeln totschlagen mußten. »Ich selbst mußte mit dem Ziegel zwei Leute erschlagen. Martinek zwang mich dazu mit vorgehaltener Pistole.« Als vor der Mittagszeit Doktor Krist eintraf, waren die letzten Niedergeschossenen bereits tot. H. Glos fügte dem hinzu: »Noch vor ihrer Verbringung auf den Friedhof befahl mir Martinek, daß ich allen Toten das Gold aus dem Mund herausreißen mußte. Dabei halfen mir zwei junge Wächter, von denen der eine das Gold herausriß, während der andere den Toten in den Mund leuchtete. Diese Verrichtung war schwierig, denn die Leichen waren schon kalt.«

Zehn Tage danach wurde Martínek festgenommen, und anläßlich der Hausdurchsuchung in Hrušov (Hruschau) fanden sie bei seiner Frau im Nachttisch die Goldzähne. Er behauptete, daß er sie bei Glos beschlagnahmt und zu Hause aufbewahrt habe, um sie bei der Polizeidirektion abzugeben.

Tschechischer ›Verräter‹

Nová svoboda ergänzte am 6. Juni 1945 die erlogene Version mit weiteren Erdichtungen: »Wie wir erfahren haben, wurde jener Aufruhr mit Hilfe von Leuten draußen organisiert, unter denen auch ein Tscheche war. Die Hauptinitiatoren des Aufruhrs waren die Deutschen J. Barton und Vyslouzil, sowie deren tschechischer Helfer Frantisek Šedivý. Šedivý, Abschaum der Ostrauer Bevölkerung, einst Verwalter bei der erwähnten Firma, schleuste sich bei der leichtgläubigen Wache ein und ermöglichte den Internierten schriftlichen Kontakt mit ihren Bekannten und Verwandten und beschaffte die Eisenstangen, mit denen sie ihre Wächter anfielen.« Den Verräter Šedivý soll bei dem Aufruhr der gerechte Lohn ereilt haben. »Der Gebietskommandant der Sicherheitspolizei Sedlář macht darauf aufmerksam, daß im Fall der Nichtunterwerfung unter die bestehende Ordnung gegen die Deutschen rücksichtslos vorgegangen und jedweder Versuch eines Aufstands mit noch wirksameren Mitteln unterdrückt würde.«
Bei der Mehrzahl der Hinrichtungen vernahm der Lagerleiter Martinek die Internierten selbst und zwang sie zum Eingeständnis der Delikte, die er sich ausgedacht hatte. In diesen › Geständnissen‹, offensichtlich schon im voraus unterschrieben, finden sich nur allgemeine Formulierungen der Schuld, wie sie Martínek eindiktierte, zum Beispiel: »Ich erschoß 10 russische Soldaten«. Außerdem war Martínek offensichtlich Sadist und pervers veranlagt, denn in zwei nachgewiesenen Fällen zwang er Internierte vor der Hinrichtung zu Gruppensex mit deutschen Frauen, die nach den entarteten Orgien zusammen

mit den Männern erhängt wurden. »Auf Grund von Moral und Menschlichkeit lasse ich (die Schilderung) des grauenvollen Hergangs weg«, schrieb Ota Hora...
Martínek wurden von Zeugen einige Vergewaltigungen zur Last gelegt, was auch seinen Vorgesetzten Vl(adimír) Kusz betrifft, der oft ins Lager kam.

Bei den Verhören wurde von Folterungen Gebrauch gemacht; insbesondere brach man Finger, Arme und Rippen. Den Toten riß später Glos auf Anweisung Martineks Goldzähne und Brücken heraus, manchmal schon vor dem Eintritt des Todes. An den Hinrichtungen beteiligten sich auch Jurášek, Pieczka und Angehörige der Lagerwache, die sich manchmal ihre Bekannten als Zuschauer einluden.

Ungefähr am 10. Juni schlug Jurašek als Mitglied der Lagerführung vor, man solle die Häftlinge mit elektrischem Strom hinrichten. Zu diesem Punkt sagte Glos folgendes aus: »Wir trieben einen Häftling auf – Elektriker, und Draht, den wir an das Stromnetz anschlossen, um dies an einem SS-Mann zu erproben. Den (Hinrichtungs-)Platz auf dem Boden begoß ich mit Wasser, der Hinzurichtende zog sich nackt aus und legte sich auf die Erde. Den Draht hielt ich ihm an den Kopf, hinter den Ohren. Ihm begann die Haut zu schmoren, aber den Tod bewirkte es nicht. Als er (wieder) zu sich kam, wurde er erhängt.« Nach dem Untersuchungsbericht handelt es sich bei dem Opfer des Experiments um Lothar Orel. Als die Wachen feststellten, daß die Hinrichtung mißlungen war, führten sie ihm das Drahtende an weitere Körperteile. Als auch das nicht half, befahl Martínek (dem) Glos, Orel mit dem Hammer zu erschlagen.

Es kam niemals zu einem Versuch. Die Machthaber im Lager, jetzt noch mehr von ihrer Unantastbarkeit überzeugt, begannen gleich am übernächsten Tag nach Abdruck dieses Artikels mit einer neuen, noch abschreckenderen Serie von Hinrichtungen. Der mörderischen Raserei fielen im Verlauf von nur vier Tagen insgesamt 80 weitere Häftlinge zum Opfer.
Sämtliche Daten des Artikels in *Nova svoboda* waren erlogen. Der HäftlingVyslouzil existierte nicht, der Häftling Barton hieß offensichtlich in Wirklichkeit Jaroslav Bartoš und war eines der Opfer jenes ›Aufruhrs‹. Der angebliche, tschechische Verräter hieß Frantisek Šedina und kam nachweislich schon zehn Tage früher ums Leben, am 25. Mai 1945. Anscheinend hatte ihn der Lagerkommandant Martínek erschossen, der sich dessen selbst brüstete. Er nahm Šedina schon am 20. Mai fest und ging jeden Tag der Woche zu ihm in einen Raum des Lagers, wo er seine Frau vergewaltigte und nach und nach sein Eigentum einschließlich Lebensmittel und Geld stahl.

Die Untersuchenden äußerten den Verdacht, daß Šedina aus dem Weg geschafft wurde, weil er von den Unregelmäßigkeiten wußte, die sich im Lager zutrugen. In Wirklichkeit vermittelte er (selbst) den schriftlichen Kontakt der Häftlinge mit den Familien, was für die Lagerleitung eine ernste Gefahr bedeutete. Überhaupt nichts spricht dagegen, daß Martínek den ›Aufruhr‹ deswegen organisierte, damit er den Tod Šedinas nicht begründen mußte. Im Unterschied zu den Dutzenden erschlagener Deutscher, bei denen es reichte, die Zahl der Toten und den entsprechenden Tag anzugeben, mußte der Tod des Tschechen, der ganz und gar kein Kollaborateur gewesen war, von der Kriminalpolizei untersucht werden. Deshalb machte er aus ihm den Initiator des Aufruhrs und wiederholte bei den Verhören hartnäckig, daß Šedina bei dem Aufruhr erschossen wurde. Er bedachte nicht, daß die Totenliste und der Begräbnisbeleg ihm die Lüge nachweisen.

Der Zeuge Mušálek sagte aus, daß er eine Massenhinrichtung von Invaliden ohne Arme oder Beine sah. Sie ließen sie 10 Minuten am Galgen hängen, um zu überprüfen, ob das zur Tötung reichte. »Einige begannen jedoch eine Zeitlang nach der Abnahme wieder zu atmen, und so erschlug sie Glos mit Hammerschlägen auf die Schläfe. Danach ließ man die Hingerichteten bereits 15 Minuten hängen. Irgendeine amtliche Todesfeststellung gab es dort nicht.«

Der Lagerleiter Martínek erklärte im Verhör resolut, »daß im Lager keine einzige Hinrichtung erfolgte, weder durch Erhängen, noch durch Erschießung, noch auf andere Art. Es existierte keinerlei Galgen. Die elektrische Vorrichtung habe Glos einzig zu dem Zweck installiert, weil er den Gefangenen elektrische Massage bieten wollte.– Im Lager starben zwar bis zu 10 Leute täglich, aber ausschließlich infolge der Strapazen und Verletzungen, die sie auf dem Weg ins Lager erlitten hatten. Wenn jemand erhängt vorgefunden wurde, so hatte das einen anderen Grund: »Trotz unserer sorgfältigsten Vorkehrungen besorgten sich die Internierten Stricke und erhängten sich selbst.« Über »irgendwelche Hinrichtungen« wußte nicht einmal Martíneks Vorgesetzter Kusz etwas, er hatte auch niemals davon gehört. Alle sonstigen Verhöre von Angehörigen der Lagerwache bestätigten jedoch ausnahmslos, daß sie an Hinrichtungen teilgenommen hatten, ebenso wie die beiden übrigen Mitglieder der Lagerleitung. Jurášek erklärte: »Wir wechselten uns dabei alle ab«, und sagte aus, daß er so etwas nicht einmal für etwas. Besonderes hielt, denn »das geschah unter dem Druck der öffentlichen Meinung«.

Mit dem Abendschnellzug aus Prag kam am 3. November 1947 eine Kommission nach Ostrau und widmete sich die nachfolgenden zwei Tage vollständig der Ermittlung der Wahrheit über das Lager Hanke. . .

Ab 12. Mai 1945 wurde das Lager von Hilfsaufsehern der Nationalen Sicherheit (der Bericht führt zwölf Namen mit Adressen an) bewacht. Die Führung des Lagers lag in den Händen von Emil Martínek, eines ehemaligen Bergmanns aus Hrušov (dt. Hruschau), geboren in Petřvald (dt. Peterswald); bei der Verwaltung halfen ihm Josef Jurášek und Ludvík Pieczka, beides Arbeiter aus Vratimov (dt. Rattimau, Orte bei Ostrau). Sie alle hatten sich freiwillig zur Aushilfe. . .

. . . viele Dutzende Erhängte, ausgegeben als Selbstmörder.

Der erste Tote im Lager Hanke wurde für den 18. Mai 1945 vermerkt (nicht mitgerechnet der Fehler bei H. Scholz, der schon am 1. April gestorben sein muß. . .). Beim Vergleich der Todesrate der einzelnen Tage ist es möglich zu ermitteln, wann im Lager Massenhinrichtungen von Internierten durchgeführt wurden. Am Anfang des Wütens und danach war die Todesrate nämlich nicht höher als 1–3 Tote pro Tag; oftmals starb in der Reihe der Tage überhaupt keiner. Der Untersuchungsbericht nimmt um die 150 Hinrichtungen an; in Wirklichkeit mögen es vermutlich 200 gewesen sein. Ziehen wir einmal nur die Tage in Erwägung, an denen mehr als 4 Personen starben, so ergeben sich folgende Exekutionstage: 25.5. 6 Personen, 26.5. 11 Personen, 28.5. 18 Personen, 29.5. 17 Personen, 30.5. 28 Personen, 1.6. 12 Personen, 3.6. 14 Personen, 4.6. 23 Personen, 7.6. 4 Personen, 8.6. 18 Personen, 9.6. 26 Personen und 12.6. unglaubliche 32 Personen.

Gebundene Hände

Die Untersuchungskommission des Parlaments beendete ihre Arbeit in Ostrau am 5. November 1947 mit der Unterschrift unter das Protokoll. In ihm führte sie an, daß »sie zu der Überzeugung gelangt sei, daß nach den Verhandlungsergebnissen Verbrechen hinsichtlich des gewaltsamen Todes des Tschechen Šedina, der erzwungenen Unzucht mit der Tschechin Anezka Šedinova und eventuell mit deutschen Frauen im Internierungslager, des Diebstahls von Goldzähnen und anderen Gegenständen und Habseligkeiten von Deutschen und des Diebstahls des Eigentums von Anezka Šedinova und des weiteren der unterlassenen Verhinderung von Verbrechen, begangen an dem Tschechen Šedina« vorlägen. Sie schlug daher in bezug auf Kusz, Glos, Martínek, Pieczka und Jurášek vor, weitere Amtshandlungen vorzunehmen.

Scheint das wenig? Suchen Sie Gerechtigkeit für diese zweihundert Morde? Schon Dr. Krocek kritisierte in seinem Bericht, in der Einleitung unseres Berichts erwähnt, den Tatbestand, daß Kusz, Martínek und Jurasek, im Juni 1945 verhaftet, durch eine Entscheidung des Kreisgerichts in Ostrau in die Freiheit entlassen wurden. Er führte aus: »Diesen Verlauf betrachte ich als unrechtmäßig, nicht nur, weilder Gerechtigkeit nicht Genüge getan wurde, sondern auch deswegen, weil die Staatsinteressen auf diese Art klar Schaden erleiden.«

Die Parlamentskommission wurde nämlich gleich bei ihrer Ankunft in Ostrau darüber in Kenntnis gesetzt, daß die Staatsanwaltschaft bezüglich der erwähnten Personen die strafrechtlichen Verfahren mangels Beweisen eingestellt hat. Das Ministerium des Inneren hatte später der Gebietszentrale der Kriminalpolizei die Weisung gegeben, »daß dieser Vorfall mit Rücksicht auf das Gesetz Nr. 115 aus dem Jahr 1946 nicht untersucht werden sollte«. Es handelte sich um das bekannte Gesetz vom 8. Mai 1946, das in Strafverhandlungen Straflosigkeit ermöglichte, wenn die Verhandlungen vor dem 28. Oktober 1945 eröffnet wurden und bei ihnen eine »gerechte Vergeltung für die Taten der Okkupanten und ihrer Helfer« festgestellt wurde. Ein solcher Gesichtspunkt wurde auch im Fall der Akteure unserer Begebenheit geltend gemacht.

Obgleich also die Parlamentskommission nachwies, daß beispielsweise Martinek ein Massenmörder war, waren ihr in bezug auf ihn per Gesetz die Hände gebunden. Die ermittelten Fakten übten einen starken Eindruck auf die Mitglieder der Kommission aus. Der vertrauliche Bericht der Polizei über die (Arbeit der) Verhandlungskommission erwähnt zum Beispiel, daß auch der Abgeordnete der KSČ (der Kommunistischen Partei) Dr. Kokeš, der vor der Eröffnung der Untersuchung behauptet hatte, daß es »sich um eine innere Angelegenheit und die internationale Reaktion gegen die Personen, die sich an der Revolution beteiligten« handelte, nach dem Verhör der Zeugen seine Ansicht gänzlich änderte. Er verlangte alsdann einen Protest gegen die »Parasiten der Revolution« mit aller Strenge und veranlaßte sogleich bei der Kreisführung der KSČ in Ostrau, daß Kusz, Pieczka und Jurasek des Landes verwiesen wurden.

Die Untersuchungsschrift enthielt die geheime Anweisung, daß alles kompromittierende Material aus der Station SNB (Polizeistation) in Ostrau zurückgezogen und in das Bezirksamt StB überführt werden sollte, damit es »nicht in unbefugte Hände gelangt«. Auch nach Ablauf von mehr als einem halben Jahrhundert haben wir nicht die (volle) Wahrheit über die Vorfälle im Lager Hanke erfahren.

Anhang 3

---

*Initiative aus Hamburg gegen die Sanktionierung von SBZ-Enteignungen (*Frankfurter Allgemeine Zeitung, *1. 11. 1996)*

Einer, der sich um den Rechtsstaat betrogen fühlt

Widerspruch gegen den Bestand der Enteignung
in der Sowjetzone findet Worte / Von Karl Feldmeyer

BONN. 31. Oktober. Das Hamburger CDU-Mitglied Peters wird für die Führung seiner Partei zum Problem. Peters will nicht mehr und nicht weniger als eine Korrektur der Politik in der Frage der Enteignungen in der Sowjetzone. Er spricht von Hehlern und Dieben und wartet darauf, verklagt zu werden. Vier norddeutsche Landesverbände der CDU haben sich seiner Forderung angeschlossen, in anderen wächst der Druck, das zu tun. Inzwischen rumort es auch in der CSU. Die Entscheidung, die zwischen 1945 und 1949 in der Sowjetzone vorgenommenen entschädigungslosen Enteignungen bestehen zu lassen, betraf Gewerbetreibende und Industrielle, Bauern und Rittergutsbesitzer, alle, die mehr als hundert Hektar Land besaßen. Das traf Nazis ebenso wie ihre Opfer und Menschen, die sich politisch nie betätigt hatten.

Dieses Unrecht endete nicht mit der DDR und der Wiedervereinigung. Vielmehr vereinbarten beide deutsche Staaten im Einigungsvertrag 1990, es fortbestehen zu lassen. Als sich im Bundestag und in der Öffentlichkeit Widerspruch erhob, behauptete die Regierung, die Beibehaltung der Enteignung sei von Moskau zur Bedingung der Wiedervereinigung gemacht worden. Nachdem dies widerlegt war, wurde der Wille der DDR-Regierung de Maizière zur Begründung herangezogen. Auch dieser Behauptung wird jetzt widersprochen.

Der Hamburger Kaufmann Peters und seine Familie haben durch die Enteignungen nichts verloren. »Ich nehme es nicht hin, daß mir der Rechtsstaat gestohlen wird. Das ist viel mehr als jedes Rittergut«, lautet seine Begründung dafür, daß er sich gegen die Politik seiner Partei stellt. Sein Ortsverband Blankenese faßte den Beschluß, die Bundesregierung möge den Paragraphen 1. Absatz 8a des Vermögensgesetzes ändern, auf dem die Ungleichbehandlung der Enteigneten beruht. Peters erhielt dafür nicht nur in seinem Ortsverband Zustimmung, sondern auch in den übrigen Ortsverbänden des Kreisverbandes Altona. Kontakte zu den CDU-Landesverbänden Niedersachsen und Bremen führten dazu, daß sich deren Vorsitzende, Wulff und Neumann, danach die Gremien der Landesverbände seiner Forderung anschlossen. Im Juni trat auch der Vorsitzende der CDU Schleswig-Holsteins, Hennig, offen auf seine Seite. Auch in Hamburg stimmten am 23. August die etwa Delegierten des

Landesparteitages bei einer Gegenstimme dem Antrag zu, die Bundesregierung möge das Unrecht der Enteignung überprüfen. Damit hatten sich die vier norddeutschen CDU-Landesverbände gegen die Politik der Bundesregierung gestellt.
Bei den CDU-Mitgliedern, die sich mit den Enteignungen nicht abfinden wollen, gibt es unterschiedliche Absichten zur Vorgehensweise. Wulff und Hennig ziehen es vor, das Thema intern zu verfolgen. Peters, der in der Hierarchie der Partei keinen einflußreichen Platz hat, blieb nur die Möglichkeit, seine Meinung öffentlich zu sagen.
Er schrieb drei Briefe an die Abgeordneten aller Parteien – die PDS ausgenommen. 184 Abgeordnete erklärten sich teils mündlich, teils schriftlich solidarisch. Die meisten von ihnen gehören der Koalition an, darunter sind aber auch Abgeordnete der SPD. Fast alle Äußerungen – zumindest die aus den Reihen der CDU – enthielten allerdings eine zusätzliche Bitte, nämlich die um Vertraulichkeit – offenbar aus Angst vor Repressalien der Partei.
Kanzleramtsminister Bohl fand sich bereit, einer Einladung des Kreisverbandes Altona zu folgen und vor den dortigen Parteimitgliedern zu sprechen. Angesichts der Tatsache, daß die CDU in Altona zu einem Zentrum derjenigen geworden war, die sich um die Enteigungsthematik kümmern, war es unvermeidbar, daß dieses Thema in den Vordergrund rückte. Dafür sorgten schon die etwa 300 Teilnehmer. Etwa 200 von ihnen waren Betroffene, und viele waren von weither angereist. Auf Bohl prasselten harte Vorwürfe nieder, und das von Leuten, die ansonsten durchaus wissen, was sich gehört.
In der Aussprache zwischen Bohl und Peters, die sich an dieses unerfreuliche Ereignis anschloß, bat Peters darum, den Kanzler in dieser Angelegenheit sprechen zu können. Bohl sagte ihm binnen drei Wochen eine Antwort zu. Fünf Wochen verstrichen, aber aus Bonn kam keine Einladung. Da beschloß Peters, mit einer Anzeigenaktion in die Öffentlichkeit zu gehen. Dafür ging Peters sammeln, so wie dies unter Hamburger Kaufleuten üblich ist. Der Erfolg ermöglichte es, in mehreren überregionalen Blättern im September unter der Überschrift ›Der Skandal‹ eine Anzeige zu schalten. Sie besagt, ›die Bundesregierung versuche seit sechs Jahren, »das in den Jahren 1945 bis 1949 von den Kommunisten gestohlene Eigentum gegen den Willen der ehemaligen Besitzer zum Nutzen des Fiskus zu verkaufen«. Nach der Veröffentlichung der ersten drei Anzeigen habe er, so berichtet Peters, 500 Briefe bekommen – alle positiv. Aber Bonn schwieg. Eine Woche vor dem Beginn des CDU-Parteitages in Hannover – schaltete Peters eine zweite Anzeigenserie.
Auch auf diese Anzeigen blieb jede offizielle Reaktion der Betroffenen aus. Die Wirkung, die von dem Impuls ausgeht, den Peters geben will, reicht inzwischen über Norddeutschland hinaus. Auch in den CDU-Landesverbänden Hessen und Rheinland-Pfalz wächst die Zahl der Stimmen, die sich hörbar gegen die Aufrechterhaltung der Enteignungen wenden. Vor allem aber ist dies dort der Fall, wo es für die Bundesregie-

rung besonders unangenehm wird: bei der CSU, der Partei. deren Vorsitzender als Bundesfinanzminister an der Beibehaltung der Enteignung und der Veräußerung des enteigneten Guts am entschiedensten festhält. Der Vorstand eines der wichtigsten CSU-Bezirke, desjenigen der Stadt München, hat – einstimmig – den Beschluß gefaßt, der Bezirksparteitag, der am 19. November tagt, möge an die Bundesregierung appellieren, den Paragraphen 1 des Vermögensgesetzes so zu ändern, daß das von den Kommunisten konfiszierte Gut – soweit es sich im Besitz des Fiskus, also des Bundes, befindet – seinen rechtmäßigen Eigentümern zurückgegeben wird. Daran, das in Privatbesitz übergegangene enteignete Land seinen jetzigen Eigentümern wieder abzunehmen, denkt niemand.

Zu alldem schweigt die Bundes-CDU beharrlich. Nur die stellvertretende Parteivorsitzende Angela Merkel macht da eine Ausnahme. Wenn dieser Gundbesitz wieder komplett zurückgegeben werde, gebe es überhaupt keine Flächen mehr, die noch Bodenerwerb in den neuen Ländern möglich machen. Mit dieser Begründung lenkt Frau Merkel das Interesse auf diejenigen, die diese Flächen heute bewirtschaften.

Sechs Prozent der landwirtschaftlichen Betriebe in den neuen Ländern bewirtschaften 60 Prozent ihrer Agrarfläche. Es sind sogenannte LPG-Nachfolgeunternehmen, die gesellschaftsrechtlich als Genossenschaft (e.G.), GmbH, GmbH & Co. KG oder als Aktiengesellschaft firmieren. Das heißt, es sind die alten Landwirtschaftlichen Produktionsgenossenschaften (LPG). Sie haben zwar die Rechtsform, nicht aber das Führungspersonal gewechselt. Das heißt, die ehemaligen LPG-Vorsitzenden und ihre engsten Mitarbeiter, die diese Betriebe heute leiten, sollen sie morgen als Eigentum erhalten. Sie sollen die Gewinner der Enteignung werden. Ihr Anteil an der gesamten Landwirtschaft in der früheren DDR ist heute sogar noch höher, als aus dieser Zahl hervorgeht. Eine erhebliche Zahl von ehemaligen LPG-Vorsitzenden hat nämlich das ehemalige LPG-Land als private Pächter an sich gebracht. Das zeigt, worum es in der Sache tatsächlich geht, natürlich darum, ob die Enteigneten ihren Besitz endgültig abschreiben müssen, damit diejenigen, die von der SED zu LPG-Vorsitzenden gemacht wurden, auf Dauer zu neuen Eigentümern werden. Es geht folglich nicht um eine Entscheidung darüber, ob das Recht der Alteigentümer wiederhergestellt werden oder materiellen Interessen größerer Bevölkerungsteile der einstigen DDR weichen soll. Die CDU steht also vor der Frage, ob sie auf verfassungsrechtlich fragwürdige Art Honeckers LPG-Vorsitzende begünstigen will. Sie würde damit eine Entscheidung bekräftigen, die dem ersten CDU-Vorsitzenden Andreas Hermes1945 zum Schicksal wurde. Seine Weigerung, Unrecht zu bejahen, konnten die Sowjets auch nicht dadurch überwinden, daß sie seinen kriegsgefangenen Sohn nach Berlin bringen ließen und dem Vater dessen sofortige Freilassung als Gegenleistung für seine Zustimmung anboten. Sein Sohn – später Staatssekretär im Auswärtigen Amt – mußte für Jahre zurück in russische Gefangenschaft. Der Vater wurde von den Sowjets als Vorsitzender der CDU abgesetzt.

By Earnest Hooton:

Breed War Strain Out of Germans

Professor Earnest Albert Hooton, Professor of Anthropology at Harvard University, is particularly interested in man's biological development. He is the author of Apes, Men and Morons, *published in 1937. His approach to anthropoligical and social problems is always unorthodox and he likes nothing better than to throw out startling ideas for the sake of the discussion they may develop. His contribution to* What Are We Going to Do With the Germans? *is pitched in that key.*

NEW YORK NEWSPAPER "PM" January 4, 1943

(The following suggestions are offered by a physical anthropologist who has spent many years in the study of race, nationality, and the relation of individual biology to behavior. However, these suggestions represent no consensus of anthropological opinion; they have not been submitted to any group and have been endorsed by no one. The author, himself, is not fully confident of the practicability of the measures outlined. He merely presents them for discussion.
E. A. H.)

Basic Postulates

(1) The behavior of a nation arises from the mass of its population and not from leaders or restricted social classes. National culture, national psychology, national ideals are at once the products of the aggregate of biological units of the population and the influences which tend to select for survival and to exaggerate those biological types of men which most readily conform to national behavioral patterns. Both cultural environment and heredity interact to produce in nations stable and persistent modes of behavior.

(2) Substantial amelioration of national behavior cannot be effected solely by external efforts to change the national culture (form of government, ideologies, religion, education, economies). Biological measures for the bettering of the physical, mental, and moral quality of individual human units must also be applied to insure permanent improvement.

(3) To break the vicious cycle of interaction between a militaristic state and the predatory tendencies of its citizens, the former must be destroyed and the latter neutralized or bred out. Since the state is the mechanism for the operation of group aggressions, its destruction most effectually frustrates such aggressions and at the same time makes it easier

Anhang 4

JANUARY 4, 1943 * PM'S DAIL

Should We Kill the Germ:

Hooton, continued

to deal with the cultural and biological quality of the population by individuals.

APPLICATION TO POST-WAR GERMANY

General Objective

To destroy German nationalism and aggressive ideology while retaining and perpetuating desirable German biological and sociological capacities.

Measures

(1) Execute or imprison for life all leaders of the Nazi party; permanently exile all professional army officers.

(2) For a period of 20 years or more utilize the bulk of the present German army as rehabilitation labor units in devastated areas of the Allied Nations in Europe and elsewhere. These laborers should not be treated as prisoners of war or convicts but as paid employes (supervised and restricted as to movement from the area of their work). They might be allowed the privilege of naturalization upon evidence of good behavior. The single men should be permitted to marry only women of the country of their abode or naturalization.

The families of the men already married should remain in Germany for a period of years, but might eventually be permitted to join the fathers. The latter should not be allowed to return to Germany. The objects of this measure include reduction of the birth rate of "pure" Germans, neutralization of German aggressiveness by outbreeding, and denationalization of indoctrinated individuals.

(3) Break up the German Reich into several states (probably its original component states), permitting each, after a suitable interval of supervision and government by the Allied Nations, to choose its own form of non-Fascist government. The object of this measure is to destroy the national framework of unified German aggression.

(4) During the period of supervision and occupation of the several states by armies and civilian staffs of the Allied Nations, encourage members of these groups to intermarry with the German women and to settle there permanently. During this period encourage also the immigration and settlement in the German states of non German nationals, especially males.

Personenverzeichnis

Sachverzeichnis

Die häufig wiederkehrenden Begriff ›Insider‹, ›EU‹, ›Maastricht‹, ›EWU‹ und ›Euro‹ sind im Verzeichnis nicht berücksichtigt. Ein kursiv gedruckter Begriff kommt so im Text vor, ein normal gedruckter sinngemäß.